CONTRATO-PROMESSA EM GERAL
CONTRATOS-PROMESSA EM ESPECIAL

FERNANDO DE GRAVATO MORAIS
Professor da Escola de Direito da Universidade do Minho
Doutor em Direito

CONTRATO-PROMESSA EM GERAL
CONTRATOS-PROMESSA EM ESPECIAL

CONTRATO-PROMESSA EM GERAL
CONTRATOS-PROMESSA EM ESPECIAL

AUTOR
FERNANDO DE GRAVATO MORAIS

EDITOR
EDIÇÕES ALMEDINA. SA
Av. Fernão Magalhães, n.º 584, 5.º Andar
3000-174 Coimbra
Tel.: 239 851 904
Fax: 239 851 901
www.almedina.net
editora@almedina.net

PRÉ-IMPRESSÃO | IMPRESSÃO | ACABAMENTO
G.C. GRÁFICA DE COIMBRA, LDA.
Palheira – Assafarge
3001-453 Coimbra
producao@graficadecoimbra.pt

Abril, 2009

DEPÓSITO LEGAL
292272/09

Os dados e as opiniões inseridos na presente publicação
são da exclusiva responsabilidade do(s) seu(s) autor(es).

Toda a reprodução desta obra, por fotocópia ou outro qualquer
processo, sem prévia autorização escrita do Editor, é ilícita
e passível de procedimento judicial contra o infractor.

Biblioteca Nacional de Portugal – Catalogação na Publicação

MORAIS, Fernando de Gravato

Contrato-promessa em geral, contratos-
-promessa em especial
ISBN 978-972-40-3847-6

CDU   347

A matéria do contrato-promessa suscita inúmeras e muito variadas questões de relevo.

A doutrina tem debatido a temática de forma acentuada. A jurisprudência, por sua vez, tem sido chamada a intervir constantemente. Destacamos ambas, embora se confira particular ênfase às decisões dos nossos tribunais, em razão do significado prático que pretendemos conferir a este trabalho.

Uma nota específica para o critério de seriação da jurisprudência. Atendeu-se sobretudo aos arestos dos tribunais superiores da última década, conquanto não se descurem os acórdãos do passado mais relevantes. A razão de ser de tal escolha deve-se fundamentalmente à larga extensão do número de arestos conhecidos.

Em relação à estrutura e ao conteúdo do presente trabalho, cabe analisar, num primeiro momento, o regime aplicável aos contratos-promessa em geral, sem nos focarmos num acto em particular, para, posteriormente, se estudar a disciplina a empregar e/ou os cuidados a ter em relação a determinados contratos-promessa em especial. Nesta sede, assume destaque a promessa de contrato oneroso de transmissão ou de constituição de direito real sobre edifício ou sobre fracção autónoma dele, a promessa de direito real de habitação, a promessa de arrendamento comercial, a promessa de trespasse de estabelecimento mercantil e a promessa de cessão de quotas.

ABREVIATURAS

Ac.	Acórdão
art.	artigo
BFDUC	*Boletim da Faculdade de Direito da Universidade de Coimbra*
BMJ	Boletim do Ministério da Justiça
CAP.	Capítulo
CCom.	Código Comercial
CDP	Cadernos de Direito Privado
CI	*Contratto e Impresa*
cit.	Citado
CJ	Colectânea de Jurisprudência
CRP	Código do Registo Predial
CSC	Código das Sociedades Comerciais
CT	Código do Trabalho
Dir.	Directiva
DJ	Direito e Justiça
DL	Decreto-Lei
Ed.	Edição
esp.	especialmente
LULL	Lei Uniforme sobre Letras e Livranças
NRAU	Novo Regime do Arrendamento Urbano
p. (pp.)	página (s)
RDE	Revista de Direito e Economia
RDES	Revista de Direito e de Estudos Sociais
reimp.	Reimpressão
RFDUL	Revista da Faculdade de Direito da Universidade de Lisboa
RLJ	Revista de Legislação e de Jurisprudência
ROA	Revista da Ordem dos Advogados
RT	Revista dos Tribunais
SEC.	Secção
SI	*Scientia Ivridica*
STJ	Supremo Tribunal de Justiça
Tit.	Título
v.g.	*verbi gratia*
Vol.	Volume

PLANO SUCINTO

TÍTULO I
Contrato-promessa em geral

CAPÍTULO I
Enquadramento legal, caracterização, modalidades e figuras próximas

SECÇÃO I
Enquadramento legal e caracterização

§ 1. Enquadramento legal
§ 2. Noção
§ 3. Efeitos da promessa

SECÇÃO II
Modalidades de contratos-promessa

SUBSECÇÃO I
Promessa unilateral e promessa bilateral

§ 1. Critério seguido: o número de partes que se vincula
§ 2. Promessa unilateral
§ 3. (cont.) Promessa unilateral: suas variantes
§ 4. Promessa bilateral
§ 5. (cont.). Promessa bilateral reduzida a escrito assinada por um só dos promitentes

SUBSECÇÃO II

Promessa com eficácia obrigacional e promessa com eficácia real

§ 1. Critério usado: alcance da eficácia da promessa
§ 2. Promessa com eficácia obrigacional
§ 3. Promessa com eficácia real

SECÇÃO III

Institutos conexos

§ 1. Sinal
§ 2. Pacto de preferência
§ 3. Pacto de opção

CAPÍTULO II

Disposições legais aplicáveis

SECÇÃO I

Disposições legais relativas ao contrato prometido

§ 1. Aplicabilidade ao contrato-promessa das regras do contrato prometido: princípio da equiparação
§ 2. Sua concretização

SECÇÃO II

Disposições legais relativas à forma

§ 1. *Aplicabilidade* ao contrato-promessa da regra da equiparação em sede formal; seus desvios
§ 2. Forma equivalente à do contrato prometido: liberdade de forma
§ 3. Forma equivalente à do contrato prometido (cont.): redução a escrito
§ 4. Forma não equivalente à do contrato prometido: exigência de forma inferior
§ 5. Forma não equivalente à do contrato prometido (cont.); exigência de outras formalidades
§ 6. Forma equivalente e formalidades não equivalentes
§ 7. Forma equivalente e procedimentos equivalentes

SECÇÃO III
Disposições legais que, pela sua razão de ser, não são aplicáveis ao contrato-promessa

§ 1. Considerações gerais
§ 2. Disposições que, pela sua razão de ser, não são extensivas ao contrato-promessa

CAPÍTULO III
Transmissão dos direitos e das obrigações

SECÇÃO I
Cessão da posição contratual

§ 1. Cessão da posição do promitente-transmissário
§ 2. Cessão da posição do promitente-transmissário

SECÇÃO II
Transmissão por morte

§ 1. Regra geral: transmissibilidade da posição contratual por efeito da morte do promitente
§ 2. Desvio: intransmissibilidade da posição contratual dada a natureza pessoal do vínculo

CAPÍTULO IV
Incumprimento temporário do contrato-promessa

SECÇÃO I
Execução específica

§ 1. Enquadramento e noção
§ 2. Pressupostos substantivos da execução específica
§ 3. Pressuposto processual da execução específica: instauração de acção judicial
§ 4. Pressupostos processuais e de publicidade da execução específica de promessa relativa a bens registáveis (cont.)

§ 5. *Sentença* que produz os efeitos da declaração negocial do faltoso
§ 6. Registo da *sentença* favorável que concretiza um negócio registável
§ 7. Alguns casos específicos

SECÇÃO II
Excepção de não cumprimento e consignação em depósito

§ 1. A excepção de não cumprimento e a execução específica do contrato-promessa
§ 2. Condições de procedência da acção de execução específica

SECÇÃO III
Indemnização moratória

§ 1. Dever de indemnizar nos termos gerais
§ 2. A fixação antecipada do montante da indemnização: cláusula penal

CAPÍTULO V
Incumprimento definitivo do contrato-promessa

SECÇÃO I
Resolução

SUBSECÇÃO I
Incumprimento definitivo e resolução (legal e convencional)

§ 1. Incumprimento definitivo e resolução legal
§ 2. Incumprimento definitivo e resolução convencional
§ 3. Legitimidade para emitir a declaração resolutiva

SUBSECÇÃO II
Algumas hipóteses específicas em sede de contrato-promessa

§ 1. Impossibilidade de cumprimento imputável ao devedor
§ 2. Perda de interesse do credor
§ 3. Interpelação admonitória

Plano Sucinto

§ 4. Declaração séria e firme de não cumprir: recusa categórica de cumprimento
§ 5. Declaração séria e firme de não cumprir (cont.): resolução infundada

SUBSECÇÃO III
Problemas relativos ao prazo de cumprimento da promessa

§ 1. O prazo
§ 2. Algumas cláusulas apostas nos contratos-promessa e suas consequências

SECÇÃO II
Indemnização por incumprimento definitivo

SUBSECÇÃO I
Sinal

§ 1. Existência de sinal nos contratos-promessa
§ 2. Efeitos do incumprimento definitivo imputável ao autor do sinal
§ 3. Efeitos do incumprimento definitivo imputável ao não constituinte do sinal
§ 4. Alternativas dos contraentes para além das opções tomadas ou em face da escolha seguida pelo outro promitente
§ 5. Algumas questões relativas ao sinal
§ 6. Natureza do sinal pecuniário
§ 7. Consequências decorrentes do atraso no pagamento do sinal, do sinal em dobro ou da indemnização actualizada

SUBSECÇÃO II
Outras indemnizações

§ 1. Indemnização decorrente de estipulação em contrário
§ 2. Indemnização por incumprimento de obrigações secundárias
§ 3. Indemnização por benfeitorias

SECÇÃO III
Direito de retenção

§ 1. Breve caracterização
§ 2. Enquadramento legal

§ 3. Pressupostos
§ 4. Finalidade
§ 5. Alcance do direito de retenção
§ 6. Direito de retenção, penhora e venda executiva
§ 7. Direito de retenção, posse e meios de defesa da posse

CAPÍTULO VI
Contrato-promessa e posse

§ 1. Situação-regra: da entrega da coisa não se pode deduzir a posse
§ 2. Desvio à regra: admissibilidade de posse
§ 3. Efeitos decorrentes da posse

TÍTULO II
Contratos-promessa em especial

CAPÍTULO I
Promessa de contrato oneroso de transmissão ou de constituição de direito real sobre edifício ou sobre fracção autónoma dele

§ 1. Justificação da análise em particular deste contrato-promessa
§ 2. Requisitos da promessa
§ 3. Forma e formalidades
§ 4. (cont.) Inobservância da forma e das formalidades
§ 5. Execução específica: imperatividade
§ 6. (cont.) Execução específica: impossibilidade
§ 7. (cont.) Execução específica: modificação do contrato por alteração das circunstâncias
§ 8. (cont.) Execução específica: expurgação da hipoteca

CAPÍTULO II
Promessa de habitação periódica ou turística

§ 1. Breves notas quanto à promessa de habitação periódica ou turística
§ 2. Promessa de direito real de habitação periódica

Plano Sucinto

§ 3. Promessa de direito real de habitação turística
§ 4. A prática judicial

CAPÍTULO III
Promessa de arrendamento comercial

§ 1. Considerações gerais
§ 2. Regime jurídico
§ 3. Problemas mais frequentes

CAPÍTULO IV
Promessa de trespasse de estabelecimento comercial

§ 1. Promessa de trespasse
§ 2. Promessa de trespasse com tradição em especial

CAPÍTULO V
Promessa de cessão de quotas

§ 1. Enquadramento
§ 2. Especificidades da promessa decorrentes do regime aplicável ao contrato definitivo
§ 3. Aplicação do regime geral: algumas notas
§ 4. Possíveis efeitos prejudiciais decorrentes do cumprimento da promessa da cessão de quotas
§ 5. Questões de qualificação
§ 6. Problemas atinentes à cessão total de quotas
§ 7. Riscos inerentes à promessa de cessão de quotas: cláusulas de salvaguarda de posição jurídica
§ 8. A promessa de cessão de quotas e os outros contratos conexos

ÍNDICE TEMÁTICO DE JURISPRUDÊNCIA

BIBLIOGRAFIA

ÍNDICE GERAL

TÍTULO I

CONTRATO-PROMESSA EM GERAL

CAPÍTULO I
Enquadramento legal, caracterização, modalidades e figuras próximas

SECÇÃO I
Enquadramento legal e caracterização

§ 1. Enquadramento legal. 1. No Código Civil. 1.1. Enumeração das regras vigentes. 1.2. Evolução da figura. 1.2.1. Versão originária. 1.2.2. Modificações operadas. 1.2.2.1. Primeira alteração. 1.2.2.2. Segunda alteração. 1.2.2.3. Terceira alteração. 2. Fora do Código Civil. § 2. Noção. 1. Os caracteres resultantes da lei. 1.1. Existência de uma convenção. 1.2. Existência de uma obrigação a que alguém se encontra adstrito. 1.3. Vinculação à celebração de um *contrato*. 1.3.1. Promessa em vista da conclusão de contrato definitivo. 1.3.1.1. Promessa de celebração de contrato definitivo unilateral; em especial a promessa de doação. 1.3.1.2. Promessa de contrato bilateral. 1.3.1.3. Promessa de contrato plurilateral; em particular a promessa de sociedade. 1.3.2. Promessa de celebração de contrato definitivo com terceiro. 1.3.3. Promessa em vista da realização de negócio jurídico unilateral. § 3. Efeitos da promessa.

§ 1. Enquadramento legal

1. No Código Civil

1.1. *Enumeração das regras vigentes*

São várias os preceitos aplicáveis ao contrato-promessa.

Encontramos no Livro II do Código Civil, relativo ao Direito das Obrigações, um conjunto de regras próprias sobre o assunto, a saber:

20   *Contrato-Promessa em Geral. Contratos-Promessa em Especial*

- numa primeira referência, sob o título "Contrato-promessa", integrado na Subsecção II da Secção I, designada "Contratos", inserida no capítulo II, relativo às fontes das obrigações, dispomos de um leque de quatro normas (arts. 410.º a 413.º), que tratam dos aspectos gerais da temática;
- na segunda alusão, que resulta da Subsecção VII da mesma Secção e do mesmo Capítulo, consagram-se duas disposições (arts. 441.º e 442.º), que curam do regime do sinal[1];
- seguidamente, encontramos já num outro domínio, o do direito de retenção, integrado na Secção VII do Capítulo VI, atinente às garantias especiais das obrigações, a alínea de um preceito específico, o art. 755.º, n.º 1, al. f);
- por fim, na Subsecção II da Secção III, referente à realização coactiva da prestação, integrada no Capítulo VII, sobre o cumprimento e o não cumprimento das obrigações, dispomos de uma última regra, o art. 830.º, que aborda a execução específica da promessa[2].

Facilmente se constata que a regulamentação do contrato--promessa não é sequencial e denota um propósito de sistematização próprio.

Cumpre assinalar, por outro lado, que a latitude da redacção dada a alguns dos normativos não se mostra a mais adequada para a compreensão do instituto.

1.2. *Evolução da figura*

1.2.1. Versão originária

Na versão originária, resultante do Código Civil de 1966, a matéria encontrava-se espalhada por três áreas: aspectos gerais (arts.

---

[1] A matéria do sinal não é, no entanto, exclusiva do contrato-promessa.

[2] Ainda no Código Civil, encontramos algumas regras particulares sobre a "promessa de casamento", nos arts. 1591.º a 1595.º e 1871.º CC. Não é nosso propósito neste estudo a sua análise. Ver, sobre o tema, ANA PRATA, O contrato-promessa e o seu regime civil, Coimbra, 2006 (2.ª Reeimpressão da Edição de 1994), pp. 293 ss.

410.º a 413.º); sinal (arts. 441 e 442.º); e execução específica (art. 830.º).

As disposições eram mais simplistas, mais curtas e menos distintivas, sem representar as especificidades que, mais tarde, deram origem a novas regras.

1.2.2. Modificações operadas

Algumas destas regras civilistas foram objecto de três alterações. Impõe-se tecer notas sumárias para que se compreenda melhor o estado actual do instituto e a razão de ser das medidas adoptadas.

1.2.2.1. *Primeira alteração*

A primeira alteração deu-se com o DL 236/80, de 18 de Julho, que teve na sua base as insuficiências resultantes das regras anteriores, sem esquecer as mutações da conjuntura económica e financeira não acompanhadas pela lei.

Propunha-se aí o reajustamento do "regime legal do contrato-promessa, por forma a adequá-lo às realidades actuais, estabelecendo verdadeiro equilíbrio entre os outorgantes (o que passa pela mais eficiente tutela do promitente-comprador) e desmotivando a sua resolução com intuitos meramente especulativos"[3].

Todas as áreas foram modificadas, tendo-se inclusivamente consagrado uma regra específica num outro domínio.

Identifiquemos, em concreto, as mutações ocorridas.

Por um lado, é introduzido um novo número (o 3.º) ao art. 410.º CC (mantendo-se intocados os outros dois), exigindo-se para dadas promessas formalidades acrescidas e consagrando-se simultaneamente uma disciplina própria quanto à arguição da invalidade.

Por outro lado, o regime do sinal (art. 442.º) tem igualmente duas alterações de relevo: no n.º 2, cria-se uma via indemnizatória alternativa para o promitente não faltoso, em razão da forte estabili-

---

[3] Cfr. ponto 1, § 3, do Preâmbulo do DL 236/80, de 18 de Julho.

22 *Contrato-Promessa em Geral. Contratos-Promessa em Especial*

zação do negócio e à existência de uma situação de facto socialmente atendível; no n.º 3, confere-se o direito de retenção ao promitente não faltoso a quem foi entregue a coisa pelo crédito emergente do contrato-promessa.

Finalmente, dá-se nova redacção aos 3 números do art. 830.º CC, que trata da execução específica, acrescendo as seguintes particularidades: atribuição ao promitente-vendedor de um direito à modificação do contrato por alteração das circunstâncias (n.º 1.º, parte final); adopção de uma regra específica para a promessa de compra e venda respeitante a prédio urbano ou a uma sua fracção autónoma (n.º 2).

1.2.2.2. *Segunda alteração*

Seis anos volvidos, e inúmeras críticas depois, surgiu o DL 379/86, de 11 de Novembro.

No preâmbulo do próprio diploma, alude-se à falta de cuidado e de reflexão na elaboração de tais modificações. Usam-se expressões nada abonatórias para o legislador de 80, a saber: "resultou pouco feliz a redacção de alguns dos seus preceitos", "esclarecem-se ou retocam-se alguns aspectos em que a letra originária do Código Civil se revelou menos satisfatória", "maiores aperfeiçoamentos reclamavam as soluções introduzidas pela reforma de 1980" são algumas das frases onde se destaca as imperfeições detectadas e que se procurou corrigir[4].

As alterações foram, por isso, contundentes e tocaram as várias matérias, de tal sorte que foi dada redacção diversa a todos os preceitos, tendo inclusivamente transitado para o art. 755.º CC a norma referente ao direito de retenção.

As modificações assumiram dois tipos: ligeiras e profundas. Quanto àquelas, cite-se o art. 412.º. Em relação a estas, pode ainda dizer-se que, umas vezes, a matéria foi reorganizada (por exemplo, o n.º 3 do art. 442.º CC foi transposto, com mutações, para o art. 755.º, n.º 1, al. f) CC) ou reestruturada (o art. 830.º CC foi todo ele retocado),

---

[4] Cfr. ponto 1, § 3, ponto 2, § 2 e ponto 3, § 1 do DL 379/86, de 11 de Novembro.

sendo que, outras vezes, se consagraram inovações pertinentes (*v.g.,* o art. 413.º ou o art. 442.º).

As transformações tocaram, de modo reduzido, os aspectos formais, tendo curado dominantemente da vertente substancial. No entanto, o legislador de 1986 não ficou imune às críticas[5]. Na verdade, estas não desapareceram, tendo perdurado até aos dias de hoje, como termos oportunidade de destacar ao longo do presente texto.

1.2.2.3. *Terceira alteração*

Recentemente, com a aprovação de medidas de simplificação, desmaterialização e desformalização de actos e de processos na área do registo predial e de actos notariais conexos, através do DL 116/2008, de 4 de Julho, foram modificadas algumas regras do contrato-promessa.

As escassas mutações não têm, deste modo, na sua base o circunstancialismo que presidiu à elaboração do texto legal de 86. São pontuais e limitam-se a aspectos de índole formal.

Apenas dois números, de dois preceitos ínsitos na "parte geral" do Código Civil, foram tocados:

- o art. 410.º, n.º 3 CC, com a alteração da expressão "certificação, pela entidade que realiza aquele reconhecimento";
- o art. 413.º, n.º 2 CC, com a ressalva inicial ("salvo disposição especial") e com a transposição da alternatividade formal que consta da regra geral do contrato definitivo ("deve constar de escritura pública ou de documento particular autenticado").

2. **Fora do Código Civil**

Encontramos ainda um conjunto de regras particulares aplicáveis a certos contratos-promessa, constantes de diplomas avulsos.

---

[5] Ver, por exemplo, as fortes críticas de ANA COIMBRA, "O sinal: contributo para o estudo do seu conceito e regime", O Direito, 1990, pp. 634 ss.

Cabe enumerar algumas delas, sem procurarmos ser exaustivos:

– promessa de transmissão de direito real de habitação periódica ou turística (arts. 17.º a 20.º, 48.º e 49.º, entre outros, do DL 275/93, de 5 de Agosto);

– promessa de trabalho (art. 103.º e 107.º, n.º 3 da Lei 7/2009, de 12 de Fevereiro), incluindo a promessa de trabalho desportivo (DL 28/98, de 26 de Junho);

– promessa de seguro de crédito e promessa de seguro de caução (art. 13.º, n.º 1 DL 183/88, de 24 de Maio)

– promessa de concessão de crédito ao consumo (art. 2.º, n.º 1, al. a) DL 359/91, de 21 de Setembro).

§ 2. Noção

1. Os caracteres resultantes da lei

O art. 410.º, n.º 1 CC dá uma noção de contrato-promessa. Começa por se referir, a propósito do regime àquele empregue, "à convenção pela qual alguém se obriga a celebrar certo contrato...".

Esta mesma ideia transparece do art. 830.º, n.º 1, parte inicial CC, quando se dispõe "se alguém se tiver obrigado a celebrar certo contrato".

Identificam-se, de acordo com o texto legal, três elementos, a saber:

– a existência de uma convenção;
– pela qual alguém se obriga;
– a celebrar certo contrato (sublinhados nossos).

1.1. *Existência de uma convenção*

Assim, o contrato-promessa há-de resultar de um específica convenção.

Destacam-se duas características desta convenção:

- a da autonomia em relação ao negócio definitivo, que se pode deduzir, por exemplo, do próprio formalismo específico da promessa;
- a da completude da mesma, em razão de sua suficiência enquanto tal para produzir os específicos efeitos.

1.2. *Existência de uma obrigação a que alguém se encontra adstrito*

Para que se trate de um negócio desse género, deve ainda decorrer uma vinculação para, pelo menos, um dos sujeitos. Daí que a promessa possa ser havida como unilateral, bilateral ou até plurilateral.

1.3. *Vinculação à celebração de um contrato*

1.3.1. **Promessa em vista da conclusão de contrato definitivo**

Por fim, a obrigação dele emergente é a de celebrar um contrato – dito definitivo ou prometido por contraposição ao contrato-promessa –, sem restrições, à partida, de qualquer ordem.

O contrato (definitivo), a concluir no futuro[6], a que textualmente se alude pode ser, por sua vez, unilateral, bilateral ou até plurilateral.

1.3.1.1. *Promessa de celebração de contrato definitivo unilateral: em especial a promessa de doação*

A promessa que visa a celebração de um contrato definitivo unilateral é, à partida, admissível.

No entanto, tem-se discutido, em relação a algumas promessas, o seu valor jurídico.

---

[6] Daí que também se aluda a uma "convenção futura" (GALVÃO TELLES, Manual dos Contratos em Geral, Refundido e Actualizado, 4.ª Ed., Coimbra, 2002, p. 210).

26 *Contrato-Promessa em Geral. Contratos-Promessa em Especial*

Cabe analisar em particular a promessa de doação.

O facto de pôr em causa o elemento "espontaneidade" que subjaz à doação, a circunstância de não ser uma verdadeira promessa (considerando-se que valeria como doação (art. 954.º, al. c) CC)), sem prejuízo do funcionamento do art. 942.º CC, que proíbe a doação de bens futuros, são alguns dos argumentos aduzidos por quem sustenta a inadmissibilidade da referida promessa[7].

Este entendimento tem sido afastado pela doutrina e pela jurisprudência dominantes, que consideram admissível tal promessa[8].

---

[7] Ac. Rel. Lisboa, de 19.2.2002 – sumário (FERREIRA PASCOAL), www.dgsi.pt (sustenta-se a nulidade do contrato-promessa de doação).

[8] VAZ SERRA, "Anotação ao Ac. STJ, de 18.5.1976", RLJ, Ano 110.º, 1977, pp. 207 e 208 e 211 a 214, PIRES DE LIMA e ANTUNES VARELA, Código Civil Anotado, II, 3.ª Ed., Revista e Actualizada, Coimbra, 1986, pp. 256 ss.; ANTUNES VARELA, Das Obrigações em Geral, I, 10.ª Ed., Revista e Aumentada, 4.ª reimpressão da Edição de 2000, Coimbra, pp. 306 ss..

Pronunciando-se afirmativamente, embora com dúvidas, ANA PRATA, O contrato-promessa e o seu regime civil, cit., pp. 305 ss, esp. p. 315.

Na jurisprudência, cfr., entre outros, o Ac. STJ, de 21.11.2006 (RIBEIRO DE ALMEIDA), www.dgsi.pt, pp. 3 e 4 ("é válida a promessa de doação. Mas uma coisa é a validade da doação e outra é a de saber se a mesma é passível de execução específica, como determina o art. 830..º do CC. A natureza da obrigação assumida pelo promitente opõe-se pela sua natureza à execução específica"), o Ac. Rel. Porto, de 12.10.2000 – sumário (VIRIATO BERNARDO), www.dgsi.pt ("a natureza da promessa de doação não impede a sua validade. Mas impede que, em caso de incumprimento, seja admissível a execução específica), Ac. Rel. Porto, de 20.1.2000 – sumário (SALEIRO DE ABREU), www.dgsi.pt (admitindo-a indirectamente ao afirmar-se que "é inviável a execução específica de um contrato-promessa de doação, por a tanto se opor a natureza da obrigação assumida), o Ac. Rel. Lisboa, de 8.7.1999 (ANA PAULA BOULAROT), www.dgsi.pt ("a consequência jurídica do incumprimento de uma promessa unilateral de doação sob condição não confere a possibilidade de se requerer ao tribunal a sua execução específica nos termos do art. 830.º do CC, mas tão só a de pedir a realização do prometido") o Ac. Rel. Lisboa, de 3.2.1998 – sumário (PINTO MONTEIRO), www.dgsi.pt (assinala-se que "sendo admissível o contrato-promessa de doação, por a intenção ficar, desde logo, validamente expressa na promessa, válido é o acordado nesse contrato de haver recurso à execução específica, verificados os seus pressupostos"), o Ac. STJ, de 1.10.1996 – sumário (PEREIRA DA GRAÇA), www.dgsi.pt ("a promessa de doação, no caso de incumprimento, não pode, por natureza, ser objecto de execução específica"), o Ac. Rel. Porto, de 4.5.1995 (CESÁRIO DE MATOS), www.dgsi.pt ("é admissível o contrato-promessa de doação"), o Ac. Rel. Lisboa, de 14.10.1993 – sumário (LOUREIRO DA FONSECA), www.dgsi.pt (observou-se que "configura um contrato-promessa de doação condicional a promessa, declarada em termo transacção homologada judicialmente, de o réu transmitir, sem qualquer contraprestação, a quantia de 3200 contos à autora, no caso de vir a ser julgado procedente uma outra acção em que se pede a anulação de determinado testamento"),

Acolhe-se esta orientação. Àquele primeiro argumento pode objectar-se a insusceptibilidade de execução específica da promessa, o que é praticamente pacífico. Pode assim o promitente deixar de cumprir. O problema de saber se estamos perante uma promessa ou um verdadeiro contrato de doação resolve-se noutro quadro. Acresce que a admissibilidade da doação sob condição suspensiva abre as portas à própria promessa de doação.

O que afirmámos não significa que todas as promessas de doação sejam válidas. Veja-se o caso, *v.g.*, da promessa em que não consta o nome do donatário, atribuindo-se a um dado sujeito a faculdade de o designar no futuro. Ora, à luz do art. 949.º CC deve considerar-se aquela nula, em virtude de o pessoa do donatário dever ser conhecida e atento o facto de se proibir a reserva de nomeação[9].

1.3.1.2. *Promessa de contrato bilateral*

Contempla-se expressamente na lei a promessa de contrato bilateral.

O contrato definitivo bilateral pode revestir, à partida, qualquer modalidade.

Para além das promessas que destacamos em especial no Título II desta monografia, identifiquemos outras com maior ou menor expressão na nossa prática:

– promessa de troca[10];
– promessa de locação (cessão de exploração) de estabelecimento comercial[11];

---

o Ac. STJ, de 16.7.1981 – sumário (ABEL CAMPOS), www.dgsi.pt ("integra, sem dúvida, um verdadeiro contrato-promessa de doação, a assunção gratuita da obrigação de transmitir uma contraprestação, ou seja doar – tão séria e vinculativa que até se estabelece uma cláusula penal para a hipótese da falta de cumprimento -, tal como a sua aceitação, dentro do mesmo espírito de liberdade, com reconhecimento expresso de se tratar de acto espontaneo, de mera generosidade").

[9] Na jurisprudência, ver Ac. STJ, de 21.11.2006 (RIBEIRO DE ALMEIDA), www.dgsi.pt, p. 4.

[10] Ac. Rel. Porto, de 2.10.2000 – sumário (RIBEIRO DE ALMEIDA), www.dgsi.pt, Ac. STJ, de 27.4.1989 – sumário (ELISEU FIGUEIRA), www.dgsi.pt, Ac. STJ, de 31.1.1989 – sumário (GAMA PRAZERES), www.dgsi.pt.

[11] Ac. Rel. Lisboa, de 27.6.2006 (ORLANDO NASCIMENTO), www.dgsi.pt, Ac. Rel. Lisboa, de 16.11.2004 (PINTO MONTEIRO), www.dgsi.pt.

28   *Contrato-Promessa em Geral. Contratos-Promessa em Especial*

- promessa de instalação de loja em centro comercial[12];
- promessa de locação financeira[13];
- promessa de comodato[14].

1.3.1.3. *Promessa de contrato plurilateral; em particular a promessa de sociedade*

A nossa ordem jurídica conhece negócios que podem envolver mais do que duas partes. Estamos a aludir ao contrato de sociedade, ao contrato de consório (art. 2.º, do DL 231/81, de 28 de Julho) e ao contrato de associação em participação (art. 21.º do último diploma citado), sendo esses os casos.

A promessa de constituição de sociedade, de consórcio ou de associação em participação, quando está em causa a vinculação de mais do que dois sujeitos, configura uma promessa de contrato plurilateral[15].

Não há quaisquer obstáculos que impeçam tais promessas, embora possam existir especificidades de regime[16].

---

[12] Ac. Rel. Lisboa, de 3.10.1996 (SILVA SALAZAR), www.dgsi.pt.

[13] Ac. Rel. Porto, de 12.11.2008 (TELES DE MENEZES), www.dgsi.pt, Ac. STJ, de 18.3.2003 (REIS FIGUEIRA), www.dgsi.pt, Ac. Rel. Porto, de 18.10.2001 (MÁRIO FERNANDES), www.dgsi.pt (estava em causa uma promessa de locação financeira imobiliária de um lote de terreno, destinado a construção para fins comerciais ou industriais, de construções a edificar aí, designadamente, uma unidade industrial, escritórios, quatro pontes rolantes e ainda a fracção autónoma do prédio urbano em construção destinado a comércio, a escritórios ou a serviços).

[14] Trata-se aqui de um contrato bilateral imperfeito, não sinalagmático (MENEZES LEITÃO, Direito das Obrigações, III, 2.ª Ed., 2004, p. 367).

Sobre a promessa de comodato, ver o Ac. Rel. Lisboa, de 17.6.2004 (ARLINDO ROCHA), www.dgsi.pt.

[15] CARLOS FERREIRA DE ALMEIDA, Contratos II, Conteúdo, Contratos de troca, Coimbra, 2007, pp. 41 ss.

[16] Ac. STJ, de 16.1.1968 (SANTOS CARVALHO), www.dgsi.pt ("a circunstância de as partes haverem qualificado factos constitutivos de um contrato de sociedade não impede que o tribunal os qualifique diferentemente e decida que eles representam um contrato-promessa de sociedade").

1.3.2. Promessa de celebração de contrato definitivo com terceiro

Realce-se que o contrato prometido não tem de ser concluído necessariamente entre as partes, atenta a circunstância de poder decorrer da promessa o dever de contratar com terceiro[17].

Da promessa pode assim nascer a obrigação de contratar com terceiro (o comummente designado *pactum de contrahendo cum tertio*)[18].

1.3.3. Promessa em vista da realização de negócio jurídico unilateral

Tem sido sustentado pela doutrina que o contrato-promessa pode ainda ter por objecto a celebração, por um dos contraentes, de um ou até de mais do que um negócio jurídico unilateral[19].

---

[17] Pessoa Jorge, Mandato sem representação, Coimbra, 2001, p. 256.

[18] Calvão da Silva, Sinal e contrato-promessa, 12.ª Ed. Revista e Aumentada, Coimbra, 2007, p. 18 (o autor traça o seguinte quadro: "uma parte não assume a obrigação de contratar, mas indica expressamente o terceiro titular do direito à celebração do contrato definitivo directamente com a outra parte, promitente vinculado (art. 443.º e segs.)". Pense-se na promessa de venda a favor de terceiro: A assume perante B a obrigação de vender um imóvel a C; pense-se na promessa de garantia a favor de terceiro: A assume perante B a obrigação de estipular com o credor deste uma fiança, uma hipoteca, um penhor uma garantia autónoma).

[19] Henrique Mesquita, Obrigações reais e ónus reais, Coimbra, 2003, p. 232 (o autor afirma que se os promitentes convencionarem "que [um deles] constituirá uma hipoteca a favor do segundo – cfr. o art. 712.º –, ou subordinará determinado imóvel ao regime da propriedade horizontal, ou confirmará um negócio anulável").

Ver ainda sobre o assunto Ana Prata, O contrato-promessa e o seu regime civil, cit., pp. 260 ss., nota 588, e pp. 426 ss. (quanto à obrigação de contratar de fonte não contratual), Rui de Alarcão, A confirmação dos negócios anuláveis, Coimbra, 1971, p. 102 (a promessa de acto confirmativo de negócio anulável é um dos casos de promessa que tem como propósito um negócio unilateral; o autor entende que "há que dar à lei um entendimento extensivo ou analógico), Galvão Telles, Direito das Obrigações, 6.ª Ed., Revista e Actualizada, Coimbra, 1989, pp. 82 e 83, nota 1 (o autor, que assinala a pouca frequência destes casos e que entende aplicável por analogia os arts. 410 ss. CC a tais hipóteses, dá o seguinte exemplo: "duas pessoas fazem entre si um acordo onde estipulam que uma delas passará à outra determinada procuração em que esta também é interessada"), Almeida Costa, Contrato-promessa. Uma síntese do regime vigente, 8.ª Ed., Revista e Aumentada, Coimbra, 2004, pp. 12 e 13, Calvão da Silva, Sinal e Contrato-Promessa, cit., p. 14.

A jurisprudência tem acompanhado esta orientação.

Vejamos dois casos elucidativos.

Como se expressa no Ac. STJ, de 10.1.2008, "a referência do texto legal tem como justificação a raridade com que se encontra a promessa de realização de um ou mais actos jurídicos unilaterais, contraposta à frequência de contrato-promessa tendo como objecto a realização dum contrato definitivo, de sorte que a lei deve ser entendida em termos hábeis, dando-lhe um alcance que não resulta, *prima facie*, da sua letra"[20]. Discutiu-se no aresto citado o valor jurídico do contrato-promessa de repúdio da herança, não inserto em convenção antenupcial, em que cada um dos cônjuges promete vir a repudiar, por morte do outro, à herança deste[21]. É pacífico que o acto de repúdio da herança, efectuado depois da morte, é lícito. Todavia, o tribunal entendeu que por via do contrato-promessa em causa se violava a razão de ser do art. 2028.º, n.º 2 CC. Com efeito, dado que só no período *post-mortem* se pode tomar uma decisão avisada, a qual assenta no circunstancialismo que subjaz à sucessão, foi considerada tal promessa nula[22].

Por sua vez, o Ac. STJ, de 29.10.2002, considerou a promessa de renúncia de usufruto – negócio jurídico unilateral – perfeitamente válida, ainda que o promitente só tenha adquirido "o usufruto (a que prometeu renunciar) aquando da morte da anterior usufrutuária, em 7.4.99, e datando a promessa unilateral de renúncia de 1.10.98"[23].

Apesar de a lei apenas aludir à vinculação à celebração de um *contrato*, cremos que não há razões que nos levem a não admitir, como regra geral, a promessa em vista de um negócio jurídico unilateral. A autovinculação não prejudica terceiros, sendo certo que estes sempre podem impedir a produção de efeitos das situações jurídicas por essa via constituídas. A autonomia privada, por outro lado, não restringe esta possibilidade.

---

[20] Ac. STJ, de 10.1.2008 (João Bernardo), www.dgsi.pt, p. 3.

[21] Ac. STJ, de 10.1.2008 (João Bernardo), www.dgsi.pt ("o contrato-promessa pode ter como objecto a efectivação de um ou mais actos jurídicos unilaterais").

[22] Ac. STJ, de 10.1.2008 (João Bernardo), www.dgsi.pt, p. 4.

[23] Ac. STJ, de 29.10.2002 (Afonso Correia), www.dgsi.pt.

§ 3. Efeitos da promessa

Do contrato-promessa resulta, como se antevê, a obrigação de emitir uma declaração negocial correspondente ao negócio definitivo.

A prestação que dele emerge é pacificamente qualificada como prestação de facto jurídico positivo, ou seja, a de concluir, no futuro, um contrato, o prometido.

Ao mesmo tempo, a sua celebração representa a execução da promessa, o cumprimento daquele outro negócio anteriormente celebrado.

Os efeitos que emergem da promessa são sempre de natureza obrigacional, ainda que a promessa seja havida como real[24].

Por qualquer razão – e os motivos que estão na sua base são muitíssimo variados e indefiníveis – as partes optaram, no imediato, pela não realização do negócio, apenas se vinculando à respectiva conclusão no futuro.

---

[24] De notar que há outras prestações acessórias que podem emergir do contrato-promessa, como por exemplo a obrigação de conservação do bem, a obrigação de desonerar o bem (pois encontrava-se hipotecado ou penhorado).

SECÇÃO II
Modalidades de contratos-promessa

Cabe, em seguida, descrever as modalidades mais significativas do contrato-promessa, atenta a relevância que lhes é conferida pela lei.

SUBSECÇÃO I
Promessa unilateral e promessa bilateral

§ 1. Critério seguido: o número de partes que se vincula. § 2. Promessa unilateral. 1. Significado. 2. Documento assinado pela parte vinculada. 3. Duração do vínculo. 3.1. Convenção quanto ao prazo de duração da promessa. 3.2. Não fixação convencional de prazo de duração da promessa. 4. Regime da promessa unilateral. § 3. (cont.) Promessa unilateral: suas variantes. 1. Promessa unilateral com obrigação do beneficiário da promessa de pagar uma soma no caso de não exercício do direito de celebrar o contrato definitivo. 2. Promessa unilateral com entrega de quantia pelo beneficiário da promessa. § 4. Promessa bilateral. 1. Significado. 2. Algumas questões. 2.1. Ausência da expressão "promete comprar" ou de locução afim. 2.2. Promessa bilateral resultante de documentos distintos. § 5. (cont.). Promessa bilateral reduzida a escrito assinada por um só dos promitentes. 1. A situação fáctica. 2. As várias construções. 2.1. Nulidade *total*. 2.2. O afastamento da tese da nulidade total. 2.2.1. O Assento do STJ, de 29 de Novembro de 1989. 2.2.2. As interpretações efectuadas em face do Assento de 29 de Novembro de 1989. 2.2.2.1. Tese da redução; a) Seu acolhimento; b) Problemas conexos; i) Ilisão da presunção; ii) Articulação com o regime do sinal. 2.2.2.2. Teses da conversão; a) Conversão em promessa unilateral; b) Conversão mitigada. 2.2.3. Tese da validade. 2.2.4. Posição adoptada.

§ 1. Critério seguido: o número de partes que se vincula

Em função do número de partes que se vincula, a promessa é havida como unilateral ou bilateral (ou eventualmente plurilateral, como afirmámos supra).

Em várias regras é feita alusão expressa à unilateralidade e/ou à bilateralidade do contrato-promessa.

Tal sucede no art. 410.º CC, no n.º 2, para efeito de saber quem deve assinar o contrato, no n.º 3 da mesma disposição, no que toca ao reconhecimento presencial da assinatura do promitente ou dos promitentes.

Ocorre ainda no art. 413.º, n.º 2, parte final CC, em sede de eficácia real da promessa.

Há uma outra disposição, o art. 411.º CC, que faz referência (tão só) à "promessa unilateral".

Noutras, dada a amplitude dos respectivos normativos, parece estar implicitamente neles contida. É o caso, *v.g.*, do art. 830.º CC.

§ 2. Promessa unilateral

1. Significado

A promessa é qualificada como unilateral sempre que apenas uma das partes se encontra adstrita à realização do futuro contrato. A outra parte, ao invés, não está vinculada a essa celebração, podendo fazê-lo ou não.

2. Documento assinado pela parte vinculada

O art. 410.º, n.º 2 CC exige – sempre que a lei afasta a regra da liberdade de forma para o contrato prometido – um documento assinado pela parte que se vincula.

Da mesma forma, no caso de promessa de contrato oneroso de transmissão ou constituição de direito real sobre edifício ou fracção autónoma dele, o documento apenas tem de conter a assinatura do promitente adstrito à conclusão do negócio definitivo, devidamente reconhecida, sem prejuízo da certificação da respectiva licença (art. 410.º, n.º 3 CC).

Segue a mesma lógica a promessa real (art. 413.º, n.º 2 CC).

O outro promitente não está adstrito à subscrição do contrato, dado que para si não decorrem obrigações, mas tão só para a outra parte.

3. Duração do vínculo

3.1. *Convenção quanto ao prazo de duração da promessa*

No contrato-promessa unilateral pode fixar-se um prazo dentro do qual o vínculo é eficaz (art. 411.º, 1.ª parte CC). Caso tal suceda, o beneficiário da promessa pode a todo o tempo – mas dentro do prazo convencionado – provocar a conclusão do contrato definitivo.

Esgotado o prazo, caduca a obrigação do promitente que se vinculou.

3.2. *Não fixação convencional de prazo de duração da promessa*

Se não é determinado na promessa o prazo dentro do qual o promitente se encontra adstrito, ou seja, "o prazo dentro do qual o vínculo é eficaz", estamos perante uma promessa por tempo indeterminado.

No entanto, assinala o art. 411.º CC que na hipótese descrita, o promitente pode requerer ao tribunal a fixação de um prazo (à outra parte) para o exercício do direito que resulta do contrato-promessa.

Terminado o prazo sem que ocorra o respectivo exercício, o direito emergente do contrato extingue-se, por caducidade.

4. Regime da promessa unilateral

À partida, a promessa unilateral segue o regime das demais promessas.

Assim, em princípio, tem eficácia meramente obrigacional para a parte que se vincula[25].

Havendo incumprimento temporário da promessa unilateral, mostra-se possível a sua execução específica à luz do art. 830.° CC, a solicitação do não vinculado, e sempre que ela seja admissível nesse quadro[26], sendo que no caso de a promessa ter eficácia real (cfr. o art. 413.°, n.° 2 CC, que determina "consoante se trate de contrato--promessa unilateral...") aquele mecanismo tem maior força.

Pode acrescer a tal remédio uma indemnização moratória em função dos danos sofridos pelo não vinculado à promessa.

Também actuam as regras específicas do incumprimento definitivo, havendo constituição de sinal[27/28].

§ 3. (cont.) Promessa unilateral: suas variantes

Existem vários problemas emergentes das promessas unilaterais, já que estas podem revestir certas especificidades.

Caba descrever algumas das suas variáveis.

---

[25] Desta sorte, "o contrato-promessa assinado, apenas, pelo vendedor vale, em relação a ele, como promessa de venda, embora não valha, como promessa de compra, em relação ao comprador" (Ac. Rel. Porto, de 6.7.1978 – sumário (GAMA PRAZERES), www.dgsi.pt).

[26] Tal hipótese foi suscitada no Ac. Rel. Coimbra, de 17.4.2007 (ARTUR DIAS), www.dgsi.pt, pp. 4 e 5.

[27] Embora não seja habitual a constituição de sinal nas promessas unilaterais em que se vincula o promitente-vendedor, pode dar-se essa situação – ver Ac. Rel. Porto, de 16.2.2002 (ATAÍDE DAS NEVES), www.dgsi.pt, p. 4.

Sustentou-se no Ac. Rel. Lisboa, 3.10.1991 – sumário (CARVALHO PINHEIRO), www.dgsi.pt que "na promessa unilateral, o sinal recebido por quem unicamente se vinculou deve, em princípio, ser singelamente restituído à parte que o constituiu, se não se chegar a celebrar o contrato definitivo".

Cfr., sobre o tema, ANTUNES VARELA, Sobre o contrato-promessa, 2.ª Ed., Coimbra, 1989, p. 16.

[28] Ver ANA PRATA, O contrato-promessa e seu regime, cit., p. 756 (a autora parece sustentar que a válida constituição de sinal está dependente de a sua entrega provir "do contraente que pelo contrato fica vinculado afirmando que a hipótese inversa não é sequer previsível").

1. Promessa unilateral com obrigação do beneficiário da promessa de pagar uma soma no caso de não exercício do direito de celebrar o contrato definitivo

Na hipótese suscitada, apenas um sujeito – em regra, o promitente-vendedor –, se encontra vinculado a contratar, normalmente num certo período, sendo que o beneficiário da promessa se encontra adstrito a pagar àquele uma dada soma[29] caso não exerça o direito de concluir o negócio definitivo.

A não subscrição do contrato-promessa e a consequente liberdade de celebração (ou não) do contrato prometido conferem ao beneficiário da promessa uma especial posição, em contraste com o que sucede com o promitente-vinculado: essa particular vantagem é expressa, em termos pecuniários, como contrapartida do encargo do único promitente[30].

A situação descrita tem tido larga expressão na realidade francesa, sendo aí muito estudada, mas os autores portugueses têm dado igualmente atenção considerável ao tema[31].

A promessa tem, sem dúvida, cariz unilateral.

Quanto ao regime da mesma, cabe referir que, do ponto de vista formal, parece bastar a assinatura do único vinculado, quando a lei exija um documento para a promessa[32].

---

[29] Calculada sob preço total da venda, situando-se, em regra, em torno de 10%.

[30] Esta hipótese não é exclusiva da promessa unilateral.

[31] Cfr. CALVÃO DA SILVA, Sinal e contrato-promessa, cit., pp. 35 ss., PINTO MONTEIRO, Cláusula penal e indemnização, Coimbra, 1990, pp. 188 ss. (alude o autor ao preço de imobilização ou preço da promessa), ALMEIDA COSTA, Contrato-promessa. Uma síntese do regime vigente, cit., pp. 41 ss.

[32] Ver CALVÃO DA SILVA, Sinal e contrato-promessa, cit., pp. 42 ss., PINTO MONTEIRO, Cláusula penal e indemnização, cit., pp. 191 e 192, nota 415, ALMEIDA COSTA, Contrato-promessa. Uma síntese do regime vigente, cit., pp. 41 ss.; diversamente, ANTUNES VARELA, Sobre o contrato-promessa, cit., pp. 26 ss.

Na jurisprudência, ver o Ac. Rel. Lisboa, de 24.9.1992 (FLORES RIBEIRO), www.dgsi.pt (a promessa unilateral é válida desde que contenha a assinatura da pessoa que se vincula a contratar; não é havida como sinal, mas como reserva ou preço de imobilização, a quantia entregue ao promitente pelo beneficiário da promessa), Ac. STJ, de 10.4.2003 (FERREIRA DE ALMEIDA), www.dgsi.pt (assinalou-se que face ao disposto no art. 410.º, n.º 2 do CC, o contrato-promessa unilateral acompanhado da chamada *indemnização de imobilização ou de indisponibilidade* não necessita, para ser válido, da assinatura de ambas as partes, bastando-se com a assinatura daquela que se vincula a contratar).

Por outro lado, a contrapartida da imobilização do bem nem sempre terá de ser paga, já que é possível a não existência de prejuízo para o promitente (vinculado), *v.g.* porque vendeu a coisa por maior valor[33/34].

2. Promessa unilateral com entrega de quantia pelo beneficiário da promessa

Noutra sede, tem-se debatido se a unilateralidade da promessa prejudica a constituição de sinal pelo não vinculado.

O problema é o seguinte:

– apenas um sujeito se vincula, o promitente-transmitente, assumindo, *v.g.*, a obrigação de, no futuro, alienar um dado bem;
– o beneficiário da promessa – que não a subscreveu – entrega, porém, uma dada quantia ao promitente-alienante.

A factualidade descrita tem sido discutida na doutrina e tem sido por diversas vezes suscitada na nossa jurisprudência.

Como qualificar a promessa?

A promessa em causa mantém os seus caracteres, não se modificando a sua unilateralidade[35].

---

[33] *Vide* Pinto Monteiro, Cláusula penal e indemnização, cit., p. 191.

[34] Ac. Rel. Lisboa, 4.12.1990 (Zeferino Faria), www.dgsi.pt (em sede de incumprimento temporário, observou-se que "o contrato-promessa de venda com cláusula de preço de imobilização apresenta-se semelhante ao contrato-promessa bilateral e está, portanto, sujeito à disciplina do artigo 830.º do CC").

[35] Ac. Rel. Lisboa, de 3.10.1991 (Carvalho Pinheiro), www.dgsi.pt ("a estipulação de sinal num contrato-promessa unilateral não altera esta característica de tal contrato, já que a sua constituição não é privativa de contratos desta natureza e não pode, por isso, servir para qualificar a promessa"), Ac. Rel. Porto, de 16.1.1990 – sumário (Matos Fernandes), www.dgsi.pt ("se, em princípio, na promessa unilateral, basta a assinatura do promitente, a regra consente e impõe desvios, nos casos em que, mau grado a unilateralidade, ambas as partes se vinculam (vinculação que, como é óbvio, não terá a extensão e o sentido de manifestação de vontade de outro promitente). Isto sucede quando o credor da obrigação de contratar (a cargo da outra parte) se compromete a pagar o benefício recebido... O sinal não é figura exclusiva de promessa unilateral, pela manifesta extensão à simples promessa unilateral de disposições como as dos artigos 441.º e 442.º, n.º 1 do Código Civil").

38   *Contrato-Promessa em Geral. Contratos-Promessa em Especial*

Antunes Varela expressa ideia semelhante, fazendo referência ao "contrato-promessa *unilateral* em que o credor da obrigação de contratar (a cargo da outra parte) se comprometesse a pagar o benefício recebido"[36].

Mas qual o valor jurídico da importância entregue?

A nosso ver, a quantia entregue pelo beneficiário da promessa deve entender-se como um *equivalente funcional do sinal*, em razão de daí decorrer um *espécie de vinculação* do beneficiário[37].

E note-se que nada impede – embora não seja esta a hipótese típica e comum – a sua constituição ao tempo da promessa unilateral de venda, como *correspectivo* da prestação do outro contraente. Por outro lado, o sinal (ou um seu equivalente funcional) não é exclusivo da promessa bilateral[38].

Em relação aos efeitos que dela decorrem, o problema tem especial acuidade em sede de incumprimento definitivo.

Foi entendido, no Ac. Rel. Porto, de 10.1.2006, que o beneficiário da promessa unilateral não pode resolver a mesma, por não ter assumido qualquer vinculação nesse âmbito, em razão este ser um instituto privativo dos contratos bilaterais, apesar de existerem desvios a esta regra, não cabendo o contrato-promessa unilateral nessas

---

Alguns autores, como salienta Vaz Serra, entendem que se trata, diversamente, de "um contrato-promessa unilateralmente vinculante (pois só uma das partes se obriga à celebração do contrato prometido)..." ("Contrato-promessa", BMJ, n.º 76, 1958, pp. 10 e 11).

[36] Contrato-promessa, cit., p. 16.

[37] Cfr., *v.g.,* o Ac. STJ, de 21.3.1995 (Martins da Costa), www.dgsi.pt ("tem a natureza de contrato-promessa unilateral aquele em que apenas uma das partes se obriga a celebrar certo contrato, não obstante a outra parte assumir determinados deveres, como o de prestação de sinal").

Assim não se entendeu no Ac. Rel. Coimbra, de 17.4.2007 (Artur Dias), www.dgsi.pt, p. 3, tendo sido considerado que a importância entregue não pode ter o valor de sinal, já que não preenche nenhuma das funções típicas que normalmente assume.

[38] Ac. Rel. Porto, de 10.1.2006 (Henrique Araújo), www.dgsi.pt, Ac. Rel. Porto, de 16.1.1990 – sumário (Matos Fernandes), www.dgsi.pt (assim, "se em princípio, na promessa unilateral, basta a assinatura do promitente, a regra consente e impõe desvios, nos casos em que, mau grado a unilateralidade, ambas as partes se vinculam (vinculação que, como é óbvio, não terá a extensão e o sentido de manifestação de vontade de outro promitente); o sinal não é figura exclusiva de promessa unilateral, pela manifesta extensão à simples promessa unilateral de disposições como as dos arts. 441.º e 442.º, n.º 1 do Código Civil").

excepções[39]. Apesar disso, considerou-se aplicáveis as regras da inexecução das obrigações, donde, depois das várias interpelações para cumprir por parte do beneficiário da promessa e da inacção do promitente, o tribunal entendeu que estavamos perante uma situação de "incumprimento definitivo da promessa de venda, em resultado de comportamento imputável aos promitentes – arts. 808.º e 801.º do CC"[40/41].

Cremos que as consequências da prestação entregue – havida, a nosso ver, como *equivalente funcional do sinal* –, à luz do incumprimento definitivo da promessa imputável ao vinculado, as consequências constantes do art. 442.º CC: o pagamento do sinal em dobro (correspondente à restituição do sinal cumulado com a entrega do valor correspondente ao mesmo)[42].

---

[39] Ac. Rel. Porto, de 10.1.2006 (HENRIQUE ARAÚJO), www.dgsi.pt (a promessa unilateral – subscrita apenas pelo promitente-vendedor, assim se entendeu apesar da locução usada – tinha na base a seguinte declaração que transcrevemos: "nós abaixo assinados, C e D declaramos para os efeitos que houver por convenientes que vendemos o terreno designado na escritura como prédio rústico ... a B, onde já recebemos por conta a quantia de (dois milhões de escudos) 2.000.000$00 e os restantes (três milhões de escudos) 3.000.000$00 serão pagos no acto da escritura que deverá ser realizada até ao final do ano de 2000).

[40] Ac. Rel. Porto, de 10.1.2006 (HENRIQUE ARAÚJO), www.dgsi.pt (a existência de ónus sobre o prédio não permitiu a conclusão do negócio definitivo, sendo que os promitente-vendedores foram interpelados pelo beneficiário da promessa, "por duas vezes, para que fosse marcada nova data, concedendo, em cada uma dessas interpelações, um prazo máximo de 15 dias, sob a advertência de que se nada fosse promovido pelos Réus nesse prazo, perderia o interesse no negócio"; como nada foi feito o tribunal deu por "verificado o incumprimento definitivo da promessa de venda").

[41] Note-se que, em relação à questão de saber se o promitente-vendedor pode resolver o contrato-promessa quando apenas ele se obrigou, no Ac. STJ, 6.10.1994 – sumário (RAÚL MATEUS), www.dgsi.pt, observa-se que "não pode o mesmo contraente pedir a resolução por incumprimento do mesmo contrato por recusa peremptória dos [beneficiários] em outorgar na escritura de compra e venda", sendo que "a inexistência de obrigação ... não confere ao [promitente-vendedor] o direito à perda do sinal entregue pelo primeiro".

[42] Ac. Rel. Porto, de 28.2.2008 (JOSÉ FERRAZ), www.dgsi.pt (assinala-se aí que "embora o campo de eleição da prestação do sinal seja o contrato-promessa bilateral, a disciplina dos arts. 440.º, 441.º e 442.º, n.ºs 1 e 2 (1.ª parte) do CC, no que respeita aos efeitos do sinal (nomeadamente, perda e restituição em dobro) tem carácter de generalidade, aplicando-se a todos os negócios em que haja sinal passado", Ac. STJ, de 2.6.1977 (OCTÁVIO GARCIA), www.dgsi.pt ("o disposto no artigo 442.º do Código Civil é aplicável a promessa unilateral de venda" em que apenas se vinculou o promitente-alienante, tendo ocorrido a constituição de sinal pelo beneficiário da promessa), Ac. STJ, de 2.7.1974 (ARALA CHAVES),

§ 4. Promessa bilateral

1. Significado

A promessa é havida como bilateral se ambas as partes se vinculam à conclusão do contrato prometido.

2. Algumas questões

2.1. *Ausência da expressão "promete comprar" ou de locução afim*

Pode inexistir no contrato-promessa bilateral qualquer alusão à locução "prometer comprar"[43] ou a expressão afim.

Tal circunstancialismo não prejudica a existência de uma promessa bilateral válida, desde que se possa concluir, dos termos apostos no clausulado, por via das regras de interpretação da declaração negocial, tal vinculação.

Tal hipótese foi discutida no Ac. Rel. Porto, de 1.4.2003, tendo-se considerado que o sujeito em causa se "assumiu ali [no contrato] como promitente-comprador", e obrigado "a proceder a um levantamento topográfico para determinação da área do prédio prometido vender e do preço da respectiva compra e venda, assinando tal documento", tornando-se, por isso, irrelevante a omissão da citada expressão[44].

---

www.dgsi.pt ("encontrando-se assinado apenas pelo vendedor o documento que titula um contrato-promessa de compra e venda, não deixa de valer em relação a ele como promessa de venda, embora não valha como promessa de compra para o outro contraente... Se o promitente-vendedor, interpelado pelo outro contraente, se recusou a celebrar a escritura de venda, colocou-se em mora e tornou-se responsável, por isso mesmo, pela restituição do sinal em dobro").

[43] Ou do negócio que estiver em causa.

[44] Ac. Rel. Porto, de 1.4.2003 (FERNANDO SAMÕES), www.dgsi.pt, p. 4.

2.2. *Promessa bilateral resultante de documentos distintos*

Impõe-se agora saber se pode falar-se de uma promessa bilateral quando as assinaturas dos promitentes se encontram em documentos distintos.

Nada obsta a que tal suceda do ponto de vista formal, se os respectivos requisitos se encontram cumpridos.

A doutrina[45] e a jurisprudência[46] têm acolhido esta orientação.

Assim, tem sido sustentado que "a promessa de compra e venda de bens imóveis exarada em dois documentos – original e duplicado – se o promitente vendedor tiver assinado o exemplar entregue ao promitente comprador e este tiver assinado o exemplar entregue àquele"[47].

§ 5. (cont.). Promessa bilateral reduzida a escrito assinada por um só dos promitentes

1. A situação fáctica

As premissas das quais partimos são as seguintes:

– a celebração de um contrato-promessa bilateral;
– a necessidade de subscrição do mesmo pelos contraentes, ou melhor por todos os contraentes;
– apenas um deles o assinou.

Esta situação é algo frequente, tendo sido objecto de vários arestos publicados.

---

[45] ALMEIDA COSTA, "Anotação ao Ac. STJ, de 11.4.1985" (ALMEIDA RIBEIRO), RLJ, Ano 119.º, 1986/1987, p. 320.

[46] Ver, entre outros, o Ac. STJ, 9.1.2003 (ARAÚJO BARROS), www.dgsi.pt (em sede probatória, assinalou-se que "seria necessário alegar e provar que no outro exemplar (que, no mínimo, habilidosamente a [promitente-vendedora] não juntou aos autos), igualmente a assinatura da promitente-compradora se encontrava em falta. E tal prova, assim como a respectiva alegação, incumbiria à [promitente-vendedora], porquanto, tendo ela invocado a nulidade do contrato, lhe era imposto que alegasse e provasse os factos integradores dessa nulidade, sobretudo, e muito em especial, que o outro exemplar, a ela entregue, não continha a assinatura da promitente-compradora"), o Ac. STJ, de 12.3.1996 (AMÂNCIO FERREIRA), CJ, Ac. STJ, 1996, 1, p. 141, o Ac. STJ, de 7.10.1993 (FARIA DE SOUSA), www.dgsi.pt.

[47] Ac. STJ, de 7.10.1993 (FARIA DE SOUSA), www.dgsi.pt.

42 Contrato-Promessa em Geral. Contratos-Promessa em Especial

A questão em análise é a da (in)validade formal do contrato--promessa, à luz do art. 410.º, n.º 2 CC.

Pode já adiantar-se que é pacífico o entendimento de que o negócio é nulo. A discussão existe em torno do problema de saber se deve haver lugar ao aproveitamento do negócio ou não, e, em caso afirmativo, em que circunstâncias tal conservação se pode verificar.

2. As várias construções

2.1. *Nulidade total*

No passado, alguma doutrina[48] e, desde 1977, o STJ[49] acolheram a tese da nulidade total do contrato-promessa.

O carácter sinalagmático do contrato-promessa bilateral e a essencialidade das assinaturas, ou dito de outro modo a falta de uma delas, para efeito da forma exigida, eram as razões aduzidas para sustentar que a ausência da subscrição por uma das partes importaria a referida nulidade.

2.2. *O afastamento da tese da nulidade total*

2.2.1. **O Assento do STJ, de 29 de Novembro de 1989**[50]

O Assento do STJ, de 29 de Novembro de 1989[51], que trata de apreciar o valor jurídico do contrato-promessa bilateral subscrito apenas

---

[48] Cfr. GALVÃO TELLES, Direito das Obrigações, cit., p. 89 (baseia-se o autor na necessidade imperiosa de mútuo consentimento para que se pudesse falar de um contrato), e o voto de vencido do Juiz Conselheiro ABEL CAMPOS, Ac. STJ, de 2 de Julho de 1974, RLJ, Ano 108.º, 1975/1976, p. 284 (o princípio da tipicidade subjacente aos negócios unilaterais impedia a redução ou a conversão do negócio nulo por falta de forma).

[49] Veja-se o Ac. STJ, de 28 de Maio de 1995, citado no próprio Assento.

[50] O valor actual dos assentos é o de jurisprudência uniformizada (arts. 732.º-A, 732.º-B CPC e art. 17.º, n.º 2 DL 329-A/95, de 12 de Dezembro).

[51] Publicado no DR n.º 46, de 23.2.1990, I Série, pp. 770 ss., mas também no BMJ, n.º 391, pp. 101 ss.

por uma das partes, teve na sua base dois arestos, igualmente do STJ, em oposição, a saber:

– o Ac. STJ, de 25.4.1972, que sustenta a validade do contrato-promessa bilateral de venda de imóvel assinado por uma das partes, *in casu,* o promitente-vendedor;
– o Ac. STJ, de 28.5.1985, que afirma ser nula a promessa bilateral de venda de imóvel cujo documento que o concretiza se mostra somente subscrito pelos promitentes-vendedores.

Defendeu o tribunal a aceitação da "ideia de um contrato onde um dos contraentes fica vinculado a contratar e o outro tem o direito de optar", da qual emerge a "nulidade do contrato-promessa bilateral por falta de forma, *ex vi* disposto no art. 220.º do Código Civil, mas nulidade apenas parcial, por serem autónomos os negócios e o vício registado afectar apenas o suporte volitivo da declaração do contraente que não assinou o documento titulador do negócio jurídico viciado"[52].

Afirma-se, posteriormente, "e será a parte onerada com a prova tendente a ilidir a presunção de vontade hipotética (demonstrando por todos os meios, que, apesar da falta da parte viciada do contrato, este teria sido querido por ambos os contraentes, quanto à parte restante, como tal devendo ser mantido) aquela interessada na validade parcial"[53].

---

[52] Ver o citado Diário da República, p. 771.
[53] Cfr. o citado Diário da República, p. 772.
O aresto foi votado positivamente por um largo número de Juízes Conselheiros – 31. Houve apenas 3 votos de vencido, dos Juízes Conselheiros João Alcides Almeida, Mário Sereno Cura Mariano e Fernando Heitor de Barros Sequeiros, que justificaram o seu sentido de voto no art. 220.º CC, sustentando a nulidade total. Desta sorte, o contrato-promessa não pode "transformar-se em qualquer outro que vincule apenas uma das partes, pelo que devia ter sido formulado assento em conformidade" (cfr. DR citado p. 772, parte final).

2.2.2. As interpretações efectuadas em face do Assento de 29 de Novembro de 1989

Tem sido em geral criticado o Assento, através de expressões como "falta de clareza e imprecisão"[54] ou "equivocidade e carácter contraditório"[55] ou até "manifesta infelicidade"[56].

Por isso, têm sido várias as interpretações que se efectuaram do Assento. Em termos globais reconduzem-se a duas construções: a da redução ou a da conversão.

2.2.2.1. *Tese da redução*

a) Seu acolhimento

A doutrina dominante adopta esta via.

Assim o afirmam, por exemplo, Almeida Costa[57], Ribeiro de Faria[58], Calvão da Silva[59] e Menezes Leitão[60].

---

[54] Calvão da Silva, Sinal e contrato-promessa, cit., p. 59.

[55] Almeida Costa, Anotação, RLJ, Ano 125.º, 1992/1993, pp. 222 ss.

[56] Menezes Leitão, Direito das Obrigações, I, 6.ª Ed, Coimbra, 2007, p. 223 (destaca o autor que do Assento "apenas se poderia retirar a recusa da tese da convolação automática, mas não qualquer posição a favor da redução ou da conversão").

[57] Almeida Costa, Direito das Obrigações, cit., pp. 391 ss. e ainda "Contrato-promessa. Uma síntese do regime vigente", cit., pp. 25 ss. (o autor acolhe a tese da redução, relevando, para o efeito, o argumento sistemático).

[58] Ribeiro de Faria, Direito das Obrigações, I, Coimbra, 1990, p. 257 (opta-se pela tese da redução, seguindo "à risca a letra e o espírito do art. 292.º. Se assim acontecer, não haverá ofensa ilegítima dos interesses e expectativas do contraente vinculado").

[59] Sinal e contrato-promessa, cit., pp. 50 ss. (o autor acolhe a tese da "nulidade parcial, por ser a solução que corresponde melhor à realidade e ao direito português"; desta sorte, "não é de excluir *a priori*, automática e sistematicamente, a possibilidade de o contrato querido como bilateral valer como promessa unilateral do promitente que assina, pois a não obediência de forma atinge só a declaração negocial do outro contraente – o que acarreta, como consequência directa, imediata e necessária, apenas a nulidade da vinculação deste a contratar").

[60] Menezes Leitão, Direito das Obrigações, I, cit., pp. 222 a 224 (para o autor, a tese da redução é aquela que dá mais abertura ao aproveitamento do negócio, sendo mais adequada à resolução da questão da eventual existência de sinal).

Contrato-Promessa em Geral 45

O contrato-promessa é formalmente nulo, mas a invalidade é meramente parcial.

Em regra, tal situação leva à conservação do negócio em relação àquele que subscreveu o respectivo contrato-promessa (ao abrigo do art. 292.º CC).

Aceita-se assim a divisibilidade do negócio, a sua cindibilidade em relação às duas partes[61], sendo esta, de resto, a disciplina que protege melhor os interesses daquele que pretende o aproveitamento do negócio.

De todo o modo, cumpre reforçar que, por força da aplicação do art. 292.º, 2.ª parte CC, não está excluída a invalidade de todo o contrato-promessa. É preciso, todavia, "mostr[ar] que este não teria sido concluído sem a parte viciada".

Vale assim para tais autores a *presunção* de redução do negócio, mas que é susceptível de ser afastada, como vimos.

Na jurisprudência, deve relevar-se, pela sua importância, o Ac. STJ, de 25 de Março de 1993, que interpretando o assinalado Assento, afirma peremptoriamente que nele se consagra "a nulidade parcial do negócio e, portanto, a sua redução. Só esta interpretação se torna possível por coincidir com a linha de pensamento do legislador ao afastar-se do § 139 do Código Civil alemão, consagrando, como princípio no nosso ordenamento jurídico, o da conservação do negócio, conforme flui dos trabalhos preparatórios"[62]. Aliás, justifica-o "por ser a [solução] que melhor corresponde ao desiderato da manutenção do contrato contido na norma do artigo 292.º do Código Civil"[63].

O Ac. STJ, de 12.3.1998, apoia esta construção, ao assinalar que "a natureza sinalagmática do contrato-promessa de compra e venda, assinado apenas pelo promitente-vendedor, não afecta a presunção legal de redução do art. 292.º CC"[64].

Esta via tem sido acolhida pela jurisprudência dominante a partir de então.

---

[61] MENEZES LEITÃO, Direito das Obrigações, I, cit., p. 224.

[62] Ac. STJ, de 25 de Março de 1993 (MIRANDA DE GUSMÃO), BMJ, n.º 425 (1993), p. 517.

[63] Ac. STJ, de 25 de Março de 1993 (MIRANDA DE GUSMÃO), BMJ, n.º 425 (1993), p. 515.

[64] Ac. STJ, de 12.3.1998 (COSTA SOARES), CJ, Ac. STJ, 1998, I, p. 124.

46   *Contrato-Promessa em Geral. Contratos-Promessa em Especial*

Assim se pronunciou, por exemplo, o Ac. STJ, de 21.11.2006, observando que "a lei portuguesa reconhece o *favor contractus* e assim o princípio da conservação do negócio jurídico, enfatizando a preferência legal pela validade, mesmo parcial de um acto jurídico, à sua invalidade"[65].

---

[65] Ac. STJ, de 21.11.2006 (BORGES SOEIRO), www.dgsi.pt, p. 7.
Ver ainda, entre outros, os seguintes arestos:
- Ac. Rel. Lisboa, de 16.9.2008 (ROQUE NOGUEIRA), www.dgsi.pt ("O regime da nulidade do contrato-promessa bilateral, indevidamente subscrito por um só dos contraentes, no caso, os promitentes-vendedores, é o da nulidade parcial, nos termos do art. 292.º, do C. Civil, que impõe ao interessado na nulidade total o ónus de alegar e provar que o contrato não teria sido realizado sem a parte viciada. O Assento de 29/11/89 deve ser interpretado no sentido de consagrar a nulidade parcial do negócio e, portanto, a sua redução, havendo, assim, que aplicar o regime geral da redução consagrado no citado art. 292.º, de onde resulta o aludido ónus de alegação e de prova").
- Ac. Rel. Lisboa, de 6.12.2007 (ISABEL CANADAS), www.dgsi.pt (entende-se que a promessa apesar de "formalmente nula, pode valer, por efeito do instituto da redução, como promessa unilateral, salvo quando o contraente subscritor do documento alegue e demonstre que o contrato não teria sido concluído sem a parte viciada").
- Ac. Rel. Porto, de 23.4.2002 – sumário (LEMOS JORGE), www.dgsi.pt ("o Assento do Supremo Tribunal de Justiça de 29 de Novembro de 1989 deve ser interpretado no sentido de um contrato-promessa bilateral assinado apenas por um dos contraentes poder ser válido em relação a promessa assinada por efeito do princípio da redução do contrato, incumbindo ao contraente interessado na nulidade total, invocá-la provando que sem a parte inválida não teria concluído o contrato").
- Ac. Rel. Porto, de 18.6.2001 (ANTÓNIO GONÇALVES), www.dgsi.pt ("no caso da promessa bilateral de compra e venda em que falta apenas a assinatura do promitente comprador, o vício registado afecta apenas o suporte (volitivo) da declaração deste contraente, nenhum elemento intrínseco ou substancial faltando para ser válida a declaração da contraparte").
- Ac. STJ, de 24.6.1999 – sumário (SOUSA DINIS), www.dgsi.pt;
- Ac. STJ, de 9.1.1997 (MIRANDA GUSMÃO), www.dgsi.pt ("o contrato-promessa de compra e venda assinado apenas pelo promitente-vendedor, e não também pelo promitente-comprador, tendo por objecto um imóvel bem comum do casal, vale como promessa unilateral de venda, uma vez que aquele (ou, no caso concreto, os seus herdeiros habilitados) não alegaram – nem provaram – que o contrato não teria sido celebrado sem a parte viciada, i.é., sem a assinatura e correspondente vinculação do promitente-comprador. Não se tendo provado que, ao tempo da celebração do contrato, o interessado como comprador tivesse conhecimento de que a vinculação do promitente-vendedor ficaria dependente da anuência da mulher deste à celebração da escritura definitiva, tem de entender-se que o incumprimento

b) Problemas conexos

A opção pela tese da redução não é pacífica quanto a algumas consequências.

i) *Ilisão da presunção*

Um dos problemas, que tem suscitado discussão, é o da ilisão da presunção.

Como sustenta Calvão da Silva, de acordo com o art. 292.º CC, cabe àquele que pretende a nulidade total, o interessado – em regra, é o promitente-alienante subscritor a fazê-lo, mas não está excluída a hipótese inversa –, alegar e demonstrar que não teria celebrado o contrato se o outro contraente também não o tivesse feito validamente[66].

---

da obrigação por ele assumida o fez incorrer no dever de restituição do sinal em dobro");

– Ac. STJ, de 25.3.1993 – sumário (Miranda Gusmão), www.dgsi.pt ("o contrato-promessa bilateral de compra e venda subscrito só por um dos promitentes sofre de invalidade parcial, conduzindo, em princípio, à sua conservação quanto à declaração da parte que assinou o documento. O contrato-promessa bilateral de compra e venda subscrito só por um dos promitentes é nulo, se o contraente que o assinou alegar e provar que não teria sido celebrado sem a parte viciada. O Assento do Supremo Tribunal de Justiça, de 29 de Novembro de 1989 deve interpretar-se no sentido de nele se consagrar a nulidade parcial do negócio e, portanto, a sua redução");

– Ac. STJ, de 3.11.1992 – sumário (Ramiro Vidigal), www.dgsi.pt ("o contrato-promessa de compra e venda, a que falta a assinatura do promitente comprador, pode reduzir-se a promessa unilateral de venda se nesse sentido se provar a vontade conjectural das partes. Tratando-se de redução, é a promitente-vendedora, que pugna pela nulidade total, quem deve provar que não teria celebrado o contrato se tivesse previsto que a falta de assinatura do não subscritor não implicava a nulidade do contrato").

[66] Calvão da Silva assinala "a natureza sinalagmática da promessa de compra e venda exarada no documento assinado só pelo promitente-vendedor facilita a este a prova de que não teria concluído o contrato sem a parte viciada, mas não o dispensa da respectiva alegação", o que é "plausível dada a natureza bilateral do contrato-promessa". É depois ao promitente-comprador que compete a prova do contrário, demonstração que, à partida, se configura dúvida difícil, atento o carácter sinalagmático do contrato (Sinal e contrato-promessa", cit., p. 55).

De todo o modo, observa o autor que é possível mostrar que o promitente-vendedor está a abusar do direito de invocar a nulidade. Figure-se a entrega de prestações de sinal pelo promitente-comprador (não subscritor) da promessa (últ. ob. cit., pp. 56 e 57).

Esta visão é contrária à seguida no mencionado Assento, já que aí se toma – estranhamente posição diversa.

Os nossos tribunais superiores têm acolhido igualmente entendimento diverso do expresso do Assento. Em relação ao *onus probandi* afirma-se, por exemplo,

- no Ac. STJ, de 25.3.1993, que o promitente-comprador "beneficia da presunção definida no art. 292.º do Código Civil", uma vez que o promitente-vendedor "não alegou factos subsumíveis a uma vontade conjectural contrária à redução"[67];
- no Ac. STJ, de 12.3.1998, que cabe ao promitente-vendedor "o ónus da alegação e prova dos factos susceptíveis de ilidirem a presunção legal da sua admissibilidade subjectiva"[68].

ii) *Articulação com o regime do sinal*

Tem sido ainda argumentado, por outro lado, que esta construção permite salvaguardar um importantíssimo aspecto do contrato-promessa: o da sua articulação com o regime do sinal.

O promitente-comprador não está impedido de invocar a nulidade. Pode, todavia, o promitente-vendedor arguir o abuso do direito de invocar a nulidade quando esta "tenha sido *deliberadamente* preparada pelo promitente-comprador que agora a invoca, ou quando todo o seu comportamento subsequente à conclusão do contrato-promessa tenha sido, apesar de conhecer o vício, de cumprimento das cláusulas nele inseridas ... em termos de nunca pôr em questão a "validade" do negócio e criar fundadamente na contraparte a confiança na aparência eficaz de exteriorização e manutenção da vontade de comprar" (últ. ob. cit., p. 58).

MENEZES LEITÃO segue a mesma orientação, ao afirmar que "é ao interessado na nulidade total do negócio que caberá alegar e provar que o contrato não teria sido concluído sem a parte viciada (Direito das Obrigações, I, cit., p. 224).

ALMEIDA COSTA tem entendimento semelhante: incumbe "ao contraente interessado na destruição do contrato – como seja, ao promitente-vendedor que assinou o documento – alegar e provar factos que preencham a hipótese da contranorma impeditiva prevista no segundo trecho do art. 292.º (art. 342.º, n.º 2)", observando ainda que "quem deseja prevalecer-se da validade parcial contrato... encontra-se liberto do ónus de alegar e provar que a vontade dos contraentes ter-se-ia orientado no sentido da manutenção do esquema negocial, embora amputado da parte inválida" (Direito das Obrigações, cit., p. 393).

[67] Ac. STJ, de 25.3.1993 (MIRANDA DE GUSMÃO), BMJ, n.º 425 (1993), pp. 517 e 518.

[68] Ac. STJ, de 12.3.1998, CJ, Ac. STJ, 1998, I, p. 124.

Desta sorte, atenta a validade parcial da promessa, funciona o regime do sinal em relação àquele que permanece vinculado à celebração do contrato definitivo[69].

2.2.2.2. *Teses da conversão*

a) Conversão em promessa unilateral

Mais tarde, Galvão Telles[70] e Antunes Varela[71] acolheram a teoria da conversão.

Com efeito, o contrato-promessa, em razão do vício de forma, deve considerar-se nulo (na sua totalidade). Todavia, mostrar-se-ia muito pouco razoável que não se usasse o instituto da conversão em promessa unilateral, à luz do art. 293.º CC[72].

---

[69] MENEZES LEITÃO, Direito das Obrigações, I, cit., p. 224, na esteira de RIBEIRO DE FARIA, Direito das Obrigações, I, cit., p. 257, nota 5.

[70] Direito das Obrigações, cit., pp. 98 e 99, Manual dos Contratos em Geral, cit., p. 213 (aduz-se que "o contrato-promessa celebrado é integralmente nulo, não se decompondo em parte válida e parte viciada", todavia caso o não subscritor pretenda pode "alegar e provar, nos termos do art. 293 do Código Civil que o fim prosseguido pelas partes permite supor que elas teriam querido uma promessa unilateral... se tivessem previsto a nulidade da promessa bilateral").

[71] Das Obrigações em Geral, I, cit., pp. 325 e 326 (refere o autor que "não se aceita a validade directa da promessa bilateral... nem sequer a tese da nulidade meramente parcial do contrato, com a sua consequente redução nos termos genéricos do art. 292.º", pelo que", sendo assim, o assento consagra afinal a tese da nulidade total do contrato, sem prejuízo da sua conversão em promessa unilateral, nos termos gerais do art. 293.º")

[72] Parece ser essa a orientação seguida no Ac. STJ, de 13.2.2007 (NUNO CAMEIRA), www.dgsi.pt, p. 6, quando se diz "que o contrato-promessa bilateral nulo é convertível em promessa unilateral válida".

Neste sentido, ver Ac. Rel. Lisboa, de 4.12.2007 (JOÃO AVEIRO PEREIRA), www.dgsi.pt (afirma-se aí peremptoriamente que "a redução não tem aqui cabimento, pois a relação entre um contrato-promessa bilateral e uma promessa unilateral não é uma relação quantitativa, de mais para menos do mesmo contrato, mas uma relação entre espécies contratuais diferentes. Nesta ordem de ideias, só a conversão (art. 293.º CC) poderia operar a metamorfose do referido contrato bilateral numa promessa unilateral. Mas esta conversão, que não é do conhecimento oficioso do tribunal, só é admissível quando essa for a vontade conjectural das partes, isto é, quando se alegue e demonstre que era desiderato dos intervenientes manter a vontade de se vincularem à celebração do contrato prometido, mesmo sabendo que uma das partes a tanto não ficava obrigada").

Alguma jurisprudência, inclusivamente a mais recente, acolhe esta via[73].

b) Conversão mitigada

Menezes Cordeiro sustenta que a situação é de invalidade total, rejeitando a tese da invalidade parcial, já que a promessa bivinculante subscrita apenas por um dos promitentes é substancialmente diversa da promessa puramente monovinculante.

Porém, em razão dos interesses do único vinculado, propõe "uma interpretação-aplicação conjunta dos dois preceitos" – o da redução e o da conversão –, a que se acrescenta "ainda, pelo menos, o artigo 239.º, com o seu apelo à boa fé, devidamente concretizado", procurando chegar a uma resposta mais equitativa[74].

---

[73] Cfr., entre outros, os seguintes arestos:
- Ac. STJ, de 17.6.2008 (NUNO CAMEIRA), www.dgsi.pt (o aresto considerou que se tratava de um contrato-promessa bilateral nulo, por força do disposto no art. 220.º do CC, dado que só um dos promitentes o assinou, tendo-se salientado a "inviabilidade da sua conversão em contrato-promessa unilateral válido, uma vez que não foram alegados nem se provaram factos integradores da vontade conjectural das partes, nos termos prescritos no art. 293.º do CC");
- Ac. STJ, de 25.11.2003 (AZEVEDO RAMOS), www.dgsi.pt (preferindo a conversão, assinala-se que ela operará "quando o fim prosseguido pelos contraentes permita supor que eles a teriam querido se tivessem previsto a invalidade – art. 293.º CC". Quanto ao ónus de alegação e prova, defende-se que "impende sobre o interessado no aproveitamento do acto, a este cabendo invocar e demonstrar os factos que convençam de que os autores do negócio teriam querido aquela forma de aproveitamento se a invalidade tivesse sido alcançada por eles");
- Ac. STJ, de 5.11.2002 (LOPES PINTO), www.dgsi.pt (na promessa bilateral, "a falta de assinatura de uma das partes determina a sua nulidade, por vício de forma..., sem prejuízo da sua conversão em promessa unilateral". Aduz-se ainda que "a sinalagmaticidade da promessa assinada apenas pelo promitente vendedor afasta a presunção legal da redução". Quanto ao ónus da prova, considera-se que incumbe ao promitente-comprador interessado a alegação e a demonstração da validade parcial do negócio. De todo o modo, conclui-se que "o tribunal não pode conhecer oficiosamente da conversão").

[74] Tratado de Direito Civil Português, I, Parte Geral, Tomo I, 2.ª Ed., Coimbra, 2000, p. 666.

2.2.3. **Tese da validade**

Outra orientação, recentemente defendida, é a da validade do contrato-promessa apesar da falta de forma, ultrapassando os problemas postos pelas teses da redução e da conversão[75].

2.2.4. **Posição adoptada**

A nosso ver, a tese da redução é aquela que responde melhor aos problemas postos e a que expressa uma total compatibilidade com a razão de ser da lei.

A divisibilidade do negócio no sentido do seu aproveitamento é, por um lado, a pedra de toque do sistema da conservação, entre nós acolhido.

Na lógica assinalada, só assim não será – ou seja, o negócio só deve considerar-se nulo na sua totalidade – quando e apenas quando o subscritor da promessa, não interessado na sua validade parcial, demonstrar que, sabendo que só ele sairia vinculado do celebrado contrato-promessa bilateral, jamais o acto teria sido querido nessas circunstâncias, sem que qualquer obrigação dele resultasse para o outro promitente. Incumbe-lhe mostrar que não se pretende a promessa sem a vinculação mútua.

Discordamos, portanto, da posição resultante do citado Assento do STJ. Aí é o interessado na validade parcial que está onerado com a prova.

Note-se que, existindo incertezas, resultantes da falta de prova, quanto à possível vinculação do promitente subscritor, a validade do contrato-promessa unilateral (ou, dito de outro modo, a nulidade parcial do contrato-promessa) parece ser a orientação mais adequada. Assim o impõe o regime do ónus da prova[76].

---

[75] VÍCTOR CALVETE, "A forma do contrato-promessa e as consequências da sua inobservância", sep. Boletim da Faculdade de Direito, Vol. LXIII, 1990, pp. 21 ss.

[76] Concordamos assim com ALMEIDA COSTA, Direito das Obrigações, cit., pp. 336 ss.

Neste sentido, cfr. o Ac. STJ, de 21.11.2006 (BORGES SOEIRO), www.dgsi.pt ("o julgador, se ficar na dúvida sobre a direcção em que se manifestaria a vontade hipotética, deva declarar a validade do contrato-promessa unilateral").

É esse o espírito que subjaz à parte final do art. 292.º CC e que, *in casu*, deve acolher-se.

Cabe ainda destacar que a promessa reduzida é susceptível de execução específica por parte do promitente não subscritor[77].

Da mesma sorte, o sinal entregue pelo promitente não vinculado é, com a manutenção do contrato, perfeitamente admissível. Representa, de resto, um mecanismo que obsta à invocação da nulidade total, para além de funcionar o seu regime quanto ao vinculado.

SUBSECCÇÃO II
Promessa com eficácia obrigacional e promessa com eficácia real

§ 1. Critério usado: alcance da eficácia da promessa. § 2. Promessa com eficácia obrigacional. § 3. Promessa com eficácia real. 1. Requisitos. 1.1. Requisitos substanciais. 1.1.1. Transmissão ou constituição de direitos reais. 1.1.2. Sobre bens imóveis ou móveis sujeitos a registo. 1.1.3. Existência de declaração expressa. 1.2. Requisitos de forma. 1.2.1. Exigência de um certo grau de solenidade. 1.2.1.1. Forma mínima e formalidade. a) Redução a escrito; b) Reconhecimento da assinatura. 1.2.2.2. Forma superior. 1.3. Requisito de publicidade: inscrição no registo. 2. Inobservância dos requisitos: seus efeitos. 3. Observância dos requisitos: significado da atribuição da eficácia real. 3.1. Oponibilidade *erga omnes*. 3.2. Amplitude da execução específica. 3.3. Prioridade sobre todos os direitos pessoais ou reais ulteriormente constituídos sobre o mesmo objecto. 3.3.1. Constituição posterior de direitos pessoais ou reais. 3.3.2. Constituição anterior de direitos pessoais ou reais. 4. Outras vicissitudes. 4.1. Promessa real não registada seguida de alienação da coisa. 4.2. Casos de "perda" da eficácia real da promessa. 5. Natureza do direito do promissário com eficácia real.

§ 1. Critério usado: alcance da eficácia da promessa

É possível relevar uma outra classificação: a que tem na base o critério do alcance de eficácia da promessa. Em função disso, pode falar-se de eficácia obrigacional ou de eficácia real da promessa.

---

[77] Ac. STJ, de 13.2.2007 (NUNO CAMEIRA), www.dgsi.pt, p. 6.

Dispomos, de resto, de uma regra especificamente aplicável à eficácia real da promessa (o art. 413.º CC). Virtualmente, todos os outros normativos se podem empregar a qualquer das promessas, com ressalva do art. 410.º, n.ᵒˢ 2 e 3 CC.

§ 2. Promessa com eficácia obrigacional

A regra é a de que o contrato-promessa tem mera eficácia obrigacional. Tal deve-se essencialmente a duas razões:

- a lei "impõe", por via de interpretação *a contrario sensu* do art. 413.º CC, a promessa obrigacional num largo número de situações[78];
- mesmo quando se permite a celebração de promessa com eficácia real, a escolha das partes vai normalmente no sentido de atribuir carácter obrigacional à promessa.

Na promessa obrigacional, estamos perante um contrato que está sujeito, como qualquer um, à eficácia relativa: a vinculação que dele emerge apenas se limita às partes, não sendo possível a sua oponibilidade a terceiros.

Podem adiantar-se algumas notas básicas e breves quanto ao alcance desta modalidade de promessa – já que *infra* a destacamos com pormenor –, utilizando a compra e venda como referência exemplificativa.

Em face do incumprimento temporário,

- verificados os requisitos impostos por lei, o promitente não inadimplente tem direito à execução específica da promessa;
- a este mecanismo pode acrescer uma indemnização moratória, desde que se demonstre a existência de danos decorrentes do atraso na execução;

---

[78] Só nos casos previstos no art. 413.º CC – v.g., se estiver em causa um bem imóvel ou um bem móvel sujeito a registo – é que a promessa pode ter eficácia real. Em todos os outros casos tem eficácia obrigacional. Assim, a promessa de trespasse de estabelecimento comercial tem necessariamente eficácia obrigacional.

54 Contrato-Promessa em Geral. Contratos-Promessa em Especial

Perante o incumprimento definitivo da promessa,

– funciona o regime do sinal e, caso exista convenção em contrário, podem exigir-se outras indemnizações.

Mas a tutela do promitente obrigacional está longe de ser plena.

Por exemplo, não se protege o promitente-comprador contra uma eventual transmissão da propriedade da coisa. Assim, se o promitente-vendedor, agora na qualidade de vendedor, alienar a um terceiro o quadro, objecto de promessa anterior, o promitente-adquirente apenas terá direito a ser indemnizado, não podendo fazer actuar a execução específica do mesmo em relação àquele terceiro[79].

§ 3. Promessa com eficácia real

O art. 413.º CC trata da "eficácia real da promessa", sendo esta, de resto, a sua epígrafe. Vejamos a redacção do normativo, cujo n.º 2 teve nova redacção por força do DL 116/2008, de 4 de Julho:

– *à promessa de transmissão ou constituição de direitos reais sobre bens imóveis ou móveis sujeitos a registo, podem as partes atribuir eficácia real, mediante declaração expressa e inscrição no registo (n.º 1).*

– *salvo o disposto em lei especial, deve constar de escritura pública ou de documento particular autenticado a promessa a que as partes atribuam eficácia real; porém, quando a lei não exija essa forma para o contrato prometido, é bastante documento particular com reconhecimento da assinatura da parte que se vincula ou de ambas, consoante se trate de contrato-promessa unilateral ou bilateral (n.º 2).*

Dentre os inúmeros arestos analisados, são escassas as decisões que versam sobre promessas com eficácia real[80].

---

[79] Ver infra, para mais pormenores, Tit. I, Cap. V, § 2, 6.

[80] Ver o Ac. Rel. Porto, de 15.11.2005 (ALBERTO SOBRINHO), www.dgsi.pt, o Ac. STJ, de 23.9.2003 (AFONSO CORREIA), www.dgsi.pt, o Ac. STJ, de 2.7.1996 – sumário (PAIS DE SOUSA), www.dgsi.pt, e o Ac. Rel. Lisboa, de 12.10.1995 – sumário (CAMPOS OLIVEIRA), www.dgsi.pt.

1. Requisitos

1.1. *Requisitos substanciais*

1.1.1. Transmissão ou constituição de direitos reais

Em primeiro lugar, exige-se a transmissão ou a constituição de direitos reais (do gozo ou de garantia).

A norma tem em vista, por um lado, os direitos reais de gozo, os quais se encontram tipificados na nossa lei. Assim, podem estar em causa os direitos a seguir assinalados:

- de propriedade[81];
- de usufruto;
- de uso e habitação;
- de superfície;
- de servidão;
- de habitação periódica ou turística.

Mas pode tratar-se igualmente de direitos reais de garantia, salientando-se aqui pela sua especialidade, a promessa de hipoteca.

Mas, para além disso, é preciso que o contrato-promessa tenha como propósito a transmissão ou a constituição de um dos assinalados direitos reais.

1.1.2. Sobre bens imóveis ou móveis sujeitos a registo

Por outro lado, a promessa à qual as partes atribuem eficácia real impõe a transmissão ou a constituição de direitos reais sobre específicos bens: ou se trata de imóveis ou estão em causa móveis sujeitos a registo.

Portanto, só os bens registáveis podem ser objecto de promessa com eficácia real.

---

[81] A transmissão pode advir, por exemplo, de uma promessa de venda, de troca, de dação em cumprimento.

1.1.3. Existência de declaração expressa

Em terceiro lugar, a atribuição da eficácia real apenas pode operar "mediante declaração expressa" (art. 413.º, n.º 1 CC), ou seja, "quando feita por palavras, escrito ou qualquer outro meio directo da manifestação da vontade (art. 217.º, n.º 1, 1.ª parte CC)[82].

Não se basta a lei com uma declaração tácita.

Quanto ao conteúdo da declaração, há uma larga margem de discricionariedade, não se impondo naturalmente a utilização da locução "promessa real". Outras expressões são reveladoras de uma mesma vontade: eficácia absoluta, oponibilidade em relação a terceiros, efeitos *erga omnes*[83].

A base da imposição de declaração expressa é clara: estão em causa razões de certeza e de segurança jurídicas.

Aliás, o mesmo caminho é seguido noutras matérias, relativamente às quais se pretende clareza e ausência de dificuldades na sua interpretação[84].

---

[82] É este igualmente o entendimento de CALVÃO DA SILVA, Sinal e contrato-promessa, cit., p. 20, ALMEIDA COSTA, Direito das Obrigações, cit., p. 411.

[83] ALMEIDA COSTA, Direito das Obrigações, cit., p. 411.

Por exemplo, no Ac. Rel. Porto, de 15.11.2005 (ALBERTO SOBRINHO), www.dgsi.pt, p. 3, assinala-se que "todos os outorgantes declaram atribuir ao presente contrato-promessa de compra e venda eficácia real prevista no artigo 413.º do Código Civil").

[84] Neste sentido, ANA PRATA, O contrato-promessa e o seu regime civil, cit., pp. 618 e 619.

Posição distinta é partilhada por MENEZES CORDEIRO, ao entender que na redacção da lei está em causa "uma declaração específica ou suplementar, a tanto dirigida e não de declaração não tácita: todo o esquema da teoria geral dos negócios, mesmo os mais formais, vai no sentido de admitir, lado a lado, declarações expressas e tácitas – cf. o art. 217.º/2; nenhum inconveniente haveria, por exemplo, em que de um contrato-promessa celebrado com os requisitos formais competentes, se retirasse, com toda a probabilidade, que as partes lhe quiseram conferir eficácia real; o seu registo não pode ser negado – bem como os demais efeitos – a pretexto de faltar a cláusula expressa" ("O contrato-promessa nas reformas de 1980 e de 1986", Estudos de Direito Civil, cit., p. 76).

1.2. **Requisitos de forma**

1.2.1. **Exigência de um certo grau de solenidade**

1.2.1.1. *Forma mínima e formalidade*

É legítimo afirmar-se que a regra, no tocante à promessa com eficácia real, é a da exigência de, pelo menos, uma forma reduzida, a par de uma formalidade.

a) Redução a escrito

Com efeito, tomando como referência o contrato prometido, e sempre que este não exija escritura pública ou documento particular autenticado, a promessa com eficácia real não necessita de ser outorgada por qualquer dessas vias.

Assim se assinala no art. 413.º, n.º 2, 2.ª frase, 1.º trecho CC, quando se observa "porém, quando a lei não exija essa forma [em alternativa, a escritura pública ou o documento particular autenticado] para o contrato prometido". Impõe-se, portanto, o escrito particular.

b) Reconhecimento da assinatura

Mas não é suficiente a redução a escrito do contrato. Mostra-se ainda necessário, cumulativamente, o reconhecimento[s] da[s] assinatura[s] da[s] parte[s] vinculada[s].

Importa saber que tipo reconhecimento está aqui em causa.

O DL 250/96, de 24 de Dezembro, que altera o Código do Notariado, determina, no seu art. 153.º, que os reconhecimentos notariais podem ser simples ou com menções especiais. Aqueles são sempre presenciais. Estes, são presenciais ou por semelhança.

Trata-se, portanto, de um reconhecimento simples da assinatura[85], que é sempre presencial.

---

[85] O DL 250/96, de 24 de Dezembro.

58 *Contrato-Promessa em Geral. Contratos-Promessa em Especial*

Estes implicam o "reconhecimento da letra e assinatura, ou só da assinatura, em documentos escritos ou apenas assinados, na presença dos notários, ou o reconhecimento que é realizado estando o signatário presente ao acto" (art. 153.º, n.º 5 CN).

De notar que foram suprimidos "os reconhecimentos notariais da letra e assinatura, ou só de assinatura, feitos por semelhança e sem menções especiais relativas aos signatários" (art. 1.º). Em sua substituição, determina o art. 2.º do mesmo texto, que é suficiente "a indicação, feita pelo signatário, do número, data e entidade emitente do respectivo bilhete de identidade ou documento equivalente emitido pela autoridade competente de um dos países da União Europeia ou do passaporte"[86].

Actualmente, à luz do art. 38.º do DL 76-A/2006, de 29 de Março, procedeu-se a uma extensão do regime dos reconhecimentos das assinaturas[87]. Assim se observa no n.º 1 do citado preceito "sem prejuízo da competência atribuída a outras entidades, as câmaras de comércio e indústria..., os conservadores, os oficiais do registo, os advogados e os solicitadores podem fazer reconhecimentos simples...".

1.2.2.2. *Forma superior*

Outras vezes, exige-se um formalismo superior para o contrato-promessa: a escritura pública ou o documento particular autenticado[88]. Tal imposição decorre de idêntica exigência que é efectuada para o contrato definitivo (art. 413.º, n.º 2, 1.ª parte, *a contrario sensu* do art. 413.º, n.º 2, 2.ª parte, 1.º trecho CC).

1.3. *Requisito de publicidade: inscrição no registo*

Acresce a necessidade de inscrição no registo do contrato-promessa para que esta tenha eficácia real (art. 413.º, n.º 1, última expressão CC).

---

[86] Cfr. art. 153.º CNot.

[87] Entre outras, como sejam a "autenticação e a tradução de documentos".

[88] A recente alteração do CRP provocou modificações nalguns contratos definitivos previstos no CC, em especial na compra e venda, que se repercutiram em sede de contrato-promessa.

Igualmente o determina o art. 2.º, n.º 1, al. f) CRP ao consagrar que está sujeita a registo

– "*a promessa de alienação ou oneração... se lhes tiver sido atribuída eficácia real*".

Desta sorte, é o momento da inscrição no registo que marca a data a partir da qual a promessa é oponível a terceiros

Note-se que o registo provisório – tal e qual é admitido no art. 47.º, n.º 3 CRP[89] e no art. 92.º, n.º 1, al. g) CRP[90] – não faz operar, sem mais, a mesma consequência.

O que se afirmou não prejudica, porém, a efectiva conversão em registo definitivo em face do circunstancialismo previsto na lei para o efeito. Neste caso, a aquisição do direito ou a eficácia da hipoteca têm efeitos retroactivos ao tempo do registo provisório (art. 6.º, n.ºs 1 e 3 CRP)[91].

2. Inobservância dos requisitos: seus efeitos

A inobservância de pelo menos um dos requisitos assinalados acarreta a inexistência de contrato-promessa com eficácia real, devendo considerar-se, em princípio, que o contrato tem apenas eficácia obrigacional[92].

---

[89] Dispõe o citado número que "o registo provisório de aquisição pode também ser feito com base em contrato-promessa de alienação, salvo convenção em contrário".

[90] Determina a mencionada alínea, conjugada com o proémio do n.º 1, que "são efectuadas provisoriamente por natureza as seguintes inscrições: de aquisição, antes de titulado o contrato".

De notar que o n.º 4 do art. 92.º assinala que "a inscrição referida na alínea *g*) do n.º 1, quando baseada em contrato-promessa de alienação, é renovável por períodos de seis meses e até um ano após o termo do prazo fixado para a celebração do contrato prometido, com base em documento que comprove o consentimento das partes".

[91] Os mencionados números dispõem o seguinte:
- "O direito inscrito em primeiro lugar prevalece sobre os que se lhe seguirem relativamente aos mesmos bens, por ordem da data dos registos e, dentro da mesma data, pela ordem temporal das apresentações correspondentes" (n.º 1).
- "O registo convertido em definitivo conserva a prioridade que tinha como provisório" (n.º 3).

[92] CALVÃO DA SILVA refere-se a eficácia meramente obrigacional no caso de faltar um dos requisitos, "se valer puder" (Sinal e contrato-promessa, cit., p. 21).

60   *Contrato-Promessa em Geral. Contratos-Promessa em Especial*

3. Observância dos requisitos: significado da atribuição da eficácia real

3.1. *Oponibilidade erga omnes*

A inscrição no registo do contrato-promessa estende em relação a terceiros a eficácia da promessa.

Tal como qualquer acto registável, a citada inscrição tem a mesma consequência, fruto da publicidade emergente do registo: pode ser oposta aos terceiros.

3.2. *Amplitude da execução específica*

A promessa com eficácia real confere aos promitentes uma especial tutela, a qual se traduz numa maior força quanto ao *cumprimento exacto* da promessa[93].

A execução específica do contrato-promessa tem assim uma lata amplitude, actuando nas seguintes circunstâncias:

- não é possível o afastamento por convenção expressa ou tácita (sinal ou cláusula penal) das partes, sob pena de nulidade da estipulação;
- a alienação ou a oneração da coisa pelo promitente-transmitente não impede o recurso a tal via[94].

---

[93] Note-se que o art. 903.º CPC determina que "se os bens... tiverem sido prometidos vender, com eficácia real, a quem queira exercer o direito de execução específica, a venda ser-lhe-á feita directamente". A inclusão desta hipótese no normativo resultou do entendimento doutrinário no sentido de, à luz da redacção anterior, se defender a sua interpretação extensiva (LEBRE DE FREITAS e RIBEIRO MENDES, Código de Processo Civil – Anotado, Vol. 3.º, Coimbra, 2003, p. 596).

[94] ANTUNES VARELA, Das Obrigações em Geral, I, cit., pp. 374 e 375 (apesar de afirmar o recurso à execução específica, o autor considera que, como pedido cumulativo, se deve requerer "a declaração de nulidade da alienação efectuada pelo promitente faltoso e a consequente entrega da coisa"), GALVÃO TELLES, Direito das Obrigações, cit., p. 132 (alcança-se uma "sentença que substitua o contrato de alienação ou oneração que o promitente se obrigou a celebrar"), HENRIQUE MESQUITA, Obrigações reais e ónus reais, cit., p. 241 (sustenta o autor que o promissário deve "requerer, em acção proposta contra o promitente, a execução específica do contrato-promessa" e "opor ao terceiro adquirente – que poderá ser

Todavia, essa latitude não é absoluta, como destacaremos.

De notar que o mero registo da acção de execução específica da promessa com eficácia obrigacional jamais confere eficácia real àquela[95].

3.3. *Prioridade sobre todos os direitos pessoais ou reais ulteriormente constituídos sobre o mesmo objecto*

3.3.1. Constituição posterior de direitos pessoais ou reais

A promessa com eficácia real registada prevalece sobre a constituição posterior de direitos pessoais ou reais sobre o mesmo objecto.

Desta sorte, a venda ulterior ao registo da promessa do objecto por parte do promitente-alienante não afecta a situação jurídica da contraparte.

Discute-se, porém, se a venda é nula ou é ineficaz em relação ao promissário.

Alguns acolhem a primeira via, observando que o credor da promessa pode "requerer a nulidade da alienação efectuada pelo promitente faltoso e a consequente entrega da coisa"[96].

Outras sustentam a tese da ineficácia, afirmando que tudo se passa como se, nas relações entre eles, "o objecto prometido continuasse a pertencer a este"[97].

A razão parece estar com estes autores. Senão vejamos.

---

demandado na mesma acção, ao abrigo das regras processuais sobre coligação dos réus – o direito real que o contrato definitivo (o contrato prometido) lhe confere"). CALVÃO DA SILVA parece orientar-se neste sentido (Sinal e contrato-promessa, cit., p. 22). A posição seguida por estes dois últimos autores é, a nosso ver, a mais consentânea com a natureza do direito em causa.

[95] Cfr. Ac. STJ, de 20.1.2009 (FONSECA RAMOS), www.dgsi.pt, Ac. STJ, de 11.12.2008 (PIRES DA ROSA), www.dgsi.pt.

[96] ANTUNES VARELA, Das Obrigações em Geral, I, cit., pp. 374 e 375.

[97] HENRIQUE MESQUITA, Obrigações reais e ónus reais, cit., p. 255. ALMEIDA COSTA parece ter aderido a esta construção já que afirma que "esta oponibilidade *erga omnes* da promessa determina a *ineficácia* dos actos realizados em sua violação", embora se utilize aí a aludida expressão em itálico (Direito das Obrigações, cit., p. 412).

O promitente-adquirente com eficácia real é titular de um direito com uma particular tutela, com uma específica força. O promitente-vendedor não deixa de ser o verdadeiro proprietário da coisa, mas essa propriedade encontra-se particularmente limitada em razão do registo da promessa real.

Ora, a venda do objecto pelo promitente-alienante não enferma de vicissitudes que a tornam inválida, mas da restrição proveniente da natureza real da promessa. Dada a existência do registo desta, garante-se o conhecimento da situação por terceiro, não o deixando desprotegido. Todavia, a alienação é inoponível ao promitente real, o qual, encontrando-se tutelado pela promessa, tem inteira legitimidade para requerer, com sucesso, a execução específica do contrato, à luz do art. 830.º CC.

3.3.2. Constituição anterior de direitos pessoais ou reais

O registo anterior – por referência à data do registo da promessa real – de direitos pessoais (*v.g.*, o direito ao arrendamento) ou de direitos reais (*v.g.*, o direito de propriedade) sobre o mesmo objecto é oponível ao promissário real posterior.

4. Outras vicissitudes

4.1. *Promessa real não registada seguida de alienação da coisa*

Importa saber qual o valor da promessa real, ainda não registada, depois de efectuada, por hipótese, uma alienação da coisa pelo promitente-vendedor.

Menezes Cordeiro entende que o promitente-adquirente com eficácia real, apesar de faltar a inscrição no registo, já é titular de um direito oponível, estando em causa um direito conflituante[98].

Posição contrária é a de Henrique Mesquita, ao afirmar que a ausência de registo da promessa real obsta a que, *v.g*, o promitente-

---

[98] "O novíssimo regime do contrato-promessa", cit., p. 12.

-transmissário tenha prioridade sobre o terceiro a quem o promitente-
-adquirente, na qualidade agora de alienante, vendeu a coisa. Afirma
o autor que essa primazia do comprador subsiste ainda que não haja
registo da aquisição[99].

Aderimos (parcialmente) à construção de Henrique Mesquita.
Atendendo às regras do registo, que aqui são indubitavelmente empregues, também nos parece que a sua falta, em relação à promessa
real, impede que o promitente-transmissário possa conseguir uma
semelhante amplitude sem tal inscrição. Seria então um contra-senso
o ónus de registo.

Todavia, já nos parece discutível que se privilegie a aquisição
não registada (ou ainda não registada) sobre o registo da promessa
real ulterior à alienação[100].

4.2. *Casos de "perda" da eficácia real da promessa*

Em hipóteses específicas, pode verificar-se a perda da possibilidade de requerer a execução específica.

Naturalmente que a destruição da coisa (imóvel ou móvel
registável) impede o promissário real de obter a execução específica
da promessa.

De igual sorte, o furto ou o roubo do bem móvel registável gera,
em princípio, a impossibilidade de recurso à execução específica.

5. **Natureza do direito do promissário com eficácia real**

Discute-se na doutrina se o promissário real é titular de um
direito de crédito com eficácia absoluta ou, ao invés, de um direito
real de aquisição.

Alguns autores perfilham esta orientação. Os argumentos utilizados são diversos, mas encerram alguma proximidade: a posição real

---

[99] Obrigações reais e ónus reais, cit., p. 253, nota 190.
[100] Esta é uma posição oposta à que defende HENRIQUE MESQUITA, Obrigações reais e
ónus reais, cit., p. 253, nota 190.

do promissário[101], o alcance da eficácia real da promessa[102], a natureza homóloga da promessa real com o pacto de preferência[103] e a presença dos elementos (a inerência e a sequela) "que caracterizam distintivamente os direitos reais"[104].

Diversamente, outros juristas sustentam que estamos perante um direito de crédito, embora ampliado nos seus efeitos. Os fundamentos são, no essencial, os seguintes: "a inscrição no registo não imprime natureza real a um direito que intrinsecamente não te[m]"[105], o efeito específico do registo é o da oponibilidade do direito (de crédito) a terceiros[106], a mencionada característica da oponibilidade não é suficiente para que se daí deduza a qualificação de um direito como real[107].

A nosso ver, como deixamos já transparecer, o direito do promissário real não altera a sua natureza creditícia. Simplesmente, no confronto com os direitos de crédito típicos, tem um maior alcance. Essa larga amplitude resulta da inscrição no registo da promessa, já que, por essa via, ele opera em relação a terceiros.

---

[101] Cfr. MOTA PINTO, Direitos Reais, Álvaro Moreira e Castro Fraga, Coimbra, 1971, p. 143 (afirma-se que "o adquirente (promissário) pode ir buscar o prédio a terceiro que tenha adquirido do promitente-vendedor"), GALVÃO TELLES, Direito das Obrigações, cit., p. 132 (observa que "será um direito de aquisição, porque lhe permite obter do tribunal uma sentença (constitutiva) que lhe faça *adquirir* o direito cuja alienação ou constituição foi prometida").

[102] GALVÃO TELLES. Direito das Obrigações, cit., p. 132 (especifica o autor que "a eficácia real traduz-se em imprimir a esse direito o carácter de *ius in re*")

[103] RUI PINTO DUARTE, Curso de Direitos Reais, 2.ª Ed., Revista e Aumentada, Cascais, 2007, p. 274 (aduz o autor que "as alienações feitas em incumprimento dos direitos de aquisição nascidos de contratos-promessa com eficácia real são ineficazes em relação aos titulares de tais direitos"), MENEZES CORDEIRO, "O novíssimo regime do contrato promessa", Estudos de Direito Civil, Vol. I, Coimbra, 1994, pp. 78 e 79.

[104] ANA PRATA, O contrato-promessa e o seu regime civil, cit., pp. 616 e 617.

[105] HENRIQUE MESQUITA, Obrigações reais e ónus reais, cit., pp. 253, n. 189 (alude ainda o autor "a uma *eficácia equiparada à dos direitos reais*, não correndo perigo ou não podendo ser inviabilizado por actos de alienação ou oneração do objecto do contrato prometido, praticados pelo devedor", p. 252)

[106] CALVÃO DA SILVA, Sinal e contrato-promessa, cit., p. 22.

[107] PEDRO PAIS DE VASCONCELOS, "O efeito externo da obrigação no contrato-promessa", Scientia Ivridica, 1985, pp. 120 ss.

SECÇÃO III
Instrumentos conexos

§ 1. Sinal. 1. Enquadramento legal e breve confronto entre o regime dos contratos em geral e a disciplina do contrato-promessa em especial. 2. Caracterização. 3. Valor da coisa entregue em sede de contrato-promessa. 4. Natureza do sinal em sede de contrato-promessa. 4.1. Sinal penitencial. 4.2. Sinal confirmatório-penal. 4.3. Sinal confirmatório-penal e sinal penitencial. 4.4. Posição adoptada. § 2. Pacto de preferência. § 3. Pacto de opção.

Destacamos, nesta secção, algumas figuras que têm afinidades com o contrato-promessa. Nuns casos, porque deles emerge uma conexão mais estreita (é o que sucede com o sinal) ou menos íntima (como é o caso do pacto de preferência) com o negócio em análise. Noutras hipóteses, porque permite estabelecer uma diferenciação entre os actos em apreço (em particular, efectuamos o confronto com o pacto de opção).

Apenas pretendemos, nesta sede, estabelecer uma sumária análise entre os institutos e lançar algumas pontes fundamentais para a compreensão do regime do contrato-promessa.

§ 1. Sinal

1. Enquadramento legal e breve confronto entre o regime dos contratos em geral e a disciplina do contrato-promessa em especial

Abordamos o sinal, em primeiro lugar, por várias razões: pela sua relevância na vida negocial, pela sua importância nos contratos em geral e pela sua ligação ao contrato-promessa.

São quatro os preceitos que aludem ao sinal. Por um lado, os arts. 440.º, 441.º e 442.º CC, que traçam o respectivo regime, quer em geral, quer em especial em sede de contrato-promessa. Por outro lado, e lateralmente, o art. 830.º, n.º 2 CC, aborda exclusivamente o sinal no quadro (da execução específica) do contrato-promessa.

Explicitemos melhor os contornos das citadas disposições, para efeito de delimitar a matéria num e noutro casos.

Quanto aos contratos em geral, começa por se estabelecer a seguinte regra: a entrega de uma coisa não reveste carácter de sinal, salvo se as partes lhe atribuírem tal valor. Funciona assim a coisa entregue como mera antecipação (total ou parcial) do cumprimento (art. 440.º CC).

No tocante ao contrato-promessa, estabelece-se a regra inversa no que respeita à promessa de compra e venda: presume-se aí que qualquer quantia entregue é havida como sinal (art. 441.º CC).

De notar que a existência de sinal configura igualmente uma presunção contrária à execução específica de qualquer contrato-promessa (art. 830.º, n.º 2 CC).

Por sua vez, o art. 442.º CC, nos seus quatro números, estabelece a disciplina do sinal para os contratos em geral e para os contratos-promessa em especial.

Refira-se que o art. 442.º, n.º 2, 3.º trecho CC apenas se emprega a alguns contratos-promessa e em dadas circunstâncias (quando há tradição da coisa e se verifica o incumprimento definitivo da promessa).

O número seguinte – o art. 442.º, n.º 3 CC – que vale apenas para os contratos-promessa, tem duas partes: a primeira, independentemente do entendimento que se possa perfilhar, aplicar-se-á a qualquer contrato-promessa; a segunda, encontra o mesmo campo de aplicação do art. 442.º, n.º 2, 3.º trecho CC.

De todo o modo, cumpre realçar que embora o instituto do sinal não seja privativo dos contratos-promessa, é nesse domínio que assume largo destaque, o que se constata pelo simples facto de o legislador ter alterado o regime do sinal a propósito da modificação das regras dos contratos-promessa. Tal sucedeu em 1980, com o DL 236/80, e em 1986, com o DL 379/86.

2. Caracterização

Entende-se por sinal a coisa (fungível ou não), normalmente dinheiro, entregue por um dos contraentes ao outro ao tempo da conclusão do contrato ou até em data ulterior.

A *traditio* da coisa é uma característica essencial do sinal, embora não se deva igualmente descurar a sua dependência ou especial ligação a um contrato, nem a vontade das partes na sua atribuição[108].

O facto de ser, frequentemente, concretizada na entrega de dinheiro, permite-nos centrar a análise nesse domínio.

Note-se que conquanto se aluda frequentemente ao sinal no domínio de um contrato-promessa, dele claramente se distingue. Desde logo, pode haver contrato-promessa e não haver qualquer tipo de sinal, já que uma eventual entrega pode representar uma mera antecipação do pagamento.

Por outro lado, o sinal – que não existe autonomamente, ou seja, sem contrato – pode constituir-se no âmbito de um contrato definitivo, sem qualquer ligação a uma promessa de contratar.

3. Valor da coisa entregue em sede de contrato-promessa

Impõe-se seguidamente saber qual é o valor da coisa entregue em sede de contrato-promessa.

A lei efectua uma distinção, para efeito de qualificação, da coisa consoante o tipo de promessa em apreço. Vejamos.

A consagração da presunção *juris tantum* estabelecida no art. 441.º CC para a promessa de compra e venda descreve a situação típica ou regular nesse quadro, correspondendo à típica e social vontade das partes.

Decorre ainda desta norma, *a contrario sensu*[109], que, nos outros casos, não se presume a existência de sinal, sem prejuízo da aplicabilidade do regime aos contratos onerosos (art. 939.º CC).

---

[108] Ver ANA COIMBRA, "O sinal: contributo para o estudo do seu conceito e regime", O Direito, 1990, pp. 642 ss.

[109] Ver ainda o art. 440.º CC.

De todo o modo, tanto numa hipótese, como na outra, é possível demonstrar que a coisa entregue deve qualificar-se diversamente.

Assim, se, na promessa de compra e venda for ilidida a presunção, a quantia entregue deixará de ser havida como sinal.

Por outro lado, nos contratos-promessa que tenham natureza diversa da compra e venda, pode demonstrar-se que a coisa entregue, ao invés, se deve considerar como sinal, o que é frequente. Basta que, por exemplo, as partes qualifiquem "como sinal a quantia entregue" no âmbito do negócio em causa.

Saliente-se que para aferir se a coisa entregue deve ser havida ou não como sinal, impõe-se interpretar o respectivo negócio jurídico[110].

4. **Natureza do sinal em sede de contrato-promessa**

4.1. *Sinal penitencial*

Tratando-se de sinal penitencial, a coisa entregue (total ou parcialmente) representa uma forma de antecipação da indemnização, o que permite portanto a retractação de qualquer dos contratantes, cuja sanção se encontra pré-estabelecida.

Esta é, para alguns autores, a natureza do sinal no quadro do contrato-promessa[111].

Vejamos.

Nos contratos-promessa de compra e venda, toda a quantia entregue é havida – presumivelmente – como sinal (art. 441.º, n.º 2 CC).

Por outro lado, a existência de sinal é também tida – presumivelmente – como contrária à execução específica do contrato-promessa, impedindo-a (art. 830.º, n.º 2 CC).

Acresce que o regime do sinal, decorrente do art. 442.º, em especial do n.º 2, CC, actua, em face do incumprimento definitivo da

---

[110] Calvão da Silva sustenta que, "na dúvida sobre a efectiva vontade dos contraentes, a entrega parcial deve ser havida como começo do cumprimento e a entrega total como antecipação do cumprimento", Sinal e Contrato-Promessa, cit., p. 96, Ana Coimbra, "O sinal: contributo para o estudo do seu conceito e regime", cit. pp. 668 (como afirma a autora, "pelo menos no silêncio das partes").

[111] Pinto Monteiro, Cláusula penal e indemnização, cit., pp. 173 ss.

promessa, como meio de liquidação antecipada da indemnização: o dador do sinal (*tradens*) pode arrepender-se do contrato que já concluiu, tendo para o efeito que abrir mão da importância que prestou; o *accipiens*, por sua vez, pode igualmente arrepender-se do contrato que já celebrou, desde que restitua o dobro do que entregou.

Daqui decorre a ideia de que ao sinal subjaz a faculdade de arrependimento, sendo que, em simultâneo, se encontra fixada previamente a contrapartida da indemnização.

4.2. *Sinal confirmatório-penal*

Para outros autores, o sinal assume exclusivamente natureza confirmatório-penal. Assim o entende Menezes Leitão mesmo no caso de funcionar como convenção contrária à execução específica, nunca se assumindo como preço de arrependimento. Releva o autor que "só pode ser exigido em caso de incumprimento definitivo da obrigação pela outra parte, funcionando como pré-determinação das consequências desse incumprimento"[112].

4.3. *Sinal confirmatório-penal e sinal penitencial*

Para Menezes Cordeiro o sinal tem carácter confirmatório-penal, mas também pode revestir natureza penitencial. Assume esta veste quando actua como preço do arrependimento. Configura aquela veste dado que confere "consistência ao contrato" e actua "como indemnização"[113].

4.4. *Posição acolhida*

A natureza penitencial do sinal apenas parece actuar nas "promessas de compra e venda" (art. 441.º CC) em que não está em

---

[112] Direito das Obrigações, I, cit., p. 244.
[113] Tratado de Direito Civil, I, 1, cit., p. 736.

70 *Contrato-Promessa em Geral. Contratos-Promessa em Especial*

causa a transmissão ou a constituição de edifício ou de fracção autónoma dele. A existência de um obstáculo à execução específica, a par da fixação do valor do arrependimento (de acordo com o art. 442.º CC), parece conferir tal fisionomia ao sinal.

Quanto às promessas emergentes do art. 410.º, n.º 3 CC, e apesar do funcionamento da presunção de sinal (no caso de se tratar de "promessa de compra e venda"), diversamente, não se pode impedir a sua execução específica, dada a imperatividade do art. 830.º, n.º 3 CC. Daí que aqui o sinal pareça agora assumir primacialmente a natureza confirmatório-penal[114].

§ 2. Pacto de preferência

O pacto de preferência encontra-se regulado na subsecção III, da secção I (que tem como epígrafe "contratos") do capítulo II (relativo às "fontes das obrigações"), imediatamente a seguir ao contrato-promessa, nos arts. 414.º a 423.º CC.

Há ainda duas disposições que mandam aplicar a disciplina do contrato-promessa, a saber:

- do art. 415.º CC, no tocante à "forma" do pacto, resulta uma remissão para a regra que regula a mesma temática ao nível do contrato-promessa – o art. 410.º, n.º 2 CC);
- do art. 421.º CC decorre, por sua vez, uma outra afinidade com o regime jurídico do contrato-promessa; estamos a aludir à preferência com eficácia real, a qual também só pode incidir sobre bens imóveis ou sobre bens móveis sujeitos a registo, sendo que em relação aos requisitos de forma de publicidade vale o disposto no art. 413.º, referente à promessa real.

Acresce que, tal como a promessa, o pacto de preferência pode ter eficácia obrigacional ou real. No entanto, agora são naturalmente distintas (da promessa) as consequências que emergem da sua violação. Naquele caso, são apenas indemnizatórias. Nesta hipótese, para além do eventual ressarcimento dos danos, é possível ao titular do

---

[114] Neste sentido, o Ac. Rel. Porto, de 20.1.2005 (Fernando Baptista), www.dgsi.pt, p. 8.

direito instaurar uma acção de preferência (art. 1410.º CC), como resulta do art. 421.º, n.º 2 CC.

De notar ainda que são ambos (pacto de preferência e promessa) contratos preliminares[115] de um outro.

Apesar do circunstancialismo assinalado e daquela sequência, as figuras em apreço são bem diversas. Vejamos algumas notas diferenciais:

- o pacto de preferência é um contrato unilateral[116], dado que apenas um dos contraentes assume uma obrigação (de dar prioridade a outrem na celebração de um futuro contrato), enquanto que o contrato-promessa tanto pode ser unilateral como bilateral (sendo que aqui assume(m) o(s) promitente(s) o dever de conclusão de um contrato futuro);
- o vinculado à preferência não está adstrito a contratar, mas tão só caso decida fazê-lo, a dar primazia a um dado sujeito, nas mesmas e exactas condições pactuadas; diversamente, do contrato-promessa emerge uma obrigação de contratar para o(s) promitente(s);
- em sede de incuprimento do pacto de preferência não há lugar à aplicação do mecanismo da execução específica (art. 830.º CC), nem do regime do sinal (art. 442.º), ao invés do que sucede com o contrato-promessa.

§ 3. **Pacto de opção**

O pacto de opção não encontra regulamentação específica no nosso Código Civil, sendo, portanto, um contrato atípico.

Apesar de se integrar, tal como o contrato-promessa, no domínio dos contratos preliminares, tendo em vista, respectivamente, o contrato definitivo e o contrato optativo (principal), encontramos pontos de divergência ténues ou acentuados, consoante estejamos perante uma promessa unilateral ou uma promessa bilateral.

---

[115] Menezes Leitão, Direito das Obrigações, I, cit., pp. 214 e 215.
[116] Menezes Leitão, Direito das Obrigações, I, cit., p. 249.

Confrontemos, em especial, tal pacto com a promessa unilateral, realçando as similitudes e as diferenças[117]:

- só o concedente se obriga a contratar, tal como aquele que se vincula na promessa unilateral;
- o optante e o promissário têm absoluta liberdade quanto à decisão de contratar (celebrar o contrato optativo ou o contrato definitivo);
- para a conclusão do contrato optativo é apenas necessária a aceitação pelo optante (beneficiário), ao passo que para a realização do contrato prometido não se prescinde de duas declarações negociais (do promitente e do promissário).

Deve ainda destacar-se que o mecanismo da execução específica é inaplicável ao pacto de opção[118], sendo a mesma a conclusão quanto ao regime do sinal, em sede de incumprimento definitivo.

---

[117] TIAGO SOARES DA FONSECA, Do contrato de opção. Esboço de uma teoria geral, Lisboa, 2001, pp. 46 ss.

[118] TIAGO SOARES DA FONSECA, Do contrato de opção, cit., p. 85.

CAPÍTULO II
Disposições legais aplicáveis

SECÇÃO I
Disposições legais relativas
ao contrato prometido

§ 1. Aplicabilidade ao contrato-promessa das regras do contrato prometido: princípio da equiparação. § 2. Sua concretização.

§ 1. Aplicabilidade ao contrato-promessa das regras do contrato prometido: princípio da equiparação

A primeira parte do n.º 1 do art. 410.º CC enuncia quais são as normas que, em princípio, são empregues ao contrato-promessa: "as disposições legais relativas ao contrato prometido". É o que se convencionou designar por princípio da equiparação [de regras].

Desta sorte, há que ver qual a disciplina do contrato prometido para saber qual o regime aplicável ao contrato-promessa, que o antecede. A regulamentação deste mede-se, portanto, pelas regras daquele, que são assim o motor da promessa.

Exemplifiquemos.

Estando em causa uma promessa de compra e venda (*v.g.,* civil) há que ver quais as disposições aplicáveis ao negócio subjacente.

Ora, a este são empregues um conjunto vasto de disposições, umas de índole geral, outras de cariz específico. Enunciemos algumas delas:

- as normas gerais dos negócios jurídicos (*v.g.,* os arts. 240.º a 257.º, quanto às divergências entre a vontade real e a vontade

74 Contrato-Promessa em Geral. Contratos-Promessa em Especial

declarada, aos vícios da vontade e à incapacidade acidental, os arts. 270 a 279.°, atinentes à condição e ao termo, todos do CC);

– as disposições especialmente consagradas para o acto em causa (*in casu*, os arts. 875.° ss., arts. 913.° ss., no tocante à venda de coisa defeituosa, todos do CC).

O mesmo se passa, com as necessárias adaptações, a outros negócios jurídicos.

§ 2. Sua concretização

Cabe, em seguida, identificar, em concreto, alguns dos inúmeros casos, que foram objecto de decisão pelos nossos tribunais superiores, para efeito de demonstrar a aplicabilidade de tais disposições.

Ao contrato-promessa são empregues as regras

– do âmbito da forma legal[119];
– da interpretação da declaração negocial[120];

---

[119] Ac. Rel. Coimbra, de 19.12.2006 (TÁVORA VÍTOR), www.dgsi.pt, pp. 6 e 7 (foi alegado que estava em causa o acordo verbal entre os promitentes tendo em vista a inclusão das garagens no prédio, o que constituiria uma estipulação acessória ao contrato-promessa que por ser essencial para a concretização do negócio e por versar sobre as garagens como bens imóveis, a mesma seria nula; embora pudesse ser aplicável o art. 221.° CC, o que implicava, portanto, a nulidade das estipulações verbais acessórias, o que se admite no próprio aresto, conclui-se que "só que não é disso que se trata aqui. O que na realidade sucedeu foram conversações entre as partes contemporâneas ou até antecedentes do contrato-promessa e que tiveram da parte do Réu como efeito convencer o Autor a outorgar o aludido contrato...").

[120] Cfr., entre muitos outros, os seguintes arestos:
– Ac. Rel. Porto, de 27.11.2008 (DEOLINDA VARÃO), www.dgsi.pt (estava em causa a questão de saber se, ao tempo da conclusão da celebração do contrato-promessa, os promitentes-vendedores assumiram a obrigação de entregar o prédio livre das pessoas que, à data da celebração, o ocupavam (um casal que havia construído um pequeno barraco para residir), pois foi esse o sentido da locução "livre de quaisquer ónus ou encargos" aposta naquele. O tribunal concluiu que à luz do comportamento dos promitentes-vendedores, qualquer pessoa comum, de conhecimento e diligência médias, colocada na posição do promitente-comprador, não poderia deixar de entender que a promessa de venda do prédio significava que isso implicava que lá não permaneciam as pessoas que ali estavam a viver; dito de outro modo,

Contrato-Promessa em Geral

– relativas às divergências intencionais[121] ou não intencionais[122] entre a vontade real e a vontade declarada;

"não pode deixar de se entender que a expressão *livre de ónus e encargos* tinha, no caso concreto, o sentido de *livre e desocupado*").

– Ac. STJ, de 7.2.2008 (Paulo Sá), www.dgsi.pt, pp. 7 e 8 (questionava-se qual o sentido da obrigação de entrega da fracção autónoma no prazo de 20 meses e a razão da não assunção de igual dever para a celebração da escritura pública; entendeu o tribunal, na esteira da decisão anterior, que "um declaratário normal, colocado na posição dos promitentes-compradores, ao ler o contrato, interpretá-lo-ia no sentido de que o promitente-vendedor estava a fixar como prazo limite para a celebração da escritura a data fixada para a entrega, cabendo-lhe o ónus de interpelação (art. 236.°)");

– Ac. Rel. Porto, de 12.4.2007 (Deolinda Varão), www.dgsi.pt, pp. 9 e 10 (assinala-se que configura, à luz do art. 236.° CC, uma estipulação posterior à celebração do contrato-promessa a que se refere ao modo de pagamento do reforço do sinal; conclui-se depois que tal cláusula ulterior, para ser válida, não tem sequer de ser redigida a escrito);

– Ac. STJ, de 28.9.2006 (Salvador da Costa), www.dgsi.pt, p. 7 a 9 (sabendo-se que nos negócios formais, como sucedia no caso – tratava-se de um contrato promessa de bem imóvel – vale a regra de que a declaração não poder valer com sentido sem um mínimo de correspondência no texto do respectivo documento, ainda que imperfeitamente expresso (art. 238.°, n.° 1 CC), o tribunal concluiu que não tendo o documento sido assinado pelos promitentes-compradores, embora redigido pela outra parte, não se podia concluir – atendendo aos termos normais dos contratos deste género – pela existência de um contrato-promessa de compra e venda reduzido a escrito);

– Ac. Rel. Porto, de 10.1.2006 (Henrique Araújo), www.dgsi.pt, p. 4 (no documento afirma-se "vendemos", tendo-se entendido que se queria dizer "prometiam vender", até porque se assim não fosse não faria sentido dizer que o remanescente do preço seria pago no acto da escritura);

– o Ac. Rel. Porto, de 4.4.2005 (Cunha Barbosa), www.dgsi.pt, p. 10 (dado que o contrato-promessa era titulado por documento escrito, aplicou-se o disposto no art. 238.° CC, para apreciar o aditamento ao contrato-promessa no sentido de saber se o negócio deixava ou não estar sujeito a termo);

– o Ac. Rel. Porto, de 18.10.2004 (Fonseca Ramos), www.dgsi.pt, (estava em causa a questão de saber se, em razão das pouco claras estipulações apostas no contrato-promessa, designado de cessão de quotas, não queriam significar a celebração de um outro negócio – o de promessa de trespasse).

– o Ac. Rel. Porto, de 19.2.2004 (Alberto Sobrinho), www.dgsi.pt, p. 6;

– o Ac. Rel. Porto, de 14.1.2003 (Mário Cruz), www.dgsi.pt, pp. 6.

[121] Ac. Rel. Porto, de 16.1.2003 (João Vaz), www.dgsi.pt, p. 4 a 6 (foi provado que ocorreu um conluio destinado a evitar que os bens daquele respondessem pelas diversas dívidas a credores, nomeadamente fiscais, forjando contratos de compra e venda dos seus

76 Contrato-Promessa em Geral. Contratos-Promessa em Especial

– dos vícios da vontade[123];

---

bens, a fim de enganarem esses credores; portanto, tratava-se de uma simulação absoluta – nada quiseram comprar e vender, nenhuma quantia foi paga e recebida a título de preço da compra, tudo se integrando num projecto global a que também não foi estranho um contrato de arrendamento do imóvel em apreço; o contrato-promessa de compra e venda de um prédio insere-se naquele conluio, levado a cabo com o intuito de salvaguardar a restituição do prédio ao primitivo dono; é disso demonstrativa a circunstância de este contrato-promessa ter sido celebrado, no próprio dia em que a escritura de compra e venda foi outorgada; foi por isso considerado nulo o contrato-promessa, com os efeitos do art. 289.º CC, devendo ser restituído tudo o que foi entregue).

[122] No Ac. Rel. Lisboa, de 10.3.2005 (ANTÓNIO VALENTE), www.dgsi.pt, estava em causa a promessa de trespasse de um "estabelecimento *comercial com o objecto de restaurante, café, cervejaria e pastelaria*". Ora, o promitente-vendedor alegou "que só por lapso é que subscreveu o contrato contendo indevidamente a palavra *restaurante*. Ao que parece, alega não ter lido o documento com atenção, não reparando que lá figurava tal actividade de restaurante. Ou seja, invocou ... um erro na declaração, consistindo em ter declarado algo que não correspondia àquilo que se pretendia declarar". Cabia-lhe provar "não só a existência de tal erro ou desconformidade, mas igualmente o conhecimento da mesma pelo promitente-comprador", o que não conseguiu. Desta sorte, dada a não demonstração da existência de erro na declaração, o tribunal conclui efectivamente que estava em causa também a promessa de trespasse de "um estabelecimento destinado além do mais à actividade de restauração".

[123] Identifiquemos algumas situações em concreto:
– Ac. STJ, de 6.5.2008 (MOREIRA CAMILO), www.dgsi.pt, pp. 5 a 7 (analisado o circunstancialismo que determina a anulabilidade por usura, o tribunal entendeu que não estavam preenchidos os requisitos de tal figura);
– Ac. Rel. Coimbra, de 19.12.2006 (TÁVORA VÍTOR), www.dgsi.pt, pp. 7 ss. ("flui dos factos provados que era fundamental para os AA. que fizessem parte das fracções três garagens e disso foi elucidado o R. que aliás informou aqueles que o logradouro das fracções constituía parte comum do prédio, sendo nele que se encontravam em construção 3 garagens cujo processo de licenciamento estava a decorrer na Câmara Municipal. Foi esta circunstância que levou os AA. a contratar. Era pois do conhecimento do Réu a essencialidade do objecto sobre que incidiu o erro");
– Ac. STJ, de 7.11.2006 (BORGES SOEIRO), www.dgsi.pt, pp. 10 ss. (a alegação da existência de ónus ou limitações sobre o prédio prometido vender – *in casu*, o direito de superfície – que levariam, à luz do regime do erro sobre os motivos, à anulabilidade não obteve vencimento, atendo ao conhecimento de todo o circunstancialismo pelo promitente-comprador;
– Ac. STJ, de 31.10.2006 (RIBEIRO DE ALMEIDA), www.dgsi.pt, p. 6 (estava em causa o problema da área da loja prometida vender; alegava-se que a área correspondia a 79,46 m2 e não aproximadamente 90 m2, como se tinha feito crer; no entanto, não se provou que os promitentes-vendedores tenham indicado a área da loja, antes entregaram ao promitente-comprador uma planta através da qual era possível chegar à conclusão de que a área tinha 79,46 m2; a tese do erro-vício não colheu).

Contrato-Promessa em Geral

- atinentes à incapacidade acidental[124];
- referentes ao cumprimento e ao incumprimento das obrigações[125];

- Ac. Rel. Porto, de 9.2.2006 (DEOLINDA VARÃO), www.dgsi.pt, pp. 7 ss. (procedeu a invocação do erro sobre os motivos, alegada pelo promitente-trespassário numa promessa de trespasse (por venda), dado que ele não teria celebrado o referido negócio se soubesse que não podia nele explorar o ramo de venda e reparação de veículos automóveis; estava tal sujeito convencido que o local possuía licença de utilização para o exercício dessa actividade; naturalmente, o promitente-trespassante não podia ignorar que tal circunstância era essencial para a contraparte – cfr. art. 251.º CC que remete para o art. 247.º, 2.ª parte CC; discutiu-se igualmente no aresto a aplicabilidade da figura – de índole geral – da confirmação dos negócios anuláveis (art. 288.º CC), que teve na sua base a cessão de exploração do estabelecimento a um terceiro, tendo rejeitado o tribunal tal possibilidade em razão da não cessação do vício).
- Ac. Rel. Porto, de 19.1.2006 (FERNANDO BAPTISTA), www.dgsi.pt, pp. 7 ss. (tratava-se de um contrato-promessa de trespasse com entrega do estabelecimento em que o promitente-trespassante não tinha título válido para ocupar o prédio; sem a escritura – exigida ao tempo – de arrendamento comercial, ou melhor sem haver lugar à transmissão da posição de arrendatário, o promitente-trespassário não tinha interesse na realização do contrato definitivo; o erro sobre os motivos foi o vício invocado e aceite pelo tribunal);
- Ac. Rel. Porto, de 12.1.2004 (FONSECA RAMOS), www.dgsi.pt, pp. 6 a 8 (aludia-se a um contrato-promessa de permuta, que visava a troca de um prédio por um apartamento a construir; o terreno onde se situava o prédio era necessário para a contraparte concretizar o seu projecto de construção em altura; este, todavia, não teve êxito pelo facto de, existindo perto uma escola, não ter sido obtida a autorização para a respectiva construção em altura; decidiu o tribunal que, sendo a construção impossível, por circunstância não imputável à Ré e se não se prova qualquer negligência desta quanto à possibilidade legal de ali construir, não pode ser alegado que era essencial para a contraparte o poder esta ali construir; o contrato não se considerou anulado por erro sobre os motivos).

[124] Ac. STJ, de 7.11.2006 (BORGES SOEIRO), www.dgsi.pt, pp. 13 ss. (não colheu a tese de que o promitente-comprador se encontrava acidentalmente incapacitado, de acordo com os requisitos do art. 257.º CC; assinalou-se que "tendo a Autora, como promitente-compradora, e o Réus, como promitentes-vendedores, celebrado contrato-promessa de compra e venda de fracção autónoma integrada em edifício construído, por cooperativa de habitação, em terreno cujo direito de superfície foi adquirido à Câmara Municipal, encontrando-se o solo registado a favor da mesma, e pretendendo a Autora a anulação do contrato--promessa, alegando que se encontrava acidentalmente incapaz de entender o sentido e alcance do seu acto, a ela incumbia provar não apenas que se encontrava acidentalmente de entender, mas também que isso era notório ou do conhecimento dos Réus").

[125] Ac. Rel. Porto, de 20.4.2004 (EMÍDIO COSTA), www.dgsi.pt, p. 4, 2.º §.

– sobre cumprimento defeituoso do contrato[126];
– acerca da qualificação dos bens como bens comuns ou próprios[127];
– da compropriedade, designadamente no que toca à necessidade de autorização do comproprietário para que se proceda à alienação ou à aquisição do bem[128].

---

[126] Ac. Rel. Porto, de 7.7.2003 (CAIMOTO JÁCOME), www.dgsi.pt, p. 5 (afirma-se, pois, que "parece-nos, assim, inegável a existência de uma falta qualitativa de cumprimento da obrigação a que estava adstrita a promitente vendedora, ou seja, cumprimento defeituoso (art.º 799.º, do CC), sendo que está provado que a autora sabia da existência de humidades na fracção e, em fins de Janeiro de 1996, tudo continuava quase na mesma, tendo a A. enviado dois ou três trabalhadores da construção civil. Decorre do exposto que, a nosso ver, o promitente comprador podia recusar-se a cumprir, ou seja, a celebrar o contrato prometido (a escritura de compra e venda) enquanto a promitente vendedora não reparasse aqueles defeitos. Na verdade, entendemos que a falta da promitente vendedora não se mostra insignificante e, bem assim, que a recusa (excepção) do promitente comprador não é inadequada ou desproporcionada relativamente à mencionada falta).

[127] Ver o Ac. Rel. Porto, de 10.10.2004 (CUNHA BARBOSA), www.dgsi.pt, pp. 6 ss. (o contrato-promessa de compra e venda foi celebrado antes do casamento; o contrato-definitivo foi concluído depois do casamento, à luz do regime supletivo da comunhão de adquiridos; dado que "o bem foi adquirido na constância do casamento e a título oneroso pelo promitente-comprador, e que este, para pagamento do preço referente a tal aquisição, celebrou um contrato de mútuo com hipoteca e fiança, no qual figura como único mutuário, e é quem vem pagando as prestações para a amortização do empréstimo, nunca o promitente-vendedor tendo contribuído para esses pagamentos, para além de que se desconhece a proveniência do dinheiro (isto é, se este é bem próprio ou não) com que aquele vem satisfazendo tais prestações, apenas poderá tal bem ser considerado próprio do promitente-comprador se puder considerar-se que o mesmo foi adquirido por virtude de direito próprio anterior – cfr. art. 1722.º, n.º 1, al. c) e n.º 2 do CCivil, na medida em que o contrato definitivo (compra e venda), que determinou a aquisição do bem em causa, foi celebrado no cumprimento de contrato-promessa anterior ao casamento e em que apenas interveio como promitente-comprador; o que não se entendeu, à revelia da decisão de 1.ª instância).

[128] Cfr. o Ac. Rel. Porto, de 14.1.2003 (MÁRIO CRUZ), www.dgsi.pt, pp. 6.

SECÇÃO II
Disposições legais relativas à forma

§ 1. *Aplicabilidade* ao contrato-promessa da regra da equiparação em sede formal; seus desvios. § 2. Forma equivalente à do contrato prometido: liberdade de forma. § 3. Forma equivalente à do contrato prometido (cont.): redução a escrito. 1. Exigência de mero documento particular. 2. Inobservância de forma: consequências. § 4. Forma não equivalente à do contrato prometido: exigência de forma inferior. § 5. Forma não equivalente à do contrato prometido (cont.); exigência de outras formalidades. 1. Forma inferior: documento particular. 2. Formalidades. 3. A inobservância da forma e/ou das formalidades. § 6. Forma equivalente e formalidades não equivalentes. § 7. Forma equivalente e procedimentos equivalentes.

§ 1. *Aplicabilidade* ao contrato-promessa da regra da equiparação em sede formal; seus desvios

O art. 410.º, n.º 1, 2.ª parte, 1.º trecho CC consagra um primeiro *desvio* ao princípio da equiparação.

Assim, são "exceptuadas [da aplicabilidade ao contrato-promessa] as regras [do contrato prometido] relativas à forma".

Porém, este *desvio* não pode ser entendido, como parece fazer crer o normativo, como uma solução manifestamente oposta em todos os casos. Nalguns deles não há qualquer excepção ao princípio da equiparação, mas sim a continuidade deste.

Cabe, pois, assinalar a extensão da regra da equiparação à forma de algumas promessas. Noutras, ao invés, estaremos perante uma verdadeira excepção. Cumpre identificá-las.

§ 2. Forma equivalente à do contrato prometido: liberdade de forma

Decorre, *a contrario sensu*, do art. 410.°, n.° 2 CC que o contrato-promessa relativamente ao qual se não exija solenidade específica está sujeita à regra da liberdade de forma.

Assim, na promessa de venda de um móvel (*v.g.*, de um computador, de uma jóia ou de uma bicicleta), na promessa de mútuo de dinheiro entre particulares de valor igual ou inferior a 2.500 euros (art. 1143.° CC), na promessa de aluguer de um automóvel, prescinde-se da redução a escrito do contrato, já que o negócio definitivo tido em vista, por sua vez, não o impõe.

Deste modo, pode afirmar-se que vale, neste contexto e na sua plenitude, o princípio da equiparação no que diz respeito à forma, que se parece rejeitar, como se assinalou, no art. 410.°, n.° 1, 2.ª parte, 1.° trecho CC[129].

§ 3. Forma equivalente à do contrato prometido (cont.)[130]: Redução a escrito

1. Exigência de mero documento particular

Caso o contrato definitivo imponha uma forma mais solene (no confronto com o disposto no art. 219.° CC) – ou seja, um documento particular –, o contrato-promessa segue igual regime.

---

[129] Nada impede as partes de optar pela redução a escrito (ou forma superior) do contrato-promessa, apesar de a lei não o exigir. Neste domínio, cabe aplicar os arts. 222.° e 223.° CC.

[130] Note-se que a exigência de forma específica para a celebração do contrato-promessa não é extensível, por regra, aos casos de revogação desse mesmo negócio por acordo das partes. Há que empregar o art. 221.°, n.° 2 CC, ao qual tal revogação está sujeita.

Neste sentido, cfr. Vaz Serra, "Anotação ao Ac. STJ, de 12 de Dezembro de 1975", RLJ, ano 110.°, 1977/1978, p. 8 que: "tratando-se de estipulações acessórias que extinguem ou limitem as obrigações derivadas do contrato, tais estipulações não são, em regra abrangidas pela exigência legal de forma para o contrato, visto que, destinando-se a evitar que as partes contraiam levianamente obrigações, esta razão não é aplicável quando excluam ou limitem essas obrigações".

Contrato-Promessa em Geral

Dito de outro modo, só vale se constar de documento assinado pela(s) parte(s) que se vincula(m)[131].

Tal sucede, por exemplo, na promessa de arrendamento habitacional e na promessa de trespasse (ou de locação) de estabelecimento comercial, em face do regime imposto, respectivamente, pelo art. 1069.° CC, pelo art. 1112.°, n.° 3 CC (disposição esta ainda aplicável *ex vi* art. 1109.° CC).

Ora, pode-se falar de uma equivalência total quanto à forma do contrato-promessa (escrito) e do contrato definitivo (escrito). Mantém-se até agora intacto o princípio da equiparação das regras de um e de outro negócios.

2. Inobservância de forma: consequências

A omissão da forma acarreta a nulidade da promessa, nos termos do art. 220.° CC, com a consequente restituição do que tiver sido entregue[132].

Na jurisprudência, cfr. Ac. Rel. Porto, de 24.10.2006 (Anabela Dias da Silva), www.dgsi.pt (afirma-se aí que, na verdade, "não se mostram exigíveis para a revogação, por mútuo acordo, as cautelas formais prescritas, pela lei, relativamente à celebração do contrato-promessa relativo a bens imóveis"; ora, *in casu*, não se provou a existência do acordo verbal de vontades, revogatório do contrato-promessa, mas apenas que houve comportamentos dos promitentes que traduziram, materialmente, uma revogação. Em concreto, os promitentes-compradores "não chegaram a escolher nenhuns dos materiais de construção que por via do contrato poderiam escolher, nem ... o que quer que fosse para a dita construção", acrescendo que não entregaram outras quantias em dinheiro por conta do preço acordado, "como tinha ficado estipulado fazerem durante a construção do prédio"; releva-se ainda que o acordo de revogação "era passível de ser provado por testemunhas, não obstante o disposto nos art.°s 394.° n.° 1 e 395.°, ambos do C.Civil"). Ver, semelhantemente, o Ac. Rel. Porto, de 20.4.2004 (Emídio Costa), www.dgsi.pt, p. 8, o Ac. STJ, de 26.09.1996 (Costa Marques), CJ, Acs. STJ, 1996, III, p. 15.

[131] Naturalmente que se aplica aqui o preceituado nos arts. 373.° ss. CC.

Assim, "os documentos particulares devem ser assinados pelo seu autor, ou por outrem a seu rogo, se o rogante não souber ou não puder assinar" (foi o que sucedeu no caso discutido no Ac. Rel. Porto, de 15.11.2005 (Alberto Sobrinho), www.dgsi.pt, p. 3).

[132] Ac. Rel. Lisboa, de 17.6.2008 (Nuno Cameira), www.dgsi.pt ("afirmou-se aí que "correctamente qualificado, pois, o contrato como promessa bilateral, nada há a censurar às consequências que as instâncias daí retiraram quanto, por um lado, à respectiva nulidade, por força do disposto no art. 220.° do CC". Daí que haja lugar "a obrigação de restituição

§ 4. Forma não equivalente à do contrato prometido: exigência de forma inferior

Se a lei impuser para o contrato definitivo uma maior solenidade – documento autêntico ou documento particular autenticado –, a promessa respectiva não tem de conter igual formalismo. É suficiente um documento particular para o contrato-promessa, ou seja, mostra-se bastante a redução a escrito do contrato (art. 410.º, n.º 2 CC).

Percebe-se a intenção do legislador de não vincular a semelhante solenidade, aligeirando-a. A promessa não faz operar os mesmos efeitos do negócio definitivo.

Assim, dado que a compra e venda de um imóvel, *in casu* de um prédio rústico[133], ou a doação de um terreno ou de um prédio urbano estão sujeitas a escritura pública ou a documento particular autenticado (art. 875.º e art. 947.º, n.º 1 CC), para a correspondente promessa é suficiente um escrito particular.

Manifesta-se só aqui um primeiro desvio à regra da equiparação.

Estamos a falar de situações que, na sua larga maioria, envolvem a constituição ou a transmissão de direitos reais sobre imóveis.

Na hipótese de não ser a lei a impor – como se alude no art. 410.º, n.º 2 CC – mas os próprios contraentes a adoptar um formalismo mais alargado para um dado negócio (*v.g.*, a venda de um guindaste), as mesmas razões de solenidade determinam a redução a escrito da promessa.

---

imposta aos recorrentes por virtude da declaração de nulidade do contrato não viola de modo algum, nem o art. 289.º, n.º 1"), Ac. STJ, de 21.5.2002 (PAIS DE SOUSA), www.dgsi.pt ("julgado nulo, por falta de forma, o contrato[-promessa] de compra e venda, as partes são obrigadas a restituir uma à outra o que receberam a título de prestação contratual").

Note-se que podem existir outras consequências mediatas da declaração de nulidade de um contrato-promessa. Ver Ac. STJ, de 24.5.2007 (URBANO DIAS), www.dgsi.pt ("não podem os promitentes-compradores, a quem foi entregue o prédio, "beneficiar da previsão do citado art. 755.º, n.º 1, al. f) do CC", pois ele "pressupõe a existência de um contrato-promessa válido, mas incumprido. Nunca de um contrato nulo").

[133] Exceptua-se aqui a compra e venda de prédio urbano, à luz do art. 410.º, n.º 3 CC.

§ 5. Forma não equivalente à do contrato prometido (cont.); exigência de outras formalidades

Cabe agora tratar de outras situações em que se impõe, para além da redução a escrito do contrato-promessa, a observância de determinadas formalidades: o reconhecimento presencial das assinaturas e a certificação da existência de licença de utilização ou de construção de edifício ou de fracção autónoma dele.

1. Forma inferior: documento particular

Num caso específico – o de "promessa relativa à celebração de contrato oneroso de transmissão ou [de] constituição de direito real sobre edifício, ou fracção autónoma dele, já construído ou a construir" – mantém-se, do ponto de vista formal, a exigência de um documento escrito, assinado pela(s) parte(s) – art. 410.º, n.º 2 CC).

Releva igualmente a exigência de forma inferior em relação ao contrato definitivo.

2. Formalidades

Mas impõem-se duas ulteriores formalidades, a saber:

– o reconhecimento presencial da(s) assinatura(s) do(s) promitente(s);
– a certificação, pela entidade que realiza aquele reconhecimento, da existência da respectiva licença de utilização ou de construção.

Em relação ao primeiro aspecto, pode dizer-se que a outorga da escritura pública ou a celebração do contrato definitivo através de documento particular absorve a exigência de reconhecimento presencial da assinatura na promessa. Esta é, portanto, uma formalidade que encontra uma "correspondência" no negócio definitivo.

Quanto ao segundo aspecto, refira-se, como regra, uma identidade de procedimentos. Assim, especifica o art. 1.º, n.º 1 do DL 281/99, de 26 de Julho, com a redacção do DL 116/2008, de 4 de Julho, que

84 *Contrato-Promessa em Geral. Contratos-Promessa em Especial*

"não podem ser realizados actos que envolvam a transmissão da propriedade de prédios urbanos ou de suas fracções autónomas sem que se faça prova da existência da correspondente autorização de utilização, perante a entidade que celebrar a escritura ou autenticar o documento particular"[134].

3. A inobservância da forma e/ou das formalidades

A inobservância da forma e/ou das formalidades é tratada, no primeiro capítulo, do segundo título deste livro, pelo que para aí remetemos[135].

§ 6. Forma equivalente e formalidades não equivalentes

Cumpre, por fim, enunciar algumas situações específicas, com um mínimo denominador comum.

Não se trata, porém, de um problema de equivalência ou de falta de equivalência no tocante à forma entre a promessa e o negócio prometido, mas sim apenas quanto à existência de (acrescidas) formalidades para o contrato definitivo.

Cite-se, por exemplo, a promessa de sociedade. Ora, como se afirma no art. 7.º, n.º 1, 1.ª parte CSC "o contrato de sociedade deve ser reduzido a escrito e as assinaturas dos seus subscritores devem ser reconhecidas presencialmente".

O art. 410.º, n.º 2 CC não se refere expressamente às formalidades. Pode eventualmente sustentar-se que, por omissão, as desconsiderou. De todo o modo, e apesar de o negócio definitivo as exigir, deve entender-se que o contrato-promessa não necessita de observar tais formalidades.

---

[134] Note-se que o n.º 4 do art. 1.º do citado texto legal dispõe que "a apresentação de autorização nos termos do n.º 1 é dispensada se a existência desta estiver anotada no registo predial e o prédio não tiver sofrido alterações".

[135] Cfr. Tít. II, Cap. I.

§ 7. Forma equivalente e procedimentos equivalentes

A questão pode ainda transpor-se para um outro nível: estamos a falar da forma do negócio prometido e de procedimentos (não de formalidades) a que este deve obedecer. Concretizemos.

No domínio dos contratos de crédito ao consumo, para além da necessidade de redução a escrito dos mesmos, impõe-se a entrega de um exemplar do contrato ao consumidor ao tempo da sua subscrição (art. 6.º, n.º 1 DL 359/91), sob pena de nulidade do contrato (art. 7.º, n.º 1 DL 359/91).

Ora, atenta a necessidade de protecção do consumidor a crédito, os contratos-promessa de crédito ao consumo devem revestir semelhante forma – escrito particular – e procedimento – entrega de exemplar.

SECÇÃO III
Disposições legais que, pela sua razão de ser, não são aplicáveis ao contrato-promessa

> § 1. Considerações gerais. § 2. Disposições que, pela sua razão de ser, não são extensivas ao contrato-promessa. 1. Promessa de alienação ou de oneração de bens imóveis ou de estabelecimento comercial próprio ou alheio. 2. Promessa de alienação de coisa alheia. 3. Promessa de alienação de coisa comum ou de parte especificada dela sem consentimento do(s) outro(s) comproprietário(s). 4. Promessa de alienação de coisa noutros casos de comunhão.

§ 1. Considerações gerais

A parte final do art. 410.º, n.º 1 CC especifica que existem regras que, pela sua razão de ser, não se devem considerar extensivas ao contrato-promessa.

O que significa, por outro lado, que há disposições que, atenta a sua *ratio* são empregues àquele negócio, valendo quanto a elas o, atrás mencionado, princípio da equiparação na sua plenitude.

§ 2. Disposições que, pela sua razão de ser, não são extensivas ao contrato-promessa

Cumpre, em seguida, dedicar especial atenção às regras que, pela razão de ser, não são empregues em sede de contrato-promessa.

1. Promessa de alienação ou de oneração de bens imóveis ou de estabelecimento comercial próprio ou alheio

Determina o art. 1682.º-A, n.º 1 CC que

– *"carece do consentimento de ambos os cônjuges, salvo se entre eles vigorar o regime da separação de bens:*
  a) a alienação, oneração, arrendamento ou constituição de outros direitos pessoais de gozo sobre imóveis próprios ou comuns;
  b) a alienação, oneração ou locação de estabelecimento comercial, próprio ou comum".

Logo a seguir, o n.º 2 dispõe, por sua vez, que:

– *"a alienação, oneração, arrendamento ou constituição de outros direitos pessoais de gozo sobre a casa de morada de família carece sempre [independentemente do regime de bens] do consentimento de ambos os cônjuges".*

Ora, em qualquer dos casos previstos na norma, a verificação do específico circunstancialismo sem que tenha ocorrido a aquiescência do outro cônjuge importa a anulabilidade do contrato, de acordo com o art. 1687.º, n.º 2 CC.

Este regime é, no entanto, inaplicável ao contrato-promessa. Este é perfeitamente válido, apesar da falta de aquiescência do cônjuge, dado que o negócio em causa produz efeitos meramente obrigacionais. Não há lugar a qualquer alienação ou a qualquer oneração, sendo que tais actos são objectivamente exequíveis, em virtude de apenas se assumir uma obrigação de celebrar, no futuro, o contrato definitivo[136].

---

[136] Ac. STJ, de 6.5.2008 (MÁRIO CRUZ), www.dgsi.pt, p. 8; Ac. STJ, de 13.2.2007 (NUNO CAMEIRA), www.dgsi.pt, p. 7; Ac. Rel. Porto, de 11.1.2007 (MANUEL CAPELO), www.dgsi.pt, p. 4 (o tribunal pronuncia-se no mesmo sentido, embora no caso a situação em análise tenha sido outra: a da existência de condição suspensiva – o divórcio do casal – aposta no contrato-promessa de compra e venda de um bem do cônjuge promitente, tendo este ulteriormente falecido), Ac. STJ, 13.1.2005 (NEVES RIBEIRO), www.dgsi.pt (observa-se que "o promitente-vendedor tem o direito de contratar, prometendo vender a coisa, confiando que obterá o consentimento da mulher, suprindo a dificuldade decorrente do artigo

88   *Contrato-Promessa em Geral. Contratos-Promessa em Especial*

Porém, a validade do contrato-promessa não importa automaticamente a responsabilização do promitente-transmitente. Há que avaliar os termos em que este se vinculou. Vejamos.

Se o cônjuge não conseguir obter o consentimento do outro, dando origem à não realização do contrato prometido, há que saber qual o alcance da vinculação do cônjuge promitente, já que pode estar em causa uma obrigação de meios ou uma obrigação de resultado[137].

Caso haja inexecução de uma obrigação deste tipo aplicar-se-ão as regras relativas ao incumprimento dos contratos[138].

Na outra hipótese – ou seja, tratando-se de uma obrigação de meios –, se o respectivo promitente tiver feito tudo quanto está ao seu alcance para obter o consentimento do outro cônjuge, não lhe pode ser assacada qualquer responsabilidade.

De notar que, em qualquer das situações, a promessa é insusceptível de execução específica[139].

1682.º/A-n.º 2 do Código Civil"; "...compromete-se sozinho, sabendo que o seu compromisso da venda futura deverá ser a dois, porque só os dois (o casal) podem dispor da coisa.

Sujeita-se, pois, a incumprir e a responder pelo dano correspondente que cause à promitente-compradora").

[137] No Ac. STJ, de 27.11.2007 (URBANO DIAS), www.dgsi.pt, assinala-se que se poderia questionar a "responsabilidade [do promitente-vendedor do imóvel] perante um eventual incumprimento, mas esta questão sai fora do âmbito das questões do presente processo (razão pela qual estamos impedidos de emitir qualquer juízo, sob pena de cometermos a nulidade contemplada no art. 668.º, n.º 1, al. d), 2.ª parte, do CPC)".

[138] ANTUNES VARELA, Das Obrigações em Geral, I, cit., p. 328, ALMEIDA COSTA, Direito das Obrigações, cit., p. 407; GALVÃO TELLES, Direito das Obrigações, 6.ª Ed., Revista e Actualizada, Coimbra, 1989, p. 109.

Na jurisprudência, ver Ac. STJ, de 6.5.2008 (MÁRIO CRUZ), www.dgsi.pt, p. 8 (tratando-se de um bem comum do casal, mostrar-se-ia necessário para efeito do negócio definitivo a aquiescência do cônjuge; tal consentimento foi prestado tacitamente, pois para além de ter pactuado na sua celebração, recebeu metade do valor em causa; naturalmente que a reivindicação efectuada pelo cônjuge, que pactuou à data com o marido, promitente-vendedor, no sentido de se eximir à conclusão do contrato definitivo foi bem qualificada como uma situação de abuso do direito, atendendo a que só ao fim de 20 anos foi suscitado o problema), Ac. STJ, de 13.2.2007 (NUNO CAMEIRA), www.dgsi.pt, p. 7 (assinala-se que o promitente-vendedor responde se não cumprir a promessa, ainda que o inadimplemento "se fique a dever tão somente à recusa do consentimento do outro cônjuge"; a obrigação contraída é, portanto, válida, só podendo ser executada com a colaboração do outro cônjuge).

[139] Ac. STJ, 27.11.2007 (URBANO DIAS), www.dgsi.pt (observa-se aí que o promitente-vendedor "comprometeu-se ... a vender imóvel alheio (no rigor dos termos é isso mesmo: o prédio pertence ao casal e não a qualquer dos seus membros). Tal facto

Cumpre afirmar que a entrega da coisa, na sequência de promessa de compra e venda realizada apenas por um dos cônjuges (o promitente-vendedor), configura um acto legítimo, já que não se pode falar de uma situação de indisponibilidade do bem[140], não se podendo afastar um eventual direito de retenção do promitente-comprador, desde que preenchidos os respectivos pressupostos[141].

Note-se que se, ao invés, os cônjuges se obrigaram a vender o bem imóvel, por efeito do contrato-promessa, não se prescinde da aquiescência do outro cônjuge para efeito de execução da

---

permite dizer que a execução específica sempre seria aqui impossível atenta a natureza da obrigação assumida". Afirma-se ainda que "a outorga de um contrato-promessa celebrado apenas por um dos cônjuges nunca pode ter a virtualidade de obrigar também o não outorgante em termos de concretização do negócio: daí a impossibilidade de execução específica, caso não seja obtido o consentimento do cônjuge faltoso"), Ac. Rel. Lisboa, de 3.5.2007 (EDUARDO SAPATEIRO), www.dgsi.pt ("o tribunal não pode, fora dos casos expressamente previstos de suprimento do consentimento, substituir-se ao cônjuge não interveniente no contrato promessa e, através da respectiva sentença constitutiva (execução específica), alcançar um efeito jurídico não autorizado pelo regime legal (transmissão da propriedade de bem imóvel sem o acordo ou consentimento de ambos os cônjuges), Ac. STJ, de 13.2.2007 (NUNO CAMEIRA), www.dgsi.pt, p. 7, Ac. Rel. Lisboa, de 17.6.1999 (MOREIRA DA COSTA), www.dgsi.pt, Ac. STJ, de 27.11.1990 – sumário (BROCHADO BRANDÃO, www.dgsi.pt ("o promitente-comprador não pode obter a execução específica se não for dedutível o consentimento do conjuge não interveniente do promitente vendedor, ainda que de venda comercial se trate").

Discutiu-se no Ac. STJ, de 21.2.1995 (AFONSO DE MELO), www.dgsi.pt, a oponibilidade entre dois acórdãos, tendo-se chegado à conclusão que não era esse o caso. Assim, o "acórdão recorrido negou a execução específica, porque era necessária para a celebração da escritura de compra e venda a intervenção da mulher do promitente vendedor no acto, ou o consentimento dela em conformidade com o disposto nos artigos 1684.º e 1682.º-A, n. 1, alínea a), do Código Civil. O acórdão fundamento admitiu a execução específica, porque a mulher do promitente-vendedor deu o consentimento necessário para a venda (artigo 1682.º-A, n. 1, alínea a) do Código Civil), actuando até como procuradora do marido".

[140] No Ac. STJ, de 13.1.2005 (NEVES RIBEIRO), www.dgsi.pt, assinalou-se – o que discordamos – que "por este impedimento, a promessa ... não resistirá à própria ilegitimidade de alienação da coisa prometida vender, como é resultado de aplicação do artigo 1682.º-A – n.º 1, al. a)"; desta sorte, "a tradição jurídica da coisa (como coisa comum e não própria do promitente vendedor) não ocorreu", donde se concluiu que tal contrato "não constitui para a promitente compradora ... título legítimo do direito de retenção do imóvel, objecto mediato da promessa").

[141] Assim se pronunciou, a nosso ver acertadamente, o Juiz Conselheiro ARAÚJO DE BARROS, no seu voto de vencido no Ac. STJ, de 13.1.2005, www.dgsi.pt.

90 Contrato-Promessa em Geral. Contratos-Promessa em Especial

promessa[142]. Se posteriormente houve lugar ao seu divórcio[143], não é esse facto – a dissolução da vida conjugal – que permite àqueles sujeitos deixar de cumprir. Donde, o promitente-comprador tem naturalmente legitimidade para, por exemplo, exigir daqueles a execução específica da promessa (devendo tal acção ser instaurada contra os dois [ex-]cônjuges[144]. O facto de os bens terem sido adjudicados, em sede de partilha, a um dos cônjuges não obsta à responsabilidade de ambos. Se assim não fosse estaria encontrada uma solução para impedir o cumprimento do contrato-promessa[145/146].

2. Promessa de alienação de coisa alheia

A falta de legitimidade substantiva para a celebração do contrato definitivo não é, de *per si*, causa de invalidade do contrato-promessa.

Este produz efeitos obrigacionais, não operando jamais a alteração da titularidade da coisa prometida alienar.

Assim, a promessa de venda de bem alheio é, igualmente válida, em virtude de ficar sujeita ao regime da venda de bens futuros (art. 893.º CC), afastando-se, desta sorte, o regime da nulidade do negócio emergente do art. 892.º CC[147].

---

[142] Ac. Rel. Porto, de 11.1.2007 (MANUEL CAPELO), www.dgsi.pt ("sempre que estando casados segundo o regime de comunhão geral de bens ou de adquiridos, o marido ou a mulher se obriguem a vender algum dos bens mencionados no artigo 1628-A do Código Civil, a obrigação, embora válida, só poderá ser cumprida com a cooperação do outro cônjuge. E o promitente vendedor responderá, se não cumprir, ainda que o facto se deva pura e simplesmente à recusa ou não obtenção de consentimento do cônjuge, podendo o promitente comprador requerer judicialmente a execução específica do contrato-promessa").

[143] Ou a separação judicial de pessoas e bens (esta não dissolve o casamento, mas produz efeitos análogos – cfr. art. 1795.º-A parte final CC).

[144] Ver Ac. Rel. Porto, de 20.1.2005 (FERNANDO BAPTISTA), www.dgsi.pt, p. 16.

[145] Cfr. Ac. Rel. Porto, de 20.1.2005 (FERNANDO BAPTISTA), www.dgsi.pt, p. 16.

[146] No caso suscitado no Ac. STJ, de 28.6.2007 (CUSTÓDIO MONTES), www.dgsi.pt, p. 7, foi instaurada uma acção contra ambos os promitentes, sendo que o outro cônjuge não subscritor não a contestou; considerou-se, por via disso, ter outorgado esse contrato; havia uma situação de litisconsórcio necessário (art. 28.º, n.º 1 CPC e art. 1682.º, n.º 1 CC), pelo que a decisão e o recurso a interpor por um deles aproveitam ao outro (art. 683.º, n.º 1 CPC).

[147] Ac. STJ, de 6.5.2008 (MÁRIO CRUZ), www.dgsi.pt, p. 6; Ac. Rel. Porto, de 10.1.2006 (HENRIQUE ARAÚJO), www.dgsi.pt, p. 5, Ac. Rel. Porto, de 18.6.2001 (ANTÓNIO GONÇALVES),

A mesma disciplina vale quanto "à alienação ou oneração [por parte do outro cônjuge] de bens próprios do outro cônjuge, feita sem legitimidade", já que lhe "são aplicáveis as regras relativas à alienação de coisa alheia" (art. 1687.º, n.º 4 CC), o que significa que o acto praticado é nulo. Todavia, o contrato-promessa, pelas razões já expostas, é válido.

3. Promessa de alienação de coisa comum ou de parte especificada dela sem consentimento do(s) outro(s) comproprietário(s)

Nas situações de compropriedade, é algo frequente a celebração de contrato-promessa de compra e venda de coisa comum, por parte do promitente-vendedor, sem nele estar envolvido o outro comproprietário.

Como se sabe, à luz do art. 1408.º, n.º 1 CC, "o comproprietário pode dispor de toda a sua quota na comunhão ou de parte dela, mas não pode, sem consentimento dos restantes consortes, alienar ou onerar parte especificada da coisa comum", sendo que, ao abrigo do n.º 2 do mesmo preceito, "a disposição ou oneração de parte especificada sem o consentimento dos consortes é havida como disposição ou oneração de coisa alheia".

O comproprietário não subscritor da promessa não fica, naturalmente, adstrito a qualquer obrigação emergente de tal acto.

Por outro lado, atendendo a que o contrato-promessa apenas produz efeitos obrigacionais, não há, também nesta hipótese, que considerar aquele inválido.

---

www.dgsi.pt ("é que, não se obrigando as partes contratantes no contrato-promessa a transferir a propriedade do bem, mas outrossim a celebrar um futuro contrato a concretizar essa venda, para que a promessa assim assumida ... possa ser contratualmente válida não se torna necessário que o promitente-vendedor seja já o proprietário da coisa ... na altura em que faz essa promessa; o que este promitente se obriga é a, se ainda não é o seu dono, a adquirir entretanto a coisa objecto do contrato-promessa e fazer posteriormente a declaração de venda na data e conforme o acordado no contrato. E se assim não acontecer ... a sanção para este acto, não estando o contrato ferido de invalidade, vai buscar-se às consequências do incumprimento do acordo consolidado entre as partes").

De todo o modo, não deve descurar-se que o contrato definitivo só pode ser validamente realizado com a intervenção do(s) outro(s) comproprietário(s).

Caso o comproprietário não subscritor do contrato-promessa não pretenda celebrar o negócio prometido, impõe-se saber se o promitente-vendedor e comproprietário subscritor daquele pode ser responsabilizado por tal situação.

Impõe-se ver o circunstancialismo específico que presidiu à celebração do negócio em causa.

Por um lado, há que ver se o próprio contrato-promessa ficou dependente de uma eventual condição: a de o outro comproprietário estar disposto a celebrar o negócio definitivo.

Uma situação deste género foi apreciada no Ac. Rel. Porto, de 14.1.2003, tendo sido concluído que o contrato-promessa estava sujeito a uma condição de os comproprietários igualmente outorgarem o negócio definitivo nas condições análogas às aceites[148].

Ora, sendo essa a hipótese não pode ser imputado ao promitente-vendedor qualquer responsabilidade pela não celebração do contrato prometido, em especial pela não obtenção da aquiescência do outro comproprietário.

Deste modo, a existência de sinal passado impõe que o promitente-vendedor o restitua em singelo ao promitente-comprador, de acordo com as regras do enriquecimentos em causa[149]. Inexiste fundamento para que conserve tal quantia na sua esfera jurídica. De igual sorte, não cabe aplicar o regime do sinal, dado que não se pode falar de incumprimento definitivo da promessa.

Por outro lado, não deve descurar-se a apreciação do alcance do dever do promitente-vendedor. Há, pois, que qualificar o âmbito da sua vinculação. A sua obrigação é de meios ou, ao invés, é uma obrigação de resultado?

Se se configurar como obrigação de resultado – por exemplo, porque se vinculou à obtenção do consentimento do outro consorte –, há que empregar as regras do não cumprimento definitivo da promessa. Para o efeito, apenas cabe ao promitente-comprador demonstrar

---

[148] Ac. Rel. Porto, de 14.1.2003 (MÁRIO CRUZ), www.dgsi.pt, pp. 7 e 8.
[149] Ac. Rel. Porto, de 14.1.2003 (MÁRIO CRUZ), www.dgsi.pt, pp. 8 e 9.

a não obtenção do resultado: o não consentimento do outro compro-prietário.

Caso seja qualificada como obrigação de meios – ou seja, ape-nas se encontra adstrito a fazer tudo quanto está ao seu alcance para obter o consentimento do seu consorte –, só a prova, pelo outro promitente da sua actuação culposa, origina a aplicação das regras do incumprimento da promessa.

A *traditio* do prédio feita, na sequência da celebração do contra-to-promessa de compra e venda por um dos comproprietários, sem o consentimento dos demais, que não intervieram naquele contrato, deve considerar-se ineficaz em relação a estes. À mesma conclusão se chega quanto ao direito de retenção que tivesse na sua génese tal entrega[150].

Pode configurar-se ainda um outro cenário, diverso do apresen-tado.

Imagine-se que o comproprietário, após a celebração do contra-to-promessa, adquiriu a quota ou as quotas dos demais consortes. Nesta hipótese, o promitente-comprador poderia socorrer-se das regras gerais aplicáveis em caso de incumprimento, temporário (*v.g.,* estaria legitimado a recorrer à execução específica do contrato-promessa[151]) ou definitivo da promessa.

4. Promessa de alienação de coisa noutros casos de comunhão

De notar que a aplicação das disposições relativas à comproprie-dade se aplicam à comunhão de quaisquer outros direitos, sem prejuízo do disposto em especial para dada um deles (art. 1404.º CC).

Vejamos agora o que sucede na comunhão hereditária

Empregando-se assim as regras da compropriedade à comunhão hereditária, por força do disposto no art.º 1408.º, n.º 2 CC, chegamos às mesmas conclusões enunciadas atrás quanto à promessa de alienação de coisa que integrava a herança, realizada por um dos sucessores.

Resulta, aliás, do art. 2091.º, n.º 1 CC, que "os direitos relativos à herança só podem ser exercidos conjuntamente por todos os her-

---

[150] Ac. Rel. Porto, de 30.4.2002 – sumário (TERESA MONTENEGRO), www.dgsi.pt.
[151] Ver Ac. Rel. Porto, de 20.1.2005 (FERNANDO BAPTISTA), www.dgsi.pt, p. 16.

94 Contrato-Promessa em Geral. Contratos-Promessa em Especial

deiros...", donde a alienação de bens determinados da herança só pode ser feita pelos herdeiros em conjunto.

Desta sorte, a venda de um bem da herança por apenas um dos herdeiros, sem consentimento dos outros, é havida como venda de coisa alheia, sendo, porém, tal promessa válida, dado que dela resulta a mera obrigação de celebrar o contrato prometido.

Assim, no caso decidido pelo Ac. STJ, de 2.11.2006, a nulidade da promessa, invocada por parte de um dos titulares do direito à herança indivisa, atento o facto de não ter outorgado aquela, foi rejeitada, dado que não é necessária a legitimidade substancial do promitente para a sua celebração[152].

Vejamos ainda alguns aspectos específicos de regime.

No Ac. Rel. Porto, de 14.12.2006, discutiu-se a promessa de venda de uma parte determinada de um bem que não pertencia aos respectivos promitentes em exclusivo. A circunstância de tal fracção de um prédio não se encontrar constituída em propriedade horizontal foi razão suficiente para se entender que de tal promessa resultou a assunção de uma obrigação secundária de cujo cumprimento dependeria a execução do contrato-promessa: a de constituir o prédio em regime de propriedade horizontal[153].

Concordamos inteiramente com Ana Prata quando considera que "o inadimplemento da obrigação instrumental tende a arrastar o incumprimento da obrigação principal, o promissário não terá, em princípio, de esperar pela consumação deste último, para reagir ao não cumprimento da obrigação acessória, ele poderá, em regra, exigir o seu cumprimento, que, se não for realizado voluntariamente, será susceptível de execução forçada"[154].

Deste modo, como se afirmou no aresto em causa, o incumprimento da obrigação secundária de constituir a propriedade horizontal repercute-se no incumprimento da obrigação principal de celebrar o contrato prometido, dado que a venda da fracção do referido bem imóvel está dependente da constituição em regime de propriedade horizontal[155].

---

[152] Ac. STJ, de 2.11.2006 (SALVADOR DA COSTA), www.dgsi.pt, pp. 4 ss.

[153] Ac. Rel. Porto, de 14.12.2006 (DEOLINDA VARÃO), www.dgsi.pt, p. 5.

[154] O contrato-promessa e o seu regime civil, cit., p. 445 ss.

[155] Ac. Rel. Porto, de 14.12.2006 (DEOLINDA VARÃO), www.dgsi.pt, p. 5.

CAPÍTULO III
Transmissão dos direitos e das obrigações

SECÇÃO I
Cessão da posição contratual

§ 1. Cessão da posição do promitente-transmissário. 1. O consentimento do promitente-transmitente. 2. Âmbito da cessão. 3. Forma da cessão. 4. Efeitos para o promitente-transmitente da substituição da posição contratual do promitente-transmissário. § 2. Cessão da posição do promitente-transmissário.

§ 1. Cessão da posição do promitente-transmissário

Por efeito do art. 412.º, n.º 2 CC – que assinala estar a "transmissão por acto entre vivos sujeita às regras gerais" – cabe aplicar a disciplina da cessão da posição contratual (arts. 424.º ss. CC).

Ora, há que distinguir, desde logo, o contrato de cessão da posição contratual (o chamado negócio causal) daquele outro que está na sua base – *in casu*, o contrato-promessa –, donde, de resto, promana a posição (o conjunto de direitos e deveres) que se transfere.

1. O consentimento do promitente-transmitente

Determina o art. 424.º, n.º 1 CC que "qualquer das partes tem a faculdade de transmitir a terceiro a sua posição contratual, desde que o outro contraente, antes ou depois da celebração do contrato [de cessão], consinta na transmissão".

Ora, nos contratos-promessa é usualmente aposta uma cláusula, por via da qual se especifica que "o contrato definitivo será realizado pelo promitente-transmissário ou por quem este indicar"[156].

Desta sorte, o promitente-transmitente consente previamente na cessão da posição contratual do outro promitente[157].

Esta estipulação é perfeitamente válida, já que se mostra consentânea com o texto legal enunciado.

Todavia, nos casos, como o apresentado, em que a aquiescência do promitente-transmissário cedido é prévia ao contrato de cessão, impõe-se a sua notificação para que fique a conhecer o novo sujeito vinculado ao negócio (por exemplo, através do envio de uma carta registada com aviso de recepção onde se comunica o facto) ou o seu reconhecimento expresso ou tácito para que produza os respectivos efeitos (art. 424.º, n.º 2 CC)[158].

2. Âmbito da cessão

Na sequência do acordo de cessão, que não tem de revestir necessariamente carácter oneroso, transmite-se a situação jurídica do promitente-transmissário para um terceiro.

A transferência desdobra-se do seguinte modo:

– o cedente/promitente-transmissário perde os créditos (relativos às prestações pecuniárias, por exemplo, o sinal em dobro

---

[156] Ver Ac. Rel. Porto, de 22.9.2005 (JOSÉ FERRAZ), www.dgsi.pt, p. 7.

No Ac. Rel. Porto, de 14.7.2005 (SALEIRO DE ABREU), www.dgsi.pt, p. 6 (aí apenas se diz que "ficou ainda convencionada a possibilidade de cedência da posição contratual do promitente-comprador a partir de 31 de Março de 2000").

[157] É esse o entendimento generalizado quanto a essa convenção. Ver, entre outros, o Ac. Rel. Porto, de 22.9.2005 (JOSÉ FERRAZ), www.dgsi.pt, p. 7 (assinala-se que "é esse o sentido em que um declaratário normal, colocado na posição do real declaratário, entenderia a declaração, sendo que esse sentido tem suporte legal no texto do documento").

[158] No caso analisado no Ac. Rel. Porto, de 22.9.2005 (JOSÉ FERRAZ), www.dgsi.pt, p. 8, o promitente-vendedor tomou conhecimento da cessão após esta ter sido efectuada e no momento em que deparou com outras pessoas na fracção autónoma, sendo que posteriormente aquele promitente revela por carta que "efectivamente tenho conhecimento que cedeu [o primitivo promitente-comprador] a sua posição contratual no contrato que comigo celebrou em 16 de Abril de 2001".

no caso de incumprimento definitivo do outro contrato), os direitos potestativos (*v.g.,* o direito de resolução do contrato-promessa) e as expectativas, assim como se exonera das obrigações, dos deveres e dos estados de sujeição correspondentes;

– por sua vez, o cessionário/novo promitente-transmissário adquire os créditos (referentes, por exemplo, ao dobro do sinal), os direitos (*v.g.,* o direito de resolução do contrato-promessa) e as expectativas, ingressando correspectivamente nos vínculos passivos (deveres, estados de sujeição).

Há, porém, direitos potestativos e estados de sujeição que permanecem na esfera jurídica do promitente-transmissário originário, aqui cedente.

Releve-se que o cedente, promitente-transmissário originário, garante ao cessionário a existência e a validade da posição contratual tal como ela se encontra à data do negócio de cessão, operando esta assim para o futuro e não retroactivamente.

3. Forma da cessão

A forma da transmissão e as relações entre as partes são definidas em função do tipo de negócio que serve de fundamento à cessão (art. 425.º CC).

Desta sorte, o regime formal da cessão de qualquer das posições contratuais inerentes a um contrato-promessa, *v.g.,* de compra e venda de um imóvel, é o que a lei determina para este último acto[159].

4. Efeitos para o promitente-transmitente da substituição da posição contratual do promitente-transmissário

O cessionário é o novo promitente-transmissário, pelo que sucede na totalidade da posição contratual do promitente-transmissário originário, tal como ela existia, ressalve-se, ao tempo da cessão.

---

[159] Ac. STJ, de 21.6.2007 (SALVADOR DA COSTA), www.dgsi.pt, pp. 7 e 8.

Nesta lógica, o promitente-transmitente está adstrito, perante ele, à execução da promessa. Um eventual cumprimento perante o cedente não tem eficácia liberatória.

Por outro lado, o contraente cedido dispõe do direito de opor ao novo promitente (o cessionário) os meios de defesa derivados do contrato-promessa (art. 427.º, 1.ª parte CC).

O normativo tem vista o negócio que está na base da cessão da posição contratual. E, portanto, o que está em causa são as vicissitudes a este ligadas. Desta sorte, se o cessionário/novo promitente--transmissário instaura uma acção de execução específica, com fundamento, por hipótese, na falta de comparência na escritura pública, o contraente cedido pode arguir, no sentido de obstar à condenação, *v.g.*, a nulidade do contrato-promessa.

§ 2. Cessão da posição do promitente-transmissário

Ao contrário do que ocorre com a cessão da posição de promitente-transmissário, não é comum a previsão no contrato da estipulação em que aquele consente na transferência prévia da situação jurídica do promitente-transmitente.

Assim sendo, esta só será possível pela via típica, ou seja, impõe-se a necessidade de aquiescência do promitente-transmissário para que aquela cessão ocorra.

SECÇÃO II
Transmissão por morte

§ 1. Regra geral: transmissibilidade da posição contratual por morte do promitente. 1. Considerações gerais. 2. Morte do promitente-alienante. 3. Morte do promitente-adquirente. § 2. Desvio: intransmissibilidade da posição contratual dada a natureza pessoal do vínculo.

§ 1. Regra geral: transmissibilidade da posição contratual por morte do promitente

1. Considerações gerais

O art. 412.º, n.º 1 CC estabelece como princípio geral a transmissibilidade dos direitos e das obrigações das partes para os respectivos sucessores no caso de morte. Não há, portanto, lugar à caducidade do contrato-promessa.

A regra alude aos sucessores, tendo, a nosso ver, por base a morte da pessoa física, parecendo querer excluir do campo de aplicação do normativo, pelo menos literalmente, as situações de extinção de pessoa colectiva, sujeitando-os ao regime geral.

2. Morte do promitente-alienante

Por morte do promitente-alienante, há lugar à transferência, a título universal, dos direitos e das obrigações emergentes do contrato-promessa para os seus sucessores.

100 *Contrato-Promessa em Geral. Contratos-Promessa em Especial*

Daí emergem várias consequências. Destaquem-se algumas:

- em face de incumprimento temporário, a acção de execução específica deve ser instaurada pelo promitente-comprador contra todos os herdeiros[160];
- por sua vez, "a acção onde, por morte do promitente-vendedor, se pretende a resolução de um contrato-promessa de compra e venda, deve ser intentada por todos os seus herdeiros e não apenas pelo cabeça de casal"[161].

Se houver mais do que um promitente-alienante, a morte de um deles implica que os respectivos sucessores sub-ingressam na sua posição jurídico-contratual[162].

3. Morte do promitente-adquirente

O decesso do promitente-adquirente segue as mesmas regras, não havendo especificidades a realçar.

Assim, a acção de execução específica deve ser proposta por todos os sucessores, o que semelhantemente deve ocorrer com a eventual resolução por parte destes do contrato-promessa.

§ 2. Desvio: intransmissibilidade da posição contratual dada a natureza pessoal do vínculo

Tratando-se de contratos-promessa em que os direitos e as obrigações das partes sejam exclusivamente pessoais não há lugar à transmissibilidade para os respectivos sucessores. Assim o determina o art. 412.º, n.º 1 CC.

O critério utilizado é, assim, parcialmente semelhante ao usado para efeito da execução específica do contrato-promessa, quando aí

---

[160] A acção de execução específica deve ser instaurada contra os herdeiros – Ac. Rel. Porto, de 20.1.2005 (FERNANDO BAPTISTA), www.dgsi.pt, p. 17.

[161] Ac. Rel. Porto, de 5.12.1994 (RIBEIRO DE ALMEIDA), www.dgsi.pt.

[162] Ac. Rel. Porto, de 4.4.2005 (CAIMOTO JÁCOME), www.dgsi.pt, p. 2 e 4 (*in casu*, foram declarados habilitados, por efeito de decisão judicial, o marido e os dois filhos).

se alude ao facto de "a isso não se opo[r] a natureza da obrigação assumida" (art. 830.º, n.º 1 *in fine* CC).

Almeida Costa considera, com rigor, que na apreciação que se faz "deve atender-se, no contexto das circunstâncias concretas, não só à natureza do contrato prometido e das suas prestações, mas também à vontade real ou presumível dos contraentes"[163].

Desta sorte, têm sido elencadas algumas promessas que revestem carácter *intuitu personae*, a saber:

- a promessa de trabalho;
- a promessa de prestação de serviços[164].

---

[163] Contrato-promessa. Uma síntese do regime vigente, cit., pp. 53 e 54.

[164] CALVÃO DA SILVA, Sinal e contrato-promessa, cit., p. 23, ALMEIDA COSTA, Contrato-promessa. Uma síntese do regime vigente, cit., p. 54, ANTUNES VARELA, Das Obrigações em Geral, cit., p. 335.

CAPÍTULO IV
Incumprimento temporário do contrato-promessa

SECÇÃO I
Execução específica

§ 1. Enquadramento e noção. § 2. Pressupostos substantivos da execução específica. 1. Mora no cumprimento do contrato. 1.1. Debate doutrinário e jurisprudencial. 1.1.1. Aplicabilidade restrita aos casos de mora. 1.1.2. Aplicabilidade alargada a algumas hipóteses de incumprimento definitivo. 1.2. Posição acolhida. 2. Falta de convenção em contrário. 2.1. Alcance da expressão "na falta de convenção em contrário". 2.2. Existência de convenção em contrário; suas consequências; algumas hipóteses. 2.2.1. Convenção expressa. 2.2.2. Convenção tácita: casos típicos. 2.2.2.1. Sinal. 2.2.2.2. Pena fixada para o caso de não cumprimento da promessa. 3. Ilisão das presunções decorrentes da existência de sinal ou de pena. 3.1. Consagração de uma mera presunção *juris tantum.* 3.2. Modos de ilisão das presunções. 3.3. Casos em que se discute a ilisão da presunção. 4. Imperatividade da execução específica: impossibilidade de convenção em contrário. 5. Não oponibilidade da natureza da obrigação assumida. 5.1. A obrigação assumida pressupõe a entrega da coisa. 5.2. A obrigação assumida tem natureza pessoal ou é infungível. 5.3. A obrigação assumida exige o consentimento de outrem. 5.4. A obrigação assumida não se realiza sem a intervenção de um terceiro. 6. Outros pressupostos da execução específica. 6.1. Na promessa com eficácia obrigacional. 6.1.1. Não transmissibilidade da coisa a terceiro. 6.1.2. Inexistência de ónus e de encargos sobre o objecto da promessa. 6.1.3. Inexistência de licença de utilização ou de construção do imóvel. 6.1.4. Não verificação de condições administrativas ou de outro tipo. 6.2. Na promessa com eficácia obrigacional ou com eficácia real: inexistência de perda da coisa ou de situação afim. § 3. Pressuposto processual da execução específica:

instauração de acção judicial. § 4. Pressupostos processuais e de publicidade da execução específica de promessa relativa a bens registáveis (cont.). 1. Acção de execução específica (remissão). 2. Registo da acção de execução específica. 2.1. Enquadramento legal. 2.2. Registo provisório da acção de execução específica. 2.3. Efeitos do registo da acção de execução específica. § 5. *Sentença* que produz os efeitos da declaração negocial do faltoso. 1. Natureza da decisão. 2. Consequências da decisão. 2.1. Celebração, por via judicial, do contrato definitivo. 2.2. Efeitos processuais. § 6. Registo da *sentença* favorável que concretiza um negócio registável. 1. Pressupostos. 2. Modo de efectivação do registo da decisão favorável de execução específica. § 7. Alguns casos específicos. 1. Celebração de contrato de alienação posterior ao registo da decisão que julga procedente a acção de execução específica. 2. Celebração de contrato-promessa posterior ao registo da acção de execução específica. 3. Celebração de contrato de alienação (não registado) anterior ao registo da acção de execução específica. 3.1. O Acórdão Uniformizador de Jurisprudência n.º 4/98. 3.2. Tese que dá prevalência ao direito do terceiro adquirente. 3.3. Tese que admite a execução específica. 3.4. Posição adoptada. 4. Registo da acção de execução específica seguido da celebração de contrato de alienação. 5. Registo da aquisição anterior ao registo da acção de execução específica.

§ 1. Enquadramento e noção

A Secção III (do Capítulo VII), relativa à "realização coactiva da prestação", integra duas subsecções, uma relativa à acção de cumprimento e execução (arts. 817.º a 826.º CC), outra referente à execução específica (arts. 827.º a 830.º CC).

É nesta última que, ao lado de outros casos de execução específica – tendo em vista a entrega de coisa determinada, a prestação de facto fungível por outrem à custa do devedor, a prestação de facto negativo –, encontramos a referência à execução específica do contrato-promessa (art. 830.º CC), embora esta obedeça a uma lógica e tenha um alcance diverso das outras hipóteses enumeradas[165].

---

[165] Como destaca Pedro Pais de Vasconcelos "a diversa natureza da execução específica da promessa apreende-se bem ao atentar em que esta não consiste na apreensão e entrega da coisa como na obrigação de prestação de coisa, e não consiste também na incumbência de terceiro para prestar à custa do remisso" ("O efeito externo da obrigação no contrato-promessa", SI, 1985, p. 112).

O art. 830.º, n.º 1 CC define tal mecanismo: "se alguém se tiver obrigado a celebrar certo contrato [o definitivo] e <u>não cumprir</u> a promessa, <u>pode a outra parte</u> ... <u>obter sentença</u> <u>que produza os efeitos</u> da declaração negocial do faltoso..." (sublinhados nossos).

A premissa base da execução específica da promessa parece ser, portanto, a situação de incumprimento temporário do contrato. Interessado no adimplemento do mesmo, o credor procura obter, através do tribunal, a realização coactiva da prestação devida.

§ 2. Pressupostos substantivos da execução específica

O preceito em causa dispõe igualmente sobre os pressupostos substantivos da execução específica.

1. Mora no cumprimento do contrato[166]

1.1. *Debate doutrinário e jurisprudencial*

É pacífico que a situação de mora (imputável a um dos promitentes) permite ao contraente não faltoso o recurso à execução específica. Já se discute, porém, se pode haver lugar àquela no caso de inadimplemento definitivo.

---

[166] Há alguns pressupostos substanciais que se encontram implícitos no art. 830.º CC. Vejamos.

Naturalmente que a execução específica pressupõe a mora no cumprimento de um contrato válido. Desta sorte, se o contrato é inválido não tem sucesso a acção de execução específica. Assim o entendeu o Ac. STJ, de 23.1.2003 (OLIVEIRA BARROS), www.dgsi.pt, e o Ac. STJ, de 26.3.1998 (ALMEIDA E SILVA), www.dgsi.pt.

Implícita ainda no normativo está a seguinte premissa: "o contraente faltoso não pode pedir a execução específica do contrato-promessa" (Ac. STJ, de 30.10.2001 (PAIS DE SOUSA), www.dgsi.pt); confirmando esta ideia, o Ac. STJ, de 26.10.1995 (SOUSA INÊS), www.dgsi.pt, assinala que "decorre do disposto no artigo 830.º do Código Civil que o direito de obter a execução específica do contrato-promessa depende de não ser o requerente, ele próprio, quem não cumpriu, ou também não cumpriu, e não ser a outra parte, a fiel. E não é cumpridor quem cai em mora".

1.1.1. Aplicabilidade restrita aos casos de mora

A doutrina dominante apenas admite a possibilidade de utilização da execução específica em face da mora na execução da prestação.

Vejamos o que assinalam alguns autores.

Henrique Mesquita, conquanto releve que "a lei não se encontra redigida, relativamente a este ponto, de modo inequívoco, mas é assim [no sentido de aplicação aos casos de mero atraso] que deve ser interpretada", pelo que "não se [torna] necessário que o beneficiário da promessa transforme esta situação em não cumprimento definitivo, através da fixação de um prazo suplementar razoável para o cumprimento, nos termos do n.º 1 do art. 808.º"[167].

Calvão da Silva pronuncia-se no mesmo sentido, afirmando que com tal mecanismo o credor procura "obter a prestação devida", sendo que a execução específica "é, no plano funcional, a mesma coisa que a acção de cumprimento: apenas esta se dirige à condenação do devedor no adimplemento da prestação, enquanto aquela produz imediatamente os efeitos da declaração negocial do faltoso (sentença constitutiva)"[168].

Também Menezes Leitão concorda com esta posição: é "suficiente a simples mora", deixando a execução específica "de ser possível, a partir do momento em que se verifique uma impossibilidade definitiva de cumprimento"[169].

A jurisprudência largamente maioritária acompanha esta orientação. Citemos alguns arestos.

No Ac. STJ, de 4.3.2008, observa-se, na mesma ordem de ideias, que "através da execução específica, o tribunal emite sentença que supre a declaração negocial do faltoso, assim dando satisfação ao interesse do credor que não viu cumprida a prestação a que tinha direito, por incumprimento do devedor". Mais se assinala "se o devedor estiver em mora... a execução específica é viável"[170].

---

[167] Obrigações reais e ónus reais, cit., p. 233, nota 160.
[168] Sinal e Contrato-Promessa, cit., p. 154.
[169] MENEZES LEITÃO, Direito das Obrigações, I, cit., p. 227.
[170] Ac. STJ, de 4.3.2008 (FONSECA RAMOS), www.dgsi.pt, p. 7.

Contrato-Promessa em Geral 107

O mesmo se sustenta peremptoriamente no Ac. Rel. Porto, de 8.5.2006, quando se salienta que "pressuposto da execução específica é ... a existência de mora e não o incumprimento definitivo"[171].

1.1.2. Aplicabilidade alargada a algumas hipóteses de incumprimento definitivo

Outro sector da doutrina defende que a execução específica pode ainda ter lugar perante o incumprimento definitivo em dadas circunstâncias, portanto, para além da mora.

Expressa Januário Gomes que "o interesse do credor pode sobreviver, pode subsistir para além do incumprimento definitivo... Se o credor mantiver interesse na prestação, não parece haver justificação plausível que obste ao recurso à execução específica, já que o incumprimento definitivo não determina, por si só, a resolução do contrato"[172].

---

[171] Ac. Rel. Porto, de 8.5.2006 (FONSECA RAMOS), www.dgsi.pt, p. 5.

Ver ainda o Ac. Rel. Porto, de 27.11.2008 (DEOLINDA VARÃO), www.dgsi.pt ("a execução específica do contrato-promessa pressupõe o incumprimento contratual não definitivo de uma das partes, ou seja, a mora no cumprimento da obrigação emergente do contrato-promessa de celebrar o contrato prometido), o Ac. Rel. Porto, de 6.3.2008 (MANUEL CAPELO), www.dgsi.pt ("constitui pressuposto da execução específica prevista no art. 830.º, n.º 1 do CC a existência de mora e não o incumprimento definitivo"), o Ac. STJ, de 5.12.2006 (SEBASTIÃO PÓVOAS), www.dgsi.pt ("só há lugar à execução específica do contrato-promessa quando não há incumprimento definitivo mas, tão-somente, inadimplemento transitório"), o Ac. Rel. Porto, de 22.5.2006 (FONSECA RAMOS), www.dgsi.pt, p. 5, o Ac. STJ, 2003, II, p. 11, o Ac. STJ, de 18.6.1996 (MIRANDA GUSMÃO), www.dgsi.pt ("a "mora debitoris" é o pressuposto da execução específica do contrato-promessa e só se verifica depois de o devedor ter sido interpelado, judicial ou extrajudicialmente, para cumprir"), o Ac. Rel. Lisboa, de 18.1.1996 (SILVA PAIXÃO), www.dgsi.pt ("o recurso à execução específica do contrato-promessa pressupõe um atraso no seu cumprimento, não tendo cabimento quando houver incumprimento definitivo"), o Ac. STJ, de 8.6.1993 – sumário (SANTOS MONTEIRO), www.dgsi.pt, Ac. Rel. Lisboa, de 15.2.1993 (CAMPOS OLIVEIRA), www.dgsi.pt ("a execução específica do contrato-promessa só é concebível em caso de simples mora. Ao incumprimento definitivo corresponde a resolução do contrato, com as possibilidades de ressarcimento oferecidas pelo art. 442.º do Código Civil relativas ao sinal passado").

[172] Em tema de contrato-promessa, Lisboa, 1990, p. 17.

Menezes Cordeiro, por sua vez, sustenta que o incumprimento definitivo "é um passo que abre as partes à execução específica ou à indemnização"[173].

Antunes Varela, em tempos, chegou a admitir que "se o credor pode realmente obter o efeito pretendido para a interpelação admonitória fracassada, sem ameaçar o devedor interpelado com a resolução do contrato, quer isso dizer que a falta definitiva de cumprimento prevista no artigo 808.º, n.º 1, do Código Civil, não fecha de nenhum modo para o credor as portas da realização coactiva da prestação (nomeadamente da execução específica do contrato-promessa, a que se refere o art. 830.º do mesmo Código), sempre que a prestação em falta, não obstante a contumácia do devedor, continue a ter interesse para o credor"[174].

Na jurisprudência, no mesmo sentido, há que destacar os seguintes arestos:

- no Ac. Rel. Porto, de 20.1.2005, afirma-se que "a execução específica pode também ter lugar em situações de incumprimento definitivo, desde que o credor não tenha perdido o interesse na prestação"[175];
- no Ac. STJ, de 29.4.2004, assinala-se que "a execução específica do contrato-promessa é compatível com a mora ou o incumprimento definitivo do promitente faltoso, nesta última situação desde que a prestação seja física e legalmente possível"[176];
- no Ac. STJ, de 3.10.1995, observa-se que "o direito à execução específica pode ser exercido ... também quando a obrigação não se considera definitivamente não cumprida devido ao contraente faltoso não ter realizado a prestação no prazo para o efeito fixado pelo outro contraente, desde que ele seja física e legalmente possível e este continue a ter nela interesse"[177].

---

[173] "O novíssimo regime do contrato-promessa", Estudos de Direito Civil, cit., p. 85.

[174] RLJ, Ano 128, p. 119, nota 1.

[175] Ac. Rel. Porto, de 20.1.2005 (FERNANDO BAPTISTA), www.dgsi.pt.

[176] Ac. STJ, de 29.4.2004 (SALVADOR DA COSTA), www.dgsi.pt.

[177] Ac. STJ, de 3.10.1995 (FERNANDO FABIÃO), CJ, Ac. STJ, 1995, III, pp. 45 ss.

1.2. *Posição acolhida*

Adiantemos, desde já, a nossa posição: a mora representa uma condição necessária e suficiente para o recurso à execução específica, precludindo tal via o incumprimento definitivo do contrato, dada a sua incompatibilidade com tal mecanismo, sendo que, por outro lado, inexistindo qualquer atraso, não se verifica um dos pressupostos da execução específica. Desta sorte, o estado anterior à mora ou a situação a ela posterior não permitem a actuação de tal procedimento.

Senão vejamos.

O art. 830.º CC alude à execução específica do contrato-promessa. Todavia, o citado preceito, em regra, não qualifica expressamente o incumprimento, ou seja, afirma qual é o seu tipo – temporário ou definitivo.

Identifiquemos alguns excertos do texto legal, à primeira vista literalmente indefinidos e inconclusivos, no que toca ao tema em causa:

- "se alguém se tiver obrigado a celebrar certo contrato e <u>não cumprir...</u>" (art. 830.º, n.º 1 CC);
- "... se existir sinal ou tiver sido fixada uma pena para o caso de <u>não cumprimento da promessa</u>" (art. 830.º, n.º 2 CC) – sublinhados nossos;

Mas há locuções que nos parecem mais elucidativas.

Assim, o n.º 3 do art. 830.º dispõe que "ainda que a alteração das circunstâncias seja posterior à <u>mora</u>" (sublinhado nosso).

Por outro lado, ao determinar-se que a obtenção de "sentença que produza os efeitos da declaração negocial do faltoso" (cfr. art. 830.º, n.º 1, 3.º trecho CC e art. 830.º, n.º 3, 2.ª frase CC) só parece fazer sentido na hipótese de ser ainda possível o cumprimento ou, dito de outro modo, no caso de não ser ele definitivo.

Do ponto de vista substancial, da forma dualista como a lei se encontra estruturada parece decorrer um argumento de peso a favor da posição que sustentamos: a execução específica pressupõe o incumprimento temporário, assim como a resolução pressupõe o incumprimento definitivo. Igualmente, a nível sancionatório se pode constatar essa bipartição: a indemnização moratória pressupõe o incumprimento temporário, enquanto que a indemnização em caso de sinal pressupõe o incumprimento definitivo.

A justificação pode ainda concretizar-se num exemplo: o promitente-vendedor encontra-se em atraso manifesto na execução da promessa; por via disso, o promitente-comprador perde o interesse na prestação; não é possível ao tribunal repristiná-lo[178].

Saliente-se que, ao invés, se mostra imperioso que a contraparte se encontre em atraso quanto ao cumprimento. Se ainda não existe mora, não pode haver lugar à execução específica.

Em várias decisões, a existência (ou não) de um atraso tem sido analisada, para efeito de saber se pode haver lugar à execução específica da promessa.

Uma situação deste género foi apreciada pelo Ac. STJ, de 4.3.2008: a ampla passividade do promitente-vendedor no tocante à marcação da escritura, levou a que outro promitente instaurasse uma acção de execução específica, embora não tenha sequer interpelado aquele para o cumprimento; o tribunal considerou que não havia sequer atraso do promitente-vendedor, apesar de entender que lhe cabia a marcação da data para a realização da escritura[179].

Um outro caso foi examinado no Ac. STJ, de 31.10.2006: igualmente se concluiu que "face à sua ausência de culpa dos [promitentes-vendedores] no atraso do inventário, não pode qualificar-se o atraso objectivo na efectivação da prestação como mora dos [referidos promitentes]". Inexistindo mora, os efeitos desta não se produzem, sendo que jamais se pode recorrer à execução específica[180].

Dito isto, cabe enunciar, a título exemplificativo, algumas hipóteses de atraso no cumprimento do contrato-promessa:

- o promitente-vendedor apresentou-se no local e na hora aprazadas para a celebração do contrato prometido, mas fê-lo sem a documentação necessária para a outorga do mesmo[181];

---

[178] Esta ideia está similarmente traduzida no Ac. Rel. Porto, de 22.5.2006 (Fonseca Ramos), www.dgsi.pt (a resolução do contrato-promessa de compra e venda pelos promitentes-compradores "provocou a extinção das prestações negociais correspectivas", de modo "que não pode revivescer, pela via da execução específica pedida [por eles próprios] aquilo que eles consideraram *morto*").

[179] Ac. STJ, de 4.3.2008 (Fonseca Ramos), www.dgsi.pt, pp. 7 e 8.

[180] Ac. STJ, de 31.10.2006 (Afonso Correia), www.dgsi.pt.

[181] Ac. STJ, de 22.3.2007 (Urbano Dias), www.dgsi.pt, pp. 3 e 4 (tal hipótese não pode ser qualificada como de incumprimento definitivo, apesar de ter havido sinal passado).

– "ainda quando não entendido que a falta de comparência na data, hora e local designados para a realização da escritura equivale a recusa de cumprimento, visto indicar de maneira certa e unívoca que o promitente em falta não pode, ou não quer, cumprir, resta seguro que, salvo se justificada a falta, incorre de imediato em mora susceptível de fundar o pedido de execução específica"[182];
– o promitente-comprador notificou o promitente-vendedor para comparecer na escritura pública de compra e venda, à luz do convencionado no contrato-promessa, mas este não marcou presença, tendo ficado frustrada a celebração do contrato prometido, ficando assim em mora[183].

2. Falta de convenção em contrário

2.1. *Alcance da expressão "na falta de convenção em contrário"*

Determina o art. 830.º, n.º 1 CC que a execução específica da promessa é possível na "falta de convenção em contrário [no contrato]".

Podem adiantar-se já 3 hipóteses quanto ao texto do contrato:

– este determina que há lugar à execução específica[184];
– este é omisso quanto à execução específica;
– este dispõe que não é admissível a execução específica.

Assim, apenas se no contrato existir uma estipulação que seja contrária à execução específica se mostra esta inviável, o que sucede na última possibilidade assinalada.

Nas outras hipóteses, ela mostra-se admissível, já que falta uma convenção em sentido diverso.

---

[182] Ac. STJ, de 26.1.2006 (OLIVEIRA BARROS), www.dgsi.pt.

[183] Ac. STJ, de 22.11.2007 (FONSECA RAMOS), www.dgsi.pt.

[184] Ac. Rel. Porto, de 15.10.2002 (LUÍS ANTAS DE BARROS), www.dgsi.pt ("a cláusula de execução específica ilide a presunção de afastamento da realização forçada do prometido constante do art. 830.º n.º 2, e operará nos termos legalmente consentidos. Contudo, tornando-se inviável a execução específica, como aqui acontece, resta ao não faltoso a indemnização determinada em função do sinal que prestou").

Decorre ainda do art. 830.°, n.° 1 CC que o preceito que consagra a execução específica da promessa tem cariz dispositivo, o que permite o seu afastamento por vontade das partes em sentido diverso.

Impõe-se analisar as situações em que existe convenção em contrário.

2.2. *Existência de convenção em contrário; suas consequências; algumas hipóteses*

Emerge, como vimos, do art. 830.°, n.° 1 CC o seguinte princípio: havendo "convenção em contrário [à execução específica]" está, em princípio, precludida a mesma.

Ora, esta convenção pode ser expressa ou tácita. Há que analisar as duas vias.

2.2.1. Convenção expressa

Pode, desta sorte, existir uma estipulação expressa que afaste o cariz supletivo da disposição e, consequentemente, impeça a actuação do mecanismo em questão[185].

2.2.2. Convenção tácita: casos típicos

No entanto, a estipulação expressa não configura o único modo de supressão da execução específica. Mostra-se possível, à luz das regras gerais de direito, que tal possa emergir implicitamente do contrato.

Ora, em duas hipóteses particulares considera-se afastado tacitamente o instrumento previsto no art. 830.° CC[186].

---

[185] O contrato determina que "não é admissível o recurso à execução específica".

[186] Ac. Rel. Porto, de 20.1.2005 (FERNANDO BAPTISTA), www.dgsi.pt, p. 7 (convenção tácita que se verifica se existir sinal).

Dispõe o n.º 2 do citado preceito o seguinte:

– "entende-se haver convenção em contrário, se existir <u>sinal</u> ou tiver sido fixada uma <u>pena para o caso de não cumprimento da promessa</u>" (sublinhados nossos).

Presume-se que os contratantes atribuíram à existência de sinal ou de pena, consoante o caso, um valor específico: o de ser o único efeito do incumprimento.

Cabe analisar em especial estas duas possibilidades.

2.2.2.1. *Sinal*

A existência de sinal – que se presume sempre que ocorre a entrega de uma quantia na promessa de compra e venda – faz, por seu turno (igualmente) presumir uma convenção em sentido contrário à execução específica, impedindo-a.

2.2.2.2. *Pena fixada para o caso de não cumprimento da promessa*

Entende-se suprimida a execução específica sempre que se encontre "fixada uma pena para o caso de não cumprimento da promessa".

Deve dizer-se, em primeiro lugar, que está em causa uma "pena". Esta não é, portanto, entregue ao tempo da celebração do contrato-promessa, nem posteriormente, ao longo da vigência do mesmo.

Esta "pena" destina-se exclusivamente a cobrir os casos de inadimplemento da promessa, como a lei assim o determina.

3. **Ilisão das presunções decorrentes da existência de sinal ou de pena**

3.1. *Consagração de uma mera presunção juris tantum*

A existência de sinal ou de pena, porém, não significa em absoluto que a execução específica da promessa esteja excluída.

114 *Contrato-Promessa em Geral. Contratos-Promessa em Especial*

É entendimento pacífico que se trata tão só de presunções *juris tantum* de que foi este o único critério da reparação dos prejuízos encontrado pelas partes para fazer face à inexecução da promessa[187].

3.2. *Modos de ilisão das presunções*

Importa assinalar algumas situações em que se consideram ilididas tais presunções, admitindo, portanto, o recurso ao instrumento em causa.

Se, por hipótese, se estipula expressamente a execução específica mostra-se afastada a presunção de renúncia à mesma que o sinal constitui. Tal convenção ilide a presunção de afastamento da realização forçada do contrato-prometido constante do art. 830.º, n.º 2 CC[188].

De igual forma, tem-se entendido – acertadamente – que a tradição da coisa prometida vender[189] constitui mais uma via para que se

---

[187] Ver, por todos, ALMEIDA COSTA, Contrato-promessa. Uma síntese do regime vigente, cit., p. 56.

Cfr., na jurisprudência, Ac. Rel. Porto, de 17.9.2007 (MARQUES PEREIRA), www.dgsi.pt (a constituição de sinal ou a convenção da cláusula penal para a hipótese de não cumprimento da promessa constituem "uma presunção [*juris tantum*] de exclusão do recurso à execução específica"), Ac. STJ, de 26.1.2006 (OLIVEIRA BARROS), www.dgsi.pt ("a presunção de que a existência de sinal importa ou significa convenção contrária à execução específica estabelecida no n.º 2 do art. 830.º C.Civ. é uma presunção relativa, *juris tantum*, ilidível por prova do contrário").

[188] Cfr. Ac. Rel. Lisboa, de 20.5.2008 (MARIA AMÉLIA RIBEIRO), www.dgsi.pt ("este contrato [promessa de partilha] é susceptível de execução específica, nos termos do art. 830.º CC, independentemente do pagamento da indemnização referido na cláusula anterior. Está, assim, claramente ilidida a presunção prevista no n..º 2 do art. 830.º CC, sendo, pois, de admitir a execução específica do contrato"), Ac. Rel. Porto, de 15.10.2002 (LUÍS ANTAS DE BARROS), www.dgsi.pt, p. 4 (mas a existência de cláusula expressa de execução específica não retira a virtualidade dos efeitos do sinal; quer-se com isso afirmar que, em caso de incumprimento definitivo, aquele funciona como medida da indemnização).

[189] Não se tratando naturalmente da situação prevista no art. 830.º, n.º 3 CC. Aqui a execução específica tem sempre lugar.

[190] Ver, neste sentido, os seguintes arestos:
– Ac. Rel. Porto, de 20.1.2005 (FERNANDO BAPTISTA), www.dgsi.pt, p. 10 (no caso para além da existência de sinal, houve a *traditio* da coisa e o pagamento da totalidade do preço e não de uma parte substancial do mesmo, o que para o tribunal faz ilidir a presunção);

verifique a mencionada ilisão. Na realidade, se tal entrega constitui uma "forte expectativa de estabilização do negócio", sendo assim "bastante para significar que os contraentes jamais pretenderam com a prestação do sinal salvaguardar a possibilidade de um lícito e discricionário arrependimento, isto é, para demonstrar que o sinal não tem o sentido convencional de exclusão forçada"[190].

O pagamento pelo promitente-adquirente da totalidade do preço ou de um largo valor do mesmo permite concluir no mesmo sentido.

3.3. *Casos em que se discute a ilisão da presunção*

Tem sido defendido que a existência de sinal de valor relativamente escasso, conjugada com a falta de entrega da coisa, permite, à partida, obstar ao recurso à execução específica da promessa.

Uma situação deste género foi suscitada no Ac. STJ, de 19.12.2006. Com efeito, observa-se que a tradição foi expressamente diferida para o momento da outorga da escritura pública de compra e venda. Por sua vez, a importância entregue a título de sinal apenas representava 25% do preço global. Não se considerou, assim, ilidida a presunção[191].

– Ac. Rel. Porto, de 14.5.1998 – sumário (Pinto de Almeida), BMJ, n.º 477, 1998, p. 564 (releva-se que "o pagamento de sinal de elevado montante e a tradição da posse traduzem propósito de tomar firme o contrato-promessa, constituindo indícios sintomáticos de admissão da execução específica, apesar da existência de sinal, ilidindo, assim, a presunção do art. 830.º, n.º 2 do Código Civil").

Este é o entendimento de Brandão Proença que afirma que "a existência da *traditio*, em certas promessas sinalizadas, é um indício evidente do afastamento da presunção estabelecida no n.º 2 do art. 830.º" (Do incumprimento do contrato-promessa bilateral..., cit., pp. 29 a 53). O autor, de resto, considera que há lugar a uma "extensão teleológica" do preceito quanto mais não seja recorrendo ao argumento *a pari*, por forma a abranger as "promessas (*maxime* de alienação de prédios rústicos ou de arrendamentos de prédios urbanos) que correspondem a interesses definitivos e são, frequentemente, acompanhadas de cláusulas de tradição ou do pagamento quase total do preço (da alienação)" (últ. ob. cit., pp. 54 e 55).

[191] Ac. STJ, de 19.12.2006 (Oliveira Barros), www.dgsi.pt, p. 7.

116 Contrato-Promessa em Geral. Contratos-Promessa em Especial

4. Imperatividade da execução específica: impossibilidade de convenção em contrário

O art. 830.º, n.º 3 CC estabelece um desvio à natureza supletiva da norma ao determinar o seguinte:

– "o direito à execução específica não pode ser afastado pelas partes nas promessas a que se refere o n.º 3 do art. 410.º'" (sublinhado nosso).

Da remissão efectuada resulta o seguinte quadro:

– a promessa deve ser relativa à celebração de contrato oneroso;
– tal contrato deve envolver a transmissão ou a constituição de um direito real;
– esse direito real deve incidir sobre edifício, ou fracção autónoma dele, já construído, em construção ou a construir.

Verificado tal circunstancialismo legal não há qualquer possibilidade de afastamento, por convenção, da execução específica da promessa.

A existência de uma eventual estipulação em sentido diverso é nula, dado que é contrária a uma norma imperativa (art. 294.º CC)[192].

5. Não oponibilidade da natureza da obrigação assumida

A parte final do n.º 1 do art. 830.º CC estabelece uma outra condição para a viabilidade da execução específica.

Da norma – utilizando ainda um argumento a *contrario sensu* – pode extrair-se a seguinte conclusão:

– se "a isso [à execução específica] se ... opuser a natureza da obrigação assumida", tal via mostra-se inviável.

Deve, pois, questionar-se qual o critério a seguir para efeito de (im)possibilidade de recurso a tal instrumento.

Ora, sempre que a obrigação assumida não possa ser suprida pela decisão judicial, dado que esta não pode fazer operar os efeitos

---

[192] Ver infra Tit. I, Cap. I.

Contrato-Promessa em Geral   117

da declaração negocial do faltoso, estaremos perante um impedimento ao recurso à execução específica[193].

Podem ser de vários tipos as situações em causa. Cabe enumerá--los autonomamente e, à medida do desenvolvimento da exposição, apreciá-los.

5.1. *A obrigação assumida pressupõe a entrega da coisa*

Como a acção de execução específica pressupõe uma posterior sentença que supra os efeitos da declaração negocial do faltoso, há situações em que manifestamente o tribunal o não pode fazer, dado que isso implica a realização de um específico acto material – a entrega da coisa.

Estão nesse amplo número de hipóteses as promessas que envolvem a celebração de um contrato real *quoad constitutionem*. Assim,

- a promessa de penhor civil de coisas (a constituição de penhor, à luz do art. 669.º, n.º 1 CC, depende da "entrega da coisa empenhada ou de documento que confira a exclusiva disponibilidade dela, ao credor ou a terceiro; daí que a decisão judicial não possa fazer operar, por si só, esse acto de entrega);
- a promessa de mútuo civil (de igual sorte, o mútuo civil não prescinde, para efeito da sua perfeição – arts. 1142.º ss. CC –, da entrega da coisa, pelo que o tribunal não pode realizar esse acto através de sentença)[194];

---

[193] Almeida Costa refere-se à circunstância de não se conciliar razoavelmente com a realização coactiva ou esta, através da sentença judicial respectiva, não possa produzir os efeitos do contrato prometido (Direito das Obrigações, cit., p. 422, igualmente em Contrato-promessa. Uma síntese do regime vigente, cit., p. 62).

[194] Refere Galvão Telles que "não é possível a execução específica porque o mútuo não se traduz apenas numa declaração de vontade, suprível pelo tribunal, tendo como elemento integrante também a entrega da coisa mutuada" – Manual dos Contratos em Geral, cit., p. 223. O autor alude ainda à promessa de aceitar uma letra, a qual não é passível de execução específica, atento o formalismo particular a que aquela está sujeita (últ. ob. loc. cit.).

Ver sobre a entrega no mútuo, à luz do CC, Carlos Ferreira de Almeida, Contratos II, Conteúdo. Contratos de troca, Coimbra, 2008, pp. 156 ss.

118 *Contrato-Promessa em Geral. Contratos-Promessa em Especial*

– a promessa de comodato (na mesma medida, o comodato impõe a entrega da coisa a contraparte – arts. 1129.º ss. CC, o que impede a execução específica, pelas razões atrás assinaladas);
– a promessa de depósito (semelhantemente, o depósito exige a entrega da coisa – art. 1185.º CC, pelo que o mecanismo em apreço não é aqui igualmente admissível)[195].

5.2. *A obrigação assumida tem natureza pessoal ou é infungível*

Na mesma medida, a natureza pessoal ou o carácter infungível da obrigação assumida por uma das partes, ou até por ambas, impede o sucesso da execução específica. Encontram-se neste domínio, entre outras, as seguintes promessas:

– a promessa de trabalho (o n.º 3 do art. 94.º CT dispõe expressamente que "não é aplicável ao contrato previsto no n.º 1 o disposto no artigo 830.º do Código Civil")[196];
– a promessa de doação (o carácter pessoal do dever confere àquele que se encontra adstrito ao adimplemento a faculdade de deixar de cumprir, sem que tal possa ser suprida tal situação pelo tribunal[197]);

De notar que é pacífica a admissibilidade do mútuo consensual, o que é a prática no direito bancário, pelo que não há, neste quadro, impedimento quanto à utilização da execução específica.

[195] Acerca da entrega no contrato de depósito, ver CARLOS FERREIRA DE ALMEIDA, Contratos II, cit., pp. 189 ss.

[196] A promessa de trabalho está regulada no art. 94.º CT.

Cfr., sobre o tema, ROMANO MARTINEZ, Direito do Trabalho, 4.ª Ed., Coimbra, 2008 (reimpressão da edição de 2007), pp. 435 a 439, JÚLIO GOMES, Direito do Trabalho, I, Relações individuais de trabalho, Coimbra, 2007, pp. 469 e 470, MONTEIRO FERNANDES, Direito do Trabalho, 12.ª Ed., Coimbra, 2004, pp. 294 e 295.

Ver, na jurisprudência, à luz da lei antiga, o Ac. STJ, de 26.2.1992 – sumário (ROBERTO VALENTE), www.dgsi.pt ("a execução específica do contrato-promessa de trabalho é afastada pelo n. 3 do artigo 8 da L.C.T., que expressamente afasta a aplicação do artigo 830 do Código Civil), o Ac. STJ, de 11.3.1992 – sumário (BARBIERI CARDOSO), www.dgsi.pt, onde se assinala que "está arredado *ab initio* por força do comando do n. 3 do [já revogado art. 8.º LCT], que exclui a execução específica na promessa de trabalho",

[197] ALMEIDA COSTA, Contrato-promessa. Uma síntese do regime vigente, cit., p. 63.

Na jurisprudência, ver Ac. STJ, de 21.11.2006 (RIBEIRO DE ALMEIDA), www.dgsi.pt, pp. 3 e 4 ("a natureza da obrigação assumida pelo promitente opõe-se pela sua natureza à

– a promessa de sociedade[198]
– a promessa de empreitada[199].

5.3. *A obrigação assumida exige o consentimento de outrem*

A decisão judicial não pode suprir o consentimento de um dado sujeito quando ele é exigido para a celebração do contrato definitivo.

Assim, ocorre quando é, por hipótese, necessário a aquiescência do cônjuge (art. 1682.º-A CC)[200].

Se assim não fosse, impor-se-ia, através do instituto em causa, um negócio a quem não tinha vontade alguma de o realizar, não tendo sequer manifestado interesse nessa vinculação.

5.4. *A obrigação assumida não se realiza sem a intervenção de um terceiro*

Estando em causa a *colaboração* de um terceiro, mostra-se impossível que, através da decisão, ocorra a substituição do faltoso.

---

execução específica"), o Ac. Rel. Porto, de 12.10.2000 – sumário (VIRIATO BERNARDO), www.dgsi.pt ("a natureza da promessa de doação ... impede que, em caso de incumprimento, seja admissível a execução específica"), Ac. Rel. Porto, de 20.1.2000 – sumário (SALEIRO DE ABREU), www.dgsi.pt (afirma-se que "é inviável a execução específica de um contrato-promessa de doação, por a tanto se opor a natureza da obrigação assumida"), o Ac. Rel. Lisboa, de 8.7.1999 (ANA PAULA BOULAROT), www.dgsi.pt ("a consequência jurídica do incumprimento de uma promessa unilateral de doação sob condição é a de que não confere a possibilidade de se requerer ao tribunal a sua execução específica nos termos do art. 830.º do CC"), o Ac. STJ, de 1.10.1996 – sumário (PEREIRA DA GRAÇA), www.dgsi.pt ("a promessa de doação, no caso de incumprimento, não pode, por natureza, ser objecto de execução específica"), o Ac. Rel. Lisboa, de 5.12.1995 – sumário (PEREIRA DA SILVA), www.dgsi.pt (embora o tribunal tenha dúvidas acerca da validade da promessa de doação considera "excluída a possibilidade de execução específica de tal contrato, atenta a sua natureza").

[198] ANTUNES VARELA, Das Obrigações em Geral, I, cit., p. 366.
[199] ANTUNES VARELA, Das Obrigações em Geral, I, cit., p. 366.
[200] Ac. STJ, de 13.2.2007 (NUNO CAMEIRA), www.dgsi.pt, p. 7.

120 *Contrato-Promessa em Geral. Contratos-Promessa em Especial*

Exemplifiquemos algumas hipóteses:

– promessa de venda de bem alheio[201];
– promessa de locação (aluguer ou arrendamento) de bem alheio.

6. Outros pressupostos da execução específica

6.1. *Na promessa com eficácia obrigacional*

6.1.1. Não transmissibilidade da coisa a terceiro

O requisito que a seguir tratamos vale apenas para os contratos-promessa com efeitos obrigacionais.

Nos termos do exposto, sendo certo que se trata de, através de uma decisão judicial, substituir a declaração negocial do faltoso, é seu pressuposto que ela possa fazer operar essa consequência jurídica linearmente.

Ora, pode afirmar-se que, em princípio, tal não pode ocorrer caso se verifique, por exemplo, a transmissão da propriedade da coisa pelo promitente-vendedor a um terceiro[202].

A questão, todavia, é bem mais complexa, em particular quando se trata de direitos registáveis.

---

[201] Calvão da Silva, Sinal e contrato-promessa, cit., p. 162.
Na jurisprudência, cfr. o Ac. Rel. Lisboa, de 14.5.1998 (Ponce de Leão), www.dgsi.pt ("fica excluída a possibilidade de execução específica do contrato-promessa de compra e venda se a fracção, objecto do contrato prometido, ainda não pertence ao promitente vendedor"), o Ac. Rel. Lisboa, de 9.5.1995 (Pinto Monteiro), www.dgsi.pt ("na promessa de venda de coisa alheia não é possível a execução específica").

[202] Interessante foi o Ac. Rel. Porto, de 21.10.2008 (Rodrigues Pires), www.dgsi.pt, que discute a admissibilidade de o promitente-comprador propor providência cautelar não especificada contra o promitente-vendedor como dependência da acção de execução específica do contrato-promessa que pretende instaurar, no sentido de "pedir que este seja proibido de vender ou onerar a terceiro o prédio objecto daquela promessa". Embora se pronuncie afirmativamente – o que, sem dúvida, aceitamos –, o tribunal, *in casu*, concluiu que o deferimento do procedimento só é possível se se verificarem todos os requisitos de que aquele depende. Na situação específica, o pressuposto da probabilidade séria da existência do direito ocorreu, uma vez que se reconheceu o direito à execução específica, mas isso não sucedeu com o fundado receio de que outrem cause lesão grave e de difícil reparação a esse direito.

Abordamos infra o tema, devendo realçar-se, desde já, que uma parte da doutrina entende, na esteira do Ac. Unif. Jur. 4/98, de 5 de Novembro, que estando em causa uma acção de execução específica registável, esta não é admissível se a transmissão do "direito real sobre a coisa objecto do contrato-promessa antes de registada a acção de execução específica, ainda que o terceiro adquirente não haja obtido o registo da aquisição antes do registo da acção"[203].

6.1.2. Inexistência de ónus e de encargos sobre o objecto da promessa

Pressupondo que o contrato definitivo apenas será realizado quando o objecto prometido estiver livre de ónus ou de encargos[204], a manutenção destes (*v.g.,* uma hipoteca, uma penhora...) inviabiliza a obtenção de sentença que substitua a declaração do promitente-faltoso. A decisão do tribunal não pode suprir a existência de tais encargos.

No Ac. STJ, de 11.10.2007, estava em causa uma acção de execução específica pelo promitente-comprador de uma fracção autónoma que tinha sido entretanto penhorada pelo credor exequente (uma instituição de crédito) do promitente-vendedor, sendo que o registo da penhora foi prévio ao registo da mencionada acção. Ora, como se sabe, da penhora decorrem consequências relevantes: por um lado, a alienação ou a oneração do bem pelo executado é inoponível em relação à execução (art. 820.º CC); por outro lado, a entrega do bem ao fiel depositário impede que este possa dele dispor, sob pena de haver lugar ao arresto dos bens para garantia do valor do depósito, das custas e das despesas acrescidas (art. 854.º, n.º 2 CPC). Tornava-se assim inviável a decisão judicial que se substituísse à declaração do promitente-vendedor[205].

---

[203] Ac. Uniformizador de Jurisprudência n.º 4/98, de 5 de Novembro (DR de 18.12.1998).

[204] O que se prevê muito frequentemente nas promessas de alienação.

[205] Ver o Ac. STJ, de 11.10.2007 (Custódio Montes) www.dgsi.pt, pp. 8 e 9.

122 Contrato-Promessa em Geral. Contratos-Promessa em Especial

6.1.3. Inexistência de licença de utilização ou de construção do imóvel

A falta de licença de utilização ou de construção do imóvel ou a não demonstração da sua existência impedem igualmente o tribunal de proferir decisão favorável à execução específica, dado que não pode ser celebrado o contrato definitivo sem tais documentos. Um eventual sucesso da execução específica significava permitir judicialmente mais do que seria possível por via contratual.

A jurisprudência tem dominantemente acolhido esta ideia[206].

6.1.4. Não verificação de condições administrativas ou de outro tipo

Noutros casos, mostra-se necessário o preenchimento de determinadas condições, de tipo administrativo ou de outro género, para que o tribunal possa substituir-se ao contraente faltoso, realizando o negócio, suprindo deste modo a sua falta de vontade.

Concretizemos.

A falta de obtenção de documento camarário que comprove a viabilidade de constituição da propriedade horizontal[207] é uma condição

---

[206] Cfr., entre outros,
- Ac. STJ, de 27.11.2007 (URBANO DIAS), www.dgsi.pt (observa-se que a falta da licença de utilização "importa ... a impossibilidade de execução específica: a tal se opõe o preceituado no art. 9.º do DL 281/99, de 26 de Junho");
- Ac. Rel. Porto, de 24.1.2006 (HENRIQUE ARAÚJO), www.dgsi.pt, p. 4 (entendeu-se ainda que havia que suspender a instância, como solicitado, até que se provasse a existência da licença de utilização, em virtude de se ter alegado a inexistência da licença de utilização);
- Ac. Rel. Porto, de 8.1.2004 (VIRIATO BERNARDO), www.dgsi.pt (decidiu-se que não podem os promitente-compradores "obter sentença que produza os efeitos da declaração negocial da Ré, não existindo licença de utilização, não obstante o preceituado no art. 830.º do CC, pois sem a [mesma], não estão reunidos os requisitos legalmente exigidos para a transmissão da propriedade de prédios urbanos ou suas fracções").

[207] A obrigação de diligenciar no sentido da atribuição de título constitutivo da propriedade horizontal foi qualificada, no caso submetido a apreciação do Ac. STJ, de 2.11.2006 (SALVADOR DA COSTA), www.dgsi.pt, p. 7, como sendo de meios e não de resultado.

sine qua non para a celebração do contrato prometido. Não sendo possível tal constituição, não pode haver lugar à execução específica. Como bem se alude no Ac. STJ, de 2.11.2006, "a propriedade horizontal não pode ser constituída por via judicial sem que esteja comprovada no processo a verificação pelas autoridades administrativas competentes dos requisitos legalmente previstos para o efeito"[208].

Noutro caso, assinalava-se que "perante uma situação em que a execução específica importa necessariamente um destaque ou loteamento, nos termos do art 3.º, al. a) e 5.º DL 448/91, apenas tem de se observar se nos autos se encontra junta a prova do loteamento/destacamento ou a da sua dispensa ou mesmo da sua impossibilidade". Assim, "para efeito da sentença de execução específica, o Juiz apenas tem de consultar o processo e verificar se dele constam ou não os elementos exigidos pelo citado DL 448/91, e não o estando, não lhe resta outra a alternativa senão inviabilizar a referida sentença"[209].

Similarmente, decidiu-se no Ac. Rel. Porto, de 24.10.2006, que há deveres acessórios ao contrato-promessa essenciais para o seu cumprimento ou que devem ser realizados tendo em vista a sua execução: o que aconteceu com "a autonomização da parcela de terreno prometida vender como um prédio autónomo, dotado de inscrição matricial própria e subsequentemente, descrito no Registo Predial". Ora, dado que essa parcela de terreno não tem existência e autonomia jurídica enquanto prédio rústico, "não [foi] possível ao tribunal substituir-se aos promitentes vendedores ... e emitir, em vez deles, a declaração de venda de tal bem – a execução específica do contrato-promessa"[210].

---

[208] Ac. STJ, de 2.11.2006 (SALVADOR DA COSTA), www.dgsi.pt, pp. 8 ss. Rejeitou o tribunal a interpretação extensiva do art. 830.º, n.º 1 CC, tendo concluído que "a natureza da obrigação do promitente-vendedor de implementar o procedimento administrativo tendente à verificação dos requisitos de constituição de propriedade horizontal, face aos interesses em causa, não se concilia com o instituto da execução específica". Ver ainda o Ac. Rel. Porto, de 1.4.2003 (EMÍDIO COSTA), www.dgsi.pt ("se se promete vender uma fracção autónoma de um prédio, não é viável a execução específica do contrato-promessa enquanto não for constituída a propriedade horizontal").

[209] Ac. Rel. Porto, 1.3.2001 (PIRES CONDESSO), www.dgsi.pt.

[210] Ac. Rel. Porto, 24.10.2006 (ANABELA DIAS DA SILVA), www.dgsi.pt.

6.2. Na promessa com eficácia obrigacional ou com eficácia real: inexistência de perda da coisa ou de situação afim

Em qualquer modalidade de promessa (seja com eficácia obrigacional, seja com eficácia real) pode haver situações em que não é viável a execução específica.

Assim sucede em face da perda da coisa (*v.g.*, o incêndio do prédio ou o furto do automóvel prometidos vender). Em tal hipótese, há lugar à caducidade do contrato-promessa, no pressuposto que tal não é imputável a qualquer dos promitentes.

Sendo a perda apenas parcial, mas impedindo o grau de destruição a finalidade tida em vista, deve entender-se que faz operar semelhantemente a extinção da promessa.

§ 3. Pressuposto processual da execução específica: instauração de acção judicial

Cumpre, em seguida, aludir ao pressuposto processual da execução específica.

Para tal efeito, mostra-se imperioso que o credor da promessa instaure uma acção judicial. É esse o requisito implícito na 2.ª parte do art. 830.º, n.º 1 CC ("pode a outra parte ... obter sentença...").

Trata-se de uma acção constitutiva[211] – que tem por finalidade "autorizar uma mudança na ordem jurídica existente" (art. 4.º, n.º 2, al. c) CPC) –, com processo comum, nas formas ordinária (a regra em função do valor), sumária ou sumaríssima, as quais seguem, respectivamente, os seus trâmites regulares e usuais.

---

[211] JANUÁRIO GOMES, Em tema de contrato-promessa, cit., pp. 58 e 59.

§ 4. Pressupostos processuais e de publicidade da execução específica de promessa relativa a bens registáveis (cont.)

1. Acção de execução específica (remissão)

Estando em causa a constituição ou a transmissão de direitos registáveis, a execução específica está, de igual sorte, dependente da instauração de uma acção.

2. Registo da acção de execução específica

2.1. *Enquadramento legal*

A acção de execução específica encontra-se sujeita a registo, nos termos do art. 3.º, n.º 1, al. a) CRP, desde que

– " *tenha por fim, principal ou acessório, o reconhecimento, a constituição, a modificação ou a extinção de algum dos direitos referidos no artigo anterior...*".

Ora, a disposição que o antecede – o art. 2.º, n.º 1 – CRP, na parte que nos interessa, determina quais são os factos sujeitos a registo. Dentre eles encontramos os que

– a) "*... que determinem a constituição, o reconhecimento, a aquisição ou a modificação dos direitos de propriedade, usufruto, uso e habitação, superfície ou servidão;*
– b) "*... os que determinem a constituição ou a modificação da propriedade horizontal e do direito de habitação periódica*".

2.2. *Registo provisório da acção de execução específica*

Por sua vez, dispõe o art. 92.º , n.º 1, al. a) CRP que

– "*são efectuadas como provisórias por natureza [entre outras] as seguintes inscrições ...a) das acções ... referid[a]s no artigo 3.º*".

126 *Contrato-Promessa em Geral. Contratos-Promessa em Especial*

Como assinalam Oliveira Ascensão e Paula Costa e Silva, "é correcto que assim seja: a acção, só por si, não atesta definitivamente uma situação jurídica sujeita a registo"[212].

Observe-se que, à luz do art. 53.º CRP,

– *"o registo provisório de acção é feito: a) com base em certidão de teor do articulado ou em duplicado deste, acompanhado da prova da sua apresentação a juízo; ou com base em comunicação efectuada pelo tribunal, acompanhada de cópia do articulado".*

De notar que o art. 6.º, n.º 3 CRP consagra uma regra muito significativa:

– *"o registo convertido em definitivo conserva a prioridade que tinha como provisório".*

Refira-se ainda que os registos provisórios caducam se não forem convertidos em definitivos ou renovados dentro do prazo da respectiva vigência.

Todavia, como resulta do actual regime constante do art. 92.º, n.º 11 CRP

– *"as inscrições referidas na alínea a) ... do n.º 1 não estão sujeitas a qualquer prazo de caducidade"*[213].

Voltaremos ao tema.

---

[212] Oliveira Ascensão e Paula Costa e Silva, "Alienação a terceiro de prédio objecto de contrato-promessa e registo da acção de execução específica", ROA, 1992, I, p. 211.

[213] O prazo geral de vigência do registo provisório é de 6 meses (art. 11.º, n.º 3 CRP), embora existam prazos especiais.

À luz da anterior redacção da lei, os direitos de aquisição que tinham na sua base contratos-promessa caducavam no prazo de 3 anos (ver sobre o tema, antes das alterações de 2008, Mouteira Guerreiro, Noções de Direito Registral, 2.ª Ed., Coimbra, 1994, p. 93; ver ainda na jurisprudência, o Ac. Rel. Porto, de 11.5.2006 (Pinto de Almeida), p. 4, www.dgsi.pt, Ac. STJ, de 5.5.2005 (Araújo Barros), www.dgsi.pt (assinala-se que a caducidade do "registo provisório da acção de execução específica ... faz com que os efeitos do registo cessem inteiramente").

2.3. *Efeitos do registo da acção de execução específica*

O registo da acção de execução específica tem por função reforçar os efeitos da decisão (posto que favorável) que a faz operar.

Quer isto dizer que a decisão transitada em julgado tem eficácia *inter partes* (isto é, entre os respectivos promitentes), sendo oponível a terceiros que tenham adquirido direitos sobre os bens em causa no decurso da respectiva acção de execução específica.

Naturalmente que isso não significa que o promitente seja tratado como se a promessa tivesse eficácia real.

§ 5. *Sentença* que produz os efeitos da declaração negocial do faltoso

Uma primeira nota para assinalar que o uso do termo *sentença*, a par do que sucede noutros números do art. 830.º CC, não se mostra o mais adequado, já que o momento determinante é o da decisão final transitada em julgado.

Procedendo a acção de execução específica, há que apreciar qual o valor da decisão, bem como as consequências da mesma.

1. Natureza da decisão

A decisão judicial tem carácter constitutivo. Quer isto dizer que o credor por esta via obtém exactamente aquilo que o contrato-promessa tem em vista, "independentemente e mesmo contra a vontade do promitente faltoso, em via imediata e sem ter que recorrer à sentença de condenação, nem, obviamente, ao processo executivo"[214].

O que se obtém é, em rigor, a produção das mesmas consequências que decorreriam da regular emissão de uma declaração negocial, tudo se passando como se o promitente faltoso a tivesse realizado.

---

[214] Calvão da Silva, Sinal e contrato-promessa, cit., p. 109.
Ac. STJ, de 1.3.2007 (SALVADOR DA COSTA), www.dgsi.pt (salienta-se que é "o tribunal quem, por força da lei, através de sentença constitutiva, supre a declaração de vontade de alienação do promitente vendedor").

128 *Contrato-Promessa em Geral. Contratos-Promessa em Especial*

Como observa Henrique Mesquita "não se trata, portanto, de um direito que incida sobre uma coisa, mas antes de um direito destinado a tornar mais consistente uma prestação creditória, possibilitando a satisfação *in natura* sem a cooperação do devedor ou até contra a vontade deste"[215].

2. Consequências da decisão

2.1. *Celebração, por via judicial, do contrato definitivo*

Na acção de execução específica há-de pedir-se que o tribunal profira *sentença*, que, substituindo-se ao promitente faltoso, valha como título bastante quanto ao negócio a realizar, *v.g.,* a compra e venda de um imóvel.

Portanto, por efeito da decisão, fica celebrado o contrato definitivo. O aresto tem o valor de documento constitutivo do respectivo negócio.

2.2. *Efeitos processuais*

Deve discutir-se se a decisão proferida no quadro de uma acção de execução específica de um contrato-promessa de compra e venda pode ser feita valer como título executivo, em caso de incumprimento da obrigação de entrega da coisa.

---

[215] Obrigações reais e ónus reais, cit., p. 234.

PEDRO PAIS DE VASCONCELOS observa que "o efeito global não é produzido só pela vontade do autor, nem só pela sentença, mas pelo concurso de ambas", assinalando ainda que "o art. 830.º não fala de produzir o efeito do contrato prometido, mas de produzir o efeito da declaração do faltoso; por outro lado, na economia do preceito, não é a vontade do autor que produz o efeito, mas sim a sentença" (ob. cit., p. 114).

GALVÃO TELLES exemplifica com a promessa de compra e venda, referindo que "julgada procedente a acção, fica a sentença valendo como título de compra e venda, com eficácia igual à que teria a respectiva escritura pública" (Manual dos Contratos em Geral, cit., p. 221).

À partida, dir-se-á que a decisão, tratando-se de uma acção declarativa constitutiva, se limita a modificar a situação jurídica anterior, sendo que o seu alcance se reduz, em regra, a essa alteração (art. 4.º, n.º 1, al. c) CPC).

Há, todavia, acções constitutivas às quais é atribuído valor de título executivo tendo em vista a entrega de coisa certa. Tal qualificação está dependente de resultar do seu conteúdo uma condenação implícita, ou dito de outro modo, "se da sentença de onde emerge uma condenação implícita for possível concluir que aquela finalidade já se encontra assegurada é de todo inútil a interposição de nova acção declarativa"[216], ou ainda "desde que por ela sejam criadas obrigações que, como tal, possam ser objecto de incumprimento"[217]. Por exemplo, esse circunstancialismo ocorre, frequentemente, nas acções de preferência[218].

Parece ser o caso da decisão favorável ao promitente-comprador proferida no quadro de uma acção de execução específica de um contrato-promessa de compra e venda. A sentença, que se limita à celebração (por via judicial) do contrato prometido – e que faz operar, em regra, a transmissão da propriedade da coisa –, contém em si uma condenação do promitente-vendedor (faltoso) à entrega da coisa[219].

Mostrar-se-ia juridicamente desadequado, muito oneroso para o promitente-comprador e de duvidosa utilidade prática, a necessidade de instauração por parte daquele de uma nova acção declarativa, com todas as delongas que daí resultam e sendo certo que já existe uma decisão transitada em julgado que condena a contraparte.

---

[216] ABRANTES GERALDES, "Títulos executivos", Themis, A reforma da acção executiva, 2003, n.º 7, p. 59.

[217] GONÇALO SAMPAIO, A acção executiva e a problemática das execuções injustas, Lisboa, 1992, p. 46.

[218] Ver, por exemplo, o Ac. Rel. Porto, de 13.5.1999 (VIRIATO BERNARDO), CJ, 1999, III, p. 187.

[219] Neste sentido, ver o Ac. Rel. Porto, de 9.2.2006 (JOSÉ FERRAZ), www.dgsi.pt, p. 3.

§ 6. Registo da *sentença* favorável que concretiza um negócio registável

1. Pressupostos

Em determinadas hipóteses, há que proceder ao registo da sentença transitada em julgado.

O art. 3.º, n.º 1, al. c) CRP impõe o registo quanto

– *"[à]s decisões finais das acções referidas nas alíneas anteriores [in casu, nas alíneas a) e b)] logo que transitem em julgado".*

Vejamos as condições que se devem verificar para que tal ocorra.

É seu pressuposto, por um lado, que o aresto faça operar a execução específica do contrato-promessa.

Acresce que a necessidade de registo está dependente de o contrato definitivo estar, ele próprio, sujeito a registo. Assim, tratando-se, *v.g.,* de uma promessa de compra e venda de um terreno, dado que o negócio que lhe subjaz está subordinado a registo, também a decisão que supre a declaração negocial do faltoso está igualmente àquele subordinada.

2. Modo de efectivação do registo da decisão favorável de execução específica

A decisão final da acção de execução específica (já não susceptível de recurso) está, como vimos, sujeita a registo.

O registo da acção, que era, como se sabe, provisório, e que pode ser transformado em definitivo se houver uma decisão favorável quanto à execução específica, tem por base a certidão da sentença transitada em julgado.

Tal registo efectua-se, à luz do art. 101.º, n.º 2, al. b) CRP "por averbamento às respectivas inscrições ... a decisão final das acções inscritas]", operando a conversão em registo definitivo (da sentença) do registo provisório da acção de execução específica[220].

§ 7. Alguns casos específicos

Cumpre suscitar algumas hipóteses que resultam de várias combinações. Atendemos aos diversos momentos em que se verificam os distintos actos de registo e às várias datas em que ocorrem os actos de alienação da coisa anteriormente prometida vender.

1. Celebração de contrato de alienação posterior ao registo da decisão que julga procedente a acção de execução específica

Comecemos a nossa análise pelo quadro mais pacífico.

Vejamos a sua factualidade, aduzindo os factos por ordem cronológica:

– *celebração de contrato-promessa com eficácia obrigacional;*
– *instauração de acção de execução específica e posterior registo da mesma;*
– *registo da decisão que julga procedente a execução específica;*
– *ulterior venda a terceiro do bem pelo promitente-alienante.*

O registo da sentença que faz operar a transmissão da propriedade funciona como um qualquer registo comum de aquisição.

Uma alienação posterior a um terceiro configura uma venda de bem alheio (art. 892.º CC).

---

[220] Como bem realçam OLIVEIRA ASCENSÃO e PAULA COSTA E SILVA "a relação entre o registo de uma acção e o registo de uma sentença é idêntica à relação existente entre o registo provisório e o registo definitivo de um facto. A acção é, efectivamente, algo de transitório, algo que se executa com o tempo; a sentença transitada em julgado é tendencialmente definitiva. Porque todo o registo provisório significa uma reserva de lugar, o registo da acção implica a reserva de um lugar definitivo para o efeito real derivado da sentença" ("Alienação a terceiro de prédio objecto de contrato-promessa e registo da acção de execução específica", cit., p. 211).

2. Celebração de contrato-promessa posterior ao registo da acção de execução específica

Por sua vez, o promitente-transmissário que tenha registado a acção de execução específica tem primazia sobre qualquer outro promitente-transmissário que tenha celebrado, posteriormente àquele registo, um contrato-promessa, independentemente da sua eficácia (obrigacional ou real)[221].

3. Celebração de contrato de alienação (não registado) anterior ao registo da acção de execução específica

3.1. *O Acórdão Uniformizador de Jurisprudência n.º 4/98*

O Ac. Uniformizador de Jurisprudência n.º 4/98, de 5.12.1998[222], parte do seguinte circunstancialismo:

– *celebração de contrato-promessa de compra e venda bilateral;*
– *alienação da coisa a terceiro pelo promitente-vendedor;*
– *posterior registo da acção de execução específica do contra-to-promessa (instaurada apenas contra o promitente-vende-dor e não contra o terceiro adquirente)[223].*

---

[221] ANTUNES VARELA, Das Obrigações em geral, I, cit., p. 332.

[222] Ac. Uniformizador de Jurisprudência, de 5.11.1998 (SOUSA INÊS), www.dgsi.pt.

[223] O conflito posto perante o STJ resultou de duas decisões conflituantes.

Num caso, a factualidade era a seguinte: realização de promessa de compra e venda de imóvel para habitação em 21.1.1988; em 29.12.1988, o promitente-vendedor alienou a um terceiro o prédio, que não registou a aquisição; a 30.1.1991 foi registada a acção de execução específica.

Na outra hipótese, o circunstancilismo era este: celebração de promessa de cessão de quotas, sob a forma de venda, em 13.8.1998; posteriomente, ocorreu a cessão de quotas prometidas transmitir a terceiro; registo da acção de execução específica, a que se seguiu o registo da aquisição das quotas.

Aqui, considerou-se que o registo da acção não confere ao autor o direito à execução específica se antes do registo a coisa tiver sido alienada a terceiro.

Ali, entendeu-se que o registo da acção tem como finalidade demonstrar que a partir da sua feitura nenhum interessado se pode prevalecer contra o registante.

Especificamente, o aresto afasta outras possibilidades, a saber:

– *o registo da acção de execução específica com a ulterior alienação da coisa a terceiro pelo promitente-vendedor;*
– *a alienação da coisa a terceiro, sendo que o tribunal julga posteriormente procedente a execução específica, sem conhecer aquela venda; ocorre o registo da decisão que decretou a aquisição; o terceiro, ulteriormente, regista a aquisição.*

Mas voltemos ao tema. Em primeiro lugar, destaquem-se as conclusões do aresto:

– julga-se improcedente a acção de execução específica;
– dá-se prevalência ao direito do terceiro;
– responsabiliza-se o promitente-vendedor, à luz do art. 798.º CC, sem prejuízo da resolução do contrato-promessa pelo promitente-comprador.

Vejamos agora os fundamentos da decisão:

– a alienação do objecto prometido vender acarreta a impossibilidade de cumprimento da promessa (art. 801.º CC);
– o direito do promitente-comprador tem simples carácter obrigacional, não sendo registável;
– dado que a promessa tem apenas eficácia obrigacional (ineficaz em relação a terceiros) dá-se prevalência, dado o conflito existente, ao direito real;
– o art. 5.º CRP não é aplicável, porque o promitente-adquirente ainda nada adquiriu; não há aqui conflito entre dois direitos reais, pelo que faltam os requisitos de emprego da norma;
– o que se regista, nos termos do art. 3.º, CRP são as acções e não o direito de crédito do promitente-comprador, sendo que o registo da acção "não confere eficácia real ao direito de crédito".

A decisão não foi, todavia, proferida por unanimidade. Dos 34 Juízes Conselheiros que subscreveram o aresto, pronunciaram-se contra o mesmo 6 Juízes Conselheiros.

134   *Contrato-Promessa em Geral. Contratos-Promessa em Especial*

Os votos de vencido apontam, generalizadamente, no sentido de que o registo da acção de execução específica prevalece sobre o posterior registo da aquisição, no pressuposto de que aquela acção seria julgada procedente[224].

3.2. *Tese que dá prevalência ao direito do terceiro adquirente*

Apesar do Ac. Uniformizador de Jurisprudência, a doutrina actualmente encontra-se dividida.

A solução preconizada pelo citado acórdão é defendida pelos seguintes autores: Almeida Costa[225], Carvalho Fernandes[226], Menezes Leitão[227] e Brandão Proença[228].

Almeida Costa entende que o registo da acção não confere o direito à execução específica, "apenas amplia os efeitos da respectiva sentença, tornando-a eficaz, não só entre as partes, mas também relativamente a terceiros que tenham adquirido sobre a mesma coisa na pendência do pleito"[229].

Menezes Leitão considera que a solução oposta "equivaleria a atribuir eficácia real a todos os contratos-promessa sujeitos a execução específica em que a acção fosse registada, derrogando expressamente o regime do art. 413.º"[230].

---

[224] Esta a construção dos seguintes Juízes Conselheiros MIRANDA GUSMÃO, MOURA CRUZ, ANTÓNIO COSTA MARQUES, AFONSO DE MELO, COSTA SOARES E SANTOS LOURENÇO.

[225] ALMEIDA COSTA, Direito das Obrigações, cit., p. 425, nota 1, e do mesmo autor, "Anotação ao Ac. Unif. Jurisp n.º 4/98, de 5.12.1998", RLJ, 1999, pp. 244 ss.

[226] CARVALHO FERNANDES, "Efeitos do registo da acção de execução específica do contrato-promessa", Estudos dedicados ao Prof. Doutor Mário Júlio de Almeida Costa", Lisboa, 2002, pp. 933 ss.

[227] MENEZES LEITÃO, Direito das Obrigações, I, cit., pp. 228 e 229.

[228] BRANDÃO PROENÇA, "Para a necessidade de uma melhor tutela dos promitentes-adquirentes de bens imóveis (*maxime*, com fim habitacional)", CDP, n.º 22, 2008, p. 6.

[229] ALMEIDA COSTA, Direito das Obrigações, cit., p. 425, nota 1 (para o autor "a propositura de uma acção e o seu registo nunca modificam a natureza do direito que o autor invoca", aduzindo que, "de outro modo, criar-se-ia, com inobservância dos requisitos do referido art. 413.º, uma segunda via de atribuição de eficácia *erga omnes* ao direito de crédito à realização do contrato prometido, de que é titular o beneficiário da promessa").

[230] Direito das Obrigações, I, cit., p. 228, nota 474.

Seguindo Carvalho Fernandes, Brandão Proença entende que "face ao regime vigente, não ... parece possível que um promitente, mesmo de boa fé, possa lucrar substancialmente com o eventual esquecimento temporário do adquirente, fazendo com prontidão o registo (provisório) da acção de execução específica")[231].

Antes do aresto uniformizador, o Ac. STJ, de 8 de Maio de 1991 tinha-se pronunciado nesse sentido.

Vejamos a factualidade em que se baseou a decisão:

- *contrato-promessa celebrado em 21.4.1988;*
- *venda do lote de terreno a um terceiro em 26.9.1988;*
- *instauração de uma acção de execução específica e seu registo em 7.10.1988;*
- *inscrição no registo da aquisição do lote de terreno em 19.10.1988.*

O tribunal desconsidera o registo da acção, afirmando que se "patenteia de todo em todo irrelevante", "não se podendo sobrepor à alienação, atendendo a que o registo da transmissão "não tem natureza constitutiva". Aduz-se ainda que "a presente acção não é uma acção que vise o reconhecimento de propriedade já existente, nem tão pouco é uma acção constitutiva desse direito"[232].

Posteriormente a tal aresto uniformizador, no Ac. Rel. Porto, de 9.1.2007, observou-se que "o direito real do réu [adquirente] sobre o prédio prevalece sobre o direito de crédito da autora [promitente--comprador] à prestação", donde a acção de execução específica não pode ser admitida, não podendo consequentemente o tribunal proferir a sentença que supra a declaração negocial do faltoso[233].

---

[231] BRANDÃO PROENÇA, "Para a necessidade de uma melhor tutela dos promitentes--adquirentes de bens imóveis (*maxime*, com fim habitacional)", cit., p. 6.

[232] Ac. STJ, de 8.5.1991, ROA, 1992, I, pp. 189 a 191.

[233] Ac. Rel. Porto, de 9.1.2007 (ALZIRO CARDOSO), www.dgsi.pt, p. 5.

3.3. *Tese que admite a execução específica*

Do outro lado, encontramos aqueles que admitem a execução específica. São os casos de Calvão da Silva[234], de Oliveira Ascensão a par de Paula Costa e Silva[235], de Galvão Telles[236] e de Antunes Varela[237], embora o modo como se configuram os direitos do promitente-adquirente sejam distintos.

Calvão da Silva começa por relevar a eficácia *ex nunc* da decisão favorável da execução específica, assinalando que a promessa mantém o seu cariz obrigacional. Deste modo, o que o promitente-adquirente faz valer é "a prioridade do registo da sentença, reportada *ex lege* à data do registo da acção...", não havendo "impossibilidade jurídica de execução específica ... se o registo da acção for anterior ao da aquisição"[238].

Antunes Varela dá primazia ao registo da sentença favorável à execução específica com base em duas razões: por um lado, o registo provisório da acção, "tornou pública" a sua pretensão e serviu como alerta para "qualquer futuro adquirente contra o perigo decisivo da sua aquisição"; por outro lado, alerta para o risco que constituiria a solução oposta, já que o demandado na acção de execução específica, "teria sempre um meio de inutilizar o efeito principal da procedência da acção, alienando entretanto o imóvel a terceiro"[239].

Oliveira Ascensão e Paula Costa Silva sustentam que, por um lado, o registo da acção é imposto "para que esta e os seus resultados sejam oponíveis a terceiros", sendo um equívoco entender que com isso se visou a atribuição de eficácia real à promessa. Acresce que no caso de concorrência entre situações jurídicas sujeitas a registo, "haverá fundamentalmente que apelar ao princípio da prioridade do registo"[240].

---

[234] CALVÃO DA SILVA, Sinal e Contrato-promessa, cit., pp. 168 ss.

[235] OLIVEIRA ASCENSÃO e PAULA COSTA E SILVA, "Alienação a terceiro de prédio objecto de contrato-promessa e registo da acção de execução específica", ROA, 1992, I, pp. 184 ss.

[236] GALVÃO TELLES, "Contrato-promessa de compra e venda – Prova do contrato e efeitos da execução específica em relação a terceiro (Parecer)", CJ, 1984, IV, p. 147.

[237] Das Obrigações em Geral, I, cit., pp. 332.

[238] CALVÃO DA SILVA, Sinal e Contrato-promessa, cit., p. 168.

[239] Das Obrigações em Geral, I, cit., pp. 332.

[240] OLIVEIRA ASCENSÃO e PAULA COSTA E SILVA, "Alienação a terceiro de prédio objecto de contrato-promessa e registo da acção de execução específica", cit., p. 207, 209. Ver ainda os mesmos autores quanto à adaptabilidade do art. 271.º CPC ao terceiro adquirente.

3.4. *Posição adoptada*

Partilhamos a construção que dá prevalência ao direito do promitente-comprador.

O princípio da prioridade do registo é um facto indesmentível.

Perguntar-se-á qual o interesse que reveste, à luz da lei registral, a regra que onera o promitente-adquirente com o registo da acção específica, qualificado expressamente como provisório, bem como a regra que o transforma, *in casu* após o registo da sentença favorável de execução específica, em definitivo.

Pode aventar-se que se se tratar de um bem não registável (por exemplo, um estabelecimento comercial), o problema da prioridade do registo não se suscita. Aqui que a solução é, fatalmente, diversa. A venda voluntária do estabelecimento, apesar de posterior ao contrato-promessa de trespasse do mesmo, prevalece sobre a posterior instauração de acção de execução específica. Só que agora já não funcionam as regras do registo.

A primazia do direito de crédito emergente do contrato-promessa sobre o direito real (não registado) decorre, especificamente, das regras do registo.

Note-se que está em causa o registo da decisão que opera a transferência da propriedade, subsequente ao registo (provisório) da acção de execução específica. Tais actos conferem publicidade ao direito do promitente-comprador. E é justamente por via deste duplo registo e do sucesso da acção que a tutela é concedida. Na outra situação, há uma mera alienação da coisa, ainda não registada ou, dito de outro modo, imprudentemente não registada. Ora, a prevalência desta permitiria tornar inviável uma qualquer acção de execução específica proposta pelo promitente-comprador. Estaríamos assim em face de uma solução que (*legitimamente*) contraria a eficácia do art. 830.º CC, em especial quando este consagra, para algumas situações, a imperatividade daquele mecanismo.

De todo o modo, convém reforçar que isto não significa que o direito de crédito se transforma em direito real, mas sim que dele emerge uma posição reforçada do respectivo promitente. Encontra-se ele apenas mais bem tutelado após o registo da acção de execução específica.

O mecanismo legislativamente encontrado actua em dois momentos que se completam ou complementam: primeiro, o registo da acção de execução específica; depois, o registo da sentença favorável. De notar que a decisão constitutiva não goza de eficácia retroactiva. Mas a oponibilidade a terceiros actua desde a data do registo da acção de execução específica[241].

A situação do promitente é, aliás, diversa da que sucede com aquele que celebra um contrato-promessa com eficácia real, onde aí há uma tutela – ainda mais forte – do respectivo promitente.

Dela difere, desde logo, quanto aos requisitos exigidos para a celebração de cada uma das promessas. Por outro lado, o momento da produção dos efeitos ocorre num caso com o registo da promessa real, sendo que, no outro, para além do incumprimento temporário e do registo da acção de execução específica, só a posterior procedência da mesma e o subsequente registo da decisão permitem surtir os efeitos desejados.

4. Registo da acção de execução específica seguido da celebração de contrato de alienação

Identifique-se uma outra situação fáctica:

– *celebração de contrato-promessa com eficácia obrigacional;*
– *registo da acção de execução específica;*
– *venda da coisa prometida alienar.*

Neste quadro a questão parece ser clara.
Vejamos.
Almeida Costa afirma que, "por força dos princípios registais, a sentença que decrete a execução específica prevalece sobre uma alienação, feita a terceiro, depois do registo da acção [de execução específica], quer essa alienação se encontre ou não registada"[242].

O Ac. STJ, de 5.5.2005, analisou uma situação deste tipo: desta sorte, "cabendo registo da sentença transitada em julgado que, através

---

[241] Calvão da Silva, Sinal e contrato-promessa, cit., pp. 165 a 170.
Ver ainda Galvão Telles, "Parecer", O Direito, 1992, pp. 495 ss.
[242] Direito das Obrigações, cit., p. 425, nota 1.

da execução específica, concretiza um negócio registável (por ex. a venda de um prédio), esse registo pode ser precedido do registo provisório da acção correspondente: em tais situações, por força dos princípios registrais, a sentença que determina a execução específica prevalece sobre uma alienação, feita a terceiro, depois do registo da acção, quer essa alienação se encontre ou não registada"[243].

Acolhemos esta orientação, o que se justifica invocando um argumento de maioria de razão em relação à posição tomada no caso anterior, valendo, com as necessárias adaptações, os argumentos aí aduzidos.

5. Registo da aquisição anterior ao registo da acção de execução específica

Identifiquemos um outro quadro:

- *celebração de contrato-promessa de compra e venda com efeitos obrigacionais*
- *instauração de uma acção de execução específica;*
- *venda voluntária (ou judicial) da coisa a terceiro por parte do promitente-transmitente registada;*
- *registo da acção de execução específica.*

Nesta situação, não se afigura viável a execução específica do contrato-promessa. A venda é válida e eficaz *inter partes* e ainda em relação a terceiros, por via do respectivo registo. Daqui decorre que um eventual registo da acção de execução específica jamais poderia fazer reverter a situação criada. A acção está condenada ao fracasso.

O promitente-adquirente apenas tem direito a obter da outra parte uma indemnização por incumprimento do contrato.

---

[243] Ac. STJ, de 5.5.2005 (ARAÚJO BARROS), www.dgsi.pt.

SECÇÃO II
Excepção de não cumprimento e consignação em depósito

§ 1. A excepção de não cumprimento e a execução específica do contrato-promessa. 1. Alcance do preceito. 2. Excepção de não cumprimento. 2.1. Invocação da excepção de não cumprimento pelo beneficiário. 2.2. Licitude da invocação da excepção de não cumprimento. 2.2.1. A excepção de não cumprimento em geral. 2.2.2. A averiguação da licitude da excepção de não cumprimento e a acção de execução específica. § 2. Condições de procedência da acção de execução específica. 1. Necessidade de consignação em depósito da prestação pelo requerente da acção de execução específica. 1.1. Justificação da exigência. 1.2. Seu circunstancialismo. 2. Fixação judicial de prazo para a consignação em depósito. 2.1. Legitimidade para o pedido de fixação de prazo. 2.2. Conhecimento oficioso. 3. Do prazo para a realização do depósito. 3.1. Considerações gerais. 3.2. As várias hipóteses. 3.2.1. A realização do depósito deve ocorrer até ser proferida a decisão de primeira instância. 3.2.2. O prazo para a realização do depósito apenas corre depois da decisão definitiva. 3.2.3. Contagem do prazo fixado após a decisão judicial sujeita a condição suspensiva de consignação em depósito do preço. 3.2.4. Posição adoptada. 4. Algumas vicissitudes. 4.1. Não realização da consignação em depósito no prazo fixado. 4.2. Falta de fixação judicial de prazo.

§ 1. A excepção de não cumprimento e a execução específica do contrato-promessa

O 830.º, n.º 5 CC determina que

– *"no caso de contrato em que ao obrigado seja lícito invocar a excepção de não cumprimento, a acção [de execução específica] improcede, se o requerente [da acção] não consignar em depósito a sua prestação no prazo que lhe for fixado pelo tribunal"*.

1. Alcance do preceito

Deve notar-se que a disposição tem aplicabilidade geral, não se limitando às promessas de contratos onerosos de transmissão ou de constituição onerosa de edifício ou fracção autónoma dele. A sua integração, logo depois dos n.ᵒˢ 3 e 4, poderia sugerir que teria esse alcance. Não há qualquer razão que leve a admitir tal possibilidade, até porque a figura da excepção de não cumprimento tem carácter generalista. E é isso que está em causa.

2. Excepção de não cumprimento

2.1. *Invocação da excepção de não cumprimento pelo beneficiário*

Cumpre, em primeiro lugar, saber se a norma está ou não dependente da invocação, por parte do promitente faltoso, da excepção de não cumprimento no contrato definitivo.

A excepção de não cumprimento não é, como se sabe, de conhecimento oficioso. Deve, por isso, deduzida pela contraparte na acção de execução específica, em sede de contestação[244].

---

[244] Calvão da Silva, Sinal e contrato-promessa, cit., p. 172 (assim o entende o autor ao observar que quando "ao obrigado seja lícito *invocar – e invoque portanto...*").

Na jurisprudência, ver Ac. Rel. Porto, de 30.3.2006 (Ataíde das Neves) www.dgsi.pt, p. 4. Para ser esse o sentido que resulta do Ac. STJ, de 1.7.2004 (Ferreira de Almeida), www.dgsi.pt, p. 4. (observa-se que "mas não pode deixar de ter-se por conveniente – acrescentamos nós – não sujeitar o promitente-comprador ao depósito do preço num momento em que ainda não se sabe se a sua pretensão é ou não acolhida pelo Tribunal. De resto, no caso *sub-specie* nem sequer havia sido invocada pelos RR qualquer *exceptio non adimpelti contratus* pelo que nem sequer teria cabimento a questionada consignação em depósito"). Igualmente o Ac. STJ, de 29.4.1999 (Ferreira de Almeida), www.dgsi.pt, pp. 6 e 7 (a "excepção de não cumprimento não é do conhecimento oficioso", donde se o R. não chegou a invocar a excepção de não cumprimento [na contestação da acção] por suposta falta de pagamento de parte do preço, nem tão pouco foram alegados factos bastantes para fundamentar tal execpção "e tendo o processo chegado ao fim com a procedência da acção, não pode ser assacada ao A. qualquer responsabilidade na falta de consignação em depósito, e muito menos em termos preclusivos do seu direito à execução específica se verificados os pressupostos desta").

2.2. Licitude da invocação da excepção de não cumprimento

2.2.1. A excepção de não cumprimento em geral

A excepção de não cumprimento traduz-se na possibilidade de, no âmbito de um contrato bilateral, um dos contraentes recusar a sua prestação, enquanto a outra parte não realizar a que lhe cabe ou não oferecer o seu cumprimento simultâneo (art. 428.º CC).

Assim, se, *v.g.*, não é entregue pelo vendedor a coisa, objecto do negócio, o adquirente pode, invocando aquele meio de defesa, deixar de pagar o preço até que seja efectuado o respectivo cumprimento (*exceptio non adimpleti contractus*).

Também no caso de incumprimento parcial ou de cumprimento defeituoso é comummente aceite pela doutrina o recurso a este instrumento por parte do comprador (*exceptio non rite adimpleti contractus*)[245].

Diversamente, ver o Ac. STJ, de 1.3.2007 (SALVADOR DA COSTA), www.dgsi.pt, p. 6, onde se assinala que "não resulta da letra nem do escopo finalístico do n.º 5 do art. 830.º que ele só funciona quando a parte interessada deduza a mencionada excepção dilatória de direito material".

[245] Ver, quanto à admissibilidade da excepção de cumprimento parcial e da excepção de cumprimento defeituoso, entre outros, MENEZES CORDEIRO ("Violação positiva. Cumprimento imperfeito e garantia de bom funcionamento da coisa vendida: âmbito da excepção do contrato não cumprido", ROA, 1981, pp. 147 ss.), CALVÃO DA SILVA (Responsabilidade civil do produtor, Coimbra, 1990, pp. 242 ss., Compra e venda de coisas defeituosas. Conformidade e segurança, Coimbra, 2001, pp. 65 e 66), ANTUNES VARELA ("Cumprimento imperfeito do contrato de compra e venda. A excepção do contrato não cumprido", CJ, 1987, IV, p. 34), ROMANO MARTINEZ (Cumprimento defeituoso em especial na compra e venda e na empreitada, Coimbra, 1994, pp. 324 ss.), VAZ SERRA ("Excepção de contrato não cumprido (*exceptio non adimpleti contractus*)", BMJ (n.º 67), 1957, pp. 39 ss. e pp. 49 ss.), JOSÉ JOÃO ABRANTES (A excepção de não cumprimento no direito civil português, Coimbra, 1986, pp. 92 ss.).

Na jurisprudência mais recente, ver o Ac. STJ 18.2.1999 (PEIXE PELICA), CJ, Ac. STJ, 1999, I, pp. 118 ss. e o Ac. Rel. Coimbra, de 20.4.1999 (SOARES RAMOS), CJ, 1999, II, pp. 34 ss.

Releve-se que a existência de deveres laterais (ou acessórios, como refere alguma doutrina) de conduta se inscrevem, como salienta, MENEZES CORDEIRO, no conteúdo daquela obrigação, sendo que o seu não cumprimento deve "ser equiparado, para todos os efeitos, ao mau cumprimento" (últ. ob. cit., p. 144).

Se não se concedesse tal via ao comprador quebrar-se-ia o equilíbrio contratual que subjaz às relações sinalagmáticas. Trata-se, portanto, de um meio de compelir ao cumprimento, sendo certo que sem o recurso a tal figura poderiam produzir-se resultados contraditórios com o princípio da equivalência das prestações, expressão dos contratos bilaterais.

2.2.2. A averiguação da licitude da excepção de não cumprimento e a acção de execução específica

Como se conclui do exposto, a invocação da excepção de não cumprimento no âmbito de uma acção de execução específica de um contrato-promessa está assim dependente de tal ser admissível nos termos gerais, à luz das regras aplicáveis ao contrato definitivo.

Afere-se, portanto, a possibilidade de utilizar tal meio de defesa pelo negócio prometido. Assim, por exemplo, no contrato de compra e venda (de imóvel, de quotas ou de estabelecimento comercial), atenta a sua sinalagmaticidade, dúvidas não se suscitam quanto à admissibilidade de recurso a esta figura, pelo que tal se repercute na pendência da acção de execução específica.

E ainda no quadro negocial suscitado, tal significa que a regra só se aplica se estiver por pagar uma parte do preço ainda em dívida. Se o preço foi já pago na totalidade, não cabe empregar a norma[246].

Cumpre, por fim, salientar que a regra em análise está em plena conformidade com a figura em geral. Isto porque o alcance da execução específica é o incumprimento temporário, tal como a excepção de não cumprimento.

---

[246] No caso suscitado no Ac. Rel. Porto, de 30.3.2006 (ATAÍDE DAS NEVES) www.dgsi.pt, p. 5, provou-se que estava por pagar ao promitente-vendedor "a quantia de 2.900.000$00 por conta do preço".

§ 2. Condições de procedência da acção de execução específica

1. Necessidade de consignação em depósito da prestação pelo requerente da acção de execução específica

Sendo invocada a excepção de não cumprimento pela contraparte (por exemplo, o promitente-transmitente), a acção de execução específica instaurada pelo promitente não faltoso (*v.g,* o promitente-transmissário) está dependente da "consigna[ção] em depósito [d]a prestação no prazo que lhe for fixado pelo tribunal" (art. 830.°, n.° 5 CC).

1.1. *Justificação da exigência*

Tal meio de defesa, expresso no normativo, tem subjacente a seguinte premissa: dado que a sentença que dá procedência à acção de execução específica – produzindo os efeitos da declaração negocial do faltoso – faz operar, de imediato, os efeitos do contrato definitivo, e sendo o negócio em causa de cariz sinalagmático, não se pode colocar um dos contraentes numa situação de perda da invocação do meio de defesa em apreço[247/248].

Por exemplo, observa Calvão da Silva que "o legislador procura salvaguardar o princípio da simultaneidade do cumprimento das prestações (art. 428.°)", afirmando logo em seguida que "é o princípio do *toma lá dá cá*, para prevenir a transmissão da propriedade do objecto por força da sentença sem o correspectivo e simultâneo paga-

---

[247] Ac. STJ, de 1.3.2007 (SALVADOR DA COSTA), www.dgsi.pt, p. 6, Ac. STJ, de 29.4.1999 (FERREIRA DE ALMEIDA), www.dgsi.pt, pp. 6 (afirma-se que "trata-se de prevenir situações em que à perda do prédio acresceria para o promitente-vendedor o não recebimento de parte do preço acordado ainda em falta").

[248] Ac. Rel. Lisboa, de 10.1.2008 (RUI DA PONTE GOMES), www.dgsi.pt ("a exigência de consignação em depósito estabelecida no art. 830.°, n.° 5 do C. Civil, tem de ser interpretada, *expressis et apertis verbis,* como uma determinação legal incontornável, não facultativa, cominatória para a parte não observante, buscando a sua razão de ser na responsabilidade pública do Tribunal na substituição de uma das partes quando emite uma declaração negocial em falta por sentença, independentemente de influir ou não no exame ou decisão da causa").

mento do preço devido, em defesa do promitente-vendedor que, de outro modo, perderia a titularidade do bem e poderia não receber o preço em falta"[249].

1.2. *Seu circunstancialismo*

Certa jurisprudência, baseando-se no próprio circunstancialismo da invocação da excepção de não cumprimento, afirma que "a questão do depósito prévio da prestação em falta apenas deve pôr-se se for invocada pelo contraente contra quem se pede a execução específica"[250].

Há, porém, entendimento oposto, defendendo-se que não emerge da letra ou do escopo finalístico do preceito em questão que "ele só funciona quando a parte interessada [o promitente-faltoso] deduza a mencionada excepção dilatória de direito material, certo que apenas alude aos contratos em que ao obrigado seja lícito invocar a excepção em causa"[251].

2. Fixação judicial de prazo para a consignação em depósito

Como se expressa na disposição, deve o tribunal fixar um prazo para que o respectivo promitente consigne em depósito a quantia pecuniária em causa.

Há vários problemas que se suscitam nesta sede.

Por um lado, o de saber se qualquer das partes tem legitimidade para desencadear tal fixação de prazo e até se o tribunal pode, eventualmente, fazê-lo oficiosamente. Cabe, por outro lado, analisar as questões relativas ao prazo propriamente dito.

---

[249] CALVÃO DA SILVA, Sinal e contrato-promessa, cit., p. 172.
[250] Ac. Rel. Porto, de 30.3.2006 (ATAÍDE DAS NEVES), www.dgsi.pt, p. 4.
[251] Ac. STJ, de 1.3.2007 (SALVADOR DA COSTA), www.dgsi.pt, p. 6.

146 *Contrato-Promessa em Geral. Contratos-Promessa em Especial*

2.1. *Legitimidade para o pedido de fixação de prazo*

Têm sido suscitadas várias hipóteses quanto ao pedido de fixação de prazo para a efectivação do depósito, a saber:

– dedução espontânea pelo promitente que pretende a execução específica (*v.g.*, o promitente-comprador);
– solicitação pelo promitente faltoso (por exemplo, o promitente--vendedor)[252].

Cremos que qualquer das vias é viável, embora a mais vulgar seja a última possibilidade.

2.2. *Conhecimento oficioso*

Tem sido afirmado que a fixação do prazo deve ser realizada oficiosamente pelo tribunal de primeira instância[253] ou até conhecida pelo tribunal de recurso[254].

Afigura-se-nos exequível em qualquer momento – seja ao nível da primeira instância, seja em sede de recurso. Não há razões que obstem a que tal suceda.

---

[252] Ac. STJ, de 1.3.2007 (SALVADOR DA COSTA), www.dgsi.pt., pp. 6 e 7 (observa-se que o tribunal de primeira instância "devia fixá-lo [o prazo para o cumprimento da obrigação de consignação em depósito], naturalmente de modo oficioso, o que nada tem a ver com juízos de certeza relativamente à excepção dilatória de direito material..."). Ver ainda Ac. Rel. Porto, de 30.3.2006 (ATAÍDE DAS NEVES), www.dgsi.pt., p. 4, Ac. STJ, de 29.4.1999 (FERREIRA DE ALMEIDA), www.dgsi.pt, p. 7.

[253] Ac. Rel. Porto, de 30.3.2006 (ATAÍDE DAS NEVES), www.dgsi.pt., p. 4, Ac. STJ, de 1.7.2004 (FERREIRA DE ALMEIDA), www.dgsi.pt ("o pedido de fixação de prazo para a efectivação do depósito pode ser espontaneamente deduzido ou solicitado por qualquer das partes ou determinado *ex-officio* pelo juiz do processo, neste último caso perante a susceptibilidade abstracta da invocação da *exceptio non adimpleti contratus*"), Ac. STJ, de 29.4.1999 (FERREIRA DE ALMEIDA), www.dgsi.pt.

[254] Ver Ac. Rel. Lisboa, de 27.6.2006 (CARLOS MOREIRA), www.dgsi.pt ("se o promitente-vendedor não suscitar tal depósito ou o promitente-comprador não se apresentar espontaneamente a efectivá-lo, a exigência do mesmo só surge depois de o juiz proferir despacho e fixar prazo nesse sentido").

3. Do prazo para a realização do depósito

3.1. *Considerações gerais*

Tem sido discutido se o prazo, a determinar pelo tribunal, para que ocorra a consignação em depósito deve cessar antes de ser proferida a decisão ou se, ao invés, pode tal consignação ser realizada num prazo fixado judicialmente que apenas se extingue depois da própria decisão, eventualmente considerando que a *sentença* não produz efeitos até que seja realizado tal depósito.

Vejamos um caso específico para compreender melhor o problema:

– foi instaurada pelo promitente-comprador uma acção de execução específica;
– o promitente-vendedor invocou a excepção de não cumprimento, a qual foi aceite pelo tribunal, dado que fez a prova de que nada receberam da contraparte, tendo sido essa a razão da não conclusão do contrato definitivo;
– os promitentes-compradores alegaram, por sua vez, que a necessidade de recurso ao crédito bancário deve impedir a realização da consignação em depósito antes da decisão relativa à acção de execução específica, pois não dispõem de condições financeiras para o fazer[255].

3.2. *As várias hipóteses*

3.2.1. **A realização do depósito deve ocorrer até ser proferida a decisão de primeira instância**

Entende Calvão da Silva que se não tiver sido depositado "previamente o preço no prazo determinado, o juiz declara improcedente a acção por esse facto, dispensando da apreciação do mérito da causa, do mérito do pedido, da execução específica, e da prolação de sentença eventualmente inútil"[256].

---

[255] Ac. Rel. Porto, de 16.2.2006 (ATAÍDE DAS NEVES), www.dgsi.pt, p. 5.
[256] CALVÃO DA SILVA, Sinal e contrato-promessa, cit., p. 173.

148   *Contrato-Promessa em Geral. Contratos-Promessa em Especial*

Decorre implicitamente do exposto que o prazo a fixar pelo tribunal deve decorrer até ao momento em que se profere a sentença.

É esta também a posição, à luz da lei vigente, de Galvão Telles: "se a parte deixar de fazer o depósito, a acção será julgada improcedente; se o fizer, a acção será julgada procedente ou improcedente, consoante o mérito da causa"[257].

A jurisprudência, em largo número, posiciona-se neste sentido.

No Ac. STJ, de 3.2.2009, defende-se que "a consignação em depósito da prestação a que se refere o art. 830.º, n.º 5, do CC, deve ser feita imediatamente antes da prolação da sentença, mediante despacho judicial a fixar prazo para tal depósito"[258].

No Ac. Rel. Lisboa, de 18.9.2008, assinala-se que "sendo a consignação em depósito da prestação em falta por parte do autor (promitente-comprador) uma condição de procedência da acção, o prazo para essa consignação deve ser fixado antes de proferida a sentença"[259].

No Ac. STJ, 8.7.2003, segue-se tal orientação, "pois é aquela que melhor se conjuga com letra e espírito do citado n.º 5 do art. 830.º já que esta norma torna o procedência da acção dependente da satisfação dessa prestação... Assim, o depósito do preço deve ser feito imediatamente antes de ser proferida a sentença"[260].

Semelhantemente no Ac. STJ, 12.12.92, afirma-se que "requerendo o promitente-comprador a execução específica contra o promitente-vendedor ... devia aquele consignar em depósito a parte do preço ainda em dívida antes de, em primeira instância, o juiz proferir

---

[257] Direito das Obrigações, cit., pp. 137 ss. (embora o autor considere não ser essa a melhor solução).

[258] Ac. STJ, de 3.2.2009 (AZEVEDO RAMOS), www.dgsi.pt (*in casu*, o promitente-comprador foi notificado "para depositar, em 20 dias, a parte do preço em falta. Não o fez, tendo antes pedido a prorrogação desse prazo, que foi indeferida". Foi considerado que o prazo fixado "estabelece o limite para o depósito, ou seja, o momento até ao qual poderá satisfazer o requisito constitutivo do seu direito de execução específica").

[259] Ac. Rel. Lisboa, de 18.9.2008 (CAETANO DUARTE), www.dgsi.pt.

[260] Ac. STJ, de 8.7.2003 (LUÍS FONSECA), www.dgsi.pt, p. 3 (assinala-se que "é evidente que, podendo a acção se decidida no saneador, o depósito do preço deverá ser feito em despacho imediatamente anterior ao saneador/sentença..."; entende-se que tal não se verifica no caso *sub judice* pelo que "o depósito do preço deve ser feito imediatamente antes de ser proferida a sentença").

Contrato-Promessa em Geral 149

sentença, sob pena de a acção improceder independentemente do mérito da causa, não sendo, pois admissível a prolação de uma decisão condicional"[261].

3.2.2. O prazo para a realização do depósito apenas corre depois da decisão definitiva

Diversamente, Almeida Costa entende que a consignação em depósito não pode configurar um pressuposto substancial da execução específica (ou, dito de outro modo, "não pode pretender-se transformar a consignação em depósito num pressuposto de apreciação do mérito do pedido de execução específica"). Doutra sorte, estar-se-ia a possibilitar que a acção de execução específica fosse julgada improcedente "sem que fossem apreciados os fundamentos da execução específica". Portanto, cabe contar tal prazo apenas a partir da decisão final transitada em julgado (eventualmente após o recurso, se a ele houver lugar). O prazo em causa "é, sem dúvida, meramente acessório da pretensão de execução específica"[262].

Esta posição tem sido seguida por certa jurisprudência, concedendo que o prazo para a consignação em depósito apenas começa a correr depois da decisão definitiva[263].

No Ac. STJ, de 29.4.1999, defende-se que "não pode pois ser assacada aos AA ... qualquer responsabilidade pela não efectivação da consignação em depósito da parte do preço alegadamente ainda em falta reportado ao contrato prometido, em termos de tal conduzir,

---

[261] Ac. STJ, 12.12.1992 (AMÂNCIO FERREIRA), BMJ, n.º 422, 1992, pp. 335 ss.

[262] Contrato-promessa. Uma síntese do regime vigente, cit., pp. 61 e 62.

[263] Ac. Rel. Lisboa, de 27.6.2006 (CARLOS MOREIRA), www.dgsi.pt ("a consignação em depósito a que alude o art. 830.º n.º 5 do CC, apenas é exigível após a decisão que efectivamente decrete a execução específica do contrato promessa e mediante prévio despacho do juiz nesse sentido"), Ac. Rel. Lisboa, de 23.5.2006 (ROSÁRIO GONÇALVES), www.dgsi.pt ("se a excepção proceder, o juiz deverá – mas só na decisão final que decrete a execução específica – tornar esta dependente da consignação em depósito, dentro do prazo que fixe, da contraprestação cuja falta se demonstre"), Ac. STJ, de 1.7.2004 (FERREIRA DE ALMEIDA), www.dgsi.pt ("o prazo estabelecido pelo juiz de 1.ª instância para a consignação em depósito conta-se a partir do trânsito em julgado da decisão final que dê ganho de causa ao autor, o que poderá vir a acontecer apenas nos tribunais superiores").

150 *Contrato-Promessa em Geral. Contratos-Promessa em Especial*

de modo inexorável, a improcedência do pedido de execução específica"[264].

3.2.3. Contagem do prazo fixado após a decisão judicial sujeita a condição suspensiva de consignação em depósito do preço

Há ainda uma outra via a destacar.

Na sequência do exemplo atrás citado, atendendo a que estava em avaliação a concessão de um empréstimo bancário pedido pelo promitente-comprador, que não dispunha de dinheiro para efectuar o pagamento, considerou-se que a decisão proferida deveria ficar, ela própria, sujeita à condição suspensiva de entrega do preço, pelo promitente-comprador, no prazo judicialmente fixado. Só deste modo ficariam integralmente tutelados todos os interesses das partes no contrato-promessa: evita-se que o promitente-vendedor fique despojado da coisa sem receber em simultâneo o preço; obsta-se a que o promitente-comprador não fique sujeito ao depósito do preço num momento em que ainda não sabe do (in)sucesso da sua pretensão[265].

3.2.4. Posição adoptada

Embora alguns considerem de discutível admissibilidade as sentenças condicionais, "em razão de o espírito do sistema se mostrar avesso a soluções que, na realidade, obrigam o tribunal a apreciar o mérito da causa em termos provisórios, deixando o sentido da decisão final na dependência da prática de certo acto por uma das partes"[266],

---

[264] Ver o Ac. STJ, de 29.4.1999 (FERREIRA DE ALMEIDA), www.dgsi.pt, p. 7.

[265] Esta foi a solução acolhida no Ac. Rel. Porto, de 16.2.2006 (ATAÍDE DAS NEVES), www.dgsi.pt, pp. 5, 6 e 7, e no Ac. Rel. Porto, de 30.3.2006 (ATAÍDE DAS NEVES), www.dgsi.pt (afirma-se aí que "podendo o juiz determinar oficiosamente que o [promitente-comprador], que peticionou a execução específica, proceda ao depósito a que alude o art. 830.º n.º 5 do CC, nada obsta a que fixe o prazo de tal depósito a contar do trânsito da sentença que julgar procedente (se for esse o mérito da acção) a pretensão daquele demandante, ficando a eficácia da sentença dependente da efectivação daquele depósito, ou seja, ficando assim todos os efeitos da sentença sujeitos a condição suspensiva").

[266] Contrato-promessa. Uma síntese do regime vigente, cit., pp. 61 e 62, nota 94.

cremos que a solução deve valer para casos limite como o apresentado, no pressuposto de que se prove um específico circunstancialismo e ele assim seja valorado pelo tribunal.

A exigência de entrega do preço ao promitente-comprador quando ele não dispõe de dinheiro para o fazer, dado que está dependente de um empréstimo bancário, significaria condenar a execução específica ao fracasso.

Aliás, por referência à própria figura da excepção de não cumprimento, aqui em equação, a sua articulação com o regime do art. 830.º, n.º 5 CC leva-nos exactamente a acolher essa via. O objectivo daquele meio de defesa é o de proteger o nexo de correspectividade entre as prestações. Ora, no quadro da acção de execução específica há uma tutela adequada dos interesses em jogo, sem perda para nenhuma das partes, considerando a decisão final com efeito suspensivo.

Note-se que nos casos em que se antevê a perda da acção, o promitente-comprador ficaria até vinculado a desembolsar uma quantia, porventura elevada, quando o resultado final é o oposto ao pretendido. Se o tribunal configura, ao invés, o seu ganho, não nos parece que a acção de execução específica deve improceder, dado que substancialmente não há razão para isso. Ela apenas falece se não houver o respectivo depósito e por causa diversa da apreciação do mérito, assim deixado intocado.

4. Algumas vicissitudes

4.1. *Não realização da consignação em depósito no prazo fixado*

A falta desse depósito no prazo fixado pelo tribunal leva à improcedência da acção de execução específica[267].

4.2. *Falta de fixação judicial de prazo*

Impõe-se saber qual a consequência da falta de fixação do prazo pelo tribunal para a consignação em depósito.

---

[267] Ac. Rel. Porto, de 9.3.1995 – sumário (ANDRÉ DOS SANTOS), www.dgsi.pt.

A temática não tem sido pacífica nos nossos tribunais.

Afirmam uns que constitui uma nulidade processual, ou seja, uma nulidade da sentença proferida pelo tribunal de primeira instância, a qual pode ser sanada caso não seja arguida tempestivamente[268].

No Ac. STJ, de 1.3.2007, discutia-se a questão em apreço, sendo que o tribunal de 1.ª instância não tinha fixado prazo para a respectiva consignação em depósito. Foi considerado que a consequência tinha na base a violação de lei substantiva (e não de lei processual relativa às sentenças em geral), pelo que importava tão só "a da revogação da sentença proferida pelo tribunal de primeira instância, a fim de, previamente à prolação de nova sentença, ser ordenado por aquele tribunal aos recorrentes para procederem à consignação em depósito"[269].

Para aqueles que entendem que deve ser fixado um prazo na decisão de 1.ª instância, a última orientação parece ser a mais adequada e a mais consentânea com os interesses em jogo.

---

[268] Neste sentido, o Ac. STJ, de 2.12.1992 – sumário (AMÂNCIO FERREIRA), www.dgsi.pt, o Ac. Rel. Porto, de 30.3.2006 (ATAÍDE DAS NEVES), www.dgsi.pt, p. 4.

[269] Ac. STJ, de 1.3.2007 (SALVADOR DA COSTA), www.dgsi.pt, p. 7, Ac. STJ, de 30.9.2004 (LUCAS COELHO), www.dgsi.pt, p. 12 (ordenou-se a baixa do processo para apreciar a questão da eventual consignação "e, sendo caso disso, assinado o respectivo prazo").

SECÇÃO III
Indemnização moratória

§ 1. Dever de indemnizar nos termos gerais. § 2. A fixação antecipada do montante da indemnização: cláusula penal. 1. Considerações gerais. 2. Exigibilidade de indemnização moratória na acção de
execução específica. 3. Admissibilidade da recusa da celebração do
contrato definitivo pelo não pagamento da indemnização resultante
da cláusula penal. 4. Redução da cláusula penal. 4.1. Redução equitativa da cláusula penal. 4.2. Redução da cláusula penal decorrente
da existência de culpas concorrentes. 5. Abuso do direito de exigir
uma indemnização com base na cláusula penal.

§ 1. Dever de indemnizar nos termos gerais

O incumprimento temporário do contrato-promessa, tal como
sucede num qualquer outro negócio, pode trazer várias consequências em sede indemnizatória.

Perante o atraso na inexecução daquele, *v.g.,* o não cumprimento
do prazo que dele decorre para a conclusão do negócio definitivo,
cabe aplicar as regras da responsabilidade civil contratual. Verificados os respectivos pressupostos, há obrigação de ressarcir os danos
causados.

Em vários arestos tem sido discutida esta problemática, sendo
que a principal questão suscitada é a da demonstração dos prejuízos
suportados pelo atraso no adimplemento.

Ilustremos com um exemplo.

No Ac. STJ, de 24.5.2007, os promitentes-compradores accio-
naram o promitente-vendedor por incumprimento do prazo acordado
para a realização da conclusão do contrato definitivo, pedindo a
execução específica e também uma indemnização pelos prejuízos
causados. No caso, apenas se debatia a questão da existência de
danos não patrimoniais. Conquanto seja actualmente pacífico o seu

154 *Contrato-Promessa em Geral. Contratos-Promessa em Especial*

ressarcimento no quadro da responsabilidade contratual, na hipótese em apreço entendeu-se que não se verificou nenhum prejuízo que justificasse uma indemnização. Com efeito, a prestação de informações várias sobre o curso dos atrasos da obra e a documentação existente não justificaram o direito ao ressarcimento de tais danos[270].

§ 2. A fixação antecipada do montante da indemnização: cláusula penal

A existência de cláusula penal no contrato-promessa para o caso de incumprimento configura, como vimos, uma presunção *juris tantum* contrária à execução específica. Mas o recurso a este mecanismo é possível se aquela presunção for ilidida, apesar da existência de uma cláusula penal. O que sucede se, por exemplo, se prevê a possibilidade de utilização desta via.

1. Considerações gerais

A cláusula penal em causa é necessariamente de natureza moratória, já que cobre os prejuízos resultantes do atraso no cumprimento.

Na classificação doutrinária de tais estipulações distingue-se

– a cláusula penal de fixação antecipada da (ou do montante da) indemnização ou indemnizatória[271];
– a cláusula penal exclusivamente compulsivo-sancionatória (ou de natureza compulsória)[272];
– a cláusula penal em sentido estrito ou propriamente dita[273/274].

---

[270] Ac. STJ, de 24.5.2007 (ALVES VELHO), www.dgsi.pt, pp. 3 e 4.

[271] Esta tem por função única a liquidação da indemnização nos casos de mora – aqui diz-se moratória –, de incumprimento definitivo ou de cumprimento defeituoso (aqui diz-se compensatória). A pena é igual à indemnização.

[272] Nestas hipóteses ou há uma pena que acresce ao cumprimento ou que acresce à indemnização pelo incumprimento. O objectivo é pois o de pressionar o devedor a cumprir (e já não o de substituir a indemnização).

[273] Esta estipulação substitui o cumprimento ou substitui a indemnização, não acrescendo portanto a nenhuma delas. Também aqui se compele ao cumprimento, mas simultaneamente

Há, pois, que apreciar em concreto qual a modalidade que assume a convenção em concreto.

O comum das estipulações existentes configura uma situação do último tipo. Assim sucede, *v.g.*, com a cláusula que impõe por cada mês de atraso na celebração do contrato prometido, aprazada para final de Dezembro de 2002, o valor de 2.493,99 €[275].

Já no Ac. STJ, de 31.10.2006, a cláusula penal que previa uma indemnização pelo atraso na construção de duas moradias, aproximadamente, o valor de 250 € foi qualificada como indemnizatória[276].

2. Exigibilidade de indemnização moratória na acção de execução específica

Cumpre referir que na própria acção de execução específica, pode pedir-se a condenação do respectivo promitente ao pagamento da indemnização respectiva.

No caso decidido no Ac. Rel. Porto, de 6.12.2005, deu-se nota de uma estipulação no contrato-promessa de que, no caso de não realização da escritura pública no prazo acordado para o efeito (7 meses após a celebração do contrato-promessa, que, por sua vez, datava de 26.5.1998) por causa imputável ao promitente-vendedor, este deverá pagar ao promitente-comprador "10.000$00 [50 €] por cada dia de atraso na outorga da escritura"[277]. Esse valor foi exigido na própria acção de execução específica.

---

satisfaz-se o interesse do credor. Normalmente, excede os danos previsíveis, portanto a pena é, em regra, superior à indemnização.

[274] Seguem esta classificação, entre outros, Pinto Monteiro, Cláusula penal e indemnização, Coimbra, 1990, pp. 602 ss., Almeida Costa, Direito das Obrigações, cit., pp. 736 e 737.

[275] Ac. STJ, de 26.4.2007 (Salvador da Costa), www.dgsi.pt, pp. 3 e 4.

[276] Ac. STJ, de 31.10.2006 (Faria Antunes), www.dgsi.pt, pp. 3 e 4.

[277] Ac. Rel. Porto, de 6.12.2005 (Alberto Sobrinho), www.dgsi.pt, p. 9.

156   *Contrato-Promessa em Geral. Contratos-Promessa em Especial*

3. Admissibilidade da recusa da celebração do contrato definitivo pelo não pagamento da indemnização resultante da cláusula penal

Deve pôr-se a questão de saber se o promitente-transmissário, em face da mora do promitente-transmitente, se pode recusar a celebrar o contrato definitivo em razão do não pagamento da indemnização moratória estipulada na promessa.

Concretizemos.

A marcação da escritura pública de compra e venda foi tardia, tendo apenas ocorrido aproximadamente dois anos e meio depois do previsto – ou seja, em 14.3.2001 e não em 26.12.1998, no prazo assinalado para o efeito. O promitente-comprador, interessado no cumprimento, recusou-se a celebrar o contrato definitivo por não ter sido compensado pelo valor estipulado.

O tribunal sustentou a aplicabilidade do art. 847.º CC, o que permitiu operar a compensação. Isto porque se entendeu existir uma sinalagmaticidade entre o dever do promitente-comprador outorgar a escritura pública e o dever do promitente-vendedor de pagar a indemnização pelo atraso na marcação daquela. Apesar de esta prestação ser acessória, o nexo de correspectividade existe desde que não contrarie a regra da boa fé, decorrente do art. 762.º, n.º 2 CC[278].

Cremos que a ligação intrínseca entre as obrigações assinaladas justifica a recusa, no pressuposto de que a não realização do contrato definitivo na data prevista é exclusivamente imputável ao promitente-alienante.

4. Redução da cláusula penal

4.1. *Redução equitativa da cláusula penal*

Note-se que, à luz das regras gerais, pode haver lugar à redução equitativa da cláusula penal (moratória) – art. 812.º CC.

Tal redução não é, no entanto, do conhecimento oficioso.

---

[278] Ac. Rel. Porto, de 6.12.2005 (ALBERTO SOBRINHO), www.dgsi.pt, p. 9.

Acresce que cabe à parte que invoca a respectiva redução alegar e demonstrar o circunstancialismo específico e concreto do qual emerge a respectiva redução.

4.2. *Redução da cláusula penal decorrente da existência de culpas concorrentes*

Cabe assinalar que pode ainda haver lugar à redução da cláusula penal em razão da existência de culpas concorrentes[279].

5. Abuso do direito de exigir uma indemnização com base na cláusula penal

A indemnização decorrente do funcionamento da cláusula penal pode ser afastada perante o abuso do direito da sua invocação.

Tal sucedeu no Ac. STJ, de 31.10.2006. *In casu*, o direito a ser indemnizado pela falta de entrega atempada de duas vivendas foi rejeitado, atenta a violação do princípio geral da boa fé emergente do art. 762.º, n.º 2 CC. Tal recusa adveio do facto de terem sido os próprios beneficiários da indemnização a exigir da outra parte a construção da cave, o que levou a uma alteração e à aprovação de um novo projecto, e a um aumento da área, o que originou esse atraso[280/281/282].

---

[279] Ac. STJ, de 31.10.2006 (FARIA ANTUNES), www.dgsi.pt, p. 4.

[280] Ac. STJ, de 31.10.2006 (FARIA ANTUNES), www.dgsi.pt, p. 4.

[281] Levamos especialmente em linha de conta o incumprimento imputável a uma das partes. Não se deve, porém, excluir os casos de incumprimento imputável a ambos os contraentes ou mesmo uma situação de incumprimento não imputável a qualquer dos contraentes (uma hipótese deste género foi discutida no Ac. STJ, de 15.3.2007 (PIRES DA ROSA), www.dgsi.pt – foi celebrado um contrato-promessa de compra e venda de um prédio rústico com um projecto de construção de um bloco habitacional de 30 fogos; ora, por força do indeferimento camarário do aludido projecto de construção – do qual as partes tinham pleno conhecimento e convicção de que seria provado – tornou-se impossível a conclusão do contrato prometido. Tal situação é equiparada a incumprimento definitivo não imputável a qualquer das partes. Tendo havido entrega de sinal, há apenas lugar à sua restituição, de acordo com as regras do enriquecimento sem causa).

158   *Contrato-Promessa em Geral. Contratos-Promessa em Especial*

[282] Tem-se discutido se, na pendência da acção de execução específica, o direito de retenção pode ser utilizado pelo promitente-transmissário (de direito real), posto que tenha sido entregue a coisa. Resumem-se a duas as orientações sustentadas.

Defende-se, no Ac. STJ, de 20.1.1999 (NORONHA DE NASCIMENTO) – BMJ, n.º 483 (1999), pp. 197 ss. –, que representando a execução específica o cumprimento em espécie do contrato-promessa, no sentido da obtenção da prestação efectiva e exactamente cumprida tal como havia sido acordada, o promitente-comprador – a quem foi entregue a coisa – goza de um crédito que abrange "quer a prestação que não foi cumprida e que ele pode exigir através da execução específica, quer a indemnização monetária que ele pode preferir a que funciona como sucedâneo daquela outra". Aduz-se ainda que tal construção assenta no art. 442.º CC *ex vi* art. 755.º, n.º 1, al. f) CC, isto porque aquela regra prevê no seu n.º 2 a via indemnizatória, enquanto que o n.º 3 regula o "crédito à prestação de facto". Esta posição – que sustenta a admissibilidade de retenção da coisa pelo promitente-transmissário – traz consigo consequências importantes no domínio em estudo, ou seja, quando está em causa a execução específica: a utilização pelo referido credor com direito de retenção dos meios de defesa da posse e, dentre eles, os embargos de terceiro. Foi isso que, de resto, foi decidido no mencionado Ac. STJ, de 20.1.1999. Estava aí em análise uma situação deveras frequente. Cabe identificá-la sucintamente: a celebração de um contrato-promessa de compra e venda de um prédio (15.7.1991) com entrega da coisa (4.1992); o credor exequente do promitente-alienante instaura contra este uma acção executiva para entrega de coisa certa, prometida vender; o promitente-adquirente vem defender-se através do recurso aos meios de defesa da posse, em especial à figura dos embargos de terceiro.

Diversa foi a posição seguida no Ac. Rel. Porto, de 15.10.2004 (VIRIATO BERNARDO), onde se sustentou que o direito de retenção – na esteira de ANTUNES VARELA, pp. 370 a 372 – apenas serve como garantia do crédito à dupla indemnização alternativa. Assim, a penhora – que tem na base uma hipoteca do prédio constituída anteriormente à data da conclusão do contrato-promessa – poderá conduzir à venda executiva do mesmo, não podendo ser impedida por via do recurso, pelo promitente-adquirente, à figura dos embargos de terceiro, já que o direito de retenção que assiste àquele é um "simples direito real de garantia". O afastamento do direito de retenção quando se está perante a execução específica do contrato foi também firmado no Ac. Rel. Porto, de 26.1.2006 (SALEIRO DE ABREU), que apenas o admite quando há lugar ao incumprimento definitivo do contrato, à luz do art. 442.º, n.º 2 CC (quando exigido o dobro do sinal ou a indemnização actualizada) ou do art. 442.º, n.º 4 CC (indemnização convencionada).

Ver infra Tit. I, Cap. V, Sec. III.

CAPÍTULO V
Incumprimento definitivo do contrato-promessa

SECÇÃO I
Resolução

SUBSECÇÃO I
Incumprimento definitivo e resolução
(legal e convencional)

§ 1. Incumprimento definitivo e resolução legal. 1. Causas de incumprimento definitivo. 1.1. Impossibilidade de prestação imputável ao devedor. 1.2. Perda de interesse do credor. 1.3. Interpelação admonitória. 1.3.1. Requisitos. 1.3.2. Efeitos do decurso do prazo no caso de interpelação admonitória regularmente efectuada. 1.3.3. Efeitos da falta de um dos elementos da interpelação admonitória. 1.4. Declaração de não cumprimento do contrato. 1.4.1. Recusa séria e categórica de cumprimento. 1.4.2. Falta de fundamento resolutivo. § 2. Incumprimento definitivo e resolução convencional. 1. Cláusula resolutiva expressa. 1.1. Verdadeira cláusula resolutiva. 1.2. *Falsa* cláusula resolutiva. 2. Condição resolutiva. 3. Termo essencial. § 3. Legitimidade para emitir a declaração resolutiva.

§ 1. Incumprimento definitivo e resolução legal

1. Causas de incumprimento definitivo

1.1. *Impossibilidade de prestação imputável ao devedor*

O art. 801.º, n.º 1 CC regula a impossibilidade da prestação por causa imputável ao devedor, configurando tal situação como equiparável ao não cumprimento definitivo[283].

É este o sentido da expressão "como se", ínsita no preceito assinalado.

1.2. *Perda de interesse do credor*

A perda do interesse do credor, como motivo que gera o incumprimento definitivo, encontra-se prevista no art. 808.º, n.º 1, 1.ª parte CC.

Tal perda de interesse é apreciada objectivamente (art. 808.º, n.º 2 CC), não operando de modo imediato e automático. Para o efeito, mostra-se necessária uma declaração resolutiva dirigida ao devedor[284], que "deve ser feita assim que ocorra a perda de interesse"[285].

Cabe assinalar ainda que a perda objectiva há-de concretizar-se através de circunstâncias que provem, de modo indiscutível, o não cumprimento definitivo. Afere-se, assim, "em função da utilidade concreta que a prestação teria para o credor, não se determina[ndo]

---

[283] BAPTISTA MACHADO, "Pressupostos da resolução por incumprimento", Obra Dispersa, Vol. I, Braga, 1991, p. 160.

[284] BAPTISTA MACHADO, "Pressupostos da resolução por incumprimento", Obra Dispersa, Vol. I, cit., pp. 161 e 162 (afirma o autor que "depois de ter chegado ao poder do devedor ou ao seu conhecimento uma declaração nestes termos (ou pelo menos uma declaração significando ao devedor que considera o contrato definitivamente não cumprido e rejeitará a prestação), o mesmo devedor já não pode cumprir e o próprio credor deixa de poder exigir o cumprimento"),

[285] JANUÁRIO GOMES, Em tema de contrato-promessa, cit., p. 9 (sem prejuízo de se poder entender que a mera formulação de um pedido indemnizatório poder ser entendido "como declaração tácita de resolução").

Contrato-Promessa em Geral

de acordo com o seu juízo arbitrário, mas considerando elementos susceptíveis de valoração pelo comum das pessoas"[286].

1.3. *Interpelação admonitória*

A transformação da mora em incumprimento definitivo pode resultar do decurso do prazo estabelecido na interpelação admonitória.

1.3.1. Requisitos

Para que se possa falar de uma interpelação admonitória que envolva a conversão da mora em incumprimento definitivo (art. 808.º, n.º 1 CC), impõe-se o preenchimento de três pressupostos:

– a existência de uma intimação para o cumprimento;
– a consagração de um prazo peremptório, suplementar, razoável e exacto para cumprir;
– a declaração (cominatória) de que findo o prazo fixado sem que ocorra a execução do contrato se considera este definitivamente incumprido[287].

Saliente-se que se trata de uma declaração receptícia, donde há que aplicar o regime constante do art. 224.º, n.º 1.ª parte, n.º 2 e n.º 3 CC.

Atente-se, em especial, nos caracteres do mencionado prazo.

Este prazo é, deve realçar-se, suplementar. Trata-se, portanto, de um prazo novo e distinto daquele que porventura terá existido para a hipótese de atraso tendo em vista o cumprimento[288].

Acresce que tem de ser razoável. Essa razoabilidade há-de determinar-se à luz do do caso concreto, não podendo afirmar-se, de

---

[286] ALMEIDA COSTA, Direito das Obrigações, cit., p. 1054, ROMANO MARTINEZ, Da Cessação do Contrato, 2.ª Ed., 2006, pp. 141 ss.
Ver ainda PIRES DE LIMA e ANTUNES VARELA, Código Civil anotado, Vol. II, 4.ª Ed., com a colaboração de H. MESQUITA, cit., p. 72.

[287] BAPTISTA MACHADO, "Pressupostos da resolução por incumprimento", Obra Dispersa, cit., p. 164, e BRANDÃO PROENÇA, A resolução do contrato no Direito Civil. Do enquadramento e do regime, Coimbra, 1996, pp. 119 ss.

[288] Ac. STJ, de 6.2.2007 (SEBASTIÃO PÓVOAS), www.dgsi.pt, p. 7.

162   *Contrato-Promessa em Geral. Contratos-Promessa em Especial*

antemão, qual a extensão do prazo que se considera adequado. Assim, deve considerar-se que "o prazo é razoável, se foi fixado segundo um critério que, atendendo à natureza e ao conhecido circunstancialismo e função do contrato, permite ao devedor cumprir o seu dever de prestar"[289].

Para além disso, deve ser exacto e definido. A incerteza ou a indefinição do prazo não permitem qualificar a interpelação efectuada como admonitória.

1.3.2. Efeitos do decurso do prazo no caso de interpelação admonitória regularmente efectuada

Os efeitos do decurso do prazo fixado na interpelação admonitória – no pressuposto de que esta contém todos os elementos mencionados – sem que ocorra o respectivo adimplemento por parte do devedor, têm leituras diferentes na nossa doutrina.

Segundo uns, o contrato considera-se automaticamente resolvido[290], ao passo que outros sustentam que estamos apenas perante uma situação de incumprimento definitivo[291]. De todo o modo, nada impede que a própria interpelação integre igualmente uma declaração resolutiva[292].

Em sede de contrato-promessa, cremos que a interpelação dá logo a conhecer o *facto específico* que fundamenta o direito de resolução. Acrescente-se que o incumprimento definitivo tem efeitos pró-

---

[289] Ac. STJ, de 7.2.2008 (PAULO SÁ), www.dgsi.pt, p. 10.

[290] BAPTISTA MACHADO, "Pressupostos da resolução por incumprimento", Obra Dispersa, cit., p. 164, ALMEIDA COSTA, Direito das Obrigações, cit., p. 1055.

[291] JANUÁRIO GOMES sustenta que, esgotado o prazo, há apenas uma situação de incumprimento definitivo que carece de nova declaração (agora resolutiva) dirigida à contraparte, isto porque "o credor [pode] optar ... ou pela resolução ou pela execução do contrato" (Em tema de contrato-promessa, cit., p. 10).

[292] Assim o expressa ROMANO MARTINEZ ao assinalar que "na interpelação de prazo admonitório, além da consequência de se considerar a prestação definitivamente incumprida, por economia de meios, pode incluir-se a declaração condicional de resolução do contrato; caso em que, transformando-se a mora em incumprimento definitivo pelo decurso do prazo suplementar, preenche-se a condição suspensiva e o contrato resolve-se" – Da Cessação do Contrato, 2.ª Ed., Coimbra, 2006, pp. 142 ss.

prios nesta área[293]. Neste quadro, não se pode fazer repristinar a execução de um contrato-promessa já definitivamente incumprido.

1.3.3. Efeitos da falta de um dos elementos da interpelação admonitória

De todo o modo, não se exclua a possibilidade de a contraparte sujeita à extinção do contrato questionar, por exemplo, a razoabilidade ou a inexactidão do prazo concedido[294].

A falta de pelo menos um dos assinalados elementos não gera a consequência mencionada. A declaração é, portanto, ineficaz.

1.4. *Declaração de não cumprimento do contrato*

Assinala-se uma outra hipótese de incumprimento definitivo do contrato: a que advém de uma declaração inequívoca de não cumprimento por parte do devedor[295].

A esta situação é equiparada uma outra: a que emerge da resolução infundada.

Cabe descrevê-las.

1.4.1. Recusa séria e categórica de cumprimento

A recusa de cumprimento por parte daquele que está a ele obrigado configura uma hipótese de incumprimento definitivo.

Impõe-se que tal recusa seja absoluta e inequívoca, apenas operando por via de declaração expressa. Tratar-se-á de uma declaração

---

[293] Cfr. SOUSA RIBEIRO, "O campo de aplicação do regime indemnizatório do artigo 442.º do Código Civil: incumprimento definitivo ou mora?", Direito dos Contratos – Estudos, Coimbra, 2007, p. 301 (refere o autor que "só após o decurso infrutífero desse prazo poderá reclamar a restituição do sinal e o pagamento de outro tanto...").

[294] BAPTISTA MACHADO, "Pressupostos da resolução por incumprimento", Obra Dispersa, cit., p. 166.

[295] Ac. Rel. Porto, de 20.4.2004 (EMÍDIO COSTA), www.dgsi.pt, p. 4.

164   *Contrato-Promessa em Geral. Contratos-Promessa em Especial*

séria e categórica de não execução, relativamente à qual não devem subsistir dúvidas de qualquer ordem.

Discute-se, porém, se é necessária ainda assim uma interpelação admonitória por parte do credor. Partilhamos a opinião da doutrina dominante, que assinala ser a declaração do devedor suficiente para provocar o incumprimento definitivo. O carácter certo, manifesto, claro e evidente da recusa permite prescindir de qualquer outra declaração[296].

1.4.2. Falta de fundamento resolutivo

A inexistência ou a mera aparência de motivo válido para resolver o contrato, invocado por um dos contraentes, determina a ilegitimidade da própria resolução efectuada.

Assim o afirma, entre outros, Brandão Proença descrevendo um conjunto de situações que designa de *"alargamento* da casuística da recusa categórica de cumprimento", destacando que, "por ex, o promitente-vendedor pode manifestar esse intuito numa declaração de resolução ou denúncia ilegítimas"[297].

---

[296] Sustentanto a suficiência da mera comunicação pelo devedor ao credor da sua intenção de não cumprir, ver, entre outros, CARLOS FERREIRA DE ALMEIDA, "Recusa de cumprimento declarada antes do vencimento (Estudo de Direito Comparado e de Direito Civil Português)", Estudos em Memória do Prof. Doutor João de Castro Mendes, Lisboa, sd, pp. 314 ss., ROMANO MARTINEZ, Da Cessação do contrato, cit., pp. 142 ss., ALMEIDA COSTA, Direito das Obrigações, cit., p. 1008, BRANDÃO PROENÇA, "A hipótese de declaração (*lato sensu*) antecipada de incumprimento por parte do devedor", Estudos em Homenagem ao Prof. Doutor Ribeiro de Faria, Coimbra, 2003, pp. 358 ss. Diversamente, PESSOA JORGE, Lições de Direito das Obrigações, I, pp. 296 ss.

[297] Do incumprimento do contrato-promessa bilateral. A dualidade execução específica – resolução, Coimbra, 1987, p. 89 (alude-se a outras circunstâncias, a saber: "numa proposta com condições inaceitáveis de cumprimento, numa reivindicação arbitrária, num começo de negociações com terceiro (uma alienação já consumada ou uma perda voluntária do objecto traduzem mais uma recusa por impossibilidade subjectiva e objectiva) ou na inércia em preparar o cumprimento (não eliminando os encargos existentes ou não obtendo documentação essencial)").

O comportamento mencionado importa consequências específicas: corresponde a uma recusa de execução do contrato, devendo entender-se que se trata de "declaração séria e firme de não cumprir"[298].

§ 2. Incumprimento definitivo e resolução convencional

1. Cláusula resolutiva expressa

1.1. *Verdadeira cláusula resolutiva*

Não raramente sucede que é aposta num contrato – não sendo o contrato-promessa uma excepção – uma cláusula resolutiva, que permite às partes definir e concretizar as circunstâncias que originam o incumprimento definitivo, relevando os moldes em que tal inadimplemento se verifica.

Portanto, é agora a específica estipulação que regula as condições em que há lugar à resolução, atenta a inexecução definitiva do contrato.

Como observa Baptista Machado, "a verificação do evento previsto é apenas um pressuposto da constituição do direito potestativo de, mediante declaração unilateral, operar a resolução do contrato (da relação contratual)"[299].

Note-se que não é despicienda a inserção de uma cláusula resolutiva num qualquer contrato. Para além de estabelecer que um certo incumprimento é qualificado como grave, subtrai esse ponto a uma eventual apreciação do juiz[300].

---

[298] Ac. Rel. Porto, de 20.4.2004 (EMÍDIO COSTA), www.dgsi.pt, p. 4.

Ver ainda RAÚL GUICHARD e SOFIA PAIS, "Contrato-promessa: recusa ilegítima e recusa terminante de cumprir; mora como fundamento de resolução; perda de interesse do credor na prestação; desvinculação com fundamento em justa causa; concurso de culpas no incumprimento; redução da indemnização pelo sinal", Direito e Justiça, 2000, I, p. 316.

[299] BAPTISTA MACHADO, "Pressupostos da resolução por incumprimento", Obra Dispersa, cit., p. 185.

[300] Ver ainda ROMANO MARTINEZ, Da Cessação do Contrato, 2.ª Ed., 2006, pp. 81 ss.

1.2. *Falsa cláusula resolutiva*

Cumpre, no entanto, realçar que é muito frequente – o que tem sido relevado devidamente pela doutrina –, a cláusula que determina que "se considera resolvido o contrato no caso de incumprimento de qualquer das obrigações dele emergentes".

Tal convenção, qualificada como sendo "de estilo"[301] ou até "inútil"[302], não representa qualquer modificação ao regime legal do incumprimento. A sua falta de precisão, o facto de ser genérica e indeterminada, torna-a uma cláusula não distintiva para produzir o efeito pretendido.

2. Condição resolutiva

Pode suceder que as partes inscrevam no clausulado contratual uma condição resolutiva.

Trata-se de sujeitar a um acontecimento futuro e incerto a resolução do contrato, a qual torna este automaticamente ineficaz com a verificação daquele evento.

À luz do art. 274.º, n.º 1 CC a referida condição produz efeitos *ex tunc*, ou seja, retroactivamente[303].

3. Termo essencial

Quanto ao termo, o seu carácter essencial pode resultar de duas vias, a saber:

- da própria natureza da prestação (dizendo-se aqui objectivo), sendo que com o seu vencimento a prestação torna-se impossível, ou
- de convenção, expressa ou tácita (afirmando-se aqui subjectivo).

---

[301] BAPTISTA MACHADO, "Pressupostos da resolução por incumprimento", cit., p. 187, nota 77.

[302] BRANDÃO PROENÇA, Incumprimento do contrato-promessa bilateral, cit., p. 61.

[303] Cfr. BAPTISTA MACHADO, "Pressupostos da resolução por incumprimento", cit., pp. 184 a 187.

Nesta hipótese, como ensina Baptista Machado, pode ainda ser absoluto ou relativo. Ali, implica desde logo o incumprimento definitivo (termo essencial absoluto). Aqui, o credor ainda se reserva o direito de resolver o contrato ou de exigir o cumprimento (termo essencial relativo).

Dito isto, cabe falar de um termo essencial absoluto quando resulta clara a natureza improrrogável da prestação e exista a cominação de que a obrigação se deve considerar definitivamente incumprida[304].

Estas situações não são, no entanto, a regra, já que o credor, as mais das vezes, mantém o direito de emitir ou não a declaração resolutiva[305].

§ 3. Legitimidade para emitir a declaração resolutiva

Tem legitimidade (activa) para emitir a declaração resolutiva o promitente não faltoso, dirigindo-a à parte que consigo contratou.

Importa, no entanto, alertar para o facto de frequentemente o contrato-promessa ser celebrado, de um ou de ambos os lados, por mais do que um promitente. Nesse quadro, apenas a declaração resolutiva subscrita por todos (ou a acção resolutiva instaurada por todos)[306] pode produzir os efeitos desejados.

À luz das regras gerais, a doutrina portuguesa tem defendido, no âmbito do regime da conjunção, que o exercício dos direitos deve ser realizado por todos os titulares, o que vale em sentido idêntico para (a eficácia d)o direito de resolução[307].

---

[304] BAPTISTA MACHADO, "Pressupostos da resolução por incumprimento", cit., p. 191 (tal acontece, como sustenta o autor, "sobretudo quando a pontualidade seja essencial para a utilização a que o credor destina a prestação, isto é, seja essencial para os projectos do credor").

[305] BAPTISTA MACHADO, "Pressupostos da resolução por incumprimento", cit., p. 191.

[306] E dirigida a todos, se for o caso.

[307] É este o entendimento, v.g., de ANTUNES VARELA, que baseia a sua orientação no art. 239.º CC (Das Obrigações em Geral, I, cit., p. 776), e de RIBEIRO DE FARIA (Direito das Obrigações, II, cit., p. 164). Discutindo a questão em sede resolutiva, VAZ SERRA afirma que admitir, em geral, apenas o exercício do referido direito potestativo por todos, "não se afigura em todos os casos razoável. Isto mesmo que os credores ou os devedores sejam

Por isso, no Ac. Rel. Porto, de 25.1.2007, atendendo a que foram dois os promitentes-compradores – sendo que só um deles instaurou a acção que visava a resolução do contrato-promessa –, foi entendido que havia "ilegitimidade do autor", não podendo a acção, sem a intervenção conjunta de todos os promitentes-compradores, produzir o seu "efeito útil normal"[308].

SUBSECÇÃO II
Algumas hipóteses específicas
em sede de contrato-promessa

> § 1. Impossibilidade de cumprimento imputável ao devedor. § 2. Perda de interesse do credor. 1. Existência de perda de interesse do credor. 2. Inexistência de perda de interesse do credor. § 3. Interpelação admonitória. 1. Falta de interpelação admonitória. 2. Em especial, a não fixação de prazo razoável na interpelação admonitória. 3. Existência de verdadeira interpelação admonitória. 4. Interpelação admonitória e legitimidade (activa e passiva). § 4. Declaração séria e firme de não cumprir: recusa categórica de cumprimento. § 5. Declaração séria e firme de não cumprir (cont.): resolução infundada.

Cumpre enumerar alguns casos decididos pelos nossos tribunais superiores e, à medida do desenvolvimento da exposição, tecer por vezes algumas considerações.

Consideramos, para o efeito, a sequência atrás apresentada.

§ 1. Impossibilidade de cumprimento imputável ao devedor

Podem figurar-se algumas situações de impossibilidade de prestação imputável ao devedor, a saber: a de insolvência, a cessação da actividade ou o desaparecimento do devedor.

---

solidários" ("Resolução do contrato", BMJ, n.º 68, 1957, p. 239). Ver ainda GRAVATO MORAIS, União de contratos de crédito e de venda para consumo, Coimbra, 2004, pp. 317 e 318, nota 586.

De todo o modo, à luz do regime da solidariedade não deve descurar-se, a nosso ver, o carácter indivisível da prestação.

[308] Ac. Rel. Porto, de 25.1.2007 (MANUEL CAPELO), www.dgsi.pt, pp. 3 e 4.

Assim,

– no Ac. STJ, de 23.11.2006, afirmou-se que a alienação pelo promitente-vendedor a terceiro da coisa prometida vender configura uma situação de impossibilidade por causa imputável ao devedor (art. 808.º, n.º 1 CC), equiparada por lei a incumprimento definitivo[309].
– no Ac. STJ, de 14.11.2006, verificou-se uma hipótese deste género, tendo a sociedade em causa deixado "de exercer qualquer actividade comercial", sendo que "o local da sua sede [se encontrava] completamente abandonado, com os seus representantes legais foragidos"[310].

Neste enquadramento ou em áreas afins aplicar-se-á o regime do incumprimento definitivo.

§ 2. Perda de interesse do credor

Atendemos agora a concretas hipóteses de perda (ou não) do interesse do credor.

1. Existência de perda de interesse do credor

Identifiquemos, em primeiro lugar, específicos casos decididos pelos nossos tribunais superiores em que se considerou verificada a perda objectiva de interesse do credor:

– a falta de obras de acabamento da fracção autónoma (que incumbiam ao promitente-vendedor realizar) foi considerado um impedimento válido e suficiente no tocante à celebração do contrato definitivo, isto para além de ser premente a dispo-

---

[309] Ac. STJ, de 23.11.2006 (SALVADOR DA COSTA), www.dgsi.pt, p. 10.

[310] Ac. STJ, de 14.11.2006 (MOREIRA CAMILO), www.dgsi.pt, p. 5 (o tribunal qualificou a situação como sendo de perda objectiva de interesse; não cremos, já que se trata de uma situação de impossibilidade imputável ao devedor, sendo esta equiparada ao incumprimento definitivo).

nibilidade da habitação para os promitentes-compradores, em razão das condições precárias em que se encontrava instalado o agregado familiar[311];

– foi definido o mês de Agosto de 1999 como o período previsível para a celebração da escritura pública de compra e venda, devendo a data, a hora e o local ser designados pelo promitente-vendedor; em Abril de 2000, este comunicou que a realização do acto notarial ocorreria 50 dias após o fim da construção, ou seja, em Junho desse ano; o promitente-comprador respondeu que perdeu o interesse na prestação; posteriormente, o promitente-vendedor propôs-se marcar a escritura para três anos mais tarde; em face deste comportamento reiteradamente inadimplente daquele que estava legitimado a proceder à marcação da data do contrato prometido, considerou-se que não havia sequer necessidade de interpelação admonitória para efeito da conversão da mora em incumprimento definitivo[312].

2. Inexistência de perda de interesse do credor

A negação da perda de interesse do credor foi sustentada pelo tribunal em face do circunstancialismo que a seguir se descreve:

– foi invocada a perda de interesse por parte do promitente-comprador por efeito da não realização de algumas obras pela contraparte; entendeu-se que algumas obras foram efectuadas, sendo que outras se mostravam muito difíceis de executar, ao passo que havia tão só uma única obra não realizada e sem explicação; a desproporção entre o valor de tais obras e o preço da fracção não foi entendida como justificação bastante para provocar a extinção do contrato[313];

– a existência de atraso na marcação da escritura levou a que os promitentes-compradores marcassem um prazo de oito dias

---

[311] Ac. STJ, de 7.2.2008 (Paulo Sá), www.dgsi.pt, pp. 14 e 15.
[312] Ac. Rel. Porto, de 24.5.2005 (Alberto Sobrinho), www.dgsi.pt, p. 6.
[313] Ac. Rel. Porto, de 30.1.2006 (Pinto Ferreira), www.dgsi.pt, p. 9.

Contrato-Promessa em Geral

para o efeito; assim se constatou o interesse na outorga daquela, pelo que não foi essa reduzida e escassa diferença temporal que terá originado a perda objectiva do interesse[314].

– se o promitente-comprador, à data da respectiva promessa de compra e venda, conhecia a existência de uma penhora para garantia de um crédito tributário (aliás, foi-lhe mesmo entregue o imóvel) e se se previa a outorga do contrato definitivo sem "ónus ou encargos", mostrava-se exigível que a marcação por si da escritura fosse efectuada com um prazo razoável – e não de apenas 16 dias – para permitir a remoção de tais ónus ou encargos; desta sorte, não se concluiu pela perda objectiva de interesse[315];

– o promitente-comprador destina os imóveis, objecto da promessa, para revenda; os interessados na aquisição desses prédios desistem da mesma; estes factos não geram, *de per si*, a perda da possibilidade de revenda; de todo o modo, mostra-se necessária a alegação de razões objectivas que permitam concluir pela perda do interesse[316];

– o atraso de quatro meses na marcação da escritura pública por parte do promitente-vendedor, que a isso estava vinculado, levou a que o promitente-comprador, alegando ainda a falta da licença de utilização do prédio, enviasse uma carta a declarar o incumprimento definitivo do contrato, atenta a perda de interesse na sua conclusão; o tribunal rejeitou tal via, pois considerou que tal perda não é de índole subjectiva, "não bastando para o efeito uma simples vontade de não contratar, só porque a outra se atrasou no cumprimento; aquele não querer deve ter na sua base uma causa objectiva, razoavelmente compreensível e aceitável ao juízo comum"[317].

– perante a mora do promitente-vendedor, a contraparte remete uma carta em que declara o seguinte: *"perdi definitivamente o interesse na celebração do contrato prometido pelo que venho*

---

[314] Ac. STJ, de 24.10.2006 (Ribeiro de Almeida), www.dgsi.pt, p. 11.
[315] Ac. Rel. Porto, de 27.4.2004 (Alberto Sobrinho), www.dgsi.pt, p. 6.
[316] Ac. Rel. Porto, de 19.2.2004 (Alberto Sobrinho), www.dgsi.pt, p. 7.
[317] Ac. Rel. Porto, de 30.1.2006 (Fernandes do Vale), www.dgsi.pt, p. 6.

por este meio resolver o contrato prometido"; o tribunal entendeu que, "nestas circunstâncias, o que o credor poderia fazer, estando fora de causa a perda do seu interesse na realização do negócio, era transformar a mora em incumprimento definitivo, através da interpelação admonitória, fixando prazo razoável para o cumprimento da obrigação"[318].

§ 3. Interpelação admonitória

Atentemos seguidamente na temática da interpelação admonitória em sede de contrato-promessa.

1. Falta de interpelação admonitória

Algumas vezes não se pode aludir a qualquer interpelação admonitória, dado que pura e simplesmente não houve qualquer declaração nesse sentido. Outras vezes faltam os seus elementos constitutivos. Concretizemos:

- os promitentes-vendedores estavam em mora, mas o promitente-comprador não realizou qualquer interpelação admonitória[319];
- o promitente-comprador não entregou o reforço do sinal até determinada data; todavia, o promitente-vendedor não realizou qualquer interpelação admonitória; nem a carta enviada, "onde se exigia a realização da escritura pública num dado prazo, pode ser entendida como contendo uma interpelação daquele género, por falta dos seus requisitos elementares"[320];
- apreciou-se uma declaração do seguinte teor: *"venho comunicar a V. Exas. que se aquelas fracções não estiverem concluídas até 31 de Agosto deste ano, considero para todos os efeitos como não cumprida a obrigação de V. Exas., com as*

---

[318] Ac. STJ, de 22.1.2008 (GARCIA CALEJO), www.dgsi.pt.

[319] Ac. Rel. Porto, de 27.11.2003 (SALEIRO DE ABREU), www.dgsi.pt, pp. 3.

[320] Ac. STJ, de 5.7.2007 (OLIVEIRA ROCHA), www.dgsi.pt, p. 6.
Semelhantemente, o Ac. STJ, de 28.6.2007 (CUSTÓDIO MONTES), www.dgsi.pt, p. 9.

inerentes e legais consequências"; o tribunal considerou que não estavam preenchidos os elementos da interpelação admonitória; por um lado, a carta limitou-se a fixar um prazo para a conclusão dos trabalhos; por outro, entendeu-se que "deve referir-se expressamente um termo para a outorga do contrato prometido e tal manifestamente não ocorreu"[321];
– estava em causa o não pagamento, por parte do promitente-comprador, de duas prestações (de cinco na totalidade antes da realização da escritura pública) de sinal; a contraparte enviou uma carta a resolver o contrato, sem que esta contivesse os elementos da interpelação admonitória, de que não se prescindia para efeito da verificação do incumprimento definitivo[322].

2. Em especial, a não fixação de prazo razoável na interpelação admonitória

Sucede com frequência que o prazo constante da interpelação admonitória não se afigura razoável, atendendo à sua escassez e ao circunstancialismo do caso concreto. Identifiquemos algumas possibilidades:

– não tendo sido obtida a licença de utilização pelo promitente-vendedor, e sendo certo que tinha sido fixado prazo de três meses para realização da escritura após a obtenção de tal documento e dado que tinha passado um par de anos após a realização do contrato-promessa, o promitente-comprador interpelou a contraparte para em 15 dias cumprir, sob pena de se considerar definitivamente incumprida a promessa; o promitente-vendedor não respondeu; o tribunal considerou quer o prazo não foi razoável: estava em causa a conclusão da obra, a emissão da licença de utilização e a marcação da escritura pública de compra e venda[323].

---

[321] Ac. STJ, de 6.2.2007 (SEBASTIÃO PÓVOAS), www.dgsi.pt, pp. 7 e 8.

[322] Ac. Rel. Porto, de 14.7.2005 (SALEIRO DE ABREU), www.dgsi.pt, pp. 7.

[323] Ac. Rel. Porto, de 20.2.2006 (MARQUES PEREIRA), www.dgsi.pt, p. 5 (no entanto, o tribunal considerou verificada a perda de interesse, dada a inexistência de prazo certo, a total

174   *Contrato-Promessa em Geral. Contratos-Promessa em Especial*

– noutro caso, afirmou-se que também "não se vislumbra que tenha sido fixado à recorrida qualquer prazo razoável para proceder à marcação da escritura com vista à celebração do contrato prometido, isto é, que lhe tenha sido feita a chamada interpelação admonitória; não tem essa virtualidade a carta que lhe foi enviada em 27/10/2000, visto que nela se optou logo pela resolução do contrato promessa e por pedir a devolução do sinal em dobro"[324].

3. Existência de verdadeira interpelação admonitória

Diversamente, outros arestos qualificam a declaração como verdadeira a interpelação admonitória realizada, em virtude de se encontrarem contemplados todos os seus elementos. Vejamos:

– os promitentes-alienantes não tinham a fracção autónoma registada em seu nome à data da realização do contrato-promessa, nem conseguiram posteriormente a conversão em definitivo do registo provisório; daí decorreu uma "impossibilidade voluntária (culposa) em cumprir definitivamente o contrato-promessa"; depois do fracasso da outorga da escritura pública, devido a esse facto, foi enviada uma carta – que o tribunal qualificou como interpelação admonitória – em que se considerava resolvido o negócio[325];

– a não conversão em definitivo do registo provisório da propriedade horizontal, após ter sido efectuada a interpelação admonitória pelo promitente-comprador, e sendo certo que os promitentes-vendedores sabiam que tal só ocorreria nesses termos, provocou a resolução do contrato-promessa[326];

---

paralisação dos trabalhos de construção do edifício há mais de 3 anos e ao facto de o promitente-comprador se encontrar a viver em casa dos pais e a suportar um empréstimo bancário para aquisição que contraiu).

[324] Ac. Rel. Porto, de 1.4.2003 (FERNANDO SAMÕES), www.dgsi.pt, p. 6.

[325] Ac. Rel. Porto, de 14.7.2003 (FONSECA RAMOS), www.dgsi.pt, pp. 5 a 7.

[326] Ac. Rel. Porto, de 31.5.2004 (FONSECA RAMOS), www.dgsi.pt, p. 12 (o envio de carta pelo promitente-comprador a assinalar que era imprescindível o registo da propriedade horizontal para efeito da realização da escritura, dado a necessidade de concessão de crédito

Contrato-Promessa em Geral 175

– por efeito da existência de vários ónus no prédio prometido vender (uma penhora e uma hipoteca) não foi realizada a escritura na data aprazada, nem nos dois prazos concedidos pelo promitente-comprador, considerando-se tais interpelações como admonitórias.

4. Interpelação admonitória e legitimidade (activa e passiva)

Pode ainda dar-se o caso, como assinalamos, de o contrato-promessa ter, eventualmente, de ambos os lados da relação jurídica, mais do que um promitente.

Nestas situações, a interpelação admonitória deve ser subscrita por todos os promitentes, assim como deve ser enviada a todos os outros, sob pena de não produzir efeitos, tendo em conta o carácter indivisível da prestação[327].

---

bancário para a aquisição do prédio e a alegação de que haveria, se tal não acontecesse, incumprimento definitivo do contrato, foi acertadamente qualificada pelo tribunal como interpelação admonitória; acontece que à data da outorga da escritura pública, o imóvel estava apenas provisoriamente registado em nome dos promitentes-vendedores em razão da inscrição registral provisória da propriedade horizontal; daí a recusa legítima, pelos promitentes-compradores, quanto à celebração do contrato definitivo).

[327] Ac. Rel. Porto, de 4.4.2005 (CAIMOTO JÁCOME), www.dgsi.pt, pp. 5 e 6 (estava em causa um contrato-promessa de compra e venda de terreno destinado à construção, que tinha como promitentes-vendedores os dois cônjuges; apesar de designada uma data limite para a outorga da escritura (Maio de 1997), esta foi marcada para 25 de Janeiro de 1999, não tendo aqueles comparecido; ulteriormente foi comunicada uma nova data (19 de Fevereiro de 2001), relevando-se que a falta daqueles geraria uma situação de incumprimento definitivo, o que veio a acontecer; atendendo a que um dos promitentes faleceu depois da conclusão do contrato-promessa e sendo certo que não se provou o conhecimento de tal facto (ou a sua falta) pelo promitente-comprador, que nada comunicou portanto aos herdeiros da falecida, o tribunal considerou resolvido o contrato – por incumprimento definitivo – em relação a um dos promitentes; houve, assim, condenação ao pagamento – em exclusivo – do dobro do sinal).

A nosso ver, a decisão devia ter contemplado também os promitentes-sucessores. Aliás, o promitente-vendedor é um dos herdeiros pelo que teria dado conhecimento aos outros sucessores. De todo o modo, não se considerando o incumprimento em relação a uma das partes não deveria, a nosso ver, entender-se como resolvido o contrato.

§ 4. Declaração séria e firme de não cumprir: recusa categórica de cumprimento

Apreciemos outras situações ligadas à recusa categórica de cumprimento:

– atenta a existência de uma hipoteca sobre a fracção autónoma já à data da celebração do contrato-promessa, sendo que o promitente-vendedor nada fez entretanto para eliminar tal ónus, conforme aprazado, e em razão de, entretanto, o referido prédio ter sido posteriormente penhorado (sem ter sido dado conhecimento disso à contraparte), foi considerado que tal situação, que se prolongou no tempo, "gerou uma inequívoca desvinculação das obrigações, deixando os promitentes-vendedores patente que, da sua parte, o contrato não era para cumprir"[328];

– a existência de prazo limite (embora não absoluto) para a outorga do contrato definitivo, a não comparência do promitente-vendedor na data acordada para aquela, o facto de não ter procedido "ao distrate da hipoteca" e de ter deixado recair "sobre o prédio vários arrestos", o desinteresse manifesto sobre o assunto, que se concretizou na circunstância de jamais ter contactado o promitente-comprador, "demonstraram que não mais iriam cumprir o contrato"; o tribunal entendeu que havia incumprimento definitivo do contrato, pois o comportamento consubstanciava uma recusa em cumprir, dispensando, por isso, a interpelação admonitória[329];

– ficou provado que o promitente-comprador reuniu, por duas vezes e em dois meses consecutivos, respectivamente, com o gerente da sociedade, no caso promitente-vendedora, e com um seu colaborador, a quem comunicou a indisponibilidade para cumprir o contrato, dado encontrar-se em processo de divórcio e sendo certo que não teria disponibilidade financeira

---

[328] Ac. STJ, de 24.1.2008 (SANTOS BERNARDINO), www.dgsi.pt, pp. 6 a 9 (foi entendido, portanto, que não se mostrava necessária qualquer interpelação admonitória para o cumprimento).

[329] Ac. Rel. Porto, de 27.2.2007 (CÂNDIDO LEMOS), www.dgsi.pt, pp. 5 e 6.

Contrato-Promessa em Geral

para tal; o tribunal considerou que foi comunicado, de forma clara e inequívoca, que não celebraria o contrato[330];

– no caso de ser necessário o consentimento do outro cônjuge para que ocorra a execução da promessa, a sua recusa peremptória (*v.g.*, por declaração expressa) na celebração do contrato definitivo, configura uma situação de incumprimento definitivo[331];

– o desaparecimento do promitente-vendedor, tendo deixado a obra parada e por concluir, e a falta da licença de habitabilidade (que de resto só pode ser emitida após a conclusão do prédio), foram as razões que levaram o tribunal a concluir que houve recusa de cumprimento inequívoca que importa incumprimento definitivo[332/333].

§ 5. Declaração séria e firme de não cumprir (cont.): resolução infundada

Destaquem-se algumas hipóteses em que se discutiu o problema de saber se a declaração resolutiva era ou não infundada:

– o tribunal observou que não houve lugar ao pagamento do reforço do sinal, em razão da existência de divergência quanto à área do terreno prometido vender; concluiu-se que o pagamento do reforço do sinal não tem "especial relevo na economia do valor global e nas condições do contrato-promessa",

---

[330] Ac. Rel. Porto, de 14.7.2005 (SALEIRO DE ABREU), www.dgsi.pt, p. 10.

[331] Ac. STJ, de 13.2.2007 (NUNO CAMEIRA), www.dgsi.pt, p. 8.

[332] Ac. STJ, de 22.6.2006 (OLIVEIRA BARROS), www.dgsi.pt, p. 6 (o tribunal considerou que, tal como a exigência de sinal ou de indemnização actualizada constitui uma declaração tácita de resolução do contrato-promessa ... do mesmo modo "a própria citação para a acção em que tal [a resolução] se peça envolve necessariamente essa declaração por parte do demandante", donde não cabe ao tribunal declarar a resolução, mas apenas apreciar a sua validade e a sua eficácia – decisão citada, p. 7).

[333] No Ac. STJ, de 5.12.2006 (SEBASTIÃO PÓVOAS), www.dgsi.pt, p. 13 entendeu-se que "da matéria de facto não resulta que o réu tivesse expressa, clara e inequivocamente declarado o propósito (e a vontade) de não cumprir. Incorreu, sim, em mora não se prestando (transitoriamente e sob a invocação de razões que entendeu válidas) à celebração do contrato. Mas tal não basta para caracterizar a acenada *repudiation*".

178   *Contrato-Promessa em Geral. Contratos-Promessa em Especial*

sendo certo, por outro lado, que a assinalada divergência apenas ficou sanada com o julgamento da acção; a resolução, mediante interpelação admonitória, foi considerada infundada[334].

– após a marcação pelo promitente-vendedor de um período compreendido entre 23 e 27 de Julho para a realização do acto definitivo sem que a escritura fosse celebrada, foi remetida pelo promitente-comprador uma carta em que declarou o seguinte: "...perdi definitivamente o interesse na celebração do contrato prometido, pelo que venho por este meio resolver o contrato-promessa"; alegava-se que tal desinteresse advinha ainda da omissão pelo promitente-vendedor que a venda do imóvel estava sujeita a um direito de preferência por parte da câmara municipal; atenta a falta de "razões plausíveis ou aceitáveis que justificassem a perda de tal interesse", houve uma demonstração clara de não querer cumprir, por parte do promitente-comprador, donde se concluiu que o incumprimento definitivo lhe era imputável[335].

– na sequência da ultrapassagem do prazo para a celebração de contrato de compra e venda em mais de 60 dias, o promitente-vendedor resolve o contrato, exigindo a restituição das chaves do imóvel; o promitente-comprador, para além de ter declarado que "não aceitaria a resolução", exigiu, através de notificação judicial avulsa, a remessa do impresso de requisição do registo provisório da aquisição da fracção, bem como o cancelamento das hipotecas voluntárias constituídas sobre a fracção; foi considerada a resolução sem justa causa, tendo-se traduzido numa recusa categórica de cumprimento, reforçada pelo facto de o promitente-vendedor não remeter o impresso de requisição do registo provisório de aquisição preenchido e pela circunstância de não expurgar as hipotecas existentes[336];

– a promessa de trespasse com entrega de estabelecimento comercial sem alvará sanitário após à celebração do contrato

---

[334] Ac. STJ, de 6.3.2007 (AZEVEDO RAMOS), www.dgsi.pt, pp. 5 e 6 (havia contudo uma situação de mora no pagamento do reforço do sinal, pelo que o promitente-comprador foi condenado no pagamento dos correspondentes juros moratórios).

[335] Ac. STJ, de 22.1.2008 (GARCIA CALEJO), www.dgsi.pt, pp. 11 e 12.

[336] Ac. Rel. Porto, de 4.4.2005 (CUNHA BARBOSA), www.dgsi.pt, pp. 4, 10 e 11.

não redundou na realização do contrato definitivo, atenta a recusa do promitente-trespassário por inexistência do alvará; apesar da fixação de um novo período limite para a realização do contrato definitivo – 16.12.1999 –, à margem do prazo de 60 dias inicialmente acordado, foi efectuada a respectiva interpelação admonitória; por outro lado, a partir de 30.8.1999, jamais foram entregues as quantias mensais devidas e as despesas inerentes ao funcionamento do estabelecimento no local; esgotado o período sem que o alvará tivesse sido apresentado, foi considerado resolvido o contrato; depois disso – a 19.12.1999 – ocorreu a entrega ao promitente-trespassante o estabelecimento; o alvará foi emitido, depois de requerido, em 22.2.2000; a mora do promitente-trespassário (no que toca aos valores mensais convencionados) à data em que resolveu o contrato associada à emissão do alvará foram factores que legitimaram o tribunal a concluir pela resolução infundada, o que em simultâneo significou uma "vontade clara de não querer cumprir o contrato, o que equivale[u] a incumprimento definitivo"[337].

– do contrato constava que "a escritura pública de compra e venda [de um terreno] será levada a efeito assim que o promitente-comprador o exigir aos promitentes-vendedores"; estes comunicaram à contraparte a disponibilidade para a realização da escritura, sendo que da interpelação resultou que caso não o fizessem no prazo de 15 dias a contar da carta, consideravam o contrato-promessa resolvido; dado que não foi provado o incumprimento definitivo dos promitentes-vendedores, em razão de não se ter demonstrado que houve recusa na marcação da escritura, o tribunal entendeu que não havia fundamento para resolver o contrato[338];

– cebendo ao promitente-comprador a marcação da escritura, sendo que o promitente-vendedor estava incumbido de conseguir todos os documentos necessários para o efeito (nomeadamente quanto ao seu estado civil), o não cumprimento desta

---

[337] Ac. Rel. Porto, de 18.11.2004 (JOSÉ FERRAZ), www.dgsi.pt, pp. 3, 4, 5, 9 e 10.
[338] Ac. Rel. Porto, de 20.4.2004 (EMÍDIO COSTA), www.dgsi.pt, pp. 4 ss.

obrigação impediu a realização da escritura sem a intervenção do marido ou sem que fosse previamente rectificado o seu estado civil constante do registo; em vez de diligenciar no sentido de conseguir tais documentos, o respectivo promitente comunicou a resolução do contrato, fazendo seu o sinal recebido; dado que não havia fundamento para a assinalada resolução, manifestou deste modo a intenção de não querer cumprir o contrato[339].

– os promitentes-vendedores, à data da outorga da escritura pública de compra e venda, não estavam munidos da licença de utilização do imóvel, nem havia sequer documento substitutivo, a licença de construção; foi lavrado instrumento notarial de recusa; a falta de licença é imputável aos promitentes-vendedores dado que o prédio não reunia, conforme vistoria, condições de deferimento, havendo que proceder a rectificações; tal não foi feito; daí que, dois meses volvidos, por notificação judicial avulsa, foi declarado resolvido o contrato por não terem logrado obter a referida licença, isto é, atento o comportamento dos promitentes-vendedores, que deixaram assim claro que "o contrato não era para cumprir"[340/341/342].

---

[339] Ac. Rel. Porto, de 9.12.2003 (ALZIRO CARDOSO), www.dgsi.pt, pp. 4 ss.

[340] Ac. Rel. Porto, de 17.6.2003 (FERNANDO SAMÕES), www.dgsi.pt, pp. 9 e 10.

[341] Sobre situações em que a resolução que se veio a demonstrar infundada e, por isso, se deve entender como manifestação inequívoca de não cumprir o contrato, ver igualmente o Ac. Rel. Porto, de 6.5.2004 (GONÇALO SILVANO), www.dgsi.pt, pp. 6 ss., e o Ac. Rel. Porto, de 27.4.2004 (ALZIRO CARDOSO), www.dgsi.pt, p. 10 ss.

[342] Identifiquemos agora um caso particular: o da alienação da coisa a terceiro na promessa com eficácia obrigacional (*v.g.,* através da venda voluntária ou executiva) da coisa a terceiro; esta hipótese configura um caso típico de incumprimento definitivo, devendo o mesmo considerar-se sem mais resolvido. Um tal circunstancialismo foi suscitado no Ac. STJ, de 15.5.2008 – sumário (PEREIRA DA SILVA), www.dgsi.pt. Aí se observa que "a alienação consumada a terceiro do bem objecto mediato do contrato-promessa de compra e venda, na vigência deste, por banda do promitente vendedor, manifestando uma absoluta e inequívoca intenção de o contrato repudiar, deve conduzir a ter-se aquele como definitivamente incumprido pelo predito contratante, sem necessidade de prévia interpelação ou de notificação admonitória, as quais, em tais circunstâncias, não constituiriam, senão, actos inúteis, meras perdas de tempo". Note-se que na consequência gerada pela alienação deve apurar-se o sujeito que deu causa à impossibilidade. No Ac. STJ, de 17.4.2007 (NUNO CAMEIRA), www.dgsi.pt, suscitou-se um caso interessante: ao promitente-comprador, que pagou a totalidade do preço e a quem foi entregue a coisa, foi igualmente emitida, pelo

SUBSECÇÃO III
Problemas relativos ao prazo
de cumprimento da promessa

§ 1. O prazo. 1. Promessa com prazo de cumprimento. 1.1. Forma da estipulação. 1.2. Tipos de prazo. 1.3. Dúvida quanto à natureza do prazo. 2. Promessa sem prazo de cumprimento. 3. Promessas sem prazo fixo, mas com necessidade de um prazo. § 2. Algumas cláusulas apostas nos contratos-promessa e suas consequências. 1. Cláusulas de fixação de prazo. 1.1. Cláusulas de prazo previsível. 1.2. Cláusulas que fixam um prazo limite. 1.2.1. Estipulações de data certa. 1.2.2. Estipulação de período certo. 1.2.2.1. Prazo máximo. 1.2.2.2. Mero prazo certo. 1.3. Cláusulas de prazo certo com especificidades. 1.4. Cláusulas de prazo certo; suas transformações. 1.5. Cláusulas de "prazo breve". 2. Não fixação de um prazo certo. 2.1. Considerações gerais. 2.2. Debate doutrinário e jurisprudencial. 2.2.1. Necessidade de instauração de uma acção de fixação judicial de prazo. 2.2.2. Admissibilidade de interpelação extrajudicial para cumprir. 2.2.3. Posição adoptada.

§ 1. O prazo

Como se sabe, o contrato-promessa tem em vista a realização de um contrato definitivo, pelo que assume bastante significado a estipulação das partes que disponha quanto à data da celebração deste.

Por vezes, inexiste tal determinação, o que torna o cenário mais complexo.

Saliente-se que a fixação de um prazo para a celebração do contrato prometido não é um elemento essencial do contrato-promessa.

---

promitente-vendedor em seu favor, uma procuração irrevogável que lhe permitia, entre outras coisas, comprar e vender o prédio, objecto da promessa, inclusivamente a si próprio; o facto de existir uma penhora anterior à data da conclusão do contrato-promessa não foi valorado como relevante pelo tribunal, até porque tinham decorrido 5 anos sem que o promitente-comprador tivesse tomado a iniciativa da marcação da escritura pública. Considerou-se assim que em razão da aplicação do art. 570.º CC, não tendo o promitente-vendedor direito ao pagamento do dobro do sinal, mas apenas "parte do sinal em singelo cuja devolução se impõe por efeito da extinção do contrato verificada".

1. Promessa com prazo de cumprimento

1.1. *Forma da estipulação*

Impõe-se saber se a convenção de prazo deve seguir a mesma forma da promessa.

Não configurando tal estipulação um elemento essencial do contrato que a promessa teve em vista, cremos que pode ser acordado um prazo de cumprimento verbalmente, ainda que o contrato-promessa deva ter forma específica.

Justifique-se.

Tratando-se de uma estipulação verbal acessória anterior ou contemporânea do documento legalmente exigido mostra-se necessário que "a razão determinante da forma não lhes seja aplicável e se prove que correspondem à vontade do autor da declaração" (art. 221.º, n.º 1, parte final CC). Doutra sorte, haver-se-á como nula.

Se se tratar de estipulação ulterior inverte-se a lógica: é a convenção verbal tida, em princípio, como válida. A forma legal correspondente só é exigível "se as razões da exigência especial da lei lhe foram aplicáveis" (art. 221.º, n.º 2 CC).

Assim, nada parece impedir a que a cláusula de prazo para a outorga do negócio definitivo, sendo um elemento acessório do contrato (*v.g.*, de compra e venda), posse ser feita verbalmente pelos contraentes[343].

1.2. *Tipos de prazo*

É muito usual a estipulação de prazo de cumprimento nos contratos-promessa.

Estas podem assumir, como descrevemos, duas modalidades:

– termo fixo (ou absoluto);
– termo não fixo (ou relativo).

---

[343] Cfr., entre outros, o Ac. Rel. Porto, de 18.4.2006 (HENRIQUE ARAÚJO), www.dgsi.pt, p. 3, e o Ac. STJ, de 15.10.2002, www.dgsi.pt.

O decurso do prazo previsto num contrato-promessa para a celebração do contrato definitivo, sendo qualificado como limite ou absoluto, gera o incumprimento definitivo e logo a resolução do contrato.

Ao invés, o decurso de prazo relativo importa tão só uma situação de atraso (mora) no cumprimento. Exige-se aqui a interpelação (eventualmente admonitória, caso se pretenda que o decurso do prazo acarrete de imediato o incumprimento definitivo[344]) do devedor para cumprir, dado que não ocorre, em princípio, uma perda objectiva de interesse do credor[345].

1.3. *Dúvida quanto à natureza do prazo*

Tem sido suscitada a questão de saber como qualificar a cláusula quando há incerteza quanto ao tipo de prazo.

Calvão da Silva defende que, em caso de dúvida, se deve entender que o prazo de cumprimento se deve considerar como incerto, não fixo, relativo[346]. A jurisprudência dominante acompanha esta orientação[347].

Há, porém, entendimento contrário, expresso noutro sector da jurisprudência. Desta sorte, "a determinação da natureza do prazo

---

[344] Como se assinala no Ac. STJ, de 8.5.2007 (SEBASTIÃO PÓVOAS), www.dgsi.pt, p. 4, para que se possa falar de uma interpelação admonitória nesta hipótese mostra-se necessário "que o prazo fixado *ab initio* não tenha sido clausulado, expressa e inequivocamente, como prazo fatal; que tenha havido um retardamento da prestação".

[345] Sobre o tema, ver na doutrina BAPTISTA MACHADO (refere-se o autor a um termo essencial objectivo ou termo essencial subjectivo absoluto – Obra dispersa, cit., pp. 187 a 193), BRANDÃO PROENÇA (Do incumprimento do contrato-promessa..., cit., pp. 109 ss.) e VAZ SERRA ("A estipulação de um prazo para execução de um contrato não tem sempre o mesmo significado. Pode querer dizer que, decorrido o prazo, a finalidade da obrigação não pode já ser obtida com a prestação ulterior, caducando por isso o contrato; mas pode também ser apenas uma determinação do termo que não obste à possibilidade de uma prestação ulterior, que satisfará ainda a finalidade da obrigação, caso em que o termo do prazo não importa a caducidade do contrato, mas tão somente a atribuição ao credor do direito de resolvê-lo. Na primeira hipótese, estamos perante um negócio fixo absoluto. Na segunda, estamos perante um negócio fixo, usual, relativo ou simples" ("Anotação ao Ac. STJ, de 12 de Dezembro de 1975", RLJ, Ano 110, pp. 326 e 327).

[346] Sinal e contrato-promessa, cit., p. 144.

[347] Ac. STJ, de 29.4.2008 (AZEVEDO RAMOS), www.dgsi.pt, p. 8.

184   *Contrato-Promessa em Geral. Contratos-Promessa em Especial*

depende da natureza do negócio ou da interpretação da vontade das partes, devendo, em caso de dúvida, ter-se como estabelecido um prazo absoluto, por ser de presumir que os outorgantes quiseram efectivamente vincular-se de harmonia com os termos do contrato"[348].

Cremos que na dúvida se deve considerar que o prazo é relativo, atentas as consequências gravosas que emergem do prazo ser havido como absoluto, de isso não corresponder à vontade manifestada pelas partes e sob pena de serem causados prejuízos irreparáveis.

Repare-se, no entanto, que o problema de qualificação da cláusula de prazo está dependente da aplicabilidade das regras da interpretação da declaração negocial.

2. Promessa sem prazo de cumprimento

Mostra-se possível que as partes não prevejam qualquer prazo para a realização do contrato definitivo, utilizando expressões como "oportunamente" ou "em data a combinar". Aí estaremos no domínio das obrigações puras.

O regime das obrigações sem prazo certo encontra-se no art. 777.º, n.º 1 CC.

De acordo com o citado preceito, o seu vencimento está na dependência de vontade das partes: "o credor tem o direito de exigir a todo o tempo o cumprimento da obrigação"[349]; por sua vez, "o devedor pode a todo o tempo exonerar-se dela".

Brandão Proença sustenta – o que se acolhe – que deve haver aqui lugar à "não aplicação mecânica do regime do vencimento das obrigações puras..., tendo aqui o tribunal um papel de controle (sobre o momento da interpelação e da razoabilidade ou não do prazo consequente) e de integração (ex vi arts. 777.º, n.º 2 do CC e 1456-1457 do CPC)"[350/351].

---

[348] Ac. STJ, de 7.2.2008 (Paulo Sá), www.dgsi.pt, p. 11. No mesmo sentido, Ac. STJ, de 19.9.2002 (Ferreira de Almeida), www.dgsi.pt.

[349] O credor pode interpelar o devedor para cumprir judicial ou extrajudicialmente.

[350] Do incumprimento do contrato-promessa bilateral, pp. 113 e 114.

[351] No que toca às promessas com prazo de cumprimento incerto, Brandão Proença assinala que a função de controlo e de integração que competem ao tribunal é menos intensa (Do incumprimento do contrato-promessa bilateral..., cit., p. 114).

Contrato-Promessa em Geral

3. Promessas sem prazo fixo, mas com necessidade de um prazo

Há que analisar uma outra situação: aquela em que as partes não fixaram um prazo para o cumprimento da obrigação, todavia mostra--se aquele imprescindível.

O problema vem regulado no art. 777.º, n.º 2 CC.

Assim, "se, porém, se tornar necessário o estabelecimento de um prazo, quer pela própria natureza da prestação, quer por virtude das circunstâncias que a determinaram, quer por força dos usos, e as partes não acordarem na sua determinação, a fixação dele é deferida ao tribunal".

Tais obrigações são nomeadas pela doutrina como "a prazo natural, circunstancial ou usual"[352], não podendo considerar-se "puras"[353].

§ 2. Algumas cláusulas apostas nos contratos-promessa e suas consequências

1. Cláusulas de fixação de prazo

1.1. *Cláusulas de prazo previsível*

Por vezes, a convenção de prazo determina um momento temporal dentro do qual deve ocorrer a conclusão do contrato definitivo, com ou sem dependência de condições específicas apostas na promessa. Concretizemos:

– a estipulação previa que "a restante quantia será liquidada no acto da escritura pública de compra e venda que será outorgada previsivelmente em Abril de 2001"; sendo certo que se tratava de um edifício a construir, e tendo em conta que os trabalhos da construção civil são sempre aleatórios, entendeu-se que o prazo era meramente indicativo para a conclusão dos contratos definitivos; a situação configurava um mero atraso e não incumprimento definitivo[354].

---

[352] ANTUNES VARELA, Das Obrigações em Geral, II, cit., pp. 42 ss.

[353] MENEZES LEITÃO, Direito das Obrigações, II, 5.ª Ed., 2007, p. 158.

[354] Ac. Rel. Porto, de 19.2.2004 (ALBERTO SOBRINHO), www.dgsi.pt, p. 6.

186   *Contrato-Promessa em Geral. Contratos-Promessa em Especial*

– "a escritura pública realizar-se-á dentro do período de 3 meses seguintes ao da obtenção da licença de utilização [que incumbia ao promitente-vendedor]"[355].

1.2. *Cláusulas que fixam um prazo limite*

1.2.1. Estipulações de data certa

É muito vulgar a especificação de uma data certa na convenção de prazo, estabelecendo um limite para a conclusão do negócio definitivo.

Identifiquemos algumas hipóteses e as correspondentes consequências da actuação do respectivo promitente não faltoso:

– determinou-se uma data limite dentro da qual o contrato prometido deveria realizar-se: "*até 19.10.2001*"; o tribunal analisa a estipulação sob várias perspectivas, tendo concluído que se trata de um "termo fixo relativo"; assinala-se, por um lado, que literalmente "não resulta a essencialidade do prazo, uma vez que não está definida a existência de uma data para além da qual o contrato prometido deixaria de ter interesse"; por outro lado, o contrato "não estabelece qualquer cominação para o não cumprimento do prazo, nomeadamente a resolução, o que, a existir, poderia, naturalmente, indiciar a essencialidade do prazo"; acresce que tal essencialidade "não decorre da própria natureza da prestação, nem do fim, a cuja realização esta se encontra vinculada...", nem sequer se vislumbrando "um termo essencial subjectivo", já que o contrato é omisso quanto ao "motivo da venda ou sobre o destino a empregar ao seu produto"[356];

– fixou-se um prazo limite para a outorga do contrato de compra e venda [*in casu*, *31.1.1996*], estabelecendo-se que "a falta de comparência do promitente-comprador ao acto da

---

[355] Ac. Rel. Porto, de 20.2.2006 (MARQUES PEREIRA), www.dgsi.pt, p. 3.
No mesmo sentido, ver Ac. Rel. Porto, de 30.1.2006 (PINTO FERREIRA), www.dgsi.pt, p. 4.
[356] Ac. Rel. Porto, de 12.12.2006 (MARQUES DE CASTILHO), www.dgsi.pt, p. 6.

assinatura da escritura de compra e venda ... será tido para todos os efeitos como recusa do cumprimento deste contrato, acarretando todos os efeitos previstos na lei"; este prazo parece ter sido qualificado como absoluto e não como relativo determinante da simples constituição em mora; embora só a falta de cumprimento injustificada significasse uma recusa de cumprimento, importando, portanto, a inexecução definitiva do contrato[357].

– "a escritura pública do contrato prometido seria realizada *até 99.05.15*", competindo aos promitentes-compradores a designação do dia, da hora e do cartório notarial para a outorga da mesma, que deveriam comunicar à contraparte, devendo os promitentes-vendedores obter todos os documentos necessários à realização daquela; o tribunal considerou que, para além da alegação dos promitentes-vendedores em que continuavam interessados em efectuar a escritura, havia um nexo sinalagmático entre as seguintes obrigações: a de marcar a escritura e a de obtenção dos documentos (e de expurgação dos ónus e encargos); assim, a omissão de entrega dos documentos (a certidão do registo predial) após interpelação não fez gerar a mora dos promitentes-compradores; o prazo limite não foi havido como absoluto[358].

– foi previsto um prazo limite para a outorga da escritura pública [na hipótese, 15.11.1979]; o acto não foi realizado na data prevista, mas o promitente-comprador entregou uma dada quantia passados 5 dias para reforço do sinal; decidiu-se, com acerto, que nunca se poderia falar de incumprimento definitivo, mas tão só de mero atraso na celebração do contrato[359].

---

[357] Ac. Rel. Porto, de 7.7.2003 (CAIMOTO JÁCOME), www.dgsi.pt, p. 5.

[358] Cfr. o Ac. Rel. Porto, de 28.11.2002 (OLIVEIRA VASCONCELOS), www.dgsi.pt, pp. 4 ss. (foi ainda alegado que o prazo concedido para que os promitentes-vendedores procedessem à apresentação dos documentos não era razoável; o facto de terem tido 9 meses para o fazer, cumulado com o concedido prazo suplementar de 29 dias, gerou no tribunal a convicção de que o prazo era razoável).

[359] Ac. Rel. Porto, de 19.10.2004 (MÁRIO CRUZ), www.dgsi.pt, p. 5.

1.2.2. Estipulação de período certo

1.2.2.1. *Prazo máximo*

Outras vezes, alude-se a um "prazo máximo", perfeitamente definido, dentro do qual se deve realizar o contrato definitivo.

Foi esse o circunstancialismo descrito nos seguintes casos: "a escritura [pública] será marcada [n]o prazo máximo de três meses"[360] ou "no prazo máximo de 30 dias a contar da data da assinatura do presente contrato"[361] ou "no prazo máximo de 90 dias após a presente data [da conclusão do contrato]"[362].

Na primeira hipótese, considerou o tribunal que a locução usada (*será marcada*), "só por si não revela a essencialidade do prazo em termos de interesse contratual das partes, não permitindo a conclusão de que, pelo simples decurso desse prazo, ocorre a perda de interesse caracterizadora das situações de fixação de prazo limite absoluto, tanto mais que não surge acompanhada de qualquer outra indicação nesse sentido, designadamente de expressões como *improrrogável, impreterivelmente, sob pena de imediata resolução*, etc."[363].

Na segunda situação, o entendimento foi muito semelhante, já que considerou tal prazo como "meramente fixo relativo". As considerações efectuadas tiveram na sua base, para além do carácter não absoluto da estipulação, a convenção que previa a possível, embora única, prorrogação por mais quinze dias, assim como a não marcação da escritura pelo promitente-vendedor dentro do prazo inicial, desrespeitando-o[364].

A convenção de prazo máximo pressupunha o acordo das partes quanto à data a fixar para a celebração do negócio definitivo, sendo que não existindo tal acordo aludia-se a um novo prazo "máximo" de 30 dias, cabendo ao promitente-comprador fazer a respectiva marcação. Observou-se que a cláusula não previa do incumprimento

---

[360] Ac. Rel. Porto, de 1.4.2003 (Fernando Samões), www.dgsi.pt, pp. 3 e 4.

[361] Ac. STJ, de 31.1.2007 (João Camilo), www.dgsi.pt, p. 5.

[362] Ac. STJ, de 29.11.2006 (Alves Velho), www.dgsi.pt, p. 4.

[363] Ac. Rel. Porto, de 1.4.2003 (Fernando Samões), www.dgsi.pt, pp. 3 e 4.

[364] Ac. STJ, de 31.1.2007 (João Camilo), www.dgsi.pt, pp. 5 e 6.

resultava a imediata e automática "perda de interesse para o credor, nem para tal aponta o tipo de negócio, seja em razão do objecto, seja em razão dos sujeitos", donde o prazo foi havido como fixo relativo[365].

1.2.2.2. *Mero prazo certo*

Noutras situações, refere-se apenas um prazo ou até um período determinado, não qualificado, porém, como "prazo máximo". Vejamos:

- tendo sido ajustado, no contrato-promessa, que o contrato definitivo seria realizado dentro de 120 dias (expirando a 24 de Maio de 1999) e sendo certo que em Outubro de 1999 não tinha aquele sido celebrado, foi enviada uma carta pelo promitente-comprador declarando a resolução do contrato; sustentou, com rigor, o tribunal que "é bem certo – repete-se – que o prazo foi desrespeitado objectivamente, ou seja, a escritura definitiva não foi feita no prazo de 120 dias que tinha sido estabelecido, mas isso, por si só, não dava aos RR. o direito à resolução do contrato";
- outras vezes determina-se que o contrato definitivo será reali-zado "durante o segundo semestre do ano de 2001"; não se trata de uma cláusula de termo fixo absoluto, como de resto o tribunal bem decidiu[366];
- outras vezes ainda, convenciona-se que a "a escritura pública [ocorrerá] sessenta dias depois da data do contrato-promessa", não sendo indicado quem deve proceder à sua marcação; na sequência da não realização do contrato definitivo no citado período, o promitente-vendedor resolveu o contrato-promessa e alienou a coisa a um terceiro; a situação foi configurada como de simples mora, justificando-o no facto de o prazo não ser um elemento essencial do contrato-promessa e sendo certo que não se demonstrou tal essencialidade[367].

---

[365] Ac. STJ, de 29.11.2006 (ALVES VELHO), www.dgsi.pt, pp. 9 e 10, na esteira de BAPTISTA MACHADO, "Pressupostos da resolução por incumprimento", cit., p. 134.

[366] Ac. Rel. Porto, de 30.1.2006 (FERNANDES DO VALE), www.dgsi.pt, p. 3 e p. 6.

[367] Ac. Rel. Porto, de 6.5.2004 (GONÇALO SILVANO), www.dgsi.pt, p. 5.

1.3. *Cláusulas de prazo certo com especificidades*

É possível que esteja em causa um prazo certo, mas prevê-se, desde logo, a sua prorrogação, por exemplo, em razão da possível não obtenção de documentos necessários à realização do acto definitivo.

Tal sucedeu no caso suscitado no Ac. Rel. Porto, de 15.11.2005, sendo que o prazo não foi aqui considerado como absoluto[368].

Noutras hipóteses, prevê-se um prazo certo depois de verificada uma condição. Assim, ficou estipulado que o contrato definitivo seria celebrado "no prazo de 15 dias depois de obtida a certidão de destaque da parcela de terreno"; trata-se de um termo certo não essencial, atento o interesse (objectivamente apreciado) do promitente-comprador no contrato[369].

1.4. *Cláusulas de prazo certo; suas transformações*

Pode ainda suceder que se especifique um dado prazo, mas depois este seja alterado, por via de um ou até de vários aditamentos ao contrato-promessa, eventualmente num sentido bem distinto do primitivo.

Tal verificou-se na hipótese debatida pelo Ac. Rel. Porto, de 2.5.2005. Acordou-se uma determinada data para a conclusão do negócio definitivo (15.1.2001), a qual, tendo sido ultrapassada, deu lugar a uma outra (meados de Junho de 2001). Finalmente, estipularam que "a escritura seria outorgada logo que existissem condições para tal"[370].

Transformou-se assim um prazo fixo relativo num prazo incerto.

---

[368] Ac. Rel. Porto, de 15.11.2005 (MÁRIO CRUZ), www.dgsi.pt, p. 6.

[369] Ac. STJ, de 31.10.2006 (ALVES VELHO), www.dgsi.pt, p. 12.

[370] Ac. Rel. Porto, de 2.5.2005 (CUNHA BARBOSA), www.dgsi.pt, pp. 10.

1.5. Cláusulas de "prazo breve"

Pode dar-se o caso de as partes convencionarem que o contrato definitivo se deverá realizar "dentro dos melhores prazos".

Sustentou o tribunal, à luz das regras da interpretação da declaração negocial, que "outra não pode ser a intenção dos contraentes a não ser a da celebração da escritura de compra e venda a breve prazo, após a existência da licença de habitabilidade"[371].

2. Não fixação de um prazo certo

2.1. Considerações gerais

As partes podem não dispor no contrato-promessa quanto a um específico prazo para a realização do contrato definitivo.

São variadas as razões que conduzem a que não se fixe um termo: desde a incerteza quanto ao tempo de obtenção dos documentos necessários à realização do contrato definitivo[372] ao simples esquecimento.

Aliás, pode mesmo fixar-se um prazo (máximo de um ano, em concreto), mas sujeito a uma condição – *in casu*, a escritura foi subordinada a um acontecimento futuro e incerto, uma operação de loteamento –, o que fez com que o tribunal qualificasse esta como uma obrigação sem prazo[373].

2.2. Debate doutrinário e jurisprudencial

Impõe-se saber o que podem as partes fazer à luz deste particular circunstancialismo.

---

[371] Ac. Rel. Porto, de 21.1.2002 (CAIMOTO JÁCOME), www.dgsi.pt, p. 4.

[372] Ac. Rel. Porto, de 27.1.2005 (MÁRIO FERNANDES), www.dgsi.pt (realça-se que "o prazo máximo para a conclusão do edifício seria de 24 meses após o início da construção, a ter lugar durante o mês de Março de 1999", sendo que a marcação ocorreria depois disso e só após a obtenção dos documentos necessários para o efeito).

[373] Ac. Rel. Porto, de 13.3.2006 (PINTO FERREIRA), www.dgsi.pt, p. 4.

192 *Contrato-Promessa em Geral. Contratos-Promessa em Especial*

Tem sido discutido se a parte legitimada – ou eventualmente qualquer delas – pode socorrer-se de uma interpelação (extrajudicial) da outra parte fixando prazo razoável para a celebração do contrato prometido ou se lhe cabe apenas optar pela via da fixação judicial de prazo.

A doutrina e a jurisprudência encontram-se divididas. Vejamos.

2.2.1. Necessidade de instauração de uma acção de fixação judicial de prazo

Alguns tribunais têm considerado que, não havendo acordo das partes, cabe ao tribunal suprir essa falta.

Exemplifiquemos.

No contrato-promessa de cessão de quotas não se fixou data para a celebração do contrato definitivo; os promitentes-cedentes marcaram a data da realização da mesma unilateralmente; afirmou-se que tal solução contraria o disposto no art. 777.º, n.º 2 CC que especifica que "as partes devem entender-se quanto à determinação do prazo"; como se refere no aresto, "o contrato-promessa é neste particular um dos tipos contratuais onde mais acentuada deve ser a cooperação das partes, já que não sendo preliminar da celebração do contrato definitivo as partes, em regra, conhecem reciprocamente as razões porque a todos conveio a não celebração de imediato do negócio prometido; pelo que aí tem campo privilegiado de aplicação o princípio da cooperação – boa fé – na vertente de observância dos deveres acessórios de conduta"[374].

Saliente-se que no Ac. Rel. Porto, de 13.3.2006, se admite a utilização da via judicial para fixação do prazo, embora não de discuta a possibilidade de emprego do outro caminho[375].

---

[374] Ver Ac. Rel. Porto, de 18.10.2004 (Fonseca Ramos), www.dgsi.pt, p. 9 (essa marcação não teve a virtualidade de constituir em mora os promitentes-trespassários e muito menos em incumprimento definitivo, dada a falta de interpelação admonitória, sendo certo que nem sequer se invocou a perda objectiva de interesse na prestação; desta sorte, considerou-se que a resolução operada carecia de fundamento legal).

[375] Ac. Rel. Porto, de 13.3.2006 (Pinto Ferreira), www.dgsi.pt, p. 4.

Contrato-Promessa em Geral

2.2.2. Admissibilidade de interpelação extrajudicial para cumprir

Para outro sector da doutrina é admissível a fixação voluntária de um prazo para o cumprimento da obrigação da contraparte, sendo possível provocar a transformação da mora em incumprimento definitivo, de acordo com as regras gerais de direito.

Ana Prata sustenta tal via, defendendo que "não se me afigura definitivamente certo que a parte que aguarda debalde o aviso para a celebração do contrato tenha de recorrer ao tribunal para obter a fixação do prazo e não possa ela proceder à interpelação desencadeadora do vencimento da obrigação. Vencida esta, se não se verificar o cumprimento, caberá ao promissário, pela demonstração da perda objectiva de interesse ou pela fixação de prazo suplementar cominatório do art. 808.º, n.º 1, transformar a mora em definitivo não-cumprimento"[376].

A mesma orientação foi seguida no Ac. STJ, de 7.2.2008. Salienta-se que "se se devesse entender que o contrato não fixava prazo para a realização da escritura teríamos que concluir que os AA. podiam ... interpelar a ré para a celebração do contrato prometido, num prazo razoável. E ... nada obrigava a que a interpelação tivesse de ser efectuada através do recurso ao processo especial do artigo 1456.º do Código de Processo Civil"[377].

Idêntica solução foi adoptada pelo Ac. STJ, de 19.4.2008, quando se não contesta a interpelação para cumprir o contrato-promessa[378/379].

---

[376] O contrato-promessa e o seu regime, cit., p. 650.

[377] Ac. STJ, de 7.2.2008 (PAULO SÁ), www.dgsi.pt, pp. 11 e 12 (no caso, entendeu-se ser suficiente a notificação judicial avulsa requerida pelo promitente-comprador, na sequência da qual se estabeleceu um prazo de 30 dias para que o promitente-vendedor designasse data para a realização da escritura; como este último não o faz constituiu-se em mora, situação que perdurava já há 20 meses).

[378] Ac. STJ, de 29.4.2008 (AZEVEDO RAMOS), www.dgsi.pt, p. 9.

[379] Ver ainda o Ac. Rel. Porto, de 27.4.2004 (ALBERTO SOBRINHO), www.dgsi.pt, p. 6.

2.2.3. **Posição adoptada**

Acolhemos a primeira construção.

Por um lado, parece a mais consentânea com a vontade das partes. Com efeito, ao não se estabelecer qualquer prazo para o cumprimento do contrato, indicia-se que só havendo acordo entre os promitentes se mostra possível proceder à marcação do contrato prometido. Dito de outro modo, parece claro que qualquer das partes não pretendeu deixar à outra a liberdade de fixação de prazo para a realização do contrato tido em vista.

Mas cabe ainda perguntar o seguinte: a resposta dada deve manter-se ainda que o prazo (fixado por um deles unilateralmente) seja razoável?

Cremos que sim. Os contraentes quiseram excluir essa possibilidade, ao assim o *declarar* – por omissão – na própria promessa.

Só o tribunal tem poder para proceder a essa fixação.

Este é, por outro lado, o caminho que dá mais segurança aos promitentes.

Acresce que é pouco oneroso, sendo que a decisão, por sua vez, é célere, atenta a especialidade do procedimento.

Ora, para efeito da fixação judicial de prazo impõe-se utilizar o competente processo de jurisdição voluntária, que opera à luz dos arts. 1456.º e 1457.º CPC e que actua nos limites do art. 777.º, n.º 2 CC.

Quando incumba ao tribunal tal fixação, o requerente, depois de justificar o pedido, deve indicar o prazo que considera adequado.

O pedido formulado é o da fixação judicial do prazo, sendo a causa de pedir a falta de acordo entre credor e devedor quanto ao tempo em que se vence a obrigação, pelo que não vale tal processo quando foi acordado entre as partes – verbal ou por escrito – tal prazo[380].

O tribunal não está sujeito a critérios de legalidade estrita, cabendo-lhe encontrar a solução que julgue mais adequada às circunstâncias do caso[381].

---

[380] Ac. Rel. Porto, de 18.4.2006 (HENRIQUE ARAÚJO), www.dgsi.pt, p. 3.

[381] Ver, sobre o tema, o Ac. Rel. Porto, de 13.3.2006 (PINTO FERREIRA), www.dgsi.pt, pp. 5 e 6.

SECÇÃO II
Indemnização por incumprimento definitivo

SUBSECÇÃO I
Sinal

§ 1. Existência de sinal nos contratos-promessa. 1. Espécies de sinal: pecuniário e não pecuniário. 2. Apreciação em concreto da existência de sinal. 2.1. Nota prévia. 2.2. A quantia entregue no quadro da promessa de compra e venda. 2.2.1. Regra geral: presunção de existência de sinal. 2.2.2. Ilisão da presunção. 2.2.3. A entrega de coisa diversa de quantia. 3. Consequências da existência de sinal. 3.1. Imputação na coisa devida ou restituição quando a imputação não for possível. 3.2. Impedimento (suprível) à execução específica. 3.3. Regime específico em sede de incumprimento definitivo do contrato imputável a uma das partes. § 2. Efeitos do incumprimento definitivo imputável ao autor do sinal. § 3. Efeitos do incumprimento definitivo imputável ao não constituinte do sinal. 1. No caso de não entrega da coisa. 2. No caso de entrega da coisa. 2.1. Enquadramento e âmbito da entrega. 2.2. Dobro do sinal. 2.3. Indemnização actualizada. 2.3.1. Âmbito de aplicação. 2.3.2. Não extensibilidade do direito ao aumento do valor da coisa aos contratos-promessa sem tradição. 2.3.3. Pressupostos de aplicabilidade. 2.3.3.1. A equação em caso de indemnização actualizada. 2.3.3.2. Valor da coisa entregue ou do direito a transmitir ou a constituir sobre a coisa entregue; a) Valor da coisa ou aumento do valor da coisa; b) Valor do direito a transmitir ou a constituir; c) Cálculo do valor da coisa ou do direito; 2.3.3.3. Dedução do preço convencionado; a) Preço convencionado; b) Preço de favor; c) Preço abaixo do valor de mercado. 2.3.3.4. Restituição do sinal. 2.3.3.5. Restituição da parte do preço que tenha pago. 2.3.4. A prática judicial. § 4. Alternativas dos contraentes para além das opções tomadas ou em face da escolha seguida pelo outro promitente. 1. Alternativa do contraente não faltoso. 1.1. Enquadramento legal. 1.2. Orientações existentes. 1.3. Posição adoptada.

2. Alternativas do contraente faltoso. 2.1. O texto legal. 2.2. Construções doutrinárias. 2.3. Posição acolhida. § 5. Algumas questões relativas ao sinal. 1. Admissibilidade da redução equitativa do sinal. 1.1. Posições sobre o tema em geral. 1.2. Posições sobre a aplicabilidade do art. 812.º CC em especial. 1.3. Tese acolhida. § 6. Natureza do sinal pecuniário. § 7. Consequências decorrentes do atraso no pagamento do sinal, do sinal em dobro ou da indemnização actualizada. 1. Âmbito do atraso. 2. Momento da constituição em mora.

§ 1. Existência de sinal nos contratos-promessa[382]

1. Espécies de sinal: pecuniário e não pecuniário

O sinal, na larguíssima maioria dos casos, consiste numa soma em dinheiro.

Mas nada impede, dada a latitude da lei, que possa tratar-se de coisa diferente de dinheiro, fungível ou infungível[383].

2. Apreciação em concreto da existência de sinal

2.1. *Nota prévia*

Deve começar por afirmar-se que o art. 440.º CC, relativo à antecipação do cumprimento, não é aplicável aos contratos-promessa.

Estabelece a primeira parte do citado preceito que "se, ao celebrar-se o contrato ou em momento posterior, um dos contraentes entregar ao outro coisa que coincida, no todo ou em parte, com a prestação a que fica adstrito, é a entrega havida como antecipação total ou parcial do cumprimento...".

Ressalva-se, porém, o caso de, ainda no domínio de um qualquer contrato, as partes terem atribuído à entrega da coisa o "carácter de sinal" (art. 440.º, *in fine* CC).

---

[382] Sobre o sinal, ver supra Tit. I, Cap. I, Sec. III.

[383] Ver, entre outros, ALMEIDA COSTA, Direito das Obrigações, cit., p. 796, nota 1.

Ora, o contrato-promessa cumpre-se com a realização do contrato prometido. O art. 440.º CC pressupõe a entrega de coisa coincidente com a prestação a que está vinculado.

Mas os contraentes não estão impedidos de convencionar o adimplemento prévio de um dever futuro que decorra do contrato definitivo.

2.2. A quantia entregue no quadro da promessa de compra e venda

2.2.1. Regra geral: presunção de existência de sinal

Consagra-se no art. 441.º CC um outro desvio à regra geral da antecipação do cumprimento.

Com efeito, dispõe o normativo que

– *"no contrato-promessa de compra e venda presume-se que tem carácter de sinal toda a quantia entregue pelo promitente-comprador ao promitente-vendedor, ainda que a título de antecipação ou princípio de pagamento do preço"*.

Note-se que a presunção de sinal não é apenas aplicável às quantias entregues ao tempo da celebração do contrato. Qualquer importância entregue posteriormente, seja pela primeira vez, seja por via do "reforço de sinal" tem, à partida, essa natureza[384].

De todo o modo, as somas entregues na vigência do contrato-promessa, ainda que representem a totalidade do preço, devem ser havidas, em regra, como sinal[385].

---

[384] Ver o Ac. STJ, de 6.5.2004 (FERREIRA DE ALMEIDA), www.dgsi.pt, e o Ac. STJ, de 17.4.2008 (MOREIRA CAMILO), www.dgsi.pt ("por vezes, as partes qualificam expressamente a quantia pecuniária entregue, na data da celebração do contrato-promessa, como *sinal e princípio de pagamento*. Não se verifica qualquer motivo para afastar a presunção de que tal quantia em dinheiro teve carácter de sinal, tal como as restantes quantias posteriormente entregues").

[385] Ac. Rel. Lisboa, de 18.3.2003 (ABRANTES GERALDES), www.dgsi.pt (afirmou-se, por um lado, que "nada permite concluir que a presunção de sinal prevista no art. 441.º do CC seja apenas aplicável às quantias entregues *no momento* da celebração do contrato ou *posteriormente*, tendo em conta que tal normativo não estabelece qualquer discriminação

2.2.2. Ilisão da presunção

A presunção consagrada no art. 441.º CC tem carácter ilidível. Trata-se, pois, de uma presunção *juris tantum*, o que é aceite pacificamente.

Decorre do exposto que, em sede de contrato-promessa de compra e venda, é possível chegar-se à conclusão de que a soma entregue ao promitente-vendedor não tem natureza de sinal.

O que significa, em concreto, que o regime do sinal não é, portanto, empregue.

Exemplifiquemos.

No contrato-promessa de compra e venda encontravam-se apostas as seguintes cláusulas:

- "a título de sinal e princípio de pagamento, o segundo outorgante entregou nesta data à primeira outorgante a quantia de 4.000.000$00" (cl 1.ª);
- "o remanescente do preço, isto é, a quantia de 3.500.000$00, será pago em 11 prestações trimestrais e sucessivas de 300.000$00 cada uma, vencendo-se a primeira no próximo dia 5 de Agosto de 1988 e as seguintes aos dias 5 dos dez trimestres imediatamente subsequentes, e ainda uma 12.ª prestação no montante de 200.000$00" (cl. 2.ª).

No aresto considerou-se que, atenta a diversa designação usada nas duas estipulações (a título de sinal; o remanescente do preço) e em razão da entrega da coisa, a remuneração estabelecida na cl. 2.ª constituiu um pagamento antecipado do preço devido pela realização do negócio definitivo. Concluiu-se pela ilisão da presunção[386].

---

temporal"; por outro, observou-se que de acordo com a letra do art. 441.º do CC presume-se como tal "*toda a quantia entregue pelo promitente-comprador*" – sublinhado nosso).

[386] Ac. STJ, de 9.10.2003 (Araújo Barros), www.dgsi.pt (assim, a quantia total de 1.800.000$00 entregue, não tendo sido celebrado o contrato prometido e considerando a eficácia retroactiva da resolução (art. 434.º, n.º 1 CC), deve ser restituída).

2.2.3. A entrega de coisa diversa de quantia

Como se observou, decorre do art. 441.º CC que "toda a quantia entregue..." (sublinhado nosso) é havida como sinal.

Se em termos gerais se deve admitir que a entrega de coisa diversa de dinheiro – isto é, outras coisas, fungíveis ou infungíveis – possa ser havida como sinal, deve analisar-se o problema, recorrente na nossa prática, de saber se a entrega de um cheque pode ser qualificada como entrega de uma quantia e logo ser havida como sinal.

No Ac. STJ, de 20.5.2003, discute-se tal temática, no âmbito de uma promessa de compra e venda de estabelecimento comercial, considerando-se que, apesar dos termos legais, se aceita perfeitamente poder tratar-se de quantia em dinheiro titulada por cheques[387].

De todo o modo, refere-se que "se o pagamento é em prestações diferidas no tempo e os cheques são datados das datas de vencimento das prestações (vulgarmente chamados cheques pré-datados), eles não representam, na contemporaneidade do contrato-promessa, quantias em dinheiro, mas promessas (ou garantias) de cumprimento das prestações nos respectivos vencimentos".

Por outro lado, a par de argumentação usada noutro aresto – o Ac. Rel. Porto, de 13.10.1987[388] – salienta-se que na promessa "não se alude a sinal, e os termos transcritos excluem a ideia de antecipação ou princípio de pagamento, e aponta antes, de modo directo, no sentido de se ter querido apenas fixar o modo de pagamento do preço [do trespasse], isto é, do preço do contrato prometido, como obrigação futura".

Num outro quadro, foi entendido que a entrega dos cheques dizia respeito "apenas à obrigação emergente do contrato prometido

---

[387] Ac. STJ, de 20.5.2003 (REIS FIGUEIRA), www.dgsi.pt.

Ver ainda Ac. Rel. Porto, de 6.11.1990 (CARDOSO LOPES), www.dsgi.pt (defende-se que "nem só o dinheiro é objecto de sinal, podendo sê-lo qualquer outra coisa, designadamente um cheque. Entregue este, está constituído o sinal, sendo irrelevante que o promitente-vendedor o tenha posteriormente devolvido, sem diligenciar sequer pela sua cobrança), Ac. STJ, de 27.10.1988 (ABEL DELGADO), www.dgsi.pt ("é possível constituir o sinal por meio de cheque, sendo certo que a sua falta de provisão não o invalida").

[388] CJ, 1987, III, p. 108.

Contrato-Promessa em Geral. Contratos-Promessa em Especial

(pagamento do preço do trespasse), com exclusão de qualquer ideia de antecipação do seu pagamento, ou de com eles constituir um sinal, que fosse o critério e a medida da indemnização pelo incumprimento. *In casu*, não foi, segundo o tribunal, convencionado sinal. Os cheques entregues não têm tal carácter, pois apenas foi convencionado o preço e a sua forma de pagamento[389].

Numa outra situação, no dia da assinatura do contrato-promessa, foi entregue pelo promitente-comprador um cheque, com data de 23.7.2002, para pagamento do sinal, sendo que, no dia 13.9.2002, o título cambiário foi devolvido, pelo seguinte motivo: "revogado cheque fora prazo". O tribunal concluiu que o sinal só é prestado quando "o cheque, através do desconto, se converte em dinheiro, pois até esse momento só existe uma expectativa, mais ou menos fundada, de que seja constituído", donde não improcede o pedido do promitente-comprador quanto à condenação no pagamento do montante do cheque, ao abrigo do disposto no art. 442.º, 2, do CC[390].

---

[389] Ac. STJ, de 20.5.2003 (REIS FIGUEIRA), www.dgsi.pt.

Cfr. o Ac. Rel. Lisboa, de 30.9.1993 (RIBEIRO DE ALMEIDA), www.dgsi.pt (observa-se aí que "a entrega do sinal não pode considerar-se feita se, para o efeito, houve a entrega de um cheque que, por falta de cobertura, não foi pago, razão por que o promitente-vendedor não tem direito a peticionar o montante do sinal"), Ac. Rel. Porto, de 20.4.1999 – sumário (PINTO DE ALMEIDA), www.dgsi.pt (aludindo ao contrato-promessa, aduz-se que "consistindo o sinal em dinheiro, só a entrega deste o constitui. Assim, sendo o cheque uma ordem de pagar quantia determinada, a sua entrega não constitui, por si, o sinal, o que apenas se consegue com a sua cobrança"), Ac. Rel. Porto, de 13.10.1987 (MARTINS DA COSTA), www.dgsi.pt (também aqui se realça que "não tem o valor de sinal a entrega de cheques, com datas posteriores, destinados apenas a servir de garantia de pagamento do preço do contrato prometido. Do mesmo modo, a simples entrega de cheque, cujo montante não venha a ser recebido, designadamente por falta de provisão, não equivale à de garantia, para efeito de constituição de sinal").

[390] Cfr. Ac. Rel. Lisboa, de 6.4.2006 (ARLINDO ROCHA), www.dgsi.pt. (observa-se ainda que "o cheque não é, deste modo, uma *datio pro solutum* e a sua entrega ao promitente vendedor num contrato-promessa não é a entrega de uma coisa, representativa em si mesma de um sinal, mas sim de um meio de obter uma coisa, a quantia em dinheiro que no cheque está indicada e que, esta sim, é susceptível de ser restituída em dobro, se o faltoso é o que recebeu o cheque ou de ser perdida, se o contraente faltoso é o promitente comprador), Ac. STJ, de 24.1.2002 (NASCIMENTO COSTA), www.dgsi.pt (nesta situação, o cheque foi entregue pelo promitente-comprador, mas ele próprio impediu a sua cobrança pouco tempo depois, ao proceder ao seu cancelamento, donde não chegou a haver entrega de sinal; sem dúvida que assiste ao promitente-vendedor o direito a ser indemnizado, mas não a fazer seu o montante do sinal, pois este jamais foi entregue.).

Contrato-Promessa em Geral

A doutrina também não tem opinião uniforme, entendendo uns que a mera entrega do cheque, ainda que este venha a não ter provisão, deve ser havida como sinal[391], ao passo que outros têm opinião oposta[392].

Cumpre tecer algumas considerações.

Em primeiro lugar, deve dizer-se que na vida negocial é muito vulgar que as importâncias a entregar sejam tituladas por cheque[393], o que de resto encontra expressão no contrato.

Dito isto, a utilização de cheques, *v.g.,* pelo promitente-comprador – seja num primeiro momento para constituição de sinal, seja ulteriormente para seu reforço, designadamente através de cheques pré-datados – pode servir como meio de iludir o promitente-vendedor. Se a entrega de cheque não é havida como sinal, nunca funcionaria o regime deste perante um cheque sem provisão, sendo que só a prova de danos permitiria ao promitente-vendedor ser ressarcido. O que nos parece pouco razoável.

Para além disso, o facto de o título cambiário ser endossável parece reforçar a nossa posição.

Como bem assinala Abel Delgado "não se vê razão nem se compreende porque há-de o cheque sem cobertura ter um tratamento diferente daquele que tenha cobertura, tanto mais que a falta de provisão não invalida o cheque"[394].

Cremos por isso que, em princípio, a entrega de cheque para pagamento de uma quantia no âmbito de um contrato-promessa reveste a natureza de sinal.

---

[391] ABEL DELGADO, Do contrato-promessa, cit., pp. 174 ss. Parece ser esse ainda o entendimento de CALVÃO DA SILVA, Sinal e contrato-promessa, cit., p. 100, nota 86.

[392] VAZ SERRA, RLJ, 108.º, 1975/1976, p. 107.

[393] Ver, por exemplo, Ac. Rel. Lisboa, de 22.2.2007 (GRANJA DA FONSECA), www.dgsi.pt (*in casu*, os cheques foram descontados), Ac. Rel. Lisboa, de 21.6.2007 (ANA LUÍSA GERALDES), www.dgsi.pt, Ac. Rel. Lisboa, de 3.2.2005 (OLINDO GERALDES), www.dgsi.pt (aqui o cheque foi devolvido por falta de provisão).

[394] Do contrato-promessa, cit., p. 178.

3. Consequências da existência de sinal

3.1. *Imputação na coisa devida ou restituição quando a imputação não for possível*

As primeiras consequências da existência de sinal encontram-se no art. 442.º, n.º 1 CC, a saber:

- a coisa entregue deve ser imputada na prestação devida (1.ª parte);
- a coisa entregue deve ser restituída quando a imputação não for possível (2.ª parte).

3.2. *Impedimento (suprível) à execução específica*

A existência de sinal funciona como um impedimento (conquanto suprível) à execução específica do contrato[395].

Esta ideia resulta do art. 830.º, n.º 1 CC conjugado com o n.º 2 do mesmo preceito.

3.3. *Regime específico em sede de incumprimento definitivo do contrato imputável a uma das partes*[396]

Um outro efeito do sinal é justamente o da permitir aplicar um regime específico no caso de incumprimento definitivo do contrato-promessa.

Tal inexecução tem consequências próprias e específicas a nível indemnizatório, as quais se medem em função do sinal constituído,

---

[395] Tit. I, Cap. IV, Sec I, 2.2.2.1.

[396] Tratando-se de impossibilidade de prestação não imputável a qualquer das partes deve ocorrer a restituição do sinal em singelo, dada a ausência de "causa justificativa para a conservação do sinal" (MENEZES LEITÃO, Direito das Obrigações, I, cit., p. 233).

Sendo o incumprimento imputável a ambas as partes, a solução é, a nosso ver, idêntica (no mesmo sentido, MENEZES LEITÃO, Direito das Obrigações, I, cit., p. 234 – que justifica do seguinte modo "ambas as partes teriam nessa situação direito à indemnização da contraparte, pelo que essas obrigações se extinguiriam por compensação (art. 847.º)...").

embora possa haver lugar a outras situações em que o critério de ressarcimento dos danos pode ser outro.

O entendimento dominante, quer na doutrina[397], quer na jurisprudência[398], é o de que os efeitos previstos no art. 442.º, n.º 2 CC só actuam em sede de incumprimento definitivo do contrato-promessa.

---

[397] Cfr, entre outros, CALVÃO DA SILVA, Cumprimento e sanção pecuniária compulsória, cit. pp. 297 ss. (dentre as várias razões alegadas, destacamos a seguinte: "o destino do sinal, no caso de adimplemento da obrigação, não é o cúmulo com o cumprimento mas o da sua computação na prestação devida ou o da sua restituição, se aquela não for possível"), GALVÃO TELLES, Direito das Obrigações, 7.ª Ed., pp. 128 ss. ("o sinal vale como cláusula penal compensatória, que supõe a rescisão do contrato-promessa por incumprimento definitivo, não sendo cumulável com a realização forçada (específica) do mesmo contrato. Não vale como cláusula penal moratória, isto é, para o caso de simples mora, não convertida em incumprimento definitivo nos termos do art. 808.º") e SOUSA RIBEIRO, "O campo de aplicação do regime indemnizatório do artigo 442.º do Código Civil: incumprimento definitivo ou mora?", Direito dos Contratos – Estudos, cit., pp. 302 e 303.

MENEZES LEITÃO considera igualmente que a perda do sinal ou o dobro do sinal ocorrem apenas em caso de incumprimento definitivo", mas salienta que "a opção pelo aumento do valor da coisa ou do direito pode ocorrer antes, em caso de simples mora, valendo esta como renúncia do promitente-comprador a desencadear o mecanismo do sinal, uma vez verificado o incumprimento definitivo" (Direito das Obrigações, I, cit., p. 240).

[398] Ver, entre muitos outros,
– Ac. STJ, de 7.2.2008 (PAULO SÁ), www.dgsi.pt, p. 9 (assinala-se que "atente-se que só o incumprimento definitivo e culposo dá lugar às cominações previstas no artigo 442.º, n.º 2, não bastando para o efeito a simples mora, porquanto nada justifica que se excepcione o contrato-promessa do regime geral aplicável à generalidade dos contratos");
– Ac. STJ, de 22.1.2008 (GARCIA CALEJO), www.dgsi.pt, pp. 13 e 14 (observa-se que "como tem sido entendido maioritariamente por este Supremo, o mecanismo sancionatório do dispositivo, só deverá ser aplicado em caso de incumprimento definitivo e não na hipótese de simples mora");
– Ac. STJ, de 10.1.2008 (NUNO CAMEIRA), www.dgsi.pt, p. 4 (afirma-se que "a pretensão dos autores, claramente expressa, aliás, no fecho da petição inicial, é a de obter a restituição do dobro do sinal prestado, o que apenas pode ser conseguido mediante a comprovação de que houve incumprimento definitivo do promitente-vendedor);
– Ac. STJ, de 5.7.2007 (OLIVEIRA ROCHA), www.dgsi.pt, p. 4 a 6;
– Ac. STJ, de 31.1.2007 (JOÃO CAMILO), www.dgsi.pt, p. 4 ("tem de haver incumprimento definitivo e não basta para tal [a devolução do sinal em dobro] a mera mora");
– Ac. STJ, de 29.11.2006 (ALVES VELHO), www.dgsi.pt, pp. 6 ss. (alude-se mesmo no aresto a uma "jurisprudência largamente maioritária, se não, actualmente, mesmo uniforme" – p. 7);

204 *Contrato-Promessa em Geral. Contratos-Promessa em Especial*

Todavia, não se descure a existência de uma outra corrente que, embora minoritária, expressa opinião em sentido diverso[399].

- Ac. STJ, de 14.11.2006 (SILVA SALAZAR), www.dgsi.pt, p. 5 (o tribunal considera que as locuções contidas no preceito devem ser entendidas no sentido do incumprimento definitivo);
- Ac. STJ, de 31.10.2006 (AFONSO CORREIA), www.dgsi.pt, p. 18;
- Ac. STJ, de 24.10.2006 (AFONSO CORREIA), www.dgsi.pt, p. 15;
- Ac. STJ, de 14.9.2006 (BETTENCORT DE FARIA), www.dgsi.pt, p. 1;
- Ac. Rel. Porto, de 30.1.2006 (FERNANDES DO VALE), www.dgsi.pt, p. 5.
- Ac. Rel. Porto, de 15.11.2005 (ALBERTO SOBRINHO), www.dgsi.pt, p. 5;
- Ac. Rel. Porto, de 6.12.2005 (EMÍDIO COSTA), www.dgsi.pt, pp. 5 e 6;
- Ac. Rel. Porto, de 27.11.2003 (SALEIRO DE ABREU), www.dgsi.pt, p. 2;
- Ac. Rel. Porto, de 17.6.2003 (FERNANDO SAMÕES), www.dgsi.pt, p. 11 (entre outros argumentos destaque-se o seguinte: "não é de crer que o legislador tivesse querido estabelecer a mesma sanção indemnizatória para dois ilícitos tão distintos – a mora e o incumprimento definitivo –, com consequências diversas, consagrando a tutela moratória e a tutela compensatória nos mesmos termos e no mesmo artigo, tanto mais que aquele se presume *razoável, quer na escolha da substância legal quer na sua formulação técnica*, consagrando as soluções mais acertadas e exprimindo o seu pensamento em termos adequados");
- Ac. Rel. Porto, de 1.4.2003 (FERNANDO SAMÕES), www.dgsi.pt, pp. 6 ss.;
- Ac. STJ, de 15.10.2002 (AFONSO CORREIA), www.dgsi.pt (realça-se que "esta interpretação do art. 442.º, no sentido da exigência do incumprimento definitivo do contrato-promessa para o desencadear das sanções previnidas no art. 442.º, n.º 2, do CC, estava generalizada tanto na doutrina como na jurisprudência, ao menos antes das alterações nele introduzidas pelo Dec-Lei n.º 379/86, de 11 de Novembro. E deve continuar a entender-se do mesmo modo, aceite que o legislador de 1986 soube exprimir o seu pensamento em termos adequados (art. 9.º, n.º 3 CC) ao conservar expressões de sentido técnico-jurídico preciso como se quem constituiu o sinal deixar de cumprir ... se o não cumprimento do contrato for devido a este último... e mantendo intacto o regime da mora (art. 804.º), do não cumprimento definitivo (art. 801.º) e da conversão da simples mora em inadimplemento (art. 808.º CC)");
- Ac. STJ, de 6.12.2001 (ABÍLIO DE VASCONCELOS), www.dgsi.pt, p. 3.

[399] PIRES DE LIMA e ANTUNES VARELA, Código Civil anotado, I, cit., p. 423 (salienta-se que "esta ressalva (do disposto no art. 808.º) significa que o *direito* de pedir, a título de indemnização, o aumento do valor da coisa pode ser exercido logo que o promitente-alienante incorra em *mora"*).

MENEZES CORDEIRO afirma igualmente que basta a mera ocorrência de mora no cumprimento ("A excepção do cumprimento do contrato-promessa", Estudos de Direito Civil, cit., p. 52).

Alguma jurisprudência sustenta esta possibilidade, ou seja, perante a simples mora há lugar, *v.g.,* à restituição do sinal em dobro, não havendo que provar a existência de incumprimento definitivo. Vejamos:

Note-se que a convenção de execução específica não retira a virtualidade dos efeitos do sinal, ou seja, em caso de incumprimento definitivo, aquele funciona como medida da indemnização[400].

§ 2. Efeitos do incumprimento definitivo imputável ao autor do sinal

Partimos assim do pressuposto que houve a constituição do sinal e que o incumprimento definitivo do contrato-promessa é imputável ao seu autor.

Dispõe o art. 442.º, n.º 2, 1.ª parte CC que

– *"se quem constituiu o sinal deixar de cumprir a obrigação por causa que lhe seja imputável, tem o outro contraente a faculdade de fazer sua a coisa entregue".*

A consequência é, portanto, clara para o dador de sinal: importa a sua perda, já que o outro promitente fica com a coisa entregue.

A essa indemnização não acresce qualquer outra, a não ser que haja estipulação em contrário no contrato (art. 442.º, n.º 4 CC).

§ 3. Efeitos do incumprimento definitivo imputável ao não constituinte do sinal

1. No caso de não entrega da coisa

No caso de promessa em que inexiste entrega da coisa prevê-se, no art. 442.º, n.º 2, 2.ª parte CC, uma única consequência (legal) para a hipótese de incumprimento definitivo imputável ao "não dador" do sinal. Assim,

– *"tem aquele [o que constituiu o sinal] a faculdade de exigir o dobro do que prestou".*

– Ac. STJ, de 8.3.2005 (PINTO MONTEIRO), CJ, Ac. STJ, 2005, I, p. 120;
– Ac. STJ, de 21.1.2003 (RIBEIRO COELHO), CJ, Ac. STJ, 2003, I, p. 44;
– Ac. Rel. Porto, de 14.12.1999 – sumário (MARQUES DE CASTILHO), www.dgsi.pt.
[400] Ac. Rel. Porto, de 15.10.2002 (Luís ANTAS DE BARROS), www.dgsi.pt, p. 4.

Exemplifiquemos:

– foi celebrado um contrato-promessa de aquisição de um terreno, pelo preço (convencionado) de 100.000 €;
– o promitente-comprador entregou, a título de sinal, a importância de 5.000 €;
– o promitente-vendedor incumpriu definitivamente o negócio;
– o promitente-adquirente, à luz do art. 442.º, n.º 2 CC, pode exigir do outro contratante a soma de 10.000 €, correspondente ao "dobro do que prestou".

Como se trata de uma promessa de compra e venda, e dado que se presume que a quantia entregue tem carácter de sinal, o promitente não faltoso apenas tem que fazer a prova da entrega de uma dada soma pecuniária[401].

2. No caso de entrega da coisa

2.1. *Enquadramento e âmbito da entrega*

Se tiver ocorrido a "*tradição da coisa a que se refere o contrato prometido*" (art. 442.º, n.º 2, 2.ª frase CC), atribui-se ao autor do sinal um direito de escolha, a saber:

– permanece com a possibilidade de "*exigir o dobro do que prestou*" (art. 442.º, n.º 2, 2.ª parte CC);
– tem a faculdade de, alternativamente, "*exigir o seu valor [da coisa], ou o [valor] do direito a transmitir ou a constituir sobre ela, determinado objectivamente, à data do não cumprimento [definitivo] da promessa, com dedução do preço convencionado, devendo ainda ser-lhe restituído o sinal e a parte do preço que tenha pago*" (art. 442.º, n.º 2, 3.ª parte CC);

---

[401] O pedido relativo ao dobro do sinal no caso de não entrega da coisa foi deferido, entre outros, nos seguintes casos:
– Ac. Rel, Porto, de 20.2.2006 (MARQUES PEREIRA), www.dgsi.pt, p. 6 (acrescido dos juros moratórios contados desde a data da citação da contraparte);
– Ac. Rel. Porto, de 24.5.2005 (ALBERTO SOBRINHO), www.dgsi.pt, p. 6 (ao que se somaram os juros moratórios relativamente ao valor em mora a partir da citação).

A entrega pode ser material ou simbólica (é o caso, *v.g.,* da entrega da chave de um imóvel ou da entrega dos documentos de um automóvel). Relevante é que, por via da tradição da coisa, esta esteja em condições de ser utilizada pelo outro promitente.

Por sua vez, a entrega pode ser imediata (isto é, ao tempo da promessa), mas também posterior ao próprio contrato (porque, por hipótese, a coisa ainda não existia ao tempo da conclusão do negócio ou porque assim foi acordado entre as partes).

O ónus da prova de tal entrega cabe ao promitente não faltoso que pretenda socorrer-se do regime em apreço.

Em relação à via alternativa pode afirmar-se que se trata de um puro direito de escolha. Todavia, uma vez exercido, o promitente, dador do sinal, não pode voltar atrás.

Cabe afirmar que a tradição da coisa, a que alude o preceito, não deve confundir-se com uma situação de posse em nome próprio. Trata-se de uma mera entrega do bem. Se assim não se entendesse, a norma teria uma escassíssima utilização[402].

Saliente-se que a disposição é imperativa no que toca à alternatividade consagrada. O que significa que as partes não a podem derrogar por convenção em contrário, sob pena de nulidade da estipulação, à luz do art. 294.º CC.

2.2. *Dobro do sinal*

Servindo-nos do mesmo exemplo, valem as mesmas considerações acima realizadas.

Realce-se que o respectivo promitente (*v.g.,* o promitente-comprador) não tem sequer de fazer a demonstração, caso pretenda socorrer-se desta opção, de que houve tradição da coisa. O direito a exigir o dobro do sinal é independente da aludida entrega da coisa e naturalmente do valor da coisa (ou do direito).

Trata-se aqui de uma penalização de cálculo simples e não *onerosa* do ponto de vista dos requisitos procedimentais.

---

[402] Neste sentido, cfr., por exemplo, Ac. STJ, de 6.5.2008 (MÁRIO CRUZ), www.dgsi.pt, pp. 9 e 10.

2.3. *Indemnização actualizada*

2.3.1. Âmbito de aplicação

Discute-se na doutrina, estendendo-se o debate à jurisprudência, qual o alcance da 3.ª parte do art. 442.º, n.º 2 CC. Têm sido duas as posições defendidas.

Uma, que considera que o trecho em causa se empregue a qualquer contrato-promessa com tradição[403]. Outra, que sustenta que apenas se utiliza nas promessas a que se refere o art. 410.º, n.º 3[404].

Textualmente, inexiste qualquer locução que nos leve a considerar que exista alusão aos contratos-promessa previstos no art. 410.º, n.º 3 CC.

Não encontramos, por outro lado, na *ratio legis* sequer um leve indício de que se pretendeu restringir o alcance a específicas promessas. A entrega da coisa não difere em função do tipo de promessa, nem se antevê que o valor da coisa configure um indício nesse sentido. Poder-se-á pensar num terreno, num estabelecimento mercantil ou num quadro valioso, objecto de promessas de venda, que a conclusão é a mesma.

2.3.2. Não extensibilidade do direito ao aumento do valor da coisa aos contratos-promessa sem tradição

A extensibilidade do direito ao aumento do valor da coisa nos contratos-promessa sem tradição deve, a nosso ver, excluir-se. Desde logo, releve-se o argumento de texto, pois aí se alude expressamente à "tradição da coisa" (art. 442.º, n.º 2, 3.ª parte CC). Acresce que a entrega da coisa tem um sentido próprio: é dela[405] – o que não ocorre na sua falta – que resulta uma expectativa mais elevada de cumprimento da promessa. É nesse âmbito que tem sentido a indemnização actualizada.

---

[403] CALVÃO DA SILVA, Sinal e contrato-promessa, cit., pp. 104 ss., LEBRE DE FREITAS, "O contrato-promessa e a execução específica", BMJ, n.º 333, p. 16.

[404] GALVÃO TELLES, Direito das Obrigações, 5.ª Ed., cit., p. 117.

[405] Muitas vezes associada à entrega de uma soma elevada pelo promitente-comprador.

2.3.3. **Pressupostos de aplicabilidade**

2.3.3.1. *A equação em caso de indemnização actualizada*

O art. 442.º, n.º 2, 3.ª parte CC tem requisitos de aplicabilidade próprios, tendo também funções específicas.

Atende-se agora a outros parâmetros, havendo por isso que proceder a uma avaliação da situação de facto para ver se há interesse do promitente não faltoso (e dador do sinal[406]) no recurso a esta via.

Pode igualmente adiantar-se que se trata de uma solução que reveste maior complexidade, no confronto com a outra possibilidade, e mais onerosa do ponto de vista processual.

De acordo com o art. 442.º, n.º 2, 3.º trecho CC pode enunciar-se a seguinte equação:

$$VI = (VOC - PC) + S + PP$$

VI   – Valor da indemnização
VOC – Valor objectivo da coisa à data do incumprimento definitivo
PC   – Preço convencionado
S   – Sinal
PP   – Parte do preço

De acordo com as coordenadas apresentadas, o interesse do promitente não faltoso (e dador do sinal[407]) em seguir este caminho depende da conjugação, no essencial, de duas variáveis:

– do valor objectivo da coisa à data do não cumprimento definitivo; e
– da soma relativa ao sinal.

Podem enunciar-se algumas regras-base.

O promitente não faltoso (e dador do sinal[408]) só estará interessado nesta via se houver aumento razoável do valor da coisa. Mantendo esta o seu valor ou ocorrendo, eventualmente, a sua diminuição a opção não será esta.

---

[406] E a quem foi entregue a coisa.
[407] E a quem foi entregue a coisa.
[408] E a quem foi entregue a coisa.

Por outro lado, esta possibilidade também só será utilizada se o sinal por si entregue for diminuto.

Pode, deste modo, afirmar-se que quanto mais elevado for – em relação ao preço convencionado – o valor da coisa ao tempo do inadimplemento definitivo e quanto menor for o valor do sinal entregue, mais interesse terá o promitente não faltoso (o dador do sinal) em socorrer-se desta segunda alternativa.

Explicitemos com o recurso a alguns exemplos, os quais partem da seguinte premissa:

– o *PC (preço convencionado) é de 100.000 €.*

Hipótese 1:

– *o VOC (valor objectivo da coisa ao tempo do incumprimento definitivo) é de 120.000 €;*
– *o promitente-comprador entrega, a título de sinal, a soma de 10.000 €;*
– *o promitente-adquirente, à luz do art. 442.º, n.º 2, 2.º trecho CC, pode exigir do outro contratante a soma de 20.000 €, correspondente ao "dobro do que prestou";*
– *a opção pelo art. 442.º, n.º 2, 3.º trecho CC, importa a entrega de 30.000 € [(120.000 € – 100.000 €) + 10.000 €].*

Hipótese 2:

– *o VOC (valor objectivo da coisa ao tempo do incumprimento) é de 120.000 €;*
– *o promitente comprador entrega, a título de sinal, a importância de 6.000 €;*
– *o promitente-adquirente, à luz do art. 442.º, n.º 2, 2.º trecho CC, pode exigir do outro contratante a soma de 12.000 €, correspondente ao "dobro do que prestou";*
– *a opção pelo art. 442.º, n.º 2, 3.º trecho CC, permite-lhe exigir um valor global de 26.000 € [(120.000 € – 100.000 €) + 6.000 €)].*

Cumpre agora atender em especial a cada um dos elementos da equação.

2.3.3.2. *Valor da coisa entregue ou do direito a transmitir ou a constituir sobre a coisa entregue*

a) Valor da coisa ou aumento do valor da coisa

O art. 442.º, n.º 2, 3.ª parte CC alude ao "seu valor [da coisa entregue]", referindo-se, no entanto, quer o n.º 3, quer o n.º 4 do mesmo normativo, ao "aumento do valor", especificando-se, por sua vez, no n.º 3, o seguinte: "como se estabelece no número anterior".

As locuções usadas são formalmente diferentes. Porém, substancialmente, não parece existir uma tal falta de identidade. Isto porque o promitente não faltoso (a dador do sinal) só lhe interessa socorrer-se deste mecanismo alternativo se o valor da coisa for superior.

b) Valor do direito a transmitir ou a constituir

Na disposição alude-se a um outro circunstancialismo: não está agora em causa o valor da coisa, mas sim o valor do direito a transmitir ou a constituir sobre a coisa.

Confere-se relevo a específicas promessas que incidem sobre direitos, como, por exemplo, as promessas de usufruto ou as promessas de direito real de habitação (periódica ou turística).

c) Cálculo do valor da coisa ou do direito

O valor da coisa é determinável "objectivamente". Há, portanto, aqui a referência ao preço de mercado do bem.

Tal fixação atende à "data do não cumprimento [definitivo] da promessa".

Portanto, o preço de mercado da coisa à data da conclusão do contrato-promessa ou ao tempo da constituição em mora não relevam aqui, mas tão só o do momento do incumprimento definitivo.

Importa saber qual é esta data. Vejamos alguns exemplos.

Pressupondo a existência de uma interpelação admonitória, que marca um prazo razoável, suplementar, mas limite para o cumprimento, é esta, caso não ocorra o adimplemento, a data a atender.

No caso de alienação da coisa a terceiro, é nesse momento que se pode falar de incumprimento definitivo.

Ora, o interesse do promitente não faltoso (dador do sinal) existe sempre que haja um aumento significativo do valor da coisa, o que pode ocorrer não só nos imóveis, mas também nalguns móveis (*v.g.*, um quadro que se tornou mais valioso, um estabelecimento comercial).

2.3.3.3. *Dedução do preço convencionado*

a) Preço convencionado

Tendo em conta o aumento do valor da coisa (que ascendeu, por hipótese, a 20.000 €), há que deduzir o preço convencionado (*in casu*, 100.000 €).

A premissa base parece ter sido a da existência de uma equivalência entre o preço convencionado e o preço de mercado.

b) Preço de favor

Deve agora suscitar-se a hipótese especial de existência de um preço de favor (sempre que se trate de contratos-promessa onerosos, o que é a regra).

Se o preço convencionado é de favor (*in casu*, de 25.000 €), ascendendo o preço de mercado a 100.000 €, como assinalámos, questiona-se se o critério textual previsto no art. 442.º, n.º 2, 3.ª parte CC se emprega se, *v.g.*, houve um aumento do valor do prédio para 110.000 €.

Acompanhamos Calvão da Silva quando afirma que a via literal produz um resultado injusto, provocando um enriquecimento injustificado do promitente não faltoso (dador do sinal) e, em simultâneo, um prejuízo imotivado da contraparte[409].

Significaria que, tomando como referência o sinal de 5.000 €, o promitente não faltoso (e dador do sinal) teria direito à soma de 95.000 € [(110.000 € – 20.000 €) + 5.000 €], o que seria muito exagerado e pouco razoável.

Há que aplicar a regra da proporcionalidade.

---

[409] Sinal e contrato-promessa, cit., p. 108.

Contrato-Promessa em Geral

c) Preço abaixo do valor de mercado

Pode, todavia, não ter ocorrido um preço de favor, mas um bom negócio para o promitente-comprador, que conseguiu (*v.g*, na sequência de uma boa negociação ou atento o interesse da outra parte em vender) um preço inferior (80.000 €) ao do valor de mercado (100.000 €).

Não vemos razão para não aplicar o critério seguido na hipótese anterior.

2.3.3.4. *Restituição do sinal*

Para além da diferença que existe entre o valor objectivo e o valor convencionado, determina-se a restituição do sinal.

Em vez do sinal em dobro, o promitente não faltoso (dador do sinal) escolheu a via da subtracção entre as referidas importâncias em vez da soma indemnizatória equivalente ao sinal. A esta acresce naturalmente a restituição do sinal (art. 442.º, n.º 2, última frase CC).

2.3.3.5. *Restituição da parte do preço que tenha pago*

Na mesma lógica, se proventura foi entregue alguma importância por conta do preço – o que sucede frequentemente –, então também esta deve ser restituída ao promitente não faltoso (dador do sinal) – art. 442.º, n.º 2, última locução CC.

2.3.4. **A prática judicial**

Na hipótese suscitada no Ac. STJ, de 24.10.2006, foi pedido pelo promitente-comprador com tradição uma indemnização de 10.200.000$00.

Vejamos os seus contornos:

– *VOC (valor objectivo convencionado) = 16.000.000$00;*
– *PC (preço convencionado) = 10.800.000$00;*
– *S (sinal e reforços de sinal entregues) = 5.000.000$00.*

Aplicando a fórmula $VI = (VOC - PC) + S$, o valor da indemnização encontrado é de 10.200.000$00 (*aproximadamente 50.100 €*)[410].

§ 4. Alternativas dos contraentes para além das opções tomadas ou em face da escolha seguida pelo outro promitente

O art. 442.º, n.º 3 CC tem duas partes distintas, a saber:

– na primeira, enumera uma forma de reacção ao alcance do contraente não faltoso;
– na segunda, confere-se ao contraente faltoso um modo de oponibilidade em face da escolha do promitente cumpridor.

Cabe apreciar os dois trechos.

De todo o modo, deve desde já assinalar-se que este número não se afigura de leitura simples, nem de compreensão fácil, apresentando-se até como muito indefinido, para além de discutível.

---

[410] À mesma conclusão se chegou no Ac. STJ, de 24.10.2006 (URBANO DIAS), www.dgsi.pt, p. 6. Todavia, o promitente-comprador não conseguiu fazer a prova dos elementos a que se propusera, mas apenas dos montantes que entregou ao promitente-vendedor. Concluiu-se que só tem direito a receber o montante do sinal: 5.000.000$00. A obrigação de restituição resume-se ao valor do sinal quando se opta pelo aumento do valor da coisa, mas não se consegue fazer a demonstração correspondente.

Repare-se que o Tribunal da Relação tinha fixado uma indemnização de 8.000.000$00 (considerando apenas como sinal a importância de 3.000.000$00 e não o seu reforço), sustentando que "mesmo no caso de ter havido opção pelo valor da coisa relativamente ao dobro do sinal…, o dobro do sinal desde que contido na globalidade do pedido indemnizatório funcionará como medida mínima de compensação" (p. 5).

Interessante verificar a conclusão diversa no Ac. STJ, de 18.5.2006 (SALVADOR DA COSTA), www.dgsi.pt (afirma-se que "o ónus de prova dos factos relativos ao aumento do valor da coisa entre o momento da celebração do contrato-promessa e o momento do seu incumprimento incumbe ... a quem faz valer em juízo esse direito (artigo 342.º, n.º 1 CC)". *In casu*, "entre a celebração do contrato-promessa e o seu incumprimento decorreram apenas seis meses e dezanove dias, e os factos provados não revelam qual era o valor de mercado da parcela de terreno em qualquer dos referidos momentos. Assim, a factualidade provada não revela qual foi o aumento de valor da parcela de terreno em causa no referido período temporal, nem mesmo se durante o mesmo ocorreu algum aumento do valor. Em consequência, não pode proceder a pretensão da recorrida no sentido de fazer corresponder a indemnização a que tem direito ao aumento do valor da parcela de terreno em causa". Decidiu-se que apenas se poderia exigir o correspondente ao dobro do valor do sinal passado).

1. Alternativa do contraente não faltoso

1.1. *Enquadramento legal*

Começa por expressar o art. 442.º, n.º 3, 1.ª parte CC o seguinte:

– *"em qualquer dos [3] casos previstos no número anterior, o contraente não faltoso pode, em alternativa, requerer a execução específica do contrato, nos termos do art. 830.º"* (sublinhados nossos)[411].

Como se sabe, as situações para que se remete no início do número em causa são as mencionadas três possibilidades, a saber:

– o dador do sinal deixa de cumprir; o promitente não faltoso (o não constituinte do sinal) pode reter a prestação entregue;
– o não constituinte do sinal deixa de cumprir, o promitente não faltoso (autor do sinal) pode "exigir o dobro do que prestou";
– o não constituinte do sinal deixa de cumprir, o promitente não faltoso (autor do sinal) pode optar por uma indemnização actualizada.

1.2. *Orientações existentes*

Januário Gomes admite a execução específica enquanto se mantiver o interesse do credor na prestação, considerando razoável o *recurso* a tal mecanismo "após incumprimento definitivo", o que, sustenta o autor, "é patente no caso em que tal incumprimento decorre duma infrutífera intimação admonitória imediatamente subsequente ao vencimento da obrigação provocado por comunicação categórica

---

[411] É interessante notar que os contratos, por vezes, expressam esta ideia de uma forma que, a nosso ver, parece até mais correcta do que a redacção da própria lei. Vejamos: "em caso de incumprimento culposo pelos primeiros outorgantes (os promitentes-vendedores) de qualquer cláusula deste contrato-promessa, o segundo outorgante (promitente-comprador) terá direito de resolver o contrato e exigir a restituição do sinal em dobro ou, em alternativa, o de restritamente promover a sua execução específica nos precisos termos do artigo 830.º do Código Civil" – Ac. Rel. Porto, de 15.11.2005 (ALBERTO SOBRINHO), www.dgsi.pt, p. 3.

216 *Contrato-Promessa em Geral. Contratos-Promessa em Especial*

e definitiva do devedor ao credor da intenção de não cumprir; se o credor mantiver o interesse na prestação, não parece haver justificação plausível que obste ao recurso à execução específica"[412].

Aproximando-se desta ideia, mas com algumas diferenças, Menezes Leitão aponta a falta de alternatividade entre o regime do sinal e a execução específica em todos os casos, entendendo que a ideia de alternatividade só pode funcionar se as partes ilidirem a presunção do art. 830.º, n.º 2 CC, perante a situação prevista no art. 830.º, n.º 3 CC[413].

Calvão da Silva defende ser de considerar "como não escrita a primeira parte do n.º 3 do art. 442.º"[414], enumerando um conjunto variado de razões. Destacamos a seguinte ideia: *"sempre que haja incumprimento definitivo* ou falta definitiva de cumprimento, *não tem cabimento a execução específica*, recorrendo o credor à resolução (extinção) do contrato, com a indemnização compensatória determinada nos termos do art. 442.º"[415].

1.3. *Posição adoptada*

A execução específica, que pressupõe o mero atraso, é temporalmente prévia ao incumprimento definitivo. Portanto, quando nos encontrarmos perante uma situação deste tipo aquele mecanismo já não se mostra admissível, pelo que falha a ideia de alternatividade, que subjaz à norma ("em alternativa").

Por outro lado, a referência à execução específica parece ser enxertada na norma fora do seu contexto. O que se terá pretendido

---

[412] Em tema de contrato-promessa, cit., p. 13.

[413] MENEZES LEITÃO, Direito das Obrigações, I, cit, p. 237 (acrescenta o autor que a norma tem o seguinte propósito: "a execução específica é possível, haja ou não tradição da coisa a que se refere o contrato-prometido...").

[414] Sinal e contrato-promessa, cit., p. 114 (ver a correspondente explicação nas páginas anteriores).

[415] Sinal e contrato-promessa, cit., p. 114.

Assim se expressa igualmente ANA COIMBRA, "O sinal: contributo para o estudo do seu conceito e regime", cit., pp. 634 ss. (quanto à alternatividade mencionada, a autora refere-se ao facto de a expressão ser *"inútil* ou *incorrecta"*, expondo seguidamente um leque amplo de razões para o sustentar).

dizer é que se mostra possível o recurso a tal instrumento à luz do art. 830.º CC, independentemente de tradição ou não da coisa e por qualquer dos contraentes cumpridor.

A ser assim, o preceito nada parece acrescentar ao que já sabemos: a execução específica existe nos termos do art. 830.º CC, sendo que, preenchidos os respectivos requisitos, o contraente não faltoso pode socorrer-se do regime do art. 442.º, n.º 2 CC, em caso de incumprimento definitivo.

2. Alternativas do contraente faltoso

2.1. *O texto legal*

Na segunda parte do art. 442.º, n.º 2 CC determina-se que

– "*se o <u>contraente não faltoso optar</u> pelo aumento do valor da coisa ou do direito, como se estabelece no número anterior, <u>pode a outra parte opor-se</u> ao exercício dessa faculdade, <u>oferecendo-se para cumprir a promessa</u>, salvo o disposto no art. 808.º*" (sublinhados nossos).

2.2. *Construções doutrinárias*

A segunda parte deste número tem suscitado igualmente viva controvérsia, podendo constatar-se, no essencial, duas posições antagónicas.

Cumpre identificá-las.

Menezes Cordeiro entende que a oponibilidade do promitente faltoso à indemnização pelo aumento do valor da coisa é "justa e razoável", configurando o que designa por "excepção do cumprimento do contrato-promessa"[416]. A sua construção assenta em dois

---

[416] Menezes Cordeiro, "O novíssimo regime do contrato-promessa", Estudos de Direito Civil, Vol. I, Coimbra, pp. 86 e 87, e, do mesmo autor, "A excepção do cumprimento do contrato-promessa", Tribuna de Justiça, 1987, p. 6.

218   *Contrato-Promessa em Geral. Contratos-Promessa em Especial*

pontos: afirma, por um lado, que "a exigência do sinal não é uma resolução, em sentido técnico, do contrato, mas unicamente, uma extinção dos deveres de prestar"; defende, por outro, que "o incumprimento definitivo não é, tão-pouco, uma resolução no mesmo sentido técnico; é um passo que abre as vias à execução específica ou à indemnização, podendo resultar, entre outros esquemas, dos do art. 808.º"[417].

Diversamente, Calvão da Silva assinala, entre outras razões, que sendo o incumprimento definitivo a premissa de funcionamento da disposição "não faz sentido a possibilidade de o promitente faltoso oferecer o cumprimento"[418]. Conclui o autor que "a contradição e a incongruência da 2.ª parte do do n.º 3 do art. 442.º com o restante do artigo e regras do incumprimento e resolução são uma realidade e levam-nos a propender para a sua interpretação ab-rogante". Deixa--se em aberto a hipótese de se "divis[ar] algum caso excepcional em que tenha utilidade, sem incongruência com a totalidade do preceito em que se insere e as normas do incumprimento, como facto que fundamenta o direito de resolução"[419].

---

[417] MENEZES CORDEIRO, "O novíssimo regime do contrato-promessa", Estudos de Direito Civil, Vol. I, Coimbra, pp. 86 e 87.

JANUÁRIO GOMES segue esta construção, embora quanto à ressalva ínsita na parte final do art. 442.º, n.º 3 CC entende, ao contrário de MENEZES CORDEIRO, que "a excepção de cumprimento pressupõe precisamente esse incumprimento [o definitivo e não enquanto a mora se não converte naquele]" – Em tema de contrato-promessa, cit., p. 17.

[418] CALVÃO DA SILVA, Sinal e contrato-promessa, cit., p. 136.

[419] CALVÃO DA SILVA, Sinal e contrato-promessa, cit., pp. 133 a 140. Ver ainda do mesmo autor, Cumprimento e sanção pecuniária compulsória, 4.ª Ed., cit., pp. 316 ss.

A mesma lógica está subjacente ao pensamento de RIBEIRO DE FARIA, Direito das Obrigações, I, p. 282 (releva-se o seguinte: "ou há mora ou não cumprimento. Se há mora, não há ainda lugar ao direito pelo "valor", que é uma indemnização (pelo não cumprimento definitivo); se há não cumprimento definitivo (hipótese do art. 808.º), e onde cabe precisamente a indemnização pelo valor, o que já não se pode é voltar mais à relação contratual originária").

BRANDÃO PROENÇA, por sua vez, defende uma interpretação correctiva do n.º 3 do art. 442.º e restritiva da última parte do n.º 2 do mesmo preceito (Do incumprimento do contrato-promessa bilateral, cit., p. 157).

Igualmente ANA COIMBRA, "O sinal: contributo para o estudo do seu conceito e regime", cit., pp. 638 ss., alude à "completa incoerência das soluções consagradas". Distinguindo, em primeiro lugar, a mora do incumprimento definitivo, questiona em seguida "a qual das situações se referirá o n.º 3 do artigo 442.º?". Tece ainda inúmeras (e duras) críticas em relação às contradições expressas pelo legislador de 1986 – esp. p. 641.

2.3. *Posição acolhida*

Confere o número em apreço ao promitente faltoso um mecanismo de oponibilidade à pretensão do outro contratante.

Tal via só actua, porém, num dos casos previstos no n.º 2 do mesmo preceito: o da indemnização actualizada.

Vejamos.

De acordo com uma interpretação textual, o cenário é o seguinte:

– o promitente fiel, atento o incumprimento definitivo (em vez do sinal em dobro) escolhe a indemnização em função do aumento do valor da coisa:

– o promitente faltoso – portanto, o inadimplente – pode "opor-se" a tal pretensão da contraparte, "oferecendo-se para cumprir a promessa", ressalvando-se, porém, "o disposto no art. 808.º".

Há aqui dois interesses em jogo completamente diversos:

– o do promitente fiel (o cumpridor), verificado o incumprimento definitivo do contrato imputável ao outro promitente, em exigir uma indemnização actualizada;

– o do promitente faltoso em não ser (demasiadamente) onerado com uma indemnização superior ao dobro do sinal.

Literalmente, dá-se prevalência ao interesse deste último.

Analisemos os contornos da situação.

O que parece consagrar-se é a *repristinação da execução específica*, ou melhor de um seu equivalente funcional (já que é o próprio faltoso que agora pretende cumprir), em relação a um contrato já definitivamente incumprido.

A solução – a acolher-se – não pode afirmar-se completamente inovadora. Há casos no nosso ordenamento jurídico em que se manifesta, de algum modo, uma aproximada construção. Pensemos na resolução do senhorio por falta de pagamento de rendas[420] que pode ser feita caducar pelo arrendatário se este proceder ao pagamento das rendas em atraso e de uma indemnização igual a 50% desse valor até certa data.

---

[420] Mas também dos encargos e das despesas (sobre o tema, ver GRAVATO MORAIS, Novo Regime do Arrendamento Comercial, 2.ª Ed., Coimbra, 2007, pp. 214 ss.).

Todavia, na hipótese prevista no art. 442.º, n.º 3, 2.ª parte CC inexiste qualquer sanção para o promitente faltoso. Pelo contrário, ele sairia aqui beneficiado, a não ser que se entendesse – o que não cremos – que o legislador dá preferência à utilização da primeira via (dobro do sinal), vendo a segunda possibilidade como provisória ou secundária, daí retirando vantagem o promitente faltoso.

Aliás, se considerássemos este caminho, seria até um mecanismo dissuasor da utilização desta alternativa (a da indemnização actualizada).

Diga-se, por outro lado, que aqui não pode considerar-se que se está a proteger a parte mais fraca (tal como ocorre em sede arrendatícia), mas sim o promitente inadimplente que não é um sujeito débil.

Em boa verdade, a permissão da oponibilidade revestiria um duplo prémio para o faltoso, já que para além da sua própria inexecução, ele retirava a vantagem do não pagamento de uma indemnização superior, e, concomitantemente, uma penalização para o promitente fiel.

Adite-se que o (à partida indubitável) direito de escolha do promitente fiel, atribuído na primeira parte do segundo trecho do n.º 3 do art. 442.º ("se o contraente não faltoso optar..." – sublinhado nosso), sofre um forte revés, atenta a possibilidade de "opo[sição] ao exercício dessa faculdade", devendo, a entender-se assim, ser considerado um fictício direito de escolha.

Por outro lado, a dicotomia que, a nosso ver, se segue no próprio regime do contrato-promessa (e na disciplina dos contratos em geral) – entre incumprimento temporário e incumprimento definitivo – é aqui desconsiderada. Apesar do carácter definitivo da inexecução pode haver cumprimento se o faltoso unilateralmente assim o decidir.

Note-se ainda que se alude a uma "ofer[ta] para cumprir a promessa". O termo utilizado é pouco adequado, pois significa "pôr à disposição" do promitente fiel o cumprimento, sugerindo que cabe a este aceitá-lo ou não. Mas esta oferta, para alguns autores, configura um direito inatacável do promitente faltoso perante o promitente fiel.

Acresce a tudo isto que o número em análise termina com uma locução que encerra alguma perplexidade: "salvo o disposto no artigo 808.º". Relembre-se que este normativo alude à perda objectiva de interesse e à interpelação admonitória. Desde logo, afirme-se que há outras hipóteses de incumprimento definitivo para além destas.

Por outro lado, o que parece resultar da disposição é que a oponibilidade do promitente faltoso ao direito de escolha do promitente fiel cede perante o disposto no mencionado art. 808.º CC.

A norma não é isenta de reparos e de divergências. Pelas razões expostas, identificamo-nos com a posição seguida por Calvão da Silva.

§ 5. Algumas questões relativas ao sinal

1. Admissibilidade da redução equitativa do sinal

1.1. *Posições sobre o tema em geral*

Tem sido bastante discutido o problema da aplicabilidade em geral do art. 812.º CC ao sinal.

Um largo número de autores tende a empregar o citado normativo ao sinal, em especial à restituição do sinal em dobro. Tal, note-se, só é possível através do recurso à analogia.

Desde Vaz Serra[421], passando por Almeida Costa[422], por Pinto Monteiro[423], por Brandão Proença[424] e por Vasco Lobo Xavier[425], outros juristas têm-se pronunciado nesse sentido.

Vejamos alguns dos argumentos aduzidos:

- há uma afinidade substancial das figuras, que servem de meio compulsório ao cumprimento, garantindo-o, não havendo em ambas as situações que demonstrar danos efectivos[426];
- a solução contrária pode representar um injusto enriquecimento de uma das partes[427];

---

[421] VAZ SERRA, "Anotação ao Ac. STJ, de 21 de Dezembro de 1973", RLJ, Ano 108.º, pp. 10 e 11.

[422] ALMEIDA COSTA, Direito das Obrigações, cit., p. 428, nota 2.

[423] PINTO MONTEIRO, Cláusula penal e indemnização, cit., pp. 195 ss.

[424] BRANDÃO PROENÇA, Do incumprimento do contrato-promessa bilateral, cit., pp. 134 ss.

[425] VASCO LOBO XAVIER, "Contrato-promessa – Parecer", CJ, 1983, IV, p. 27.

[426] PINTO MONTEIRO, Cláusula penal e indemnização, cit., p. 204.

[427] VAZ SERRA, "Anotação ao Ac. STJ, de 7.6.1968", RLJ, Ano 102.º, pp. 236 ss.

222 Contrato-Promessa em Geral. Contratos-Promessa em Especial

– os trabalhos preparatórios e o direito comparado mostram uma regulamentação "lado a lado"[428].

Do outro lado, encontram-se igualmente conceituados autores, rejeitando o emprego do art. 812.º CC ao caso concreto.

Calvão da Silva[429] e Antunes Varela[430] são os rostos mais visíveis desta construção[431]. Identifiquemos os argumentos mais relevantes usados:

– à natureza real do sinal contrapõe-se o carácter consensual da cláusula penal, o que afasta qualquer possibilidade de recurso à analogia;
– do maior formalismo do sinal resulta uma maior ponderação dos contraentes quando se estabelece o confronto com o que ocorre na cláusula penal;
– dificilmente haverá um sinal manifestamente excessivo, em razão de jamais poder exceder o preço, ao contrário da cláusula penal que, como é sabido, não tem limite;
– a proibição de aplicar, por via analógica, uma norma de cariz excepcional (o art. 812.º CC), sendo que *in casu* inexiste mesmo qualquer lacuna[432].

1.2. *Posições sobre a aplicabilidade do art. 812.º CC em especial*

Questiona-se igualmente se a redução equitativa do sinal se emprega apenas no caso da sanção "restituição em dobro" ou se igualmente se utiliza na hipótese de "perda do sinal".

A discussão da temática decorre do facto de inicialmente o STJ, em dois arestos, se ter apenas pronunciado unicamente sobre o tema em debate: o da restituição do sinal em dobro.

---

[428] BRANDÃO PROENÇA, Do incumprimento do contrato-promessa bilateral, cit., pp. 134 ss.

[429] Cumprimento e sanção pecuniária compulsória, pp. 303 ss. (note-se que a posição do autor não é absoluta, já que admite que, a título excepcional, a redução equitativa pode ter lugar – ob. cit., p. 307).

[430] Das Obrigações em Geral, I, cit., pp. 339 ss.

[431] Na jurisprudência, neste sentido, ver Ac. Rel. Porto, de 1.4.2008 (RODRIGUES PIRES), www.dgsi.pt.

[432] ANTUNES VARELA, Anotação ao Ac. STJ, de 1.1.1983, RLJ, ano 119.º, pp. 346 a 348.

Pinto Monteiro[433] e Almeida Costa[434] defendem – com acerto – a aplicabilidade geral do art. 812.º CC. A diversidade de regimes a que se sujeitaria o sinal (em singelo ou em dobro) é uma das razões invocadas para o efeito[435].

1.3. *Tese acolhida*

A paridade de regimes, em sede de contrato-promessa, no que toca ao sinal e à pena, decorrente do art. 830.º, n.º 2 CC, afigura-se um bom ponto de partida para sustentar a admissibilidade da redução equitativa do sinal, por efeito do art. 812.º CC.

Acolhemos, por outro lado, a tese de Pinto Monteiro no que se refere à ideia de o art. 812.º ser a *"expressão* de um *princípio* mais vasto"* que visa "impedir *abusos* ao nível do exercício de *sanções compulsórias"*[436]. Consagra, portanto, a disposição um princípio geral sobre o tema, o que permite a aplicação do art. 812.º CC.

Acresce que a não admissibilidade da redução equitativa do sinal se mostra uma solução que parece desconsiderar a possibilidade de uma das partes poder enriquecer à custa da outra. Atentemos no seguinte caso, a nosso ver sintomático: o sinal representa 2/3 (60.000 €) do valor da coisa (90.000 €); o não cumprimento definitivo imputá-vel ao não constituinte do sinal significaria que o seu dador, a final, receberia a título de indemnização a importância que iria pagar pela coisa acrescida de metade desse valor (60.000 € x 2 = 120.000 €).

§ 6. Natureza do sinal pecuniário

Tem sido discutida a natureza do sinal, questionando-se se de trata de uma dívida de valor (ou seja, aquela em que "o objecto não consiste directamente numa importância monetária, mas numa pres-

---

[433] Cláusula penal e indemnização, cit., pp. 201 ss.

[434] Direito das Obrigações, cit., p. 428, nota 2.

[435] Cláusula penal e indemnização, cit., p. 202 (embora se reconheça que parece – a via da diversidade de regimes – uma "solução *formalmente* injustificada").

[436] Cláusula penal e indemnização, cit., pp. 209 e 210.

Contrato-Promessa em Geral. Contratos-Promessa em Especial

tação diversa, intervindo o dinheiro apenas como meio de determinação do seu quantitativo ou da respectiva liquidação"[437]) ou se está em causa uma obrigação pecuniária e, dentro dessa categoria, uma obrigação de soma ou de quantidade (art. 550.º CC).

Segundo a orientação dominante – a qual se acolhe – trata-se de uma obrigação pecuniária, especificamente de quantidade, pelo que se emprega o princípio nominalista ou da não actualização. Assim, não pode haver lugar a correcção monetária, mas tão só, em caso de mora, ao pagamento dos respectivos juros, à luz do art. 806.º CC[438].

---

[437] Esta a noção dada por ALMEIDA COSTA, Direito das Obrigações, cit., p. 736 (o autor dá como exemplo os casos de obrigação de alimentos ou de obrigação de indemnização por equivalente).

[438] Neste sentido, na doutrina, cfr. ALMEIDA COSTA, Direito das Obrigações, cit., p. 428, nota 2.

Na jurisprudência, ver, entre muitos outros, os seguintes arestos:
– Ac. Rel. Lisboa, de 28.6.2007 (JORGE LEAL), www.dgsi.pt (a "indemnização correspondente ao dobro do sinal não é susceptível de correcção monetária ou actualização, pois trata-se de obrigação pecuniária");
– Ac. Rel. Porto, de 30.5.2005 (FONSECA RAMOS), www.dgsi.pt, p. 7;
– Ac. STJ, de 12.10.2004 (AZEVEDO RAMOS), www.dgsi.pt (defende-se que "a obrigação de restituição do sinal ou do seu pagamento em dobro constitui dívida pecuniária, sujeita ao princípio nominalista constante do art. 550 do C.C. e à aplicação do regime do seu art. 806.º, no caso de mora");
– Ac. STJ, de 6.5.2004 (FERREIRA DE ALMEIDA), www.dgsi.pt (expressa-se que "a referida actualização apenas poder[ia] ter lugar se se tratasse de uma dívida de valor. Mas a obrigação de restituição do sinal ou do seu pagamento em dobro constitui uma dívida pecuniária, sujeita ao princípio nominalista");
– Ac. Rel. Porto, de 3.10.2002 (TELES DE MENEZES), www.dgsi.pt ("não cremos que estejamos perante uma dívida de valor, mas perante uma obrigação pecuniária... E dentro dessa categoria, o sinal constitui uma obrigação de soma ou de quantidade (arts 550..º e 551..º do CCivil). Por isso, vigora o princípio nominalista ou da não actualização");
– Ac. STJ, de 20.2.1997 – sumário (JOAQUIM DE MATOS), www.dsgi.pt ("a indemnização correspondente ao dobro do sinal não é susceptível de correcção monetária ou actualização, pois se trata de obrigação pecuniária");
– Ac. STJ, de 18.4.1996 – sumário (SÁ COUTO), www.dgsi.pt ("a restituição do sinal em dobro é uma dívida pecuniária e não uma dívida de valor", embora o tribunal considere que não é "a solução mais justa", mas sim "a que se acomoda à legislação vigente");
– Ac. STJ, de 26.5.1993 – sumário (RAÚL MATEUS), www.dgsi.pt ("sendo uma pura obrigação pecuniária, e não uma dívida de valor, a de restituir o sinal recebido, vale para ela, e de pleno, o princípio nominalista).

Contrato-Promessa em Geral

§ 7. Consequências decorrentes do atraso no pagamento do sinal, do sinal em dobro ou da indemnização actualizada

1. Âmbito do atraso

Normalmente, a questão é suscitada a propósito da não restituição do sinal em dobro. De todo o modo, ela deve estender-se aos outros casos, não havendo nenhuma razão válida para não o admitir também aí. Estamos perante uma situação de mora em qualquer deles.

2. Momento da constituição em mora

Tem sido defendida, na nossa doutrina[439] e na nossa jurisprudência[440], a orientação de que são devidos juros pelo atraso no pagamento do dobro do sinal desde a citação para contestar a acção.

Com efeito, é desde essa data que os devedores se encontram em mora relativamente ao dobro do sinal. Temos desta sorte uma nova obrigação, que consiste na reparação dos prejuízos causados.

Trata-se, como se disse, de uma obrigação pecuniária, pelo que se impõe a aplicação do art. 806.º CC *ex vi* art. 804.º, n.º 1 e art. 805.º, n.º 1 todos do CC[441/442].

---

[439] JANUÁRIO GOMES, "Exigência do sinal em dobro e juros moratórios", Tribuna de Justiça, 1988, pp. 7 a 9.

[440] Ver na jurisprudência os seguintes arestos:
– Ac. Rel. Porto, de 30.5.2005 (FONSECA RAMOS), www.dgsi.pt, p. 7;
– Ac. Rel. Porto, de 3.10.2002 (TELES DE MENEZES), www.dgsi.pt, p. 4.

[441] Sobre esta matéria, cfr. GRAVATO MORAIS, "Mora do devedor nas obrigações pecuniárias", Scientia Ivridica, 2008, pp. 483 ss., esp. pp. 486 ss.

[442] Pode debater-se se a demora na decisão legitima o não pagamento dos juros ao credor. Tal hipótese foi suscitada no Ac. Rel. Porto, de 30.5.2005 (FONSECA RAMOS), www.dgsi.pt, p. 7 (o promitente-vendedor invocou o dever de pagamento de juros moratórios depois de ter estado aproximadamente 7 anos à espera da decisão judicial configura uma sanção muito severa; foi entendido que terá sido afectado o direito de acesso aos tribunais, mas tal não justifica o não pagamento da indemnização moratória; parece-nos correcta a decisão: o risco do atraso na decisão deve ser suportado pelo credor que a instaura).

SUBSECÇÃO II
Outras indemnizações

> § 1. Indemnização decorrente de estipulação em contrário. 1. Existência de estipulação em contrário. 1.1. Enquadramento. 1.2. Indemnização nos termos gerais. 1.3. Em especial a cláusula penal (breves notas). 2. Falta de estipulação em contrário. § 2. Indemnização por incumprimento de obrigações secundárias. § 3. Indemnização por benfeitorias.

§ 1. Indemnização decorrente de estipulação em contrário

1. Existência de estipulação em contrário

1.1. *Enquadramento*

Determina o art. 442.°, n.° 4 CC o seguinte

– *"na ausência de estipulação em contrário, não há lugar pelo não cumprimento do contrato, a qualquer outra indemnização, nos casos de perda do sinal ou do pagamento do dobro deste, ou do aumento do valor da coisa ou do direito à data do não cumprimento".*

Assim, permite-se a aposição no contrato-promessa de convenção em sentido contrário à existência de indemnização que tenha na base o critério do sinal, em qualquer das modalidades previstas no citado número.

1.2. *Indemnização nos termos gerais*

Uma das hipóteses que resulta do normativo é a de a cláusula apenas remeter para os termos gerais da responsabilidade contratual.

Em princípio, permite-se a cumulação da indemnização com as regras do sinal.

Contrato-Promessa em Geral 227

1.3. *Em especial a cláusula penal (breves notas)*

É muito usual a fixação do montante da indemnização através de cláusula penal, que, no caso, actua apenas em sede de incumprimento definitivo.

Já enunciámos as suas modalidades, pelo que para aí remetemos[443]. Salientemos apenas algumas decisões dos nossos tribunais.

No Ac. STJ, de 10.10.2006, foi considerada válida a cláusula (penal) que previa em sede de incumprimento definitivo do contrato-promessa de compra e venda, que o promitente-alienante faria sua, a título de indemnização, a importância de 50 milhões de escudos constante do cheque entregue ao tempo da promessa. O adimplemento deveu-se ao facto de a instituição bancária não ter concedido o empréstimo que permitia a aquisição[444].

No Ac. STJ, de 25.11.2004, estava em discussão, para além da aplicabilidade do art. 442.º, n.º 2 CC, a convenção de cláusula penal na hipótese de o promitente-vendedor não poder cumprir até uma determinada data, o que acarretaria o direito a receber, desde então, o correspondente a dez por cento sobre o valor do sinal dobrado. Não se pôs em causa a sua admissibilidade, nem a sua cumulabilidade com a indemnização decorrente do dobro do sinal passado[445].

Naturalmente que a indemnização prevista através de cláusula penal para o caso de mora, não pode ser cumulada com o regime do sinal, já que este tem na sua base o incumprimento definitivo. Assim se observou no Ac. STJ, de 29.4.1999, onde se fez alusão à cumulação, com o regime do sinal, de uma indemnização, devida pela mora, resultante de cláusula penal – de 3.000.000$00[446].

Quanto à redução da cláusula penal, apenas se reforce que o tribunal não a pode realizar oficiosamente, devendo aquele que pre-

---

[443] Tit. I, Cap. IV, Sec. III.

[444] Ac. STJ, de 10.10.2006 (Sousa Leite), www.dgsi.pt, p. 3 (o problema da redução equitativa da cláusula penal não foi sequer discutido, dado que o promitente-comprador nada alegou, nem provou, nesse sentido).

[445] Ac. STJ, de 25.11.2004 (Salvador da Costa), www.dgsi.pt.

[446] Ac. STJ, de 29.4.1999 (Ferreira de Almeida), www.dgsi.pt, p. 8.

228   *Contrato-Promessa em Geral. Contratos-Promessa em Especial*

tende tal redução de carrear factos para o processo que permitam ao juiz operá-la[447].

2. Falta de estipulação em contrário

Na falta de convenção em contrário [à indemnização], os critérios assinalados que têm na sua base o sinal são, portanto, o único mecanismo ressarcitório possível desde que nada tenha sido convencionado.

Por isso, quando um dos promitentes exige o pagamento de outras quantias que visam o ressarcimento dos danos causados, o tribunal rejeita liminarmente tais pretensões.

Assim sucedeu, por exemplo, no Ac. Rel. Porto, de 20.2.2006, onde o promitente-comprador exigia, para além, da restituição em dobro, o pagamento de uma indemnização referente ao valor do empréstimo que se encontrava a pagar e uma outra pelos danos morais sofridos[448].

§ 2. Indemnização por incumprimento de obrigações secundárias

É pacífico que o sinal não impede o credor de exigir uma indemnização, nos termos gerais, se o incumprimento culposo se refira a uma obrigação secundária e autónoma da obrigação principal, sempre

---

[447] Ac. Rel. Porto, de 31.10.2006 (ALZIRO CARDOSO), www.dgsi.pt (releva-se que "não será necessária a formulação de um pedido formal de redução da indemnização fixada", baste que isso ocorra implicitamente"; *in casu*, decorre tacitamente da sua alegação que a cláusula penal é manifestamente excessiva, de sorte que o tribunal, ao reduzir a cláusula, "não decidiu oficiosamente"), Ac. STJ, de 27.1.2004 (FERNANDES MAGALHÃES), www.dgsi.pt (*in casu*, apenas foi referenciado, "em termos vagos, que a cláusula é manifestamente exorbitante, sem sequer quantificar o montante que entende ser razoável", cabendo àquele que pretendia beneficiar da redução alegar e provar (art..º 342.º n..º 2 do C. Civil) os factos demonstrativos de que o prejuízo resultante da obrigação de venda é inferior a 500 mil contos. Não o fez, nada alegando nesse sentido". O tribunal afirmou ainda que não existiam elementos que "permitam concluir que a cláusula penal livremente fixada pelas partes é desajustada e irrazoável em termos de impor a sua redução equitativa").

[448] Ac. Rel, Porto, de 20.2.2006 (MARQUES PEREIRA), www.dgsi.pt, p. 6, Ac. STJ, de 27.5.2008 (SALVADOR DA COSTA), www.dgsi.pt (no caso, não houve convenção de "qualquer outra indemnização para além daquela que resulta do artigo 442.º, n.º 4 CC").

que tal incumprimento, não se reflectindo no cumprimento da obrigação principal, cause prejuízos.

Desta sorte, a indemnização é atribuída se estiverem preenchidos os respectivos requisitos, não interferindo aqui o regime do sinal[449].

§ 3. Indemnização por benfeitorias

Mostra-se ainda possível, o que é aceite igualmente pela doutrina[450] e pela jurisprudência[451], a existência de uma obrigação de indemnizar decorrente de benfeitorias realizadas, *v.g.*, na coisa prometida vender após a sua entrega.

---

[449] Na doutrina, cfr. ANA PRATA, O contrato-promessa e o seu regime civil, cit., pp. 777 ss.

Na jurisprudência, ver Ac. STJ, de 13.11.2008 (SERRA BAPTISTA), www.dgsi.pt.

[450] PIRES DE LIMA e ANTUNES VARELA, Código Civil Anotado, I, cit., p. 418.

[451] Ac. STJ, de 13.11.2008 (SERRA BAPTISTA), www.dgsi.pt, Ac. Rel. Porto, de 28.1.2008 (ABÍLIO COSTA), www.dgsi.pt.

SECÇÃO III
Direito de retenção

§ 1. Breve caracterização. § 2. Enquadramento legal. § 3. Pressupostos. 1. Beneficiário da promessa de transmissão ou de constituição de direito real. 2. Entrega da coisa objecto do contrato-promessa. 3. Titularidade, por parte do beneficiário, de um crédito sobre a outra parte, decorrente do incumprimento definitivo imputável do contrato-promessa. 4. Nota final. § 4. Finalidade. § 5. Alcance do direito de retenção. 1. Preferência do titular do direito de retenção sobre outros credores. 1.1. Direito de retenção e hipoteca. 1.2. Direito de retenção e privilégios imobiliários gerais. § 6. Direito de retenção, penhora e venda executiva. 1. Direito de retenção e penhora. 1.1. Direito de retenção e embargos de terceiro. 1.2. Direito de retenção e reclamação de créditos. 2. Direito de retenção e venda executiva. 2.1. Prevalência da venda executiva sobre o direito de retenção. 2.2. Consequências da venda executiva. § 7. Direito de retenção, posse e meios de defesa da posse.

§ 1. Breve caracterização

O direito de retenção, configurando um direito real de garantia, permite ao retentor a não entrega da coisa a quem, em princípio, lha podia exigir, enquanto este não cumprir a obrigação a que se encontra adstrito.

Note-se que, por força da característica do direito em causa, o retentor goza do direito de sequela e da possibilidade de executar a coisa, fazendo-se pagar pelo preço da venda (art. 760.º e 759.º CC)[452].

---

[452] Sobre o tema em geral, ver ALMEIDA COSTA, Direito das Obrigações, cit., pp. 973 ss. e ANTUNES VARELA, Das Obrigações em Geral, II, cit., pp. 577 ss.

§ 2. Enquadramento legal

O direito de retenção atribuído ao promitente-transmitente tem a sua origem no DL 236/80, de 18 de Julho.

A regra respectiva encontrava-se aposta no art. 442.º, em particular no seu n.º 3. Aí se dispunha que

- *"no caso de ter havido tradição da coisa objecto do contrato-promessa, o promitente-comprador goza, nos termos gerais, do direito de retenção sobre ela, pelo crédito resultante do incumprimento pelo promitente-vendedor".*

Posteriormente, com o DL 379/86, de 11 de Novembro, a norma sofreu alterações significativas, em termos sistemáticos e substanciais.

Por força do texto legal em causa, a regra passou a constar da secção VII, referente ao "direito de retenção", inserindo-se nos seus "casos especiais".

Determina, assim, o art. 755.º, n.º 1, al. f) CC que goza de direito de retenção

- *"o beneficiário da promessa de transmissão ou constituição de direito real que obteve a tradição da coisa a que se refere o contrato prometido, sobre essa coisa, pelo crédito resultante do não cumprimento imputável à outra parte, nos termos do artigo 442.º CC"* (sublinhados nossos).

Mais uma vez cabe realçar que a introdução deste regime visou sobretudo tutelar o promitente-transmissário em virtude ser muitas vezes imputável ao promitente-transmitente o incumprimento do contrato-promessa, o que importava para aquele consequências bastante gravosas[453].

---

[453] Ver Ac. STJ, de 20.1.1999 (NORONHA NASCIMENTO), BMJ, n.º 483 (1999), 197.

232 Contrato-Promessa em Geral. Contratos-Promessa em Especial

§ 3. Pressupostos

1. Beneficiário da promessa de transmissão ou de constituição de direito real

O direito de retenção é atribuído ao beneficiário de uma promessa específica: a que envolve a transmissão ou a constituição de um direito real (*v.g.,* a propriedade, o usufruto)[454].

Ficam, desde logo, excluídas do quadro legal as promessas de constituição de direitos obrigacionais. Desta sorte, por exemplo, o promitente-arrendatário de um imóvel não parece que possa invocar o direito de retenção[455].

2. Entrega da coisa objecto do contrato-promessa

A *traditio* da coisa pressupõe tão só a detenção material e lícita, não sendo necessário, para este efeito, a posse em nome próprio[456].

Da detenção do bem que emerge, em princípio, da sua mera entrega pode resultar um direito de retenção[457], não sendo aquela pressuposto exclusivo deste[458].

Assinala-se, no Ac. STJ, de 27.11.2007, que tal sucede "na medida em que o direito de retenção é apenas um direito de garantia

---

[454] Ac. Rel. Lisboa, de 14.12.2006 (CARLA MENDES), www.dgsi.pt ("o direito de retenção previsto no art. 755.º, n.º 1, al. f) do Código Civil não se aplica apenas ao caso do contrato-promessa de compra e venda, abrangendo outros, como é o caso do contrato-promessa de permuta de imóveis em que se verificou a tradição do imóvel permutado").

[455] Assim se conclui, igualmente, no Ac. STJ, de 6.4.2006 (OLIVEIRA BARROS), www.dgsi.pt, p. 9.

Ver infra Tit. I, Cap. III.

[456] Como se observa no Ac. Rel. Porto, de 18.5.2006 (JOSÉ FERRAZ), p. 7, a posse não é requisito do direito de retenção.

Note-se que se mostra necessário ao promitente-comprador provar a entrega da coisa, pois sem tal demonstração não estão preenchidos os pressupostos para o exercício do direito de retenção (Ac. STJ, de 6.11.2007 (URBANO DIAS), www.dgsi.pt – "não se provando a *traditio*, cai por terra, igualmente, a pretensão do direito de retenção").

[457] GALVÃO TELLES, Direito das Obrigações, cit., p. 314.

[458] Assim se assinalou no Ac. Rel. Porto, de 18.5.2006 (JOSÉ FERRAZ), p. 7.

Contrato-Promessa em Geral 233

destinado a assegurar a satisfação de um crédito pecuniário e não a aquisição de direitos reais, como o de propriedade, sobre a coisa objecto de tal garantia, sem embargo de aquela tradição ter o seu fundamento habitual, durante a vigência do contrato-promessa, na perspectiva de aquisição desse direito"[459].

3. Titularidade, por parte do beneficiário, de um crédito sobre a outra parte, decorrente do incumprimento definitivo imputável do contrato-promessa[460]

O crédito emergente do contrato-promessa é o que tem na sua base o incumprimento definitivo daquele[461].

Assim se pronuncia a doutrina[462] e a jurisprudência[463] dominantes, afastando a tese de que o direito de retenção também se aplica em sede de inadimplemento temporário.

Deve discutir-se, porém, se tal crédito apenas existe se tiver havido sinal passado ou não.

Literalmente, o art. 755.º, n.º 1, al. f) CC só se refere ao "crédito". Daí decorre que é, à partida, independente da sua causa. Todavia, o mesmo preceito também alude à existência do crédito "nos termos do art. 442.º CC". O que poderia significar que só havendo sinal passado

---

[459] Ac. STJ, de 27.11.2007 (SILVA SALAZAR), www.dgsi.pt, p. 5.

[460] Ao aludir-se a incumprimento definitivo está igualmente a pressupor-se que o direito de retenção pressupõe a existência de um contrato-promessa válido (Ac. STJ, de 24.5.2007 (URBANO DIAS), www.dgsi.pt – "o direito de retenção configurado na al. f) do n.º 1 do art. 755.º do CC pressupõe a existência de um contrato-promessa válido, mas incumprido. Nunca de um contrato nulo").

[461] É preciso igualmente demonstrá-lo. Ver Ac. STJ, de 18.9.2007 (MÁRIO CRUZ), www.dgsi.pt (no caso, não foi alegado qualquer incumprimento do contrato-promessa, apenas se invocou que a falta de licença de utilização está a impedir a celebração do contrato definitivo; o que não se considerou bastante "para que se possa vir a apurar o incumprimento", pelo que "sem a alegação de factos que sejam susceptíveis de levar ao incumprimento não há direito de retenção").

Impõe-se ainda a existência do crédito, pelo que não se demonstrando este falece o direito de retenção (Ac. STJ, de 17.4.2007 (ALVES VELHO), www.dgsi.pt – "não há qualquer crédito reconhecido aos ora Recorrentes, crédito que nem sequer alegaram ter, relativamente ao contrato-promessa relativo à fracção autónoma que detêm").

[462] Ver, por exemplo, CALVÃO DA SILVA, Sinal e contrato-promessa, cit., p. 184.

234 *Contrato-Promessa em Geral. Contratos-Promessa em Especial*

ou se existisse convenção indemnizatória haveria lugar ao direito de retenção.

Cremos que a conclusão não colhe. O direito de retenção há-de garantir qualquer crédito emergente do incumprimento definitivo do contrato-promessa. É esse o valor da *ampla* remissão efectuada para o art. 442.º CC[464/465].

4. Nota final

A falta do preenchimento de qualquer dos mencionados requisitos importa o não reconhecimento do direito de retenção do promitente-transmissário.

---

[463] Esta é a orientação seguida no Ac. STJ, de 10.1.2008 (SALVADOR DA COSTA), www.dgsi.pt, p. 3 ("trata-se de um direito real de garantia cujos pressupostos são a existência de um contrato-promessa, a convenção de tradição do objecto mediato do contrato prometido e o incumprimento definitivo daquele contrato pelo promitente-vendedor), no Ac. STJ, de 18.12.2007 (ALBERTO SOBRINHO), www.dgsi.pt, p. 12, no Ac. STJ, de 4.12.2007 (FONSECA RAMOS), www.dgsi.pt, p. 3 ("no pressuposto de que existe incumprimento definitivo imputável ao promitente-vendedor que recebeu o sinal); parece ser essa a posição do Ac. STJ, de 27.11.2007 (SILVA SALAZAR), www.dgsi.pt, p. 5 (aí se afirma que "crédito esse que tem por objecto o pagamento, em dobro, do montante entregue como sinal"); idêntica orientação segue o Ac. STJ, de 18.9.2007 (MÁRIO CRUZ), www.dgsi.pt, p. 3, bem como o Ac. STJ, de 24.5.2007 (URBANO DIAS), www.dgsi.pt, p. 3; no mesmo sentido, o Ac. Rel. Porto, de 16.6.2005 (AMARAL FERREIRA), www.dgsi.pt, pp. 3 e 4 (assinala-se que o "<u>contrato prometido não foi definitivamente realizado</u> por culpa da promitente-alienante e, só nesta hipótese, a promitente-adquirente passaria a gozar de direito de retenção" – sublinhado nosso).

[464] A doutrina, em geral, assim o entende, cfr. ANA PRATA (O contrato-promessa e o seu regime civil, cit., p. 888) e CALVÃO DA SILVA (Sinal e contrato-promessa, cit., p. 184).

Na jurisprudência, cfr. Ac. Rel. Porto, de 26.10.2006 (DEOLINDA VARÃO), www.dgsi.pt, p. 5.

Diversamente, MENEZES LEITÃO considera que o direito de retenção "só tem conexão com o direito ao aumento do valor da coisa ou do direito, que é o único crédito resultante do não cumprimento que tem uma relação directa com a coisa a reter", interpretando assim restritivamente o art. 755.º, n.º 1, al. f) CC. A interpretação proposta visa, segundo o autor, harmonizar os direitos dos credores hipotecários com os direitos do promitente-comprador (Direito das Obrigações, I, cit., p. 246).

[465] O preenchimento dos três requisitos assinalados e, consequentemente, a atribuição do direito de retenção ao promitente-comprador, consta, entre outros, do Ac. Rel. Porto, de 18.5.2006 (JOSÉ FERRAZ), pp. 6 e 7.

Naturalmente que estando em causa um contrato-promessa nulo, jamais se pode aludir a um direito de retenção, pois este pressupõe a existência de um negócio, em primeiro lugar, válido, mas, ulteriormente, incumprido definitivamente[466].

§ 4. Finalidade

O direito de retenção conferido ao promitente-comprador tem a seguinte finalidade: garantir o pagamento do respectivo crédito emergente do contrato-promessa, designadamente o relativo ao dobro do sinal[467].

§ 5. Alcance do direito de retenção

1. Preferência do titular do direito de retenção sobre outros credores

1.1. *Direito de retenção e hipoteca*

O direito de retenção confere primazia ao respectivo titular em relação a outros credores, sendo que tem mesmo prioridade sobre credores com hipoteca anteriormente constituída[468].

---

[466] Ac. STJ, de 24.5.2007 (URBANO DIAS), www.dgsi.pt, p. 3.

[467] Assim o observa o Ac. STJ, de 29.4.2008 (PAULO SÁ), www.dgsi.pt ("o direito de retenção conferido aos promitentes-compradores que sinalizaram as fracções habitacionais que ocupam, não visa mantê-los na fruição de qualquer direito de gozo, mas antes garantir o pagamento do seu crédito – dobro do sinal prestado – no pressuposto de que existe incumprimento definitivo imputável ao promitente-vendedor que recebeu o sinal").

[468] Ac. STJ, de 14.9.2006 (SALVADOR DA COSTA), www.dgsi.pt ("o titular do direito de retenção sobre a fracção predial, por exemplo, enquanto a não entregar, tem a faculdade de a executar, nos mesmos termos que o pode fazer o credor hipotecário e de ser pago com preferência aos demais credores do devedor (art. 759.º, n.º 1 CC). Assim, o direito de retenção prevalece sobre o direito de hipoteca, ainda que esta tenha sido registada anteriormente à constituição daquele (art. 759.º, n.º 2 CC)").

236 Contrato-Promessa em Geral. Contratos-Promessa em Especial

Tal resulta do art. 759.º, n.º 2, onde se determina que

– "*o direito de retenção prevalece neste caso sobre a hipoteca, ainda que esta tenha sido registada anteriormente*".

De realçar que já foi suscitada, por várias ocasiões, o problema da inconstitucionalidade desta norma.

Quer o Tribunal Constitucional, através dos Acs. 356/04, de 19.4.2004[469], e 594/03, de 3.12.2003, quer o STJ, designadamente nos Acs. STJ de 18.12.2007[470], de 12.9.2006[471], de 11.7.2006[472], de 7.4.2005[473], se pronunciaram no sentido da constitucionalidade da norma.

A introdução de um tal regime teve sobretudo em vista tutelar o promitente-consumidor no confronto com as instituições de crédito. Trata-se de dar prevalência ao direito dos consumidores à protecção de particulares interesses económicos conexos, dominantemente, à compra de casa própria[474].

---

[469] A argumentação aduzida tem na sua base o preâmbulo do DL 236/80, onde se assinala que o objectivo prosseguido é a tutela do consumidor e das expectativas de estabilização do negócio (que frequentemente incide sobre a aquisição de imóvel para habitação própria permanente) fundada na entrega da coisa.

[470] Ac. STJ, de 18.12.2007 (ALBERTO SOBRINHO), www.dgsi.pt, p. 17.

[471] Ac. STJ, de 12.9.2006 (FARIA ANTUNES), www.dgsi.pt, p. 2 e 3.

[472] Ac. STJ, de 11.7.2006 (DUARTE SOARES), www.dgsi.pt, p. 3 (afirma-se que se aceita tratar-se "de um risco acrescido no comércio bancário, mas não parece que daí resulte ofensa de relevante princípio constitucional"; donde "não se vê que esteja em causa um direito análogo ao direito de propriedade com afinidades ao regime próprio dos direitos, liberdades e garantias a reclamar, para a sua criação e disciplina, a competência exclusiva da Assembleia da República").

[473] Ac. STJ, de 7.4.2005, CJ, Ac. STJ, 2005, II, pp. 34 ss. (aí entendeu-se que a solução preconizada pelo art. 759.º, n.º 2 CC, aplicável às hipotecas constituídas depois da entrada em vigor do DL 236/80 não pode considerar-se arbitrária, nem violadora de qualquer princípio constitucional, designadamente do princípio da legítima confiança, ínsito no art. 2.º CRP).

Cfr. ainda o Ac. STJ, 4.12.2007 (FONSECA RAMOS), www.dgsi.pt, Ac. STJ, de 27.11.2007 (SILVA SALAZAR), www.dsgi.pt, Ac. Rel. Lisboa, de 9.3.2006 (CARLOS VALVERDE), www.dgsi.pt.

[474] RIBEIRO DE FARIA, Direito das Obrigações, I, cit., p. 281 (salienta o autor que "no diferendo ou jogo de interesses polarizado em torno de um consumidor final e de das instituições de crédito, a lei, repensando tudo, deixou-se cair mais uma vez para o lado do primeiro. E bem. É que as armas com que as instituições de crédito se podem defender neste

Contrato-Promessa em Geral 237

De notar que se pode obstar ao exercício do direito de retenção, mediante a prestação de caução suficiente[475/476].

1.2. *Direito de retenção e privilégios imobiliários gerais*

O direito de retenção tem primazia ainda sobre os privilégios imobiliários gerais, em razão de estes se traduzirem em meras preferências de pagamento.

Desta sorte, apenas prevalecem em relação a titulares de créditos comuns, já que não incidem sobre bens determinados. A disciplina a aplicar há-de ser necessariamente a dos privilégios mobiliários, nos termos do art. 749.º CC[477].

§ 6. Direito de retenção, penhora e venda executiva

1. Direito de retenção e penhora

1.1. *Direito de retenção e embargos de terceiro*

Cumpre, em primeiro lugar, apreciar se em face da penhora, antecâmara da venda executiva, o retentor pode socorrer-se dos embargos de terceiro para obstar ao prosseguimento da execução (afastando a coisa do processo executivo).

---

contexto levam de longe a palma às capacidades de defesa dos simples particulares. Àquelas basta, na verdade, para se tutelarem adequadamente, seleccionar os créditos a conceder").

Ver ainda ISABEL MENÉRES CAMPOS, Da hipoteca. Caracterização, constituição e efeitos, Coimbra, 2003, pp. 225 ss.

[475] Ac. STJ, de 6.5.2008 (MÁRIO CRUZ), www.dgsi.pt, p. 11.

[476] Ver MIGUEL TEIXEIRA DE SOUSA, "A Penhora de Bens na Posse de Terceiros", ROA, 1991, p. 83; AMÂNCIO FERREIRA, Curso de Processo de Execução, 2.ª Ed., Coimbra, 2000, p. 212.

Cfr. Ac. STJ, de 29.4.2008 (PAULO SÁ), www.dgsi.pt.

[477] Cfr. decisão do Ac. STJ, de 9.1.2007 (SILVA SALAZAR), www.dgsi.pt, p. 8 (foi feita a graduação do crédito resultante do direito de retenção emergente do contrato-promessa acima do crédito imobiliário geral da Segurança Social).

Como se sabe no art. 351.º, n.º 1 CPC, na esteira do art. 1285.º CC, consagra-se o mecanismo dos embargos de terceiro, que permite a defesa do embargante – que não tem necessariamente de ser um possuidor – no caso de penhora ou de diligência ordenada judicialmente.

A orientação seguida dominantemente pela doutrina[478] e pela jurisprudência[479] é a de que o retentor não pode impedir o prosseguimento da execução, pois a sua função é a de protecção do crédito emergente do incumprimento definitivo da promessa. E ele dispõe, para este efeito, de um meio de defesa adequado: a reclamação do crédito no processo de execução, tendo aí até uma especial prioridade.

Assinala-se, por exemplo, no Ac. Rel. Porto, de 27.2.2007, que "o direito de retenção do promitente-comprador não pode, portanto, travar ou paralisar, através dos embargos de terceiro, as investidas dos outros credores do executado (promitente-vendedor) que legitimamente se dirigem à satisfação dos seus créditos. Se assim fosse estaria a consagrar-se uma tutela ao promitente-comprador que excedia as finalidades do próprio instituto do direito de retenção"[480].

Desta sorte, como bem destaca Miguel Mesquita, "os embargos de terceiro deduzidos contra uma penhora pelo titular de um direito de retenção ... devem – por manifesta falta de fundamento – ser indeferidos liminarmente, nos termos do art. 354.º"[481].

---

[478] LEBRE DE FREITAS, Acção Executiva, 2.ª Ed., Coimbra, 2000, p. 231, nota 24, ABRANTES GERALDES, Direito de retenção – Breves Notas, CEJ, 1998, pp. 40 ss., ISABEL MENÉRES CAMPOS, Da hipoteca..., cit., p. 231.

[479] Ac. Rel. Porto, de 27.2.2007 (HENRIQUE ARAÚJO), www.dgsi.pt, p. 3 e 4 (como se assinala "o direito de retenção do promitente-comprador não pode, portanto, travar ou paralisar, através dos embargos de terceiro, as investidas dos outros credores do executado (promitente-vendedor) que legitimamente se dirigem à satisfação dos seus créditos. Se assim fosse estaria a consagrar-se uma tutela ao promitente-comprador que excedia as finalidades do próprio instituto do direito de retenção"), Ac. STJ, de 18.9.2007 (MÁRIO CRUZ), www.dgsi.pt ("o direito de retenção é um mero direito real de garantia das obrigações pelo que, mesmo verificando-se os pressupostos para a sua verificação, não pode obstar à penhora ou conduzir implicitamente à suspensão da execução").

Ac. STJ, de 11.7.2006 (FERNANDES MAGALHÃES), www.dgsi.pt, e Ac. Rel. Lsiboa, de 26.2.1992 (NASCIMENTO COSTA), www.dgsi.pt.

[480] Ac. Rel. Porto, 27.2.2007 (HENRIQUE ARAÚJO), www.dgsi.pt.

[481] Apreensão de bens em processo executivo e oposição de terceiro, 2.ª Ed., Revista e Aumentada, 2001, p. 172.

1.2. *Direito de retenção e reclamação de créditos*

A penhora da coisa, objecto do contrato-promessa, deixa intocado o crédito que emerge do direito de retenção.

Tal direito permite ao retentor manter-se no imóvel até à fase da venda, da qual provém a quantia para que se proceda ao pagamento aos credores.

Impõe-se, no entanto, que haja a reclamação do crédito, sob pena de caducidade do direito.

No entanto, esta é necessariamente antecedida da fase de concurso e de graduação de créditos reclamados. Donde o retentor é chamado para reclamar o seu crédito, sendo graduado preferencialmente em resultado da quantia que prestou a título de sinal, por efeito da conclusão do contrato-promessa de compra e venda da coisa que legitimamente retém (cfr. art. 864.º, b) e art. 865.º, n.º 1 CPC)[482].

Note-se que o meio processual próprio para o titular do direito de retenção defender o seu crédito é a execução ou a intervenção na fase processual do concurso e graduação de créditos (arts. 865.º ss. CPC)[483].

Por efeito do direito de retenção é atribuído ao retentor um direito de preferência, o que lhe permite reclamar os créditos em sede executiva tendo em vista o seu pagamento pelo produto da venda respectiva[484].

---

[482] Ac. STJ, de 4.12.2007 (Fonseca Ramos), www.dgsi.pt, p. 3 (o direito de retenção não é assim incompatível com a penhora ou a apreensão judicial, porque o seu titular é tutelado no quadro da acção executiva).

Ver ainda Miguel Mesquita, Apreensão de bens em processo executivo e oposição de terceiro, cit., pp. 172 ss.

[483] Não são os embargos de terceiro adequados à reacção do retentor. Assim se decidiu no Ac. STJ, de 18.9.2007 (Mário Cruz), www.dgsi.pt, p. 3, onde após a celebração do contrato-promessa, foi instaurada acção executiva, por uma instituição de crédito, tendo o promitente-comprador utilizado aquele expediente processual, não tendo sido dado seguimento aos embargos de terceiro utilizados.

[484] Sobre o tema, cfr., na doutrina, Miguel Teixeira de Sousa, "A penhora de bens na posse de terceiros", ROA, 1991, p. 83, Amâncio Ferreira, Curso de Processo de Execução, 2.ª Ed, Coimbra, 2000, p. 212, e Remédio Marques, Curso de Processo Executivo Comum à Face do Código Revisto, Coimbra, 2000, pp. 322 e 331.

Na jurisprudência, cfr. Ac. STJ, de 29.4.2008 (Paulo Sá), www.dgsi.pt.

Se não reclamar o seu crédito, o seu direito de retenção caduca, sem que haja a transmissão do direito [de crédito] para o produto da venda da coisa, considerando-se o promitente-transmissário um mero credor comum.

2. Direito de retenção e venda executiva

2.1. *Prevalência da venda executiva sobre o direito de retenção*

Um outro problema a analisar – na decorrência da instauração da acção executiva, da posterior penhora e da subsequente venda executiva – é o do estado do direito de retenção em face deste último acto.

Há um largo conjunto de autores que entende prevalente a venda executiva sobre o direito de retenção do promitente-transmissário. Enunciemos alguns dos argumentos aduzidos:

– a pretensão do retentor não pode impedir a venda executiva, atendendo a que subjacente a tal direito "não há nenhum direito real de gozo que a penhora dos credores ofenda, mas um simples direito real de garantia"[485]:

– o retentor "pode realizar o conexo direito de crédito de que seja titular no quadro do concurso de credores, através do mecanismo da reclamação de créditos"[486].

– "*o direito de retenção não subtrai o bem ao património do devedor*, originando a sua impenhorabilidade (art. 831.º do Código de Processo Civil)"[487].

Neste sentido se posiciona uma boa parte da jurisprudência. Ver, entre outros, os seguintes arestos:

---

[485] ANTUNES VARELA, Das Obrigações em Geral, I, cit., p. 362 ss.

[486] SALVADOR DA COSTA, Os incidentes da instância, cit., p. 85.

[487] CALVÃO DA SILVA, Sinal e contrato-promessa, cit., p. 187. Cfr. igualmente ISABEL MENÉRES CAMPOS, Da hipoteca..., cit., p. 231.

Contrato-Promessa em Geral

– o Ac. Rel. Porto, de 26.1.2006 observa que o direito de retenção não impede a venda executiva[488], o que igualmente é sugerido no Ac. Rel. Porto, de 26.10.2006[489].

– o Ac. STJ, de 20.1.1999, afirma que o retentor – quando está em causa um crédito indemnizatório por efeito do incumprimento definitivo – "não pode impedir a venda executiva da coisa, devendo entrar na graduação de créditos que sobre ela se faça"[490].

Cremos que com razão. O direito de retenção do promitente-comprador visa acima de tudo assegurar o crédito. Este fica garantido, na medida do possível, com a sua reclamação no processo executivo. A conferir-se, por outro lado, uma tal amplitude ao direito do retentor isso prejudicaria infundada e decisivamente outros credores, o que não se mostraria adequado.

2.2. *Consequências da venda executiva*

Domina o entendimento de que com a venda executiva se dá a caducidade do direito de retenção, enquanto direito real de garantia, à luz do art. 824.º, n.º 2 CPC. Assim, "os bens são transmitidos livres de todos eles [os direitos reais de garantia], sejam de constituição anterior ou posterior à penhora, tenham registo ou não tenham, tenha havido ou não reclamação na execução dos créditos que garantem"[491].

Diversamente, Menezes Cordeiro defende que o direito de retenção, dado que tem igualmente como propósito assegurar o gozo da coisa, integra a excepção que emerge do art. 824.º, n.º 2 CPC, não caindo com a venda executiva[492].

---

[488] Ac. Rel. Porto, de 26.1.2006 (SALEIRO DE ABREU), www, dgsi.pt, p. 4.

[489] Ac. Rel. Porto, de 26.10.2006 (DEOLINDA VARÃO), www, dgsi.pt, p. 6.

[490] Ver Ac. STJ, de 20.1.1999 (NORONHA NASCIMENTO), BMJ, n.º 483, 1999, p. 199.

[491] Ac. STJ, de 13.9.2007 (SANTOS BERNARDINO), www.dgsi.pt, p. 6.
Este é o entendimento de PIRES DE LIMA e de ANTUNES VARELA, Código Civil Anotado, II, cit., p. 97, LEBRE DE FREITAS, A acção executiva, cit., p. 274, SALVADOR DA COSTA, O concurso de credores, 3.ª Ed., Coimbra, 2005, pp. 232 e 233, AMÂNCIO FERREIRA, Curso de Processo de Execução, 9.ª Ed., Coimbra, 2006, p. 392.

[492] "Da retenção do promitente na venda executiva", ROA, Ano 57, II, pp. 547 ss.

242 *Contrato-Promessa em Geral. Contratos-Promessa em Especial*

Acompanhamos aquela orientação.

A venda executiva tem por função a obtenção de um valor pecuniário, visando o pagamento aos respectivos credores. Ora, o direito de retenção tem por finalidade a garantia do crédito. Até que aquela ocorra, o retentor mantém o uso do bem, que é assim acessório ou instrumental da garantia. Verificada aquela venda não há fundamento que legitime a retenção. O bem é alienado sem quaisquer ónus. Se assim não fosse dificilmente estariam disponíveis sujeitos para adquirir em sede executiva, dada a manutenção do direito de retenção. Corria-se até o risco de perpetuar este.

Nestes termos, se porventura o valor obtido com a venda executiva é menor do que o crédito que garante, o retentor apenas recebe o valor correspondente. É insuficiente do seu ponto de vista, mas mais não lhe dá o direito de retenção[493].

§ 7. Direito de retenção, posse e meios de defesa da posse

Como resultou do exposto, o direito de retenção não se encontra dependente de o beneficiário da promessa ser possuidor (em nome próprio) da coisa.

De todo o modo não se exclua a possibilidade de utilização dos meios de defesa da posse, já que a lei o admite. Por via da aplicabilidade das regras do penhor – independentemente de se tratar de um bem móvel (art. 758.º CC[494]) ou de um bem imóvel (art. 759.º, n.º 3 CC[495]) –, tais instrumentos podem ser usados (cfr. art. 670.º, al. a) CC)[496].

---

[493] Ac. STJ, de 13.9.2007 (Santos Bernardino), www.dgsi.pt, p. 7.

[494] Dispõe-se que "o respectivo titular goza dos direitos e está sujeito às obrigações do credor pignoratício".

[495] Determina-se no preceito que "até à entrega da coisa são aplicáveis, quanto aos direito e [às] obrigações do titular da retenção, as regras do penhor, com as necessárias adaptações".

[496] Neste sentido, Calvão da Silva, Sinal e contrato-promessa, cit., p. 185.

Cfr., quanto à defesa da posse e às suas incertezas, Júlio Gomes, "Do direito de retenção (arcaico, mas eficaz...)", CDP, n.º 11, 2005, pp. 19 ss.

Ver ainda o Ac. Rel. Porto, de 11.5.2006 (Ataíde das Neves), www.dgsi.pt, p. 5.

CAPÍTULO VI
Contrato-promessa e posse

§ 1. Situação-regra: da entrega da coisa não se pode deduzir a posse. § 2. Desvio à regra: admissibilidade de posse. 1. Considerações gerais. 2. Casos específicos. 2.1. O pagamento da (quase) totalidade do preço conjugado com a prática de actos materiais e com a extensão temporal da situação. 2.2. Não intenção de realização do contrato definitivo baseada em causa específica e actuação do promitente. § 3. Efeitos decorrentes da posse. 1. Meios de defesa da posse. 2. Usucapião.

Cabe analisar a questão de saber se, na sequência da celebração de um contrato-promessa, é susceptível de se transferir a posse do objecto em causa para o promitente-transmissário.

A questão tem sido debatida quando há lugar à entrega da coisa, já que a mera celebração de contrato-promessa relativo a negócio definitivo translativo não permite qualificar como possuidor o promitente-transmissário.

§ 1. Situação-regra: da entrega da coisa não se pode deduzir a posse

A entrega da coisa, independentemente do momento em que ocorra – seja ao tempo da conclusão do contrato-promessa, seja posteriormente, mas antes da celebração do negócio definitivo (translativo) –, não permite, em regra, falar de posse do promitente-transmissário.

Tal sujeito apenas se torna, em princípio, mero detentor da coisa (isto é, possuidor em nome alheio). Através da *traditio*, o referido promitente obtém o, habitualmente designado, *corpus possidendi*, mas já não o respectivo *animus*[497].

---

[497] Como expressa ANTUNES VARELA "o promitente-comprador investido prematuramente no gozo da coisa, que lhe é concedido na pura expectativa da futura celebração do contrato prometido, não é possuidor dela, precisamente porque, sabendo ele, como ninguém, que a coisa pertence ainda ao promitente-vendedor e só lhe pertencerá a ele depois de realizado o contrato translativo prometido, não pode agir seriamente com a intenção de um titular da propriedade ou de qualquer outro direito real sobre a coisa" ("Anotação ao Ac. STJ, de 2 de Novembro de 1989", RLJ, Ano 128.°, 1995/1996, p. 146).

No Ac. STJ, de 18.9.2007 (MÁRIO CRUZ), www.dgsi.pt, p. 3, observou-se que "no contrato-promessa aqui em presença, mesmo podendo haver *corpus* com a *traditio* da coisa – consubstanciada na alegada entrega da chave –, faltar-lhe-ia o *animus* – porque o promitente comprador é o primeiro a reconhecer que ainda só pagou o sinal e que a parte restante do preço só será paga no acto da escritura, dizendo, inclusive, que a marcação desta se prevê para breve. Sabe assim que a coisa ainda lhe não pertence e que o imóvel só supostamente passará a ser seu após o cumprimento integral da prestação que sobre ele impende, com a realização da escritura, o que significa saber perfeitamente que sobre o imóvel ainda não actua como se dono já fosse mas como tendo autorização dele para aí praticar os actos materiais em causa". Assim, "na qualidade de mero detentor, não lhe assiste o direito de se socorrer dos meios possessórios – arts. 351..°-1 do CC".

A mesma ideia emerge do Ac. STJ, de 13.9.2007 (SANTOS BERNARDINO), www.dgsi.pt, p. 5 (se o promitente-comprador "obtém a entrega da coisa antes da celebração do contrato prometido, adquire o *corpus* possessório, mas não o *animus possidendi*, ficando pois na situação de mero detentor ou possuidor precário"), do Ac. STJ, de 17.4.2007 (ALVES VELHO), www.dgsi.pt, p. 4 (refere-se que, "em regra, o promitente-comprador exercerá sobre o bem um direito pessoal de gozo semelhante ao do comodatário, mas que não lhe confere a realidade da posse, nem mereceu ainda equiparação legal"), do Ac. Rel. Lisboa, de 8.5.2008 (JOSÉ EDUARDO SAPATEIRO), www.dgsi.pt, (o contrato-promessa só confere, em regra, "um direito de crédito ao promitente-comprador – o direito à celebração do contrato prometido e definitivo – e que, ainda que haja tradição da coisa para o mesmo, este não passa de um *detentor ou possuidor precário* nos termos e para os efeitos do artigo 1290.°'").

Ver, no entanto, a posição de MENEZES CORDEIRO, "O novo regime do contrato--promessa – Comentários às alterações aparentemente introduzidas pelo Decreto-Lei 236/80, de 18 de Julho, ao Código Civil", BMJ, n.° 306, 1981, pp. 46 e 47.

§ 2. Desvio à regra: admissibilidade de posse

1. Considerações gerais

Pode, todavia, suceder que o promitente-transmissário, *v.g.,* o promitente-adquirente, possa ser havido como possuidor em nome próprio.

São, portanto, configuráveis hipóteses, a título excepcional, de verdadeira posse[498].

Cabe sublinhar, no entanto, que não é a mera entrega da coisa que confere, ao respectivo promitente, a posse. Pode bem dizer-se que aquela é uma condição necessária, mas não suficiente, para fazer operar a consequência em apreço.

Mostra-se, assim, imperioso que o promitente-transmissário com *traditio* pratique, em relação à coisa, actos materiais, em nome próprio, correspondentes ao exercício do direito em causa (*v.g.,* de um direito de propriedade, de um outro direito real de gozo – art. 1251.º e art. 1252.º, n.º 2, ambos do CC).

Tal ocorrerá quando "obtido o *corpus* pela tradição a coberto daquela pressuposição de cumprimento do contrato definitivo e na expectativa fundada de que tal se verifique, pratica actos de posse com o *animus* de estar a exercer o correspondente direito de propriedade em seu próprio nome, ou seja, intervindo sobre a coisa como se fosse sua"[499].

2. Casos específicos

Têm sido apontadas pela doutrina e constatadas pela jurisprudência situações-típicas[500] ou casos peculiares em que se verifica a

---

[498] Observa-se no Ac. Rel. Lisboa, 8.5.2008 (José Eduardo Sapateiro), www.dgsi.pt, que existe "um crescente número de situações anómalas ou invulgares, que tem vindo a ser julgado pelos nossos tribunais, obrigou a uma inflexão nessa posição de princípio, por se revelar, cada vez mais, redutora, inadequada e injusta para com os direitos do promitente-comprador".

[499] Ac. STJ, de 17.4.2007 (Alves Velho), www.dgsi.pt, p. 4.

[500] Ver Ac. Rel. Lisboa, de 8.5.2008 (José Eduardo Sapateiro), www.dgsi.pt (realça-se que "se o promitente-comprador for realmente um possuidor, como é o caso do tradiciário

246   *Contrato-Promessa em Geral. Contratos-Promessa em Especial*

posse do promitente com *traditio* da coisa, desde que ele actue, no tocante ao objecto em causa, com o mencionado *animus*, *v.g.*, de proprietário.

2.1. *O pagamento da (quase) totalidade do preço conjugado com a prática de actos materiais e com a extensão temporal da situação*

O pagamento da totalidade do preço, pelo promitente-adquirente, aliado à entrega da coisa[501], sendo que a partir desse momento há lugar à prática de actos materiais correspondentes ao exercício do direito em causa, tem sido uma das hipóteses aventadas para sustentar a posse do promitente[502].

A circunstância de faltar apenas um valor sem significado face ao preço total estipulado tem sido apontado como uma situação igualmente recondutível à posse, desde que verificado o restante circunstancialismo[503/504].

---

de uma fracção predial que pagou a quase totalidade do preço e requisitou, em seu nome, a ligação da água e da energia eléctrica, agindo como se fosse dono dela, já é defensável que possa embargar de terceiro").

[501] Ac. STJ, de 17.4.2007 (Alves Velho), www.dgsi.pt, p. 4 (a mera autorização de ocupação do prédio para instalação da casa de morada de família não foi suficiente para que o tribunal concluísse pela existência de posse, em virtude de nada ter sido alegado quanto aos termos e conteúdo da autorização de ocupação, sendo que não se demonstrou sequer que agiram como se fossem os seus proprietários; por outro lado, não tinha sido paga uma parte significativa do preço, ou outros factores que permitissem deduzir tal posse).

Ver ainda o Ac. Rel. Lisboa, de 1.4.2008 (Tomé Gomes), www.dgsi.pt (negou-se a posse, pois a autorização para o uso do terreno foi conferida "apenas no pressuposto de vir a ser celebrada a escritura de compra e venda do imóvel", atento o facto de promessa ser apenas unilateral; acresce que não ocorreu o pagamento da totalidade do preço (385.400$00), mas tão só a entrega da quantia de 100.000$00, a título de sinal).

[502] Pires de Lima e Antunes Varela, Código Civil anotado, Vol. III, cit., p. 6.

[503] Ac. STJ, de 18.9.2007 (Mário Cruz), www.dgsi.pt, p. 4, nota 2, Ac. STJ, de 17.4.2007 (Alves Velho), www.dgsi.pt, p. 4, Ac. STJ, de 5.12.2006 (Sebastião Póvoas), www.dgsi.pt, p. 16, Ac. Rel. Lisboa, de 9.7.2003 (Silveira Ramos), www.dgsi.pt ("a posse conferida ao abrigo de contrato-promessa de compra e venda, devidamente formalizado (art. 410.º, n.º 2 CC), com tradição da coisa vendida ..., com satisfação da quase totalidade do preço, e a actuação posterior de forma correspondente ao exercício do direito de propriedade (art. 1251.º CC), faz presumir o *animus*").

Esta situação, tipificada pela doutrina, verificou-se nalguns casos recentes:

- tendo sido paga pelo promitente-comprador a totalidade do preço e de ter sido ele autorizado, pelo promitente-vendedor, a locar a moradia, usufruindo dos benefícios daí emergentes e de isso se ter perdurado durante 24 anos, o tribunal concluiu que o promitente-vendedor reconheceu que aquele actuava como se fosse um verdadeiro proprietário[505/506];
- a entrega das fracções autónomas ao promitente-comprador (que pagou a totalidade do preço) para que este pudesse promover a sua venda ou eventualmente dá-las de arrendamento ou até permitir a sua ocupação por terceiros, tendo aliás ficado responsável pela sua guarda, pela sua limpeza e pelas deteriorações que viessem a ocorrer, não foi configurado, pelo tribunal, como uma situação de mera tolerância do proprietário, mas sim como um caso de verdadeira posse (em nome próprio)[507/508].

---

[504] O pagamento de outros valores (especialmente os decorrentes de impostos) apontam no sentido da existência de uma verdadeira posse – Ac. STJ, de 17.4.2007 (ALVES VELHO), www.dgsi.pt, p. 4.

[505] Ac. STJ, de 4.3.2008 (FONSECA RAMOS), www.dgsi.pt, p. 11.

Ver ainda o Ac. Rel. Lisboa de 19.11.2002 (ABRANTES GERALDES), www.dgsi.pt (se "tiver havido o pagamento da totalidade do preço e o promitente-vendedor abdicar, por isso, dos poderes juridicamente resultantes da sua qualidade de proprietária, em benefício, do promitente-comprador, este passará a ser um verdadeiro possuidor, com poderes suficientes para poder vir a invocar a aquisição do direito de propriedade por via da usucapião"), o Ac. Rel. Lisboa, de 20.3.2007 (GRAÇA AMARAL), www.dgsi.pt (admitiu-se a posse após a entrega ao promitente-comprador da "fracção que este adquiriu com pagamento integral do preço, nela passando a habitar com a sua família ininterruptamente desde ... 1978, assumindo todos os encargos próprios da fracção tendo sido inclusivamente passado pela promitente-vendedora [uma] procuração irrevogável para a aquisição definitiva da fracção considerando que a escritura de compra e venda não pôde ser desde logo efectuada por não estar, quando do contrato-promessa, registada a constituição da propriedade horizontal").

[506] A ausência destes elementos permitiu ao tribunal concluir que [o promitente-adquirente] não se encontrava a "agir com *animus possidendi*; como se sabe a posse ... implica, para além do mais, uma estabilidade temporal reveladora do *animus* de quem possui" – Ac. STJ, de 4.12.2007 (FONSECA RAMOS), www.dgsi.pt, p. 3.

Cfr. o Ac. STJ, de 29.4.2008 (PAULO SÁ), www.dgsi.pt, p. 6.

[507] Ac. STJ, de 18.12.2007 (ALBERTO SOBRINHO), www.dgsi.pt, p. 15.

[508] Em conformidade com o exposto, decidiu-se, no Ac. STJ, de 11.5.2006 (PEREIRA DA SILVA), www.dgsi.pt, p. 5, que não tendo sido "paga, longe disso, a totalidade do preço",

248   *Contrato-Promessa em Geral. Contratos-Promessa em Especial*

2.2. *Não intenção de realização do contrato definitivo baseada em causa específica e actuação do promitente*

Partindo ainda do pressuposto de que houve *traditio* da coisa, objecto do contrato-promessa, Pires de Lima e Antunes Varela afirmam que "não tendo as partes o propósito de realizar o contrato definitivo (a fim de, *v.g.,* evitar o pagamento da sisa [actual IMT] ou precludir o exercício do direito de preferência), [mas] a coisa é entregue ao promitente-comprador como se fosse sua", então, actuando como tal, é susceptível de ser considerado possuidor[509/510].

§ 3. Efeitos decorrentes da posse

A posse traz consigo duas consequências de grande relevo: o recurso aos respectivos meios de defesa e a aplicação do instituto da usucapião. Importa, pois, analisar estes dois efeitos, relevando os seus contornos peculiares em sede de contrato-promessa.

1. Meios de defesa da posse

O possuidor pode socorrer-se dos meios, judiciais e extrajudiciais, de defesa da posse, nos termos, respectivamente, dos arts. 1276.º ss. CC e dos arts. 336.º e 337.º CC.

Tendo sempre em vista a aplicação destes instrumentos ao possuidor na sequência da celebração de um contrato-promessa, impõe-se a sua enunciação e uma breve definição do seu âmbito, cabendo ainda ilustrar com exemplos, alguns dos quais retirados de situações decididas pelos nossos tribunais.

Quanto aos meios extrajudiciais, refira-se que o possuidor pode defender a sua posse por via da acção directa, como resulta da remissão

---

e sendo certo que a não alegação de qualquer factualidade que permitisse concluir que com a *traditio* foi intenção das partes a transmissão em definitivo do prédio, se recusou a existência de posse.

[509] Código Civil anotado, III, cit., p. 6.

[510] Ac. STJ, de 17.4.2007 (ALVES VELHO), www.dgsi.pt, p. 4.

Contrato-Promessa em Geral

efectuada pelo art. 1277.º, 1.ª parte CC para o art. 336.º CC, e também – por maioria de razão – actuar em legítima defesa, nos termos do art. 337.º CC[511]. Portanto, a sua actuação pressupõe a impossibilidade de recurso aos meios coercivos normais e no quadro estritamente limitado pelas respectivas figuras.

No tocante aos instrumentos de natureza judicial, cumpre aludir, em primeiro lugar, à acção de prevenção (art. 1276.º CC), enquanto mecanismo de carácter preventivo que visa remover o perigo de perturbação ou de esbulho da posse. Tal perigo é provocado pela prática de actos por parte de outrem que envolvem justo (porque fundado) receio de lesão.

Dispõe ainda o possuidor de instrumentos dirigidos contra actos de agressão à posse: a acção de manutenção (art. 1278.º, n.º 1 CC), a acção de restituição por mero esbulho (art. 1278.º, n.º 1 CC) e a acção de restituição no caso de esbulho violento (art. 1279.º CC)[512].

Na primeira hipótese – acção de manutenção – há uma turbação real e efectiva da posse, originando a diminuição do gozo da coisa. No entanto, o possuidor, apesar da pretensão contrária de outrem, conserva ainda aquela (não houve, portanto, esbulho), embora afectada por um acto material praticado pelo autor da turbação.

No segundo caso – acção de restituição por simples esbulho – o possuidor encontra-se privado da fruição do objecto ou impossibilitado de continuar essa fruição.

Na última situação – o esbulho que se verifica é violento (coacção física ou moral, segundo o art. 1261.º, n.º 2 CC). Tal violência pode incidir sobre os sujeitos que defendem a posse ou mesmo sobre as coisas que são obstáculo ao esbulho, podendo mesmo revestir a forma de ameaça[513].

---

[511] Neste sentido, em relação aos meios de defesa da posse em geral, PIRES DE LIMA e ANTUNES VARELA, Código Civil Anotado, II, cit., p. 48.

[512] Seguindo todas estas acções a forma do processo declarativo comum.

[513] Em qualquer destas hipóteses, há que intentar a respectiva acção dentro do prazo de um ano – contado desde o facto da turbação, do esbulho ou do seu conhecimento quando tenha sido exercido a ocultas -, sob pena de caducidade do direito (art. 1282.º CC).

Note-se ainda que os danos sofridos pelos possuidores são objecto de ressarcimento (art. 1284.º CC).

Para o exercício célere e eficaz da sua pretensão, o possuidor pode usar os chamados "procedimentos cautelares". Em sede de esbulho violento, tem ao seu dispor uma providência cautelar especificada de "restituição provisória de posse" (arts. 393.º e 394.º CPC), enquanto que nos outros casos o procedimento cautelar é o comum (arts. 381.º ss. *ex vi* art. 395.º CPC).

Releve-se, por fim, um importante meio de defesa da posse usado como meio de reacção perante uma diligência judicial – *v.g.,* a penhora, o arresto, o arrolamento – que afecte aquela: os embargos de terceiro (art. 1285.º CC). Nesta situação, mostra-se suficiente para fazer cair tal diligência que o embargante comprove a sua qualidade de terceiro[514] e demonstre a sua posse.

Note-se que a figura dos embargos de terceiro, prevista nos arts. 351.º ss. CPC, pode revestir duas modalidades: preventiva (art. 359.º) e repressiva. Aquela actua *a priori*, ou seja, depois de ordenada, mas antes de realizada a diligência judicial. Esta actua apenas depois da privação da posse na sequência de diligência judicial já executada.

Não deve também esquecer-se que a posse é admissível em relação a outros direitos reais de gozo (*v.g,* a posse de um usufruto), sem se limitar ao direito de propriedade. Assim, quem possua a outro título a coisa, objecto do contrato-promessa, pode igualmente socorrer-se dos meios de tutela referidos.

Cabe ainda assinalar que os embargos de terceiro deixaram de ser um meio especialmente destinado à defesa da posse: para o efeito, o terceiro deve alegar e demonstrar que é titular de um direito incompatível com a execução[515].

2. Usucapião

Outra das decorrências da posse é a aplicação do instituto da usucapião.

---

[514] Terceiro é todo aquele que não interveio no processo, nem no acto de que emana a diligência.

[515] Ver sobre o tema MIGUEL MESQUITA, Apreensão de bens em processo executivo e oposição de terceiro, cit., p. 95.

Temos que empregar as regras próprias da figura em causa, constantes dos arts. 1287.º ss CC. Os problemas suscitam-se, em especial, quando estão em causa bens imóveis, sendo que, para o efeito, há que atender particularmente aos caracteres da posse[516].

---

[516] Ver, entre outros, os seguintes arestos:
- Ac. STJ, de 11.12.2008 (SALVADOR DA COSTA), www.dgsi.pt ("a conclusão de que ao promitente-comprador foi conferida pelo promitente-vendedor a posse em nome próprio sobre o objecto mediato do contrato prometido é susceptível de derivar, não só das circunstâncias envolventes da celebração do contrato-promessa e da entrega pelo último ao primeiro daquele objecto, como também da sua execução, revelada pelo comportamento deles em relação àquele objecto; a presunção de posse de má fé por não ser titulada não tem razão de ser no caso de ser o próprio proprietário e possuidor dos terrenos que investiu o promitente-comprador na posse sobre eles; o promitente-comprador adquire o direito de propriedade dos terrenos por usucapião se deles foi possuidor pública, pacificamente e de boa fé durante quinze anos");
- Ac. Rel. Lisboa, de 8.5.2008 (JOSÉ EDUARDO SAPATEIRO), www.dgsi.pt ("tendo em atenção o disposto nos artigos 1293..º a 1297..º do Código Civil, com especial relevância para o estatuído no artigo 1296..º ("não havendo registo do título nem da mera posse, a usucapião só pode dar-se no termo de 15 anos, se a posse for de boa fé, e de 20 anos, se for de má fé"), afigura-se-nos que a Autora adquiriu, ao fim de 20 anos, ou seja, em 27 de Dezembro de 1994, a propriedade sobre o prédio penhorado, sobrepondo-se esta última à propriedade do Executado J, derivada da aquisição derivada daquele");
- Ac. STJ, de 6.5.2008 (MÁRIO CRUZ), www.dgsi.pt ("a entrega das chaves e autorização para ocupação, quando falta pagar ainda metade do preço da compra do imóvel (como foi o caso), não havendo cláusula no contrato em que fique estipulado que com ela se pretende significar desde logo a transmissão definitiva dos poderes reais sobre a coisa, só podem por isso traduzir a detenção ou posse precária, modalidade insusceptível de poder fazer triunfar o constituto possessório, porque nesse contrato-promessa só se quer fazer a transmissão sobre a titularidade da coisa com a celebração do contrato definitivo; não havendo posse, também não há usucapião ..., apesar do tempo já decorrido");
- Ac. STJ, de 4.3.2008 (FONSECA RAMOS), www.dgsi.pt, p. 11 (observa-se aí que "assim, podemos considerar que tal posse foi exercida pacificamente (art. 1261.º, n.º1, do Código Civil); de boa-fé (art. 1260.º, n.º 1) e publicamente (art. 1262.º do citado diploma), pelo que a aquisição via usucapião ocorreu, volvidos 15 anos sobre a data da celebração contrato-promessa, ou seja, consumou-se em 17.5.1974)".

TÍTULO II

CONTRATOS-PROMESSA EM ESPECIAL

O propósito neste título segundo é o de fazer realçar algumas particularidades de certas promessas e/ou o de destacar problemas autónomos, que têm na sua base regras legais determinadas ou que assumem contornos específicos em razão do negócio definitivo que lhes subjaz.

Tratamos, pela ordem que a seguir indicamos, dos seguintes actos:

– promessa de contrato oneroso de transmissão ou de constituição de direito real sobre edifício ou sobre fracção autónoma dele;
– promessa de constituição de direito real de habitação periódica ou turística;
– promessa de arrendamento comercial;
– promessa de trespasse de estabelecimento comercial;
– promessa de cessão de quotas.

Deixamos para um outro momento a apreciação de outros contratos-promessa, com alguma dimensão na nossa ordem jurídica, a saber:

– promessa de cessão de exploração de estabelecimento comercial;
– promessa de sociedade;
– promessa de compra e venda de acções;
– promessa de trabalho (art. 94.º CT);
– promessa de crédito ao consumo (art. 2.º, al. a) DL 359/91).

CAPÍTULO I

Promessa de contrato oneroso de transmissão ou de constituição de direito real sobre edifício ou sobre fracção autónoma dele

§ 1. Justificação da análise em particular deste contrato-promessa. § 2. Requisitos da promessa. 1. Promessa de celebração de contrato oneroso. 2. *Constituição ou transmissão* de direito real. 2.1. Direitos reais. 2.2. Constituição ou transmissão de direito real. 3. Sobre edifício ou sobre fracção autónoma dele. 3.1. A alteração legislativa. 3.2. Edifício ou fracção autónoma de edifício construído, em construção ou a construir. § 3. Forma e formalidades. 1. Forma. 2. Formalidades. 2.1. Reconhecimento presencial da(s) assinatura(s). 3. Certificação da existência de licença de utilização ou de construção. 3.1. Licença de utilização ou de construção. 3.2. Certificação da existência da respectiva licença. 3.2.1. Necessidade de certificação. 3.2.2. Legitimidade para efectuar a certificação. 4. Inobservância da forma e das formalidades. 4.1. Seus efeitos. 4.2. Regime especial no que toca à ausência das formalidades. 4.2.1. Legitimidade activa. 4.2.1.1. Considerações gerais. 4.2.1.2. Promitentes. a) Promitente-transmissário; b) Promitente-transmitente; i) Regra: não invocabilidade da nulidade; ii) Desvio: faculdade de arguição da nulidade. 4.2.1.2. Terceiros interessados. 4.2.2. Conhecimento oficioso. 4.2.3. Prazo. 4.2.4. Sanabilidade. 4.3. Casos específicos. 4.3.1. Renúncia à invocação da invalidade pelo promitente-transmissário no caso de omissão de formalidades. 4.3.1.1. Situação fáctica. 4.3.1.2. Valor da renúncia à invocação da invalidade por omissão de formalidades. a) Admissibilidade da cláusula de renúncia; b) Inadmissibilidade da cláusula de renúncia; c) Posição adoptada; 4.3.1.3. O problema do abuso do direito de invocar a nulidade; a) Admissibilidade de recurso ao instituto do abuso do direito em sede de invalidade formal; b) Posição adoptada; c) Apreciação do comportamento do promitente-transmissário; § 4. Execução específica: imperatividade. § 5. (cont.) Execução específica: impossibilidade. 1. Falta de licença de utilização ou de construção do imóvel. 2. Falta de constituição de propriedade horizontal. § 6. Execução específica (cont.): modificação do contrato por alteração das circunstâncias. 1. Requisitos que permitem operar a modificação do contrato. 2. Apreciação da medida. § 7. Execução específica (cont.): expurgação da hipoteca. 1. Razão de ser. 2. Requisitos de aplicabilidade do normativo. 2.1. Faculdade de expurgação da hipoteca. 2.2. A extinção da hipoteca não precede, nem coincide, com a transmissão ou a constituição de direito real. 2.3. Requerimento do promitente fiel da condenação do promitente faltoso em mora na entrega do montante do débito garantido ou do valor correspondente. 3. Apreciação do regime.

§ 1. Justificação da análise em particular deste contrato-promessa

Encontramos vários preceitos, ou melhor números de artigos, referentes à promessa de contrato oneroso de transmissão ou de constituição de direito real sobre edifício ou sobre fracção autónoma dele: o art. 410.º, n.º 3, o art. 830.º, n.º 3 e n.º 4, todos do Código Civil.

Apesar de serem apenas três os números em apreço, muitas têm sido as questões suscitadas, desde a apreciação dos próprios requisitos até à análise de temáticas específicas, sendo que a importância prática destes contratos-promessa é muito significativa.

§ 2. Requisitos da promessa

1. Promessa de celebração de contrato oneroso

O primeiro requisito pressupõe a celebração de um contrato (definitivo) oneroso[517], o qual se pode definir como aquele que "im-

---

[517] Na redacção de 1980 apenas se aludia à promessa de compra e venda (art. 410.º, n.º 3 CC, redacção do DL 236/80, de 18 de Julho). Todavia, como a doutrina destaca, a alteração é "mais aparente que real", já que ao tempo o que se fez foi "tratar do tipo negocial de longe mais frequente no comércio imobiliário, que as circunstâncias de tempo obrigavam a rodear de especiais cuidados" – ANTUNES VARELA, Sobre o contrato-promessa, 2.ª Ed., Coimbra, 1989, pp. 43 e 44. ALMEIDA COSTA expressa que a alteração toca agora "outros contratos onerosos, típicos ou atípicos" (Contrato-promessa. Uma síntese do regime vigente, cit., 2004, p. 34). Cfr. ainda MENEZES CORDEIRO, "O novo regime do contrato-promessa",

plica atribuições patrimoniais para ambas as partes"[518]. Tal sucede, *v.g.*, com a compra e venda ou com a troca[519], entre outros.

Estão assim excluídos do campo de aplicação do normativo os contratos gratuitos, ou seja, todos aqueles que proporcionam uma vantagem patrimonial ao outro contraente sem qualquer contraprestação. Encontramos neste caso, *v.g.*, a doação.

2. *Constituição ou transmissão* de direito real

Acresce que a promessa em causa deve ter em vista a constituição ou a transmissão de um direito real. Impõe-se analisar com mais detalhe tais elementos.

2.1. *Direitos reais*

Alude-se, no art. 410.º, n.º 3 CC, a "direito real", pelo que importa, em primeiro lugar, saber se a expressão pode ser entendida no sentido tradicional, ou seja, com a amplitude que normalmente a caracteriza.

A temática é relativamente pacífica na doutrina, observando-se que estão apenas em causa os direitos reais de gozo ou de garantia[520].

Quanto àqueles, releve-se o direito de propriedade, mas não se afastem os restantes (o direito de usufruto, o direito de uso e de habitação, o direito de superfície, o direito de servidão e o direito real de habitação periódica).

---

em Estudos de Direito Civil, Vol. I, pp 15 ss. e VASCO LOBO XAVIER, "Contrato-promessa: algumas notas sobre as alterações do Código Civil constantes do Decreto-Lei n.º 236/80, de 18 de Julho", RDES, 1980, p. 22.

[518] MENEZES LEITÃO, Direito das Obrigações, Vol. I, cit., pp. 205 e 206.

[519] Quanto a estes actos em geral, ver CARLOS FERREIRA DE ALMEIDA, Contratos II, Conteúdo. Contratos de troca, Coimbra, 2007, pp. 138 ss. (em relação à compra e venda) e pp. 132 ss. (no tocante ao contrato de permuta).

[520] ALMEIDA COSTA, Contrato-promessa. Uma síntese do regime vigente, cit., p. 57, GALVÃO TELLES, Manual dos Contratos em geral, cit., p. 228.

260 Contrato-Promessa em Geral. Contratos-Promessa em Especial

Quanto a estes, assinale-se que muitos desses direitos não têm cabimento no caso concreto em razão de ulteriores requisitos. Realça-se, em especial e pela positiva, a (promessa de) hipoteca.

Estão fora do alcance do normativo os direitos obrigacionais, designadamente o direito ao arrendamento de edifício ou de fracção autónoma dele[521].

2.2. *Constituição ou transmissão de direito real*

Permite-se, por outro lado, que o direito real envolvido na promessa tenha na sua base a sua constituição ou a sua transmissão.

A doutrina tem considerado, acertadamente, que se englobam, por via da interpretação extensiva, as promessas relativas a actos modificativos de ampliação de direitos reais, dando-se como exemplo o caso de "alargamento da duração de um usufruto"[522].

Já as promessas relativas a actos modificativos de diminuição de direitos reais ou referentes à extinção de direitos reais, parecem, ao invés, não caber na *ratio* do normativo[523].

3. Sobre edifício ou sobre fracção autónoma dele

3.1. *A alteração legislativa*

Em relação ao objecto sobre que incide a transmissão, a constituição (ou a modificação, nos termos descritos) de direitos reais, há uma alusão especificamente a "edifício ou a fracção autónoma dele". Cabe definir os contornos das locuções utilizadas.

---

[521] Ver infra Tit. II, Cap. III, § 2, 3.

[522] CALVÃO DA SILVA, Sinal e contrato-promessa, cit., pp. 88 ss., esp. p. 90, ALMEIDA COSTA, Contrato-promessa. Uma síntese do regime vigente, cit., p. 34.

[523] CALVÃO DA SILVA, Sinal e contrato-promessa, cit., pp. 89 e 90 (neste última hipótese funciona um interesse antagónico: um interesse público na cessação de direitos reais limitados; não está em causa a construção clandestina que se pretende evitar).

Ver ainda ANA PRATA, O contrato-promessa e o seu regime civil, cit., esp. p. 537.

Contratos-Promessa em Especial 261

Deve salientar-se, em primeiro lugar, que o texto legal de 1980 usava meramente a expressão "prédio urbano", suscitando algumas dúvidas o alcance da locução[524].

Daí que em 1986 tenha sido dada nova redacção à disposição[525], tendo-se passado a utilizar o termo "edifício", já que o conceito de prédio urbano não compreenderia, por exemplo, o edifício a construir.

3.2. *Edifício ou fracção autónoma de edifício construído, em construção ou a construir*

A palavra "edifício" é usada não só no Código Civil, aliás com alguma frequência (cfr., *v.g.*, o art. 492.º, o art. 1078.º, n.º 3, o art. 1225.º, n.º 1), mas também noutros diplomas (cfr., *v.g.*, o art. 3.º, al. b) do DL 359/91).

Note-se que há mesmo noções específicas contidas nalguns textos, como é o caso do art. 1.º, al. h) do DL 220/2008, de 12 de Novembro, relativo à segurança contra incêndio, considerando-se como tal "toda e qualquer edificação destinada à utilização humana que disponha, na totalidade ou em parte, de um espaço interior utilizável, abrangendo as realidades referidas no n.º 1 do artigo 8.º";

A realidade em apreço não é, todavia, homogénea ou uniforme do ponto de vista legal.

São enunciadas pela doutrina algumas ideias base que cumpre destacar:

- o edifício compreende o solo em que se incorpora e engloba terrenos adjacentes ou anexos[526];
- o edifício pode ter em vista a habitação própria (hipótese mais usual) ou não[527];

---

[524] MENEZES CORDEIRO, "O novo regime do contrato-promessa", em Estudos de Direito Civil, cit., pp. 14 e 15.

[525] Note-se que CALVÃO DA SILVA não considera que, "no cômputo global, haja ganhos com a modificação textual" (Sinal e contrato-promessa, cit., p. 66).

[526] ALMEIDA COSTA, Contrato-promessa. Uma síntese do regime vigente, cit., p. 35, nota 39.

[527] ALMEIDA COSTA, Contrato-promessa. Uma síntese do regime vigente, cit., p. 57 (o autor também reconhece "que a disciplina se justifica, especialmente, no caso de unidades habitacionais").

262 *Contrato-Promessa em Geral. Contratos-Promessa em Especial*

– para além dos edifícios já construídos, estão em causa outros, a construir – mas apenas em projecto embora num terreno com construção já aprovada –, ou em construção, encontrando-se esta numa fase primária[528/529].

De todo o modo, o que importa salientar é que o conceito de edifício não é também ele claro ou pacífico, suscitando-se actualmente dúvidas fundadas sobre a bondade, a certeza e o rigor da nova expressão[530].

§ 3. Forma e formalidades

1. Forma

Determina o n.º 3 do art. 410.º CC que tais promessas necessitam, do ponto de vista formal, do "documento referido no número anterior [ou seja, o n.º 2 do mesmo preceito]".

Desta sorte, exige-se igualmente um "documento assinado pela parte que se vincula ou por ambas, consoante o contrato-promessa seja unilateral ou bilateral" (art. 410.º, n.º 2 CC).

Do ponto de vista estritamente formal, impõe-se, pois, a redução a escrito do acto, a que acresce(m) a(s) respectiva(s) assinatura(s) do(s) promitente(s).

---

[528] CALVÃO DA SILVA, Sinal e contrato-promessa, cit., p. 66.

[529] Propondo a equiparação do regime da promessa de direito real de habitação, BRANDÃO PROENÇA, "Para a necessidade de uma melhor tutela dos promitentes-adquirentes de bens imóveis (*maxime*, com fim habitacional)", cit., p. 15 (defende, com acerto, a entrega, nesta situação, de um documento informativo do edifício em construção).

[530] ANTUNES VARELA, Sobre o contrato-promessa, cit., p. 49 (como observa o autor "a boa solução estava, por conseguinte, em manter a referência a prédios urbanos ou fracções autónomas deles (visto as fracções autonomizadas se estenderem à compropriedade dos terrenos, pátios e jardins comuns aos condóminos) e em acrescentar seguidamente, de acordo com o pensamento que o legislador pretendia exprimir, qualquer explicitação ou análogo teor: 'incluindo os casos (ou sem excepção dos casos) em que o respectivo edifício se encontre ainda em construção ou inteiramente por construir...' "), CALVÃO DA SILVA, Sinal e contrato-promessa, cit., p. 66.

2. Formalidades

A disposição impõe ainda duas formalidades.

Uma nota específica para a alusão habitual, na doutrina, às "formalidades", que se distinguem da forma propriamente dita. Com isso pretende-se significar que se trata de "actos acessórios que estão funcionalmente ligados ao negócio mas que dele não fazem parte. Acompanham-no mas não se identificam com ele, nem por ele são englobados"[531].

São essas solenidades que estão agora em análise.

Com efeito, o art. 410.º, n.º 3, 1.ª frase, parte final CC dispõe que

– "*o documento ... deve conter o <u>reconhecimento presencial das assinaturas</u> do promitente ou promitentes e a <u>certificação, pela entidade que realiza aquele reconhecimento, da existência da respectiva licença de utilização ou de construção</u>* (sublinhados nossos)".

2.1. *Reconhecimento presencial da(s) assinatura(s)*

Como resulta do citado preceito, são duas as formalidades em destaque.

A primeira é o reconhecimento presencial [junto de uma específica entidade] da assinatura do promitente, no caso de promessa unilateral, ou das assinaturas dos promitentes, em caso de promessa-bilateral.

Por efeito do art. 38.º do DL 76-A/2006, de 29 de Março, ocorreu, entre outras possibilidades, uma extensão do regime dos reconhecimentos de assinaturas.

Desta sorte, o n.º 1 do referido preceito determina que

– "*sem prejuízo da competência atribuída a outras entidades, as câmaras de comércio e indústria, reconhecidas nos termos*

---

[531] PEDRO PAIS DE VASCONCELOS, Teoria Geral do Direito Civil, 3.ª Ed., Coimbra, 2005, p. 542. Ver ainda MENEZES CORDEIRO, Tratado de Direito Civil Português, I, Parte Geral, Tomo I, 2.ª Ed., 2000, pp. 375 e 376.

> *do Decreto-Lei n. 244/92, de 29 de Outubro, os conservadores, os oficiais de registo, os advogados e os solicitadores podem fazer reconhecimentos ... presenciais...".*

É, portanto, actualmente bastante mais amplo o leque de sujeitos que estão legitimados a realizar o reconhecimento.

Naturalmente que, à luz do n.º 2 do mesmo diploma,

– *"os reconhecimentos ... efectuados pelas entidades previstas nos números anteriores conferem ao documento a mesma força probatória que teria se tais actos tivessem sido realizados com intervenção notarial".*

Com isto visa essencialmente conferir uma maior expressão ao acto, tornando-o mais consciente para os promitentes que assim se vinculam, levando a uma maior reflexão acerca dos contornos do contrato que subscrevem.

2.2. *Certificação da existência de licença de utilização ou de construção*

A segunda formalidade é justamente a certificação da existência de licença de utilização ou de construção.

2.2.1. Licença de utilização ou de construção

Exige-se, em alternativa, a existência de licença de utilização do edifício – no caso de este se ter já concluído – ou a existência de licença de construção do edifício – na hipótese de não ter começado ou de não ter terminado a respectiva construção (art. 410.º, n.º 3 CC).

Têm-se em vista a protecção dos consumidores, bem como – lateralmente – o de evitar construções clandestinas ou que estejam fora do conjunto de requisitos legalmente impostos[532].

---

[532] Embora, como se verá, no regime legal da invalidade em causa não domina o interesse público, assumindo este, ao invés, um interesse meramente lateral ou acessório.

Naturalmente que a posterior emissão da respectiva licença, por referência à data da celebração do contrato-promessa, convalida a prévia inexistência.

2.2.2. Certificação da existência da respectiva licença

2.2.2.1. *Necessidade de certificação*

O legislador não se basta com a mera existência da respectiva licença, pois trata de determinar a sua certificação por sujeito autorizado.

Confere assim ainda maior dignidade ao acto, reforçando os objectivos atrás mencionados.

2.2.2.2. *Legitimidade para efectuar a certificação*

Na anterior redacção da lei, restringia-se a legitimidade para a certificação da respectiva licença de construção ou de utilização a uma específica pessoa – o notário.

Com o DL 116/2008, de 4 de Julho, que deu nova redacção ao art. 410.º, n.º 3 CC, confere-se legitimidade a outras entidades para realizar a certificação, ao dispor que é efectuada "pela entidade que realiza aquele reconhecimento".

Os novos termos, que já resultavam, quanto a nós, implicitamente da lei, atenta a desformalização tida em vista, encontravam-se já expressos numa outra sede: no regime jurídico da locação financeira (por força da alteração ao DL 149/95, de 24 de Junho, decorrente do DL 30/2008, de 25 de Fevereiro). Aí consagra-se uma disposição com muita proximidade à do art. 410.º, n.º 3 CC, justamente o art. 3.º, n.º 3 DL 149/95, de acordo com a redacção do DL 30/2008[533] –

---

[533] Dispõe o preceito que "nos casos referidos no número anterior [onde se especifica que tratando-se de "bens imóveis, as assinaturas das partes devem ser presencialmente reconhecidas], a existência de licença de utilização ou de construção do imóvel deve ser certificada pela entidade que efectua o reconhecimento ou verificada pelo funcionário dos serviços do registo" (sublinhado nosso).

266 *Contrato-Promessa em Geral. Contratos-Promessa em Especial*

no tocante às formalidades –, tendo-se estendido a legitimidade a outros sujeitos (para além do notário) para efectuar tal certificação.

A certificação, como a própria designação sugere, visa a comprovação por parte de um terceiro imparcial, especificamente autorizado, da veracidade e da correspondência da licença de utilização ou de construção, atentos os interesses em jogo.

Cabe ainda relevar que se pretende – cremos que só preferencialmente – que seja a mesma entidade que reconhece presencialmente as assinaturas a realizar igualmente a certificação da respectiva licença.

De notar que, nos contratos definitivos, a finalidade de impedir a construção clandestina é igualmente visível no DL 281/99, de 26 de Julho.

O texto legal, no seu art. 1.º, que tem como epígrafe "apresentação de licença de utilização", não permite a realização de "actos que envolvam a transmissão da propriedade de prédios urbanos ou de suas fracções autónomas sem que se faça prova da existência da correspondente autorização de utilização, perante a entidade que celebrar a escritura ou autenticar o documento particular". Acrescenta, por sua vez, o n.º 2 que "nos actos de transmissão de imóveis é feita sempre menção do alvará da autorização de utilização, com a indicação do respectivo número e data de emissão, ou da sua isenção", ao passo que se determina no n.º 3 que "nos prédios submetidos ao regime da propriedade horizontal, a menção deve especificar se a autorização de utilização foi atribuída ao prédio na sua totalidade ou apenas à fracção autónoma a transmitir"[534].

---

[534] Note-se que o art. 2.º do mesmo diploma especifica que tal apresentação, no caso de já ter sido requerido e não emitido, "pode ser substituída pela exibição do alvará da licença de construção do imóvel, independentemente do respectivo prazo de validade, desde que: *a*) O transmitente faça prova de que está requerida a licença de utilização; *b*) O transmitente declare que a construção se encontra concluída, que não está embargada, que não foi notificado de apreensão do alvará de licença de construção, que o pedido de licença de utilização não foi indeferido, que decorreram mais de 50 dias sobre a data do seu requerimento e que não foi notificado para o pagamento das taxas devidas".

§ 4. (cont.) Inobservância da forma e das formalidades

Importa, em seguida, debater o problema da inobservância da forma, bem como das duas formalidades.

1. Seus efeitos

A omissão de forma não comporta especificidades, seguindo o regime geral, acarretando a nulidade do contrato-promessa, ao abrigo do art. 220.º CC.

Já no que toca às formalidades, tem-se debatido a temática.

O Assento n.º 15/94, de 28 de Junho de 1994, bem como o Assento 3/95, de 1 de Fevereiro de 1995, responderam ao problema, sancionando com a nulidade a inobservância de tais procedimentos[535].

No presente, como se sabe, não cabe falar de assentos, dada a revogação do art. 2.º CC. Mas "na sua função actual, continuam vinculativos na ordem judicial, sendo que estes dois assentos conservam actualidade porque, não obstante terem sido tirados sobre uma outra versão do aludido preceito legal, o certo é que se mantém substancialmente o regime consagrado na versão que eles expressamente previram" [536/537].

Há um conjunto de razões que subjaz à aplicação de tal regime e que deixamos transparecer: tutela-se, essencialmente, o futuro adquirente[538], que se considera a parte contratualmente mais fraca[539],

---

[535] No Assento n.º 15/94, de que foi relator o Juiz Conselheiro MIGUEL MONTENEGRO, salienta-se que a nulidade "tem em vista a defesa do promitente-comprador que, por vezes, menos avisado em assuntos de natureza jurídica, pode vir a sentir-se frustrado quanto a negócio que realizou na melhor das boas fés" (BMJ, n.º 438, 1994, p. 66).

No Assento n.º 3/95, de que foi relator o Juiz Conselheiro CÉSAR MARQUES, igualmente se reconhece a nulidade do contrato-promessa em caso de ausência de formalidades (BMJ, n.º 444, 1995, p. 115).

[536] O valor actual dos assentos é o de jurisprudência uniformizada (arts. 732.º-A, 732.º-B CPC e art. 17.º, n.º 2 DL 329-A/95, de 12 de Dezembro).

Ver ainda CALVÃO DA SILVA, Sinal e contrato-promessa, cit., p. 74.

[537] Cfr. Ac. Rel. Porto, de 19.2.2004 (ALBERTO SOBRINHO), www.dgsi.pt, p. 4.

[538] CALVÃO DA SILVA, Sinal e contrato-promessa, cit., p. 51.

[539] Ac. STJ, de 18.12.2007 (ALBERTO SOBRINHO), www.dgsi.pt, p. 14, Ac. Rel. Porto, de 9.2.2004 (FONSECA RAMOS), www.dgsi.pt.

268 *Contrato-Promessa em Geral. Contratos-Promessa em Especial*

procurando-se ainda combater – embora lateral e acessoriamente – a construção clandestina[540].

De todo o modo, cabe referir, em termos gerais, a aceitação de que a ausência de formalidades acarreta igualmente – e em princípio – a nulidade do contrato, conquanto à luz do art. 294.º CC[541]. Voltaremos ao tema no final deste ponto.

2. Regime especial no que toca à ausência das formalidades

2.1. *Legitimidade activa*

2.1.1. Considerações gerais

Apreciemos, em seguida, a parte final do art. 410.º, n.º 3 CC que dispõe:

– *"contudo, o contraente que promete transmitir ou constituir o direito só pode invocar a omissão destes requisitos quando a mesma tenha sido culposamente causada pela outra parte"* (sublinhado nosso)[542].

Importa saber, em particular, quem pode arguir a invalidade decorrente da falta de forma e/ou da omissão das formalidades.

---

[540] Calvão da Silva, Sinal e contrato-promessa, cit., p. 74.

Cfr. o Assento n.º 15/94 (Miguel Montenegro), BMJ, n.º 438, 1994, p. 66 (observa-se que "esta planificação [a referente ao preâmbulo do DL 236/80] surge, pois, e, essencialmente, com vista à defesa do interesse do promitente-comprador...", o Assento n.º 3/95 (César Marques) BMJ, n.º 444, 1995, p. 115 (expressa-se que está em causa apenas lateralmente o interesse público no combate à construção clandestina, o que equivale à confirmação de que tal disposição legal visou, em primeira linha, a protecção do promitente-comprador), o Ac. STJ, de 18.12.2007 (Alberto Sobrinho), www.dgsi.pt, p. 15, o Ac. STJ, de 5.7.2007 (Oliveira Rocha), www.dgsi.pt, p. 9 (entende-se igualmente que o regime "visou primacialmente a protecção do promitente-comprador, como parte sociologicamente mais fraca").

[541] Pedro Pais de Vasconcelos, Teoria Geral do Direito Civil, cit., p. 543.

[542] Também aqui se modificou, por via do DL 379/86, de 11 de Novembro, a redacção anterior dada pelo DL 236/80, de 18 de Julho. Com efeito, aí destacava-se que "a omissão destes requisitos não é, porém, invocável pelo promitente-vendedor, salvo no caso de ter sido o promitente-comprador que directamente lhe deu causa"

Cabe dar nota, em primeiro lugar, do regime geral, para procurar posteriormente situações afins eventualmente existentes.

Quanto à legitimidade para arguir a nulidade, o art. 286.º CC determina que "qualquer interessado" o pode fazer, ou seja, "o sujeito de qualquer relação jurídica que de algum modo possa ser afectada pelos efeitos que o negócio tendia a produzir. Afectada na sua consistência jurídica (*v.g.,* subadquirentes) ou mesmo só na sua consistência prática (credores)"[543].

Como se constata, o regime em apreciação é diverso, pois nem todos podem invocar a invalidade.

Derroga-se, portanto, a regra geral, que representa, como se designa, o "carácter absoluto da nulidade".

Saliente-se que os desvios ao princípio emergente do art. 286.º CC têm assumido duas modalidades: a exclusão restrita e a exclusão ampla.

Nalguns casos, só as pessoas designadas não podem arguir a nulidade. É o que sucede no art. 580.º, n.º 2, no art. 876.º, n.º 3 ou no art. 1939.º, n.º 1 todos do CC. O cessionário de direito litigioso, o comprador de coisa ou de direito litigioso, ou o tutor e os seus herdeiros e a interposta pessoa são os únicos que se encontram impedidos de o fazer.

Noutras hipóteses, o leque de excluídos é mais alargado. Tal sucedeu, por exemplo, no quadro arrendatício do passado.

Estamos a falar do antigo n.º 3 do art. 1029.º CC, introduzido pelo DL 67/75, de 19 de Fevereiro. Assim, à data, no "quadro dos arrendamentos para o comércio, indústria ou exercício de profissão liberal" (cfr. n.º 1, al. b) do citado normativo), a omissão de escritura pública – nesse tempo ainda exigível – gerava a nulidade do contrato, sendo que esta "só [era] invocável pelo locatário". De acordo com essa disciplina, a invalidade só podia ser arguida pelo arrendatário. Mais nenhum outro interessado o poderia fazer. A norma foi entretanto revogada.

---

[543] MANUEL DE ANDRADE, Teoria Geral da Relação Jurídica, II, Coimbra, 1992 (reimp.), p. 417.

270   *Contrato-Promessa em Geral. Contratos-Promessa em Especial*

Segue também este modelo o art. 16.º, n.º 2 da Lei de Defesa do Consumidor[544], já que apenas se permite que a nulidade possa "ser invocada pelo consumidor ou seus representantes".

Este é igualmente o arquétipo adoptado em sede de crédito ao consumo. O art. 7.º, n.º 5, 2.ª parte DL 359/91 dispõe que a invalidade "só pode ser invocada pelo consumidor" (sublinhado nosso).

De igual modo, no art. 19.º, n.º 8 do DL 211/2004, de 20 de Agosto, relativo ao regime jurídico da actividade de mediação imobiliária, se consagra que a nulidade do contrato por falta de forma não pode ser invocada pela empresa de mediação.

Ora, quando se pretende tutelar uma categoria de pessoas, que se encontra numa situação de especial debilidade[545], acolhe-se o modelo restrito de arguição de nulidade.

O que está em jogo é justamente a protecção desse conjunto de sujeitos. Por isso se impedem todos os outros de a invocar.

Vejamos, pois, qual o desenho aqui consagrado quanto à arguição da invalidade.

2.1.2. Promitentes

A invalidade em causa pode ser arguida pelos próprios promitentes, embora eles não se encontrem em igualdade de circunstâncias. Há, portanto, especificidades, consoante a pessoa em causa.

---

[544] O art. 16.º, único preceito do capítulo III, do referido diploma, estabelece o carácter injuntivo dos direitos dos consumidores consagrados no texto legal em causa, sancionando com a nulidade qualquer cláusula que exclua ou restrinja os direitos atribuídos.

[545] De todo o modo, pode discutir-se qual a solução a dar ao problema se, em concreto, não existir tal fragilidade ou se é o próprio promitente-transmissário que culposamente causa tal situação.

BRANDÃO PROENÇA realça que "a constatação deste procedimento abusivo (*lato sensu*), levada às últimas consequências parece permitir a defesa de um princípio geral (cf. parte final do n.º 3 do art. 410.º) de improcedência da arguição da nulidade sempre que invocada pelo promitente causante..." (Do incumprimento do contrato-promessa bilateral..., cit., p. 35).

ANA PRATA resolve a questão à luz das regras gerais de direito, designadamente ao nível de obrigação de indemnização decorrentes da responsabilidade civil pré-contratual (O contrato-promessa e o seu regime civil, cit., pp. 547 ss.).

2.1.2.1. *Promitente-transmissário*

Relativamente àquele a quem foi prometida a transmissão ou a constituição do direito (chamemos-lhe, doravante, promitente-transmissário) inexistem, à partida, restrições quanto à arguição da nulidade. Tal decorre, *a contrario sensu*, do art. 410.º, n.º 3, parte final CC.

2.1.2.2. *Promitente-transmitente*

a) Regra: não invocabilidade da nulidade

No tocante àquele que promete transmitir ou constituir o direito, em princípio, não lhe é permitido invocar a omissão de tais requisitos. É o que emerge do mesmo preceito e do mesmo tipo de argumentação. Nega-se ao citado promitente a faculdade se prevalecer de uma irregularidade, que se presume por si cometida[546].

b) Desvio: faculdade de arguição da nulidade

Prevê-se, no entanto, um desvio à regra geral enunciada.

Com efeito, dá-se a possibilidade a tal promitente (*v.g.*, o promitente-vendedor) de arguir a nulidade numa situação específica: quando a outra parte tenha culposamente causado a falta de tais requisitos.

Impõe-se, desta sorte, que seja imputável ao promitente-transmissário a omissão das referidas formalidades.

Para o efeito, o promitente-transmitente tem de alegar e de demonstrar na acção judicial a culpa (negligência ou dolo) da outra parte quanto à omissão de tais procedimentos[547].

---

[546] Expõe CALVÃO DA SILVA que "o intérprete não pode deixar de ter presente que impende sobre o promitente-vendedor o dever de promover o cumprimento e observância dos requisitos prescritos. Dever que é o pressuposto de que parte a própria lei e que é importante" (Sinal e contrato-promessa, cit., p. 69).

[547] Ora, como destaca CALVÃO DA SILVA, em relação à respectiva licença, "dificilmente se concebe (se é que se concebe) alguma situação em que a sua omissão se deva a culpa (ou mesmo dolo?) do promitente-comprador", havendo que averiguar em relação à falta de reconhecimento presencial a quem se deve a "falta mais grave" (Sinal e contrato-promessa, cit., p. 69).

Ver ainda Ac. STJ, de 5.7.2007 (OLIVEIRA ROCHA), www.dgsi.pt, p. 8.

272　*Contrato-Promessa em Geral. Contratos-Promessa em Especial*

2.1.3. Terceiros interessados

No passado, havia uma discussão quanto à questão de saber se os terceiros interessados poderiam arguir a nulidade do contrato-promessa[548].

O problema foi dirimido pelo Assento n.º 15/94, de 28 de Junho de 1994. Foi entendido que esta nulidade não pode ser arguida por terceiros interessados, como resultaria do art. 286.º CC. Aí, analisando os trâmites legais – ou seja, o art. 410.º, n.º 3, na redacção dada pelo DL 236/80 –, põe-se o acento tónico na defesa do interesse do promitente-comprador, passando para segundo plano a prevenção da clandestinidade[549].

Seguindo esta orientação, a doutrina[550] e a jurisprudência[551], em geral, defendem que face à omissão de qualquer dos requisitos de solenidade, o terceiro está impedido de invocar a nulidade.

Actualmente, Almeida Costa – seguindo a posição outrora igualmente por si sustentada, anterior ao referido Assento –, distingue, para este efeito, os dois tipos de formalidades. Por um lado, defende que a omissão da certificação, pelo notário, da licença de utilização ou de construção é invocável por terceiros interessados, dado que para além da necessidade de defesa do consumidor, impõe-se aqui combater, atento o interesse público, a construção clandestina. Já quanto à outra formalidade (o reconhecimento presencial das assina-

---

[548] Antunes Varela sustentava que sim, invocando, quer o elemento sistemático, quer um argumento de contexto emergente do art. 1029.º, n.º 2 CC, à data em vigor (Das Obrigações em Geral, 7.ª Ed., Coimbra, 1991, pp. 323 a 325). Diversamente, Calvão da Silva (Sinal e contrato-promessa, cit., pp. 47 ss.) e Galvão Telles (Direito das Obrigações, cit., p. 107).

[549] Cfr. o Assento n.º 15/94 (Miguel Montenegro), BMJ, n.º 438, 1994, p. 66.

[550] Calvão da Silva dá como exemplo o banco, credor hipotecário, que não pode arguir a nulidade do contrato-promessa, para afastar o direito de retenção do promitente-comprador (Sinal e contrato-promessa, cit., p. 75).

[551] Entre outros, ver os seguintes arestos:
– Ac. STJ, de 18.12.2007 (Alberto Sobrinho), www.dgsi.pt, p. 15 (o problema foi discutido especificamente a propósito de uma situação de insolvência, suscitando-se o problema de saber se os credores da insolvência poderiam invocar tal nulidade; tal possibilidade foi negada pelo tribunal);
– Ac. Rel. Porto, de 14.7.2005 (Saleiro De Abreu), www.dgsi.pt.

Contratos-Promessa em Especial 273

turas), o autor sustenta que os terceiros não têm legitimidade para arguir a invalidade[552].

2.1.4. Conhecimento oficioso

O problema do conhecimento oficioso de tal nulidade gerou igualmente alguma controvérsia no pretérito.

Utilizando o mesmo tipo de argumentação, o Assento n.º 3/95, de 1 de Fevereiro de 1995, considerou que o art. 410.º, n.º 3 CC "protege, apenas lateralmente, o interesse público no combate à construção clandestina, o que equivale à confirmação de que tal disposição legal visou, em primeira linha, a protecção do promitente--comprador". Observa-se, em seguida, que "tal protecção só fica assegurada se a nulidade resultante da omissão das formalidades prescritas ... não puder ser declarada oficiosamente pelo tribunal"[553].

Já antes, no Assento n.º 15/94, de 28.6.1994, se entendeu que o tribunal estava impedido de conhecer a invalidade[554].

A doutrina acolhe, em geral, esta orientação. É o caso de Calvão da Silva[555], de Galvão Telles[556], de Antunes Varela[557], entre outros.

O mesmo ocorre com a nossa jurisprudência, que segue sem discussão a orientação acolhida no referido assento[558].

Todavia, Almeida Costa sustenta ainda no quadro actual que a omissão da certificação pelo notário da licença de utilização ou de construção – mas já não quanto à outra solenidade – pode ser conhe-

---

[552] ALMEIDA COSTA, Contrato-promessa. Uma síntese do regime vigente, cit., p. 37 e Direito das Obrigações, cit., p. 401.

[553] Assento n.º 3/95, de 1.2.1995 (CÉSAR MARQUES), www.dgsi.pt – também em Diário da República, n.º 95, 1.ª Série, de 22.4.1995 (a decisão foi proferida por unanimidade dos 40 conselheiros).

[554] Assento n.º 15/94 (MIGUEL MONTENEGRO), BMJ, n.º 438, 1994, p. 67.

[555] Sinal e Contrato-promessa, cit., pp. 74 ss.

[556] Direito das Obrigações, cit., pp. 106 ss.

[557] Sobre o contrato-promessa, cit., p. 51.

[558] Cfr. o Ac. STJ, de 18.12.2007 (ALBERTO SOBRINHO), www.dgsi.pt, p. 14, o Ac. Rel. Porto, de 19.2.2004 (ALBERTO SOBRINHO), www.dgsi.pt, p. 4, o Ac. Rel. Porto, de 18.11.2002 (PAIVA GONÇALVES), www.dgsi.pt, p. 3.

274 *Contrato-Promessa em Geral. Contratos-Promessa em Especial*

cida *ex officio*, justificando-o com o mesmo tipo de argumentação usada a propósito dos terceiros[559].

2.2. *Prazo*

Em relação ao prazo para arguição da invalidade, não há especificidades a realçar: a nulidade do contrato-promessa é invocável nos termos gerais, ou seja, a todo o tempo[560].

2.3. *Sanabilidade*

Há circunstâncias que podem provocar a sanabilidade do contrato-promessa, inválido por omissão das formalidades.

Cabe enunciá-las:

- o posterior reconhecimento das assinaturas dos promitentes;
- a exibição, apenas mais tarde, da licença de construção ou da licença de habitação, que, todavia, já existia ao tempo da conclusão do contrato-promessa;
- a certificação da respectiva licença, em momento superveniente, por entidade legitimada para o efeito;
- a posterior emissão da licença de utilização ou de construção, não existente aquando da conclusão do contrato-promessa[561].

---

[559] ALMEIDA COSTA, Contrato-promessa. Uma síntese do regime vigente, cit., p. 37 e Direito das Obrigações, 10.ª Ed., cit., p. 401.

[560] Ac. STJ, de 18.12.2007 (ALBERTO SOBRINHO), www.dgsi.pt, p. 14.

[561] Ac. Rel. Porto, de 23.3.2006 (AMARAL FERREIRA), www.dgsi.pt, p. 6 (*in casu*, o contrato-promessa datava de 30.4.1999, tendo a licença de construção sido emitida em Janeiro de 2000; só posteriormente foi instaurada a acção declarativa de nulidade, em 2004; a prova de que existia já a licença em causa pode ser feita na própria acção de declaração de nulidade), o Ac. STJ, de 5.7.2007 (OLIVEIRA ROCHA), www.dgsi.pt, p. 9 (observa-se que, dado estar em causa uma "nulidade atípica, é passível de sanação ou convalidação (cfr. art. 906.º *ex vi* art. 913.º CC) pela superveniente legalização da construção ou na ulterior apresentação da licença"; o que aconteceu no caso concreto, pois o alvará de licença de utilização foi emitido em 20.4.2001 (em data posterior à conclusão do contrato-promessa), na sequência de deliberação camarária, e respeitou a todas e cada uma das fracções autónomas do edifício, entretanto constituído em propriedade horizontal), o Ac. Rel. Porto, de

Em qualquer destas hipóteses, dúvidas não se podem suscitar quanto à convalidação do contrato-promessa.

Nuns casos, tratou-se apenas de, ao tempo da celebração do negócio, uma mera ausência de formalidade no próprio acto.

Noutras situações, somente em momento ulterior o vício foi afastado.

Esta orientação está em conformidade com a razão de ser da norma, dado que esta visa sobretudo a protecção do promitente--comprador (e ele aqui fica totalmente tutelado), procurando evitar que ele possa ser ludibriado, permitindo-se a celebração de contratos-promessa relativos a edifícios ou a fracções autónomas dele sem que se observassem os requisitos legais impostos. Acresce que, em qualquer dos casos, há uma eliminação da ausência da formalidade.

2.4. *Um caso específico: a renúncia à invocação da invalidade pelo promitente-transmissário no caso de omissão de formalidades*

2.4.1. Situação fáctica

É muito habitual nos contratos-promessa em causa ser aposta uma cláusula do seguinte tipo:

- "os outorgantes prescindem do reconhecimento presencial das assinaturas e selagem do presente contrato-promessa"[562],

---

18.11.2002 (PAIVA GONÇALVES), www.dgsi.pt, p. 4, o Ac. Rel. Porto, de 22.4.2004 (FERNANDO BAPTISTA), www.dgsi.pt, p. 15 (a licença de habitabilidade já existia desde 12.2.1971, pelo que não havia risco de dano).

Igualmente, CALVÃO DA SILVA, Sinal e contrato-promessa, cit., p. 80 (afirma o autor que se se demonstra que, "não obstante a omissão da referência à licença camarária, esta existia à data da celebração do contrato-promessa ou foi entretanto outorgada, seria um contra-senso não considerar sanado o vício do negócio, pois o único objectivo do n.º 3 do artigo 410.º, pelo menos no concernente à exigência em causa, é impedir e combater a construção clandestina"), ALMEIDA COSTA. Contrato-promessa. Uma síntese do regime vigente, cit., p. 39, PIRES DE LIMA e ANTUNES VARELA, CC Vol. I, cit., p. 384.

[562] Note-se que não se alude nesta estipulação à certificação notarial. Afirmou acertadamente o tribunal que "deste clausulado contratual ressalta claramente que os outorgantes

276 Contrato-Promessa em Geral. Contratos-Promessa em Especial

acrescentando, por vezes, que "renunciam ao direito de invocar a invalidade do contrato celebrado radicado na inobservância destas formalidades"[563]; ou simplesmente

– "os outorgantes declaram prescindir do reconhecimento presencial das assinaturas"[564].

Sucede, noutras situações, que apesar da inexistência de estipulação, resulta das próprias conversas entre as partes que, e depois de ter sido dito que havia que reconhecer as assinaturas presencialmente, "o autor [promitente-transmisário] responde não haver necessidade de efectuar o dito reconhecimento, e que ninguém, ia faltar ao negócio"[565].

2.4.2. **Valor da renúncia à invocação da invalidade por omissão de formalidades**

Cabe realçar a divergência doutrinária e jurisprudencial quanto ao valor jurídico de tais cláusulas. Impõe-se a sua descrição tendo em vista a sua posterior apreciação.

---

pretenderam afastar toda e qualquer intervenção notarial na certificação dos documentos que os corporizam. Uma vez que a licença de construção já existia e está mencionada nos respectivos documentos e porque a sua certificação notarial é feita simultaneamente ou mesmo no próprio termo de reconhecimento das assinaturas, a partir do momento em que se prescindiu deste reconhecimento, está-se igualmente a prescindir daquela certificação. Este parece ser o correcto sentido a atribuir àquelas declarações" – Ac. Rel. Porto, de 20.4.2004 (EMÍDIO COSTA), www.dgsi.pt, p. 6, 1.º §.

Já no Ac. Rel. Porto, de 23.3.2006 (AMARAL FERREIRA), www.dgsi.pt, p. 5, se entendeu que as partes tinham prescindido do reconhecimento presencial, mas já não da certificação [à data] pelo notário da existência de licença de construção ou de utilização.

[563] Ac. Rel. Porto, de 14.7.2005 (SALEIRO DE ABREU), www.dgsi.pt, p. 10 (note-se que aí se discutiu se o facto de as partes expressamente não terem declarado a renúncia à invocação da nulidade no caso de falta da licença de construção; todavia, dado que o promitente-comprador diligenciou no sentido da cedência da posição contratual, tendo posteriormente comunicado a sua impossibilidade de cumprir o negócio e só após o promitente-vendedor ter resolvido o contrato-promessa veio arguir a nulidade, levou a que o tribunal considerasse que estava a abusar do direito de invocar aquela).

[564] Ver o Ac. Rel. Porto, de 22.4.2004 (FERNANDO BAPTISTA), www.dgsi.pt, p. 15, o Ac. Rel. Porto, de 24.2.2005 (GONÇALO SILVANO), www.dgsi.pt, p. 4.

[565] Ac. Rel. Porto, de 9.2.2004 (FONSECA RAMOS), www.dgsi.pt, p. 7.

2.4.2.1. Admissibilidade da cláusula de renúncia

A posição dominante na jurisprudência aponta no sentido da admissibilidade da cláusula de renúncia à invocação da invalidade decorrente da ausência de formalidades. Significa assim que os promitentes, se o assumiram ambos, não podem arguir aquela.

O argumento usado para sustentar a construção é, essencialmente, o de que se trata de um direito (o de invocar a nulidade) que se encontra na disponibilidade das partes. Concretizemos.

Segundo o Ac. STJ, de 6.5.2004, tal renúncia pode "ser expressa ou tácita, observando que tal é perfeitamente válido, tanto quanto é certo que o direito de pedir a nulidade não se mostra abrangido pela disposição restritiva do art. 809.º CC"[566].

O mesmo se assinala no Ac. Rel. Porto, de 16.11.2006: a falta de reconhecimento presencial das assinaturas, que de facto existiam, reporta-se a uma invalidade instituída em benefício das partes, e que assim se encontra na sua disponibilidade[567].

Esta posição foi ainda seguida no Ac. Rel. Porto, de 23.3.2006, considerando que se trata de uma invalidade instituída em prol das partes, portanto na sua disponibilidade, donde nada impede que ocorra a renúncia – de ambas ou só de uma delas –, expressa ou tácita, ao direito de a invocar[568].

---

[566] Ac. STJ, de 6.5.2004 (Araújo Barros), www.dgsi.pt ("tratando-se de uma invalidade instituída em benefício das partes, portanto na sua disponibilidade, nada impede que, prevendo tal efeito jurídico, ambas as partes (ou apenas uma delas) renunciem, de forma expressa ou tácita, ao direito de invocar a invalidade. Tal renúncia é perfeitamente válida, tanto quanto é certo que o direito de pedir a anulação não se mostra abrangido pela disposição restritiva do art. 809.º do C.Civil").

[567] Ac. Rel. Porto, de 16.11.2006 (Ana Paula Lobo), www.dgsi.pt, p. 3 (entende-se até que "não se afigura necessário, por isso, recorrer ao instituto do abuso do direito, na modalidade de *venire contra factum proprium* ... para considerar paralisado o respectivo direito").

[568] Ac. Rel. Porto, de 23.3.2006 (Amaral Ferreira), www.dgsi.pt, p. 5.
Ver ainda Ac. Rel. Porto, de 14.7.2005 (Saleiro de Abreu), www.dgsi.pt ("é válida a renúncia das partes de um contrato-promessa ao direito de anularem o negócio com o fundamento na omissão do reconhecimento presencial das assinaturas...").

2.4.2.2. Inadmissibilidade da cláusula de renúncia

Há, porém, quem sustente uma orientação diversa.

Calvão da Silva entende ser *"nula a cláusula pela qual o promitente-comprador renuncia antecipadamente ao direito de a invocar* [a invalidade], para salvaguarda da ordem pública de protecção ou ordem pública social que ditou a norma legal, ou seja, para o proteger da sua própria fraqueza e inexperiência, ligeireza e inadvertência, na tomada de decisão temporã, em branco"[569].

Mais afirma o autor: a admitir-se a sua validade "estaria aberta a porta para com a maior das facilidades, os promitentes-vendedores incluírem nas promessas uma cláusula de estilo, em que as partes declarariam prescindir das formalidades impostas pelo art. 410.º, n.º 3, renunciando à invocação da respectiva omissão e, assim, sabotar o sentido e fim de uma norma de protecção da parte mais fraca, o consumidor"[570].

Esta via é igualmente defendida por certa jurisprudência[571].

De acordo com esta posição mantém-se em aberto a possibilidade de arguição da invalidade apesar da aposição da estipulação que não o permitia.

2.4.2.3. Posição adoptada

Para uma melhor clarificação da orientação a tomar, cabe analisar a questão isoladamente em relação aos dois tipos de formalidades.

Quanto ao facto de os promitentes prescindirem do reconhecimento presencial das assinaturas, renunciando assim à invocação da nulidade do contrato-promessa, cremos que nada obsta a que tal aconteça. Trata-se de um direito que, atentos os intereses em jogo, se entende disponível. Embora a regra, através do assinalado reconhecimento, vise dar uma dimensão solene ao acto e, consequentemente, conferir uma maior segurança às partes, a cláusula de renúncia ficaria

---

[569] Sinal e contrato-promessa, cit., p. 79.
[570] Sinal e contrato-promessa, cit., p. 79.
[571] Ac. STJ, de 5.7.2007 (OLIVEIRA ROCHA), www.dgsi.pt, p. 10.

afectada se, *v.g.,* houvesse lugar a falsidade da assinatura ou à sua comprovação por pessoa legitimada. E isso é atacável noutra sede.

No tocante à convenção de renúncia à invocação da nulidade no caso de omissão da certificação da licença de utilização ou de construção, não defendemos solução semelhante.

Considerando a protecção prioritária conferida ao promitente--comprador, a admissibilidade de tal cláusula choca com o interesse da tutela da parte mais débil. Por esta via, facilmente se contorna a regra legal, com a complacência do mais fraco, podendo até abusar-se da sua posição precária.

Aliás, esta medida insere-se no domínio da protecção do consumidor, sendo que aí não se permite a renúncia a direitos, dada a natureza imperativa das disposições.

Por outro lado, atendendo ao interesse secundário, também latente na norma, de evitar a clandestinidade das construções, não parece colher a tese da admissibilidade da cláusula de renúncia. Aliás, isso provocaria a proliferação de construções não compatíveis com os trâmites legais exigidos, tendo em conta as regras relativas à celebração de contratos definitivos (DL 281/99, de 26 de Julho).

Acresce que estas situações – de omissão de certas formalidades – podem ser sanadas por várias vias, o que não se deve impedir (mas sim promover), mediante o recurso a válvulas de escape inseridas em clausulados contratuais.

Pode ainda afirmar-se que tal orientação tem na sua base o interesse protegido da execução específica da promessa, garantido pelo art. 830.º, n.º 3 CC. A admissibilidade da cláusula de renúncia contrastaria com a imperatividade da execução específica, desconsiderando-a.

Por fim, refira-se que nos outros casos em que se aborda problema semelhante – o da arguição da invalidade por um só dos sujeitos (o consumidor em geral, a crédito ou em sede de mediação imobiliária) – não se admite que por convenção em contrário se afaste tal possibildiade, já que se pretende sempre que este mantenha a faculdade de o fazer.

2.4.2.4. *O problema do abuso do direito de invocar a nulidade*

Tendo em conta o cenário traçado, e para quem entende – o que é o nosso caso –, ser inválida a assinalada cláusula de renúncia quanto à inexistência de certificação da respectiva licença, acontece frequentemente que, algum tempo mais tarde, uma das partes – o promitente-comprador – vem invocar a nulidade por omissão da forma ou por falta das formalidades.

Tem-se discutido, na nossa ordem jurídica, esta problemática, ou seja, se a invocação da invalidade é possível ou se, ao invés, se pode figurar uma situação de abuso do direito de arguir a nulidade[572].

a) Admissibilidade de recurso ao instituto do abuso do direito em sede de invalidade formal

Em termos gerais, a aplicação deste instituto em sede de invalidade formal colhe posições divergentes na doutrina e na juris-prudência[573].

Uns afirmam não ser o art. 334.º CC empregue nesta situação, mas apenas o instituto da responsabilidade pré-contratual[574].

Outros assinalam que tal via pode ser usada em certas circuns-tâncias[575].

Já Baptista Machado opta por uma solução de admissibilidade da utilização do art. 334.º CC em via subsidiária. Assim, apenas quando fracassar a aplicação do regime da responsabilidade pré-contratual, há lugar à invocação da figura do abuso do direito[576].

---

[572] Quanto a esta temática, ver, entre outros, COUTINHO DE ABREU, Do Abuso do Direito. Ensaio de um Critério em Direito Civil e nas Deliberações Sociais, Coimbra, 2006 (reimpressão da edição de 1999).

[573] Admitindo, entre outros, a aplicação do instituto em apreço no quadro suscitado, o Ac. Rel. Porto, de 18.11.2002 (PAIVA GONÇALVES), www.dgsi.pt.

[574] PIRES DE LIMA e ANTUNES VARELA, Código Civil Anotado, I, cit., p. 216.

[575] MOTA PINTO, Teoria Geral do Direito Civil, 3.ª Ed., Coimbra, 1986, pp. 437 ss., MOTA PINTO, Teoria Geral do Direito Civil, 4.ª Ed., PAULO MOTA PINTO E PINTO MONTEIRO, 4.ª Ed., Coimbra, 2005 (não se deixa de assinalar que "a solução com base no abuso do direito poderá não ser viável ou adequada, pois a exigência legal de forma serve também interesses públicos e a nulidade pode ser declarada oficiosamente pelo tribunal. Nestes casos, restará ao lesado exigir o ressarcimento dos danos sofridos, com fundamento em responsa-bilidade pré-contratual da outra parte (quando for esse o caso)" – p. 439.

[576] RLJ, Ano 118.º, pp. 10 e 11.

b) Posição adoptada

Acolhemos a tese que sustenta a admissibilidade do abuso de direito decorrente de um vício formal.

Assinale-se, porém, algumas notas:

– não se exige que o titular do direito de arguir a nulidade tenha consciência de que a sua actuação é abusiva, e portanto de que está em concreto a exceder os limites impostos pela boa fé, pelos bons costumes e pelo fim social ou económico do direito[577], basta que em termos objectivos tais limites tenham sido excedidos;

– impõe-se no entanto que o excesso mencionado seja manifesto e gravemente atentatório dos valores assinalados.

c) Apreciação do comportamento do promitente-transmissário

A actuação do promitente-transmissário é aqui um elemento muito relevante para efeito de saber se estamos perante uma situação de abuso do direito.

A conduta daquele no sentido do cumprimento do contrato celebrado, transmitindo à outra parte a ideia de que não iria invocar a falta de tais formalidades, contribui assim largamente para a ideia formada pela contraparte de que não iria arguir a invalidade. Aliás, na sequência de tal atitude, o promitente-transmitente arrendou até uma casa para poder entregar a fracção prometida[578].

Figuraram-se, noutra hipótese, várias atitudes do promitente-comprador, criadoras de convicção na outra parte de que a irregularidade não seria arguida, que conjuntamente podem impedir a invocação da nulidade: a imputabilidade da falta da assinatura; falta de

---

[577] Cfr. COUTINHO DE ABREU, últ. ob. cit., pp. 55 ss.

[578] Ac. Rel. Porto, de 19.2.2004 (ALBERTO SOBRINHO), www.dgsi.pt, p. 6 (afirma-se aí que, para além da entrega do sinal, as relações decorreram com normalidade, pelo menos sem atritos, ao longo de cerca de ano e meio").

Ver ainda o Ac. Rel. Porto, de 24.2.2005 (GONÇALO SILVANO), www.dgsi.pt, p. 7 (defendeu-se no aresto que o abuso do direito paralisava a nulidade arguida pelo promitente-comprador, pois este culposa e concorrencialmente com os promitentes-vendedores contribui para essa omissão, sendo que o seu comportamento posterior lhes fez criar a expectativa de que não se serviria do seu privilégio).

282 *Contrato-Promessa em Geral. Contratos-Promessa em Especial*

suscitabilidade da questão junto da contraparte; o reforço do sinal; a realização de diligências junto do banco para a obtenção do empréstimo conducente à conclusão do acto definitivo[579].

Similarmente, apesar de o promitente-comprador saber, desde a data da realização do contrato-promessa (Março de 1999), da falta do reconhecimento presencial das assinaturas, de que inexistia a certificação notarial da licença de habitação da fracção, optou pelo reforço do sinal (por três vezes no ano de 1999), visitou a fracção e só em finais de 2002 veio invocar o vício formal, depois de receber uma interpelação admonitória da outra parte[580].

Em todos estes arestos, o tribunal entendeu – acertadamente – que a invocação da nulidade pelo promitente-transmissário, à partida legitimado, foi, em concreto, impedida em razão da aplicação da figura do abuso do direito (art. 334.º CC).

Trata-se, nestas situações (e na larguíssima maioria dos casos) da modalidade *venire contra factum proprium* que está dependente, como realça Menezes Cordeiro, do preenchimento de 4 elementos: a confiança de alguém que acredita na actuação de outrem; a motivação sustentada dessa confiança; o investimento da confiança (o regresso ao estado anterior representa um caso de injustiça clara); a imputação da confiança[581].

Noutras circunstâncias, porém, a factualidade provada não permite concluir pela criação de uma situação de confiança na outra parte que a levasse a deduzir que tal invalidade não seria arguida. Assim se entendeu, *v.g.*, no Ac. STJ, de 5.7.2007: apesar do acordo entre as partes que prescindiram das formalidades, não se conseguiu apurar os seus contornos, de quem partiu tal iniciativa, bem como as suas motivações, pelo que inexistiu fundamento para considerar a actuação do promitente-comprador no quadro do abuso de direito[582].

---

[579] Tal factualidade foi descrita no Ac. Rel. Porto, de 22.4.2004 (Fernando Baptista), www.dgsi.pt, p. 15.

[580] Ac. STJ, de 15.5.2007 (Sebastião Póvoas), www.dgsi.pt, p. 4.

[581] Menezes Cordeiro, "Contrato-promessa – artigo 410..º, n..º 3, do Código Civil – Abuso do direito – inalegabilidade formal", ROA, n.º 58, 1998, p. 964.

[582] Ac. STJ, de 5.7.2007 (Oliveira Rocha), www.dgsi.pt, p. 11.

§ 5. Execução específica: imperatividade

Determina o art. 830.º, n.º 3, 1.º trecho CC que

– "o direito à execução específica não pode ser afastado pelas partes nas promessas a que se refere o n.º 3 do art. 410.º".

O não afastamento da execução específica tem como propósito garantir aos contraentes a celebração do contrato definitivo.

Atento o tipo e o objecto do negócio que se tem em vista, pretende-se assegurar a sua realização a qualquer dos promitentes.

De todo o modo, convém realçar que esta imperatividade diz respeito tão só à não derrogabilidade pelas partes do preceituado no art. 830.º, n.º 3, 1.ª parte CC.

Assim, a cláusula aposta no contrato-promessa que afaste ou que limite a execução específica é nula, em razão de ser contrária a uma regra injuntiva (art. 294.º CC).

Note-se que aqui a existência de sinal, o que se presume na promessa de compra e venda, ou até de pena, não afasta a execução específica. O art. 830.º, n.º 3 CC sobrepõe-se ao art. 830.º, n.º 2 CC[583].

§. 6 (cont.) Execução específica: impossibilidade

Note-se que apesar de não ser susceptível de afastamento lícito pelas partes, a execução específica pode, em concreto, não ser viável.

Com efeito, não se mostra possível a execução específica quando o promitente não pode obter, através da via judicial, um efeito contratual que, ele mesmo, não poderia levar a cabo. A substituição pelo tribunal não pode trazer um benefício para o respectivo promitente[584].

Vejamos alguns exemplos que consubstanciam esta afirmação.

---

[583] Ac. Rel. Porto, de 1.4.2003 (EMÍDIO COSTA), www.dgsi.pt, pp. 4.

[584] Ver Ac. Rel. Porto, de 1.4.2003 (EMÍDIO COSTA), www.dgsi.pt, p. 3, o Ac. STJ, de 18.2.1997, CJ, Ac. STJ, 1997, I, p. 111.

1. Falta de licença de utilização ou de construção do imóvel

Como assinalámos, o citado DL 281/99, no seu art. 1.°, n.° 1, estabelece que "não podem ser celebradas escrituras públicas que envolvam a transmissão da propriedade de prédios urbanos ou de suas fracções autónomas sem que se faça perante o notário prova suficiente da inscrição na matriz predial, ou da respectiva participação para a inscrição, e da existência da correspondente licença de utilização, de cujo alvará, ou isenção de alvará, se faz sempre menção expressa na escritura".

Ora, no caso discutido no Ac. Rel. Porto, de 8.1.2004, verificou-se uma situação deste género: observou-se que "a não ser assim, os autores não poderiam adquirir por escritura pública, em nome do interesse público de não serem transmitidos imóveis sem a correspondente licença de utilização, mas já adquiririam por via de sentença judicial, que colocaria esse mesmo interesse público em causa"[585].

2. Falta de constituição de propriedade horizontal

A promessa de compra e venda de uma fracção autónoma de um prédio não é, em regra, passível de execução específica se não foi constituída a propriedade horizontal.

Repare-se que esta pode resultar de sentença, desde que preenchidos os pressupostos dos arts. 1414.° ss. CC, a saber:

---

[585] Ac. Rel. Porto, de 8.1.2004 (VIRIATO BERNARDO), www.dgsi.pt, p. 4.

No mesmo sentido, Ac. STJ, de 4.6.2003, CJ, Ac. STJ, 2003, II, p. 94 ("a licença de utilização certifica a conformidade da obra concluída com o projecto aprovado e condicionamento do com o uso previsto no alvará de licença de construção", mas "não deixou de reconhecer que essa visão não impedia que o legislador, por outras formas sancionasse o desrespeito das normas legais de construção. Ora, uma dessas normas encontra-se na Lei 46/85 e confirmada pela Lei 281/99. E, nessa lei, o legislador é radical. Pretende acabar com a introdução no comércio jurídico de construções de que não se faça a prova da sua legalidade, muito embora admita que elas sejam objecto de negócios preliminares. A permissão da entrada no comércio jurídico de construções naquela situação, por via da execução especifica dos contratos promessa seria contrariar o sentido da lei permitindo que o tribunal se substituísse ao promitente vendedor, emitindo por ele uma vontade que, à face da lei, ele não poderia emitir").

– deve tratar-se de uma unidade independente e autónoma, distinta e isolada das demais, com saída própria para uma parte comum do prédio ou para a via pública;
– a existência de elementos que permitam a especificação das partes comuns e a cabal individualização das fracções;
– a fixação do valor relativo de cada uma das fracções.

Foi suscitada, no Ac. Rel. Porto, de 1.4.2003, uma questão deste género. Entendeu-se no aresto que na promessa de compra e venda não era admissível a execução específica, dada a inexistência de propriedade horizontal. No entanto, os promitentes-compradores nem sequer pediram que fosse proferida sentença de constituição de propriedade horizontal em relação à fracção autónoma em causa, nem alegaram factos que permitisse ao tribunal decidir nesse sentido[586].

Atentemos num caso singular: o Ac. STJ, de 24.5.2005, deu procedência, em sede de acção de execução específica, à constituição de propriedade horizontal, considerando que esta pode operar judicialmente, por via do art. 1417.º CC (sem necessidade de recurso à interpretação extensiva ou à analogia), e consequentemente à transmissão da propriedade da fracção do prédio urbano[587].

Esta solução pioneira foi aplaudida por Rui Pinto Duarte, embora o autor discorde de alguns dos fundamentos aduzidos pelo tribunal[588].

Deve dizer-se que esta via não representa o regime-regra, sendo possível o seu emprego apenas em situações específicas, como de resto bem realça Rui Pinto Duarte[589].

---

[586] Ac. Rel. Porto, de 1.4.2003 (Emídio Costa), www.dgsi.pt, p. 4.

[587] Ac. STJ, de 24.5.2005 (Salreta Pereira), CDP, n.º 19, 2007, pp. 47 a 52.

[588] Rui Pinto Duarte, Anotação ao Ac. STJ, de 24.5.2005 (Salreta Pereira), CDP, n.º 19, 2007, pp. 52 ss.

[589] Rui Pinto Duarte, Anotação ao Ac. STJ, de 24.5.2005, cit., p. 56 (tendo em conta que o edifício em causa "era pequeno" e que "estava em causa a sua divisão em apenas duas fracções", e sendo certo que "estavam preenchidos todos os requisitos administrativos para a constituição da propriedade horizontal", o tribunal pode operar a constituição da propriedade horizontal; de todo o modo, reconhece-se que "tais condições não ocorrem com frequência", pelo que "a solução ... não é replicável em massa").

§ 6. Execução específica (cont.): modificação do contrato por alteração das circunstâncias

1. Requisitos que permitem operar a modificação do contrato

A disposição que impõe o não afastamento convencional da execução específica do contrato-promessa não significa necessariamente que a decisão opere exactamente nesse sentido.

Na verdade, determina-se na 2.ª parte do art. 830.º, n.º 3 CC que

– *"a requerimento do faltoso, porém, a sentença que produza os efeitos da sua declaração negocial, pode ordenar a modificação do contrato nos termos do art. 437.º, ainda que a alteração das circunstâncias seja posterior à mora"*.

São vários os requisitos de aplicabilidade deste desvio. Cabe identificá-los.

Em primeiro lugar, a apreciação pelo tribunal desta via alternativa não pode ser conhecida oficiosamente. Assim, instaurada a acção de execução específica pelo promitente cumpridor, é necessário que o faltoso, em sede reconvencional, requeira a modificação do contrato à luz do art. 437.º CC.

De todo o modo, a aplicabilidade do instituto da alteração das circunstâncias tem aqui algumas especificidades.

Cumpre assinalar que os requisitos do art. 437.º, n.º 1 CC se mantêm intocados: a alteração anormal das circunstâncias que fundaram a decisão de contratar; a exigência das obrigações assumidas pela parte lesada afecta gravemente os princípios da boa fé; que tal exigência não se encontra coberta pelos riscos próprios do contrato[590].

No entanto, é agora indiferente que "a alteração das circunstâncias seja anterior à mora" (art. 830.º, n.º 3, parte final CC), ao contrário do que se estatui no art. 438.º CC.

Acresce que a consequência que tal faz operar está limitada à modificação do contrato-promessa, não sendo possível ao promitente faltoso pedir ao tribunal que declare resolvido o contrato.

---

[590] Cfr., em especial, Carvalho Fernandes, A teoria da imprevisão no Direito Civil português, Lisboa, 2001, pp. 277 ss.

A decisão judicial, sopesando os interesses em jogo – o do promitente fiel em ver operada a celebração do contrato definitivo e o do promitente faltoso em ver apenas modificado o contrato-promessa –, caso valore este último, pronunciar-se-á favoravelmente.

2. **Apreciação da medida**

A regra em causa não está isenta de críticas doutrinárias.

Realce-se que na redacção do início dos anos 80 – do DL 236/80, de 18 de Julho – era o art. 830.º CC, mas ao tempo no seu n.º 1, que, em termos gerais, dispunha quanto à matéria, e já aí eram assinaladas algumas dificuldades interpretativas[591].

À luz da redacção de 1986, que se mantém na actualidade, os desacertos da medida têm sido igualmente destacados. Desde logo, o facto de se mostrar desadequada nos contratos-promessa firmes a possibilidade de levar a cabo uma solução deste género[592]. Acresce que, qualquer das partes, nos termos gerais, pode socorrer-se do regime do art. 437.º. Porque razão se consagra agora um benefício específico para o contraente faltoso, premiando-o[593]?

Mas os aplausos também se fizeram ouvir. Em especial, porque "representa uma atenuação à severidade do sistema imperativo da execução específica"[594].

A nosso ver, a regra aposta na parte final do art. 830.º, n.º 3 não deve desconsiderar-se, isto sem prejuízo do emprego do regime dos arts. 437.º ss. CC às outras promessas[595].

---

[591] Ver, entre outros, Antunes Varela, Sobre o contrato-promessa, cit., pp. 116 ss, Menezes Cordeiro, O novo regime do contrato-promessa, cit., p. 51, Ana Prata, O contrato-promessa e o seu regime civil, cit., pp. 958 ss.

[592] Ana Prata, O contrato-promessa e o seu regime civil, cit., p. 961.

[593] Ana Prata, O contrato-promessa e o seu regime civil, cit., p. 962 e 963. Compartilhando as críticas, Calvão da Silva, Sinal e contrato-promessa, cit., p. 161

[594] Almeida Costa, Contrato-promessa. Uma síntese do regime vigente, cit., p. 58.

[595] Calvão da Silva, Sinal e contrato-promessa, cit., p. 160.

Ver, por exemplo, o Ac. STJ, DE 9.5.1995 (José Martins da Costa), BMJ, n.º 447, 1995, p. 504 (o contrato-promessa foi resolvido por alteração das circunstâncias resultantes da falta de autorização da importação de capitais pelo Banco de Portugal com referência ao preço ajustado; no caso, a declaração de resolução foi aceite pelo outro promitente).

288 Contrato-Promessa em Geral. Contratos-Promessa em Especial

Por um lado, é uma norma clarificadora. Atenta a imperatividade da execução específica poderia discutir-se se o art. 437.º CC seria empregue. Foram afastadas, por esta via, quaisquer dúvidas.

Por outro lado, tem mais lógica no seu sentido restrito, ou seja, quando aplicável só a algumas promessas do que em termos gerais.

Quanto ao desvio ao regime da alteração das circunstâncias, dada a especial vantagem atribuída ao promitente moroso, cremos que a diminuição do desequilíbrio não encontra justificação. Se imaginarmos que o promitente-vendedor se encontra em atraso (que, note-se, é culposo e é ilícito) a alteração das circunstâncias nunca se teria verificado se tivesse ocorrido o cumprimento pontual. O benefício concedido ao devedor em mora mostra-se desproporcional à desvantagem que isso representa para o promitente cumpridor. De todo o modo, não pode deixar de se realçar que a norma tem alguma similitude, no tocante ao "prémio" atribuído ao incumpridor, com o art. 442.º, n.º 3, parte final CC. Também aí é o contraente faltoso que se pode opor à escolha do promitente cumpridor, invertendo a sua posição (de inadimplente), já que se oferece para cumprir a promessa.

§ 8. Execução específica (cont.): expurgação da hipoteca

Ainda no quadro da execução específica, encontramos um outro preceito que estabelece um regime específico para estes negócios.

Dispõe o art. 830.º, n.º 4 CC o seguinte:

– *"[t]ratando-se de promessa relativa à celebração de contrato oneroso de transmissão ou constituição de direito real sobre edifício, ou fracção autónoma dele, em que caiba ao adquirente, nos termos do artigo 721.º, a faculdade de expurgar hipoteca a que o mesmo se encontre sujeito, pode aquele, caso a extinção de tal garantia não preceda a mencionada transmissão ou constituição, ou não coincida com esta, requerer, para efeito da expurgação, que a sentença referida no n.º 1 condene também o promitente faltoso a entregar-lhe o montante do débito garantido, ou o valor nele correspondente à fracção do edifício ou do direito objecto do contrato e dos juros respectivos, vencidos e vincendos, até pagamento integral"*.

1. Razão de ser

É bastante frequente que incida sobre o edifício prometido alienar uma hipoteca para garantir uma dívida do promitente-transmitente. Se ao tempo da celebração do contrato definitivo o bem continua onerado, a execução específica poderia ficar inviabilizada.

Através do art. 830.º, n.º 4 CC tem-se em vista a tutela do promitente-adquirente, ao atribuir-lhe a faculdade de requerer, em juízo, a condenação do faltoso na entrega do valor em dívida, para que posteriormente possa extinguir a hipoteca.

2. Requisitos de aplicabilidade do normativo

2.1. *Faculdade de expurgação da hipoteca*

Premissa base do número em análise é a atribuição ao (promitente-)adquirente da faculdade de expurgar a hipoteca.

As condições em que é possível tal expurgação estão definidas no art. 721.º CC, que devem ser agora adaptadas, para o qual remete o próprio art. 830.º, n.º 4 CC, a saber:

- a aquisição de bens hipotecados;
- o registo do título de aquisição[596];
- que o adquirente do bem hipotecado não seja pessoalmente responsável pelo cumprimento das obrigações garantidas.

Em relação aos modos de proceder à respectiva expurgação, prevêem-se duas possibilidades:

- através do pagamento integral aos credores hipotecários das dívidas a que os bens estão hipotecados (al. a) do art. 721.º CC);
- mediante a declaração, a realizar por aquele que adquire bens hipotecados, de que está pronto a entregar aos credores, para pagamento dos seus créditos, até à quantia pela qual obteve os bens, ou aquela em que os estima, quando a aquisição

---

[596] Tem-se aqui em vista evitar que sejam constituídas ulteriormente hipotecas.

tenha sido feita a título gratuito ou não tenha havido fixação de preço (al. b) do art. 721.º CC).

2.2. *A extinção da hipoteca não precede, nem coincide, com a transmissão ou a constituição de direito real*

Determina-se ainda, como segundo pressuposto de aplicabilidade, que a extinção da garantia não deve preceder ou, pelo menos, não deve coincidir com a transmissão ou com a constituição de direito real.

Com efeito, se a cessação da hipoteca ocorre antes (ou ao tempo) da celebração do contrato definitivo não há razão para usar o regime de favor previsto no normativo, dado que inexiste qualquer encargo que onere o objecto prometido transferir.

2.3. *Requerimento do promitente fiel da condenação do promitente faltoso em mora na entrega do montante do débito garantido ou do valor correspondente*

Adiciona-se um outro pressuposto, de índole procedimental: o promitente-adquirente (de direito real sobre edifício ou fracção autónoma dele) tem de requerer, em juízo, que a decisão – que faz operar a execução específica – condene igualmente o faltoso na entrega ou do "montante do débito garantido" ou do "valor nele correspondente à fracção do edifício ou do direito objecto do contrato e dos juros respectivos, vencidos e vincendo, até pagamento integral" (art. 830.º, n.º 4 CC).

3. Apreciação do regime

Se bem que o regime consagrado pareça tutelar adequadamente o promitente-adquirente, não é menos verdade que as soluções consagradas são falíveis ou inadequadas em vários sentidos.

Desde logo, a eficácia da solução é nula quando o promitente-alienante não consegue cumprir a decisão judicial dada a sua situação financeira precária[597]. Ou seja, o deferimento do requerimento do promitente-adquirente de nada vale no caso assinalado.

De igual sorte, como destaca Antunes Varela, "se o terceiro promissário apenas adquire, com a procedência da execução específica, o direito de superfície ou o usufruto dos bens hipotecados, já não se compreende o sacrifício do direito do credor hipotecário, sabendo-se de antemão que o superficiário ou o usufrutuário vão ter sempre à sua ilharga, a limitar a livre disponibilidade da coisa onerada, o direito de propriedade (fundeiro) ou do proprietário da raiz e podendo ainda acrescentar-se que, nesse caso, eles *não adquirem* os bens hipotecados"[598]. Nenhum interesse terá o promitente-adquirente em socorrer-se do mecanismo nesta hipótese.

Dado o escasso interesse que o promitente-adquirente pode ter – e em muitos casos efectivamente terá – na solução prevista no art. 830.º, n.º 4 CC, não se pode excluir o regime geral aplicável às coisas oneradas, em especial o exercício do direito à redução do preço, o que lhe permite obter uma tutela, com toda a probabilidade, mais adequada.

---

[597] Esta é uma das críticas de ANA PRATA, O contrato-promessa e o seu regime civil, cit., p. 970.

[598] Sobre o contrato-promessa, cit., p. 178.

CAPÍTULO II
Promessa de habitação periódica ou turística

§ 1. Breves notas quanto ao direito real de habitação. § 2. Promessa de direito real de habitação periódica. 1. Forma. 2. Menções da promessa de alienação de direito real de habitação. 2.1. Identificação dos intervenientes. 2.2. Elementos relativos ao empreendimento. 2.3. Elementos referentes ao certificado predial. 2.4. Informação quanto ao direito de (livre) resolução. 3. Entrega de documento complementar. 4. Livre resolução do contrato-promessa. 4.1. Forma. 4.2. Conteúdo. 4.3. Questões relativas ao prazo. 4.3.1. Duração. 4.3.2. Início da contagem. 4.3.3. Data limite para o exercício do direito. 4.3.4. Risco de atraso ou de perda da declaração. 4.4. Termo do prazo para o exercício do direito de resolução e os possíveis modos de actuação do promitente-adquirente. 4.4.1. Não exercício regular do direito de *resolução*. 4.4.2. Exercício regular do direito de *resolução*; as relações de liquidação. 5. Prestação de caução pelo promitente-alienante. 6. Carácter injuntivo dos direitos atribuídos ao promitente-adquirente. § 3. Promessa de direito real de habitação turística. § 4. A prática judicial. 1. Aplicação do princípio da equiparação. 2. Incumprimento. 2.1. O problema da qualificação como sinal da importância entregue. 2.2. Incumprimento temporário e execução específica. 2.3. Incumprimento definitivo. 2.3.1. Em especial, a resolução. 2.3.2. Direito de retenção.

§ 1. Breves notas quanto ao direito real de habitação

Os direitos reais de habitação periódica ou de habitação turística integram a categoria dos direitos reais de gozo.

Trata-se de um direito real, mediante o qual o respectivo titular tem a possibilidade de gozar, para fins habitacionais, um imóvel de modo temporário, mediante o pagamento de uma prestação periódica ao proprietário do empreendimento ou a quem o administre[599].

---

[599] Ver, quanto à noção, o Ac. Rel. Évora, de 18.1.2007 (MARIA ALEXANDRA SANTOS), www.dgsi.pt, p. 5.

294   *Contrato-Promessa em Geral. Contratos-Promessa em Especial*

A primeira regulamentação de tais direitos no nosso país surge no início da década de 80 do século passado, através do DL 355/81, de 31 de Dezembro (modificado pelo DL 368/83, de 4 de Outubro).

Posteriormente, foi consagrada uma nova disciplina, por força do DL 130/89, de 18 de Abril.

Mais tarde, houve lugar à sua substituição, mediante o DL 275/93, de 5 de Agosto, que é o actual regime. Tal diploma foi já modificado por várias vezes, a saber: pelo DL 180/99, de 22 de Maio, pelo DL 22/2002, de 31 de Janeiro, pelo DL 76-A/2006, de 29 de Março e pelo DL 116/2008, de 4 de Julho[600].

§ 2. Promessa de direito real de habitação periódica

O texto legal vigente contém várias regras sobre a promessa de habitação periódica, algumas delas a esta especificamente aplicáveis, outras que nela tocam, a par de outros problemas.

No primeiro grupo, situam-se os arts. 17.º a 19.º do DL 275/93, de 5 de Agosto. No segundo grupo, vejam-se o art. 20.º e os arts. 54.º ss. do mesmo texto.

De notar que os traços relevantes do direito real de habitação periódica são a perpetuidade (com regra, à luz do art. 3.º, n.º 1 DL 275/93)[601], o carácter limitado (art. 3.º, n.º 2 DL 275/93) e a exclusividade. O que tem significado no próprio regime previsto para a respectiva promessa[602].

1. Forma

Os contratos-promessa de transmissão de direitos reais de habitação periódica devem ser "reduzidos a escrito" (art. 17.º, n.º 1 DL 275/93)[603/604].

---

[600] Sobre o tema, ver RUI PINTO DUARTE, Curso de Direitos Reais, 2.ª Ed, Revista e Aumentada, Cascais, 2007.

[601] Embora lhe possa ser fixado um limite de duração, não inferior a 15 anos.

[602] Cfr. Ac. STJ, de 28.5.2002 (EDUARDO BAPTISTA), www.dgsi.pt, p. 3.

[603] Cfr. Ac. STJ, de 4.3.2004 (OLIVEIRA BARROS), www.dgsi.pt, p. e 5, Ac. STJ, de 28.5.2002 (EDUARDO BAPTISTA), www.dgsi.pt, p. 3.

Contratos-Promessa em Especial 295

A inobservância da solenidade prevista gera a nulidade do contrato-promessa, ao abrigo do art. 220.º CC.

2. Menções

São várias as menções que devem ser apostas no documento que formaliza o contrato-promessa de alienação, sempre que o promitente-vendedor intervém no exercício do comércio – art. 18.º DL 275/93[605]. Cabe enunciá-las.

2.1. *Identificação dos intervenientes*

Para tornar mais seguro o acto e para que, especialmente em caso de conflito, se conheça com exactidão os respectivos intervenientes, exige-se a identificação dos seguintes sujeitos:

- do proprietário das unidades de alojamento (art. 18.º, n.º 1, al. a), trecho inicial) DL 275/93;
- do (promitente-)vendedor (art. 18.º, n.º 1, al. a), *in fine*) DL 275/93;
- do promitente-adquirente (art. 18.º, n.º 1, al. b) DL 275/93).

---

[604] À luz do DL 130/89, de 18 de Abril, discutia-se se as assinaturas dos promitentes nos contratos-promessa respeitantes ao direito real de habitação periódica tinham, ou não, de ser objecto do reconhecimento presencial imposto pelo n.º 3 do art. 410.º C.Civ. Nalgumas decisões, entendia-se que não, como é o caso do Ac. STJ, de 4.3.2004 (OLIVEIRA BARROS), www.dgsi.pt, esp. pp. 4 e 5), do Ac. Rel. Lisboa, de 12.10.2000 – sumário (FERNANDA ISABEL PEREIRA), www.dgsi.pt, do Ac. Rel. Coimbra, de 6.5.1997 – sumário (NUNO CAMEIRA), BMJ, n.º 467, 1997, p. 639, ou do Ac. Rel. Lisboa, de 27.5.1993 (NASCIMENTO GOMES), www.dgsi.pt, pp. 3 e 4. Noutros arestos, a posição era a inversa, cabendo salientar, em particular, o Ac. Rel. Porto, de 25.6.1996 – sumário (DURVAL MORAIS), www.dgsi.pt, e o Ac. Rel. Porto, de 23.4.1996 – sumário (SOARES DE ALMEIDA), www.dgsi.pt.

[605] Sobre o tema, à luz do DL 130/89, *in casu* aplicável, ver o Ac. STJ, de 28.5.2002 (EDUARDO BAPTISTA), www.dgsi.pt, p. 3.

2.2. Elementos relativos ao empreendimento

O contrato-promessa deve ainda conter os elementos que permitem caracterizar o empreendimento, os poderes e os deveres dos (promitentes-)titulares e do proprietário do empreendimento, a saber:

– a identificação e a situação do empreendimento, em especial o número da descrição do prédio, a sua localização, a sua classificação (provisória ou definitiva) atribuída, a indicação dos ónus ou encargos existentes, o documento que garante a utilização das instalações e dos equipamentos de uso comum, a licença de construção, caso se encontre ainda em construção (e nesta hipótese a data prevista para a sua abertura ao público);

– os poderes dos promitentes-titulares, em particular sobre as partes comuns, assim como dos respectivos deveres, nomeadamente os que se relacionam com a prestação periódica a pagar[606] (als. o, q) e r) do art. 5.º, n.º 2 *ex vi* art. 18.º, n.º 1, al. c) DL 275/93);

---

[606] No contrato-promessa remeteu-se para o documento anexo denominado "Normas Gerais de Utilização", que por sua vez, no seu art.º 5, enuncia entre os deveres do titular, na al. b), o de "pagar a taxa de utilização (prestação periódica durante o mês anterior ao da ocupação do Aparthotel"; e, no seu n.º 3, estabelece: "o proprietário enviará uma nota de débito referente à taxa de Utilização a qual deverá ser paga pelo menos um mês antes do início de utilização da semana respectiva".

Defendeu o tribunal de 1.ª instância que não tendo o promitente-comprador tido o gozo da fracção de Maio de 1994 a Maio de 1996, não se venceram as taxas de utilização anuais reclamadas, e aquele não tem, portanto, que as suportar, à luz das regras de boa-fé contratual e do instituto do abuso de direito.

Esse não foi, porém, o entendimento do Tribunal da Relação de Lisboa, de 15.5.2007 (ISABEL SALGADO), www.dgsi.pt, pp. 4 e 5.

Considerou-se aí que, para um declaratário normal, face ao teor das referidas regras decorre que o pagamento da taxa de utilização pelo titular do direito de habitação periódica a favor do proprietário do imóvel constitui, na economia do contrato, contrapartida necessária e prévia para o gozo da fracção ao ano que respeita, daí o seu pagamento (anual) dever ser satisfeito no mês anterior à fracção temporal. No caso, "essas taxas de utilização não foram pagas atempadamente pelo promitente-comprador, que, por seu turno, não logrou provar, como lhe competia, que o promitente-vendedor o convencera da desobrigação de tal desiderato, proporcionando-lhe ainda assim o gozo da fracção no período contratado; só isso conduziria à conclusão que vir agora exigir tais quantitativos consubstanciaria clamorosa injustiça".

Contratos-Promessa em Especial 297

– os poderes e os deveres do proprietário do empreendimento (al. s) do art. 5.º, n.º 2 *ex vi* art. 18.º, n.º 1, al. c) DL 275/93);

2.3. *Elementos referentes ao certificado predial*

Para uma informação mais completa, o contrato-promessa deve ainda mencionar os elementos essenciais relativos ao certificado predial, emitido em favor do proprietário das unidades de alojamento, que titula o respectivo direito e que legitima a sua transmissão ou a sua oneração (art. 11.º, n.º 1, al. a), c) a f) do art. 11.º, n.º 1 *ex vi* art. 18.º, n.º 1, al. d) DL 275/93).

2.4. *Informação quanto ao direito de (livre) resolução*

Dado que ao promitente-adquirente assiste um "direito de arrependimento", todas as informações a ele referentes devem constar do respectivo contrato.

Assume relevância o local onde deve ser indicada – expressamente – tal informação, a saber: "imediatamente antes da assinatura das partes". Pretende-se, pois, que o conhecimento deste direito (designado de "resolução") seja efectivo, dada a proximidade com o sítio da subscrição.

3. Entrega de documento complementar

Impõe-se, por um lado, a entrega de um documento complementar, que é obrigatoriamente citado no próprio certificado predial[607].

De resto, "não ficou provado que o promitente-comprador se apresentasse a reclamar o exercício do seu direito sobre a fracção, e/ou que o promitente-comprador o tivesse recusado ou impedido de alguma forma, pois que, os factos apurados apenas permitem concluir que a fracção não foi efectivamente utilizada naqueles anos e que não foram satisfeitos os valores que lhe eram exigíveis".

[607] Nos contratos-promessa de transmissão de direitos reais de habitação periódica o promitente-vendedor deve entregar ao adquirente uma tradução do referido contrato,

298   *Contrato-Promessa em Geral. Contratos-Promessa em Especial*

Tal documento contém um conjunto vasto de elementos, que dão ao promitente-adquirente uma informação adequada e ampla quanto aos termos e ao conteúdo da vinculação (art. 18.º, n.º 2 DL 275/93).

O alcance deste dever de entrega é paradigmático no sentido da protecção efectiva do respectivo promitente, sendo de resto elogiada a sua consagração pela doutrina[608].

4. *Livre resolução* do **contrato-promessa**

É, como se assinalou, atribuído um *direito de (livre) resolução* ao promitente-adquirente[609].

Assume peculiar relevo a efectiva informação acerca do teor do contrato, já que ele é dado a conhecer, em regra, muito pouco tempo antes da assinatura. Por isso se concede um determinado prazo para reflectir acerca do negócio ao qual se vinculou.

A concessão de um tal *período de reflexão* permite ao promitente-adquirente avaliar não só com minúcia e com detalhe, mas também de modo (mais) ponderado e tranquilo, as cláusulas do contrato. Visa-se afastar comportamentos pouco meditados ou mesmo irreflexivos, susceptíveis de produzir efeitos nefastos na sua esfera jurídica e no seu património.

4.1. *Forma*

O direito de revogação deve ser exercido através de "carta registada com aviso de recepção" (art. 16.º, n.º 2 *ex vi* art. 19.º, n.º 1 DL 275/93).

---

devidamente certificada, na ou numa das línguas do Estado-membro de residência do promitente-adquirente ou na ou numa das línguas do Estado-Membros de que este é nacional, acompanhada de uma tradução do contrato na língua do Estado em que se situe o imóvel (art. 17.º, n.º 2 DL 275/93).

[608] BRANDÃO PROENÇA, "Para a necessidade de uma melhor tutela dos promitentes--adquirentes de bens imóveis (*maxime*, com fim habitacional)", cit., p. 15.

[609] Quanto à falta de unidade terminológica, ver GRAVATO MORAIS, Contratos de crédito ao consumo, Coimbra, 2007, pp. 152 ss.

A utilização deste procedimento pelo promitente-adquirente configura uma forma segura para o exercício, tendo como objectivo que aquele disponha de um meio probatório idóneo do envio da dita declaração.

Não se admite expressamente a utilização de outro tipo de notificação, ao contrário do que sucede noutros textos em que se permite o exercício do direito em causa. Cremos que, pelo menos, a entrega pessoal da notificação com a aposição da assinatura do destinatário em cópia que fica em poder do promitente-adquirente deve admitir-se atentas as razões de segurança e também de ordem probatória.

4.2. *Conteúdo*

Quanto ao seu teor, afastam-se quaisquer requisitos materiais apertados. Tal solução é compatível com o carácter liberal que se pretende deste direito, evitando-se a criação de obstáculos ao seu exercício.

Por um lado, a declaração não necessita de ser motivada, operando *ad nutum* ou *ad libitum*. Isso decorre do art. 16.º, n.º 1 DL 275/93 por efeito da remissão constante do art. 19.º, n.º 1 DL 275/93.

Esta é, de resto, uma das características marcantes deste direito: não estar dependente de qualquer justificação.

O texto deve conter, no entanto, todos os elementos que permitam ao credor (colocado na posição de um declaratário normal) deduzir que o promitente-adquirente pretendeu *resolver* o concreto negócio celebrado.

São necessários, pois, a identificação do próprio, o contrato-promessa que irá ser afectado e a assinatura do documento.

Cumpre salientar que o vocábulo "resolução" não tem de integrar aquela declaração. Mas dela deve, pelo menos, retirar-se que o consumidor pretende exercer a pretensão.

4.3. *Questões relativas ao prazo*

Suscitam-se algumas questões quanto ao prazo durante o qual pode ser exercido o direito, a saber: a sua duração; o momento do início da contagem; e, por fim, a data limite para o exercício do direito.

300   *Contrato-Promessa em Geral. Contratos-Promessa em Especial*

4.3.1. Duração

Prevê-se um prazo de 10 dias úteis para o respectivo exercício (art. 16.º, n.º 1 *ex vi* art. 19.º, n.º 1 DL 275/93).

O propósito é o de obter um ponto de equilíbrio entre o estado de incerteza gerado pela possibilidade (temporalmente limitada) de resolução e a segurança do outro promitente que celebrou um contrato válido (e que não o pode *resolver*)[610].

4.3.2. Início da contagem

A assinatura do contrato-promessa é, nos termos do art. 19.º, n.º 1 DL 275/93, o momento determinante para o início da contagem do prazo.

A locução utilizada por duas vezes no preceito citado não se afigura adequada. O momento decisivo, para o efeito em causa, deve ser o da entrega do contrato (o qual, como vimos, necessita de conter a informação mínima sobre o direito em causa), porquanto só a partir desse instante o promitente-adquirente dispõe dos meios necessários para reflectir ponderadamente.

Figuremos um exemplo: a entrega do contrato-promessa efectua-se 20 dias após a assinatura do contrato; nessa data, de acordo com o texto legal, o direito de resolução já caducou, em virtude do decurso de mais de 10 dias úteis após a sua subscrição.

Não pode, pois, ser o instante em que se apõe tal assinatura a marcar o início da contagem do prazo. A referência deveria ter sido feita à entrega do exemplar em razão da possibilidade de divergência temporal em prejuízo do respectivo promitente. Daí que entendemos que o art. 16.º, n.º 1 DL 275/93 prevaleça sobre o regime do art. 19.º, n.º 1 DL 275/93, para o qual este, de resto, remete.

Aliás, no mesmo erro se incorre no art. 19.º, n.º 2 DL 275/93. Aí observa-se que se o contrato definitivo for entretanto celebrado, o prazo para exercer o direito de *livre resolução* continua a ser o da

---

[610] A consequência da falta da menção dos elementos referidos no documento complementar acarreta um aumento do prazo.

"data da assinatura do contrato-promessa". Valem aqui as considerações atrás efectuadas.

4.3.3. Data limite para o exercício do direito

Mas até quando se considera correctamente exercido o direito de livre *resolução*?

O art. 16.º, n.º 2, 2.ª parte DL 275/93, dispõe que a declaração de *resolução*, por carta registada com aviso de recepção, deve ser "enviada até ao termo do prazo previsto no número anterior [de 10 dias]".

É o instante da expedição da declaração que determina o seu carácter (in)tempestivo, acolhendo-se aqui a teoria (com o mesmo nome) da expedição[611].

Derroga-se, como se constata, a regra geral da eficácia das declarações receptícias decorrente do art. 224.º, n.º 1, 1.ª parte CC. Esta disposição acolhe a teoria da recepção ou a teoria do conhecimento: "a declaração... torna-se eficaz logo que chega ao seu poder ou é dele conhecida".

Desta sorte, não se impõe que a declaração de resolução chegue à esfera de poder do destinatário no prazo mencionado. Portanto, o promitente-adquirente pode decidir, até ao último dia do prazo, se pretende (ou não) manter o contrato-promessa que concluiu[612].

4.3.4. Risco de atraso ou de perda da declaração

Cumpre saber quem suporta o risco de atraso na recepção da declaração e o risco de perda da mesma.

---

[611] O que se pode dizer que configura a regra nos contratos de consumo (art. 8.º, n.º 1 DL 359/91, referente aos contratos de crédito ao consumo, art. 6.º, n.º 5 e 18.º, n.º 5 DL 143/2001, relativo à contratação à distância e ao domicílio).

[612] Ver Ac. Rel. Lisboa, de 23.6.1994 – sumário (CRUZ BROCO), www.dgsi.pt (observava-se que se trata "de prazo de caducidade de exercício do direito de resolução estabelecido em favor do promitente-comprador, que pode exercer tal direito quer no primeiro, quer no sétimo [à luz do art. 20.º, n.º 4 DL 130/89, agora décimo, nos termos do art. 19.º DL 275/93]".

302 *Contrato-Promessa em Geral. Contratos-Promessa em Especial*

A expedição da declaração transfere, em princípio, para a contraparte o risco de demora na recepção. Subjaz à orientação legislativa a seguinte premissa: se ocorreu um facto não imputável ao promitente-adquirente e se, paralelamente, ele fez tudo o que estava ao seu alcance para que o credor recebesse a declaração de revogação, então não há razões para não a considerar eficaz. Exemplificando. Ocorrendo uma greve prolongada nos correios, sendo que a carta chegou ao poder do destinatário vários dias após a sua expedição, a declaração de revogação deve considerar-se eficaz.

Questão conexa é a de saber se se transmite para o credor, de igual modo, o risco de perda da declaração. O tema é discutível.

A orientação que sustenta ser o promitente-vendedor a suportar o risco da perda da declaração parece-nos a mais adequada. É o que se retira da forma exigida para o envio da declaração resolutiva – a carta registada com aviso de recepção –, da diligência empregue pelo promitente-adquirente ao remeter a carta nos termos impostos e da ideia de protecção da parte mais débil.

4.4. *Termo do prazo para o exercício do direito de resolução e os possíveis modos de actuação do promitente-adquirente*

Quanto aos possíveis modos de actuação do promitente-adquirente, figuram-se dois grupos de hipóteses:

- remete-se ao silêncio ou envia a declaração de revogação, sendo que esta não preenche os requisitos formais ou substanciais exigidos (*v.g.*, não identifica o contrato de crédito) ou é extemporânea;
- *resolve*, nos termos previstos, o contrato-promessa.

4.4.1. **Não exercício regular do direito de** *resolução*

O decurso do prazo sem que o consumidor exerça regularmente o direito de *resolução* importa a sua caducidade. Assim, o contrato produz agora plenamente todos os efeitos a que tendia.

Contratos-Promessa em Especial 303

4.4.2. Exercício regular do direito de *resolução*; as relações de liquidação

Vejamos agora a situação oposta. O exercício regular do direito acarreta a *resolução* do contrato-promessa e, consequentemente, a sua extinção.

Quanto às consequências que daí emergem, o art. 16.º, n.º 1 DL 275/93, dispõe que a *resolução* ocorre "sem quaisquer encargos", havendo que ser restituído tudo o que foi entregue.

5. Prestação de caução pelo promitente-alienante

Impõe-se ao promitente-vendedor – quando seja proprietário do empreendimento ou cessionário da sua exploração – a prestação de caução nas promessas de alienação de direito real de habitação periódica quando se garanta

- a possibilidade do início do gozo do direito pelo adquirente na data prevista no contrato-promessa (al. a) do n.º 3 do art. 19.º DL 275/93);
- a expurgação de hipotecas ou de outros ónus oponíveis ao promitente-adquirente do direito (al. b) do n.º 3 do art. 19.º DL 275/93);
- a restituição da totalidade das quantias entregues por conta da aquisição, actualizada com o índice anual dos preços do consumidor, no caso de o empreendimento não abrir ao público (al. c) do n.º 3 do art. 19.º DL 275/93);
- a restituição da totalidade das quantias entregues pelo promitente-adquirente até ao termo do prazo alargado para o exercício do direito de resolução (al. d) do n.º 3 do art. 19.º DL 275/93).

As condições e o modo de prestação da caução estão reguladas no art. 15.º, n.ºs 2 e 3 DL 275/93 dada a remissão efectuada pelo art. 19.º, n.º 4 DL 275/93.

Assim, a caução é prestada a favor do promitente-adquirente por uma qualquer modalidade de garantia permitida por lei (*v.g.*, seguro,

304 *Contrato-Promessa em Geral. Contratos-Promessa em Especial*

garantia bancária), devendo ser o seu valor pelo menos equivalente ao que houver sido entregue pelo promitente-adquirente.

6. Carácter injuntivo dos direitos atribuídos ao promitente--adquirente

As regras assinaladas em benefício do promitente-adquirente têm carácter imperativo, pelo que não podem ser afastadas por vontade das partes em sentido contrário, sob pena de nulidade. É o que resulta do art. 20.º, n.º 1 DL 275/93, ao consagrar a irrenunciabilidade dos direitos atribuídos.

Na mesma lógica, expressa-se no n.º 2 do citado preceito que as cláusulas que excluam ou limitam as responsabilidades do promitente--vendedor são igualmente nulas.

§ 2. Promessa de direito real de habitação turística

O texto legal vigente contém igualmente regras sobre a promessa de habitação turística, embora o texto legal seja menos pormenorizado.

Estão em causa essencialmente os arts. 48.º e 49.º DL 275/93, embora não se deva descurar os preceitos sancionatórios (art. 54.º ss. DL 275/93), também aplicáveis ao outro tipo descrito.

Uma nota breve para assinalar que o regime tem certas similitudes com o já analisado, embora haja aqui uma menor regulamentação. De todo o modo, isso não implica que não se empreguem algumas das regras já assinaladas, pelo que para aí se remete.

Duas ou três considerações se impõem para descrever, em traços breves, os termos do regime.

A forma do contrato-promessa é a escrita (art. 48.º, n.º 1 DL 275/93), sob pena de nulidade (art. 220.º CC).

As menções essenciais que constam das als. a) a f) do n.º 5 art. 48.º DL 275/93 devem ser apostas no contrato-promessa, sempre que o promitente-vendedor intervém no exercício do seu comércio. A sua falta acarreta a anulabilidade do mencionado contrato (art. 48.º, n.º 5, proémio DL 275/93).

Contratos-Promessa em Especial

O direito de livre resolução, previsto no art. 49.º DL 275/93, tal como o regime da caução, decorrente do art. 52.º DL 275/93, seguem globalmente a disciplina já descrita.

Naturalmente que o art. 20.º DL 275/93, relativo à irrenunciabilidade (dos direitos) e à nulidade (das cláusulas que os derroguem), é aqui empregue (art. 53.º DL 275/93).

§ 3. A prática judicial

Analisado o regime do contrato-promessa de direito real de habitação, cabe seguidamente enunciar algumas das questões mais relevantes decididas pelos nossos tribunais.

1. Aplicação do princípio da equiparação

É com frequência invocada, pelo promitente-comprador, a existência de vícios da vontade nos contratos-promessa em apreço. As regras gerais, como sabemos, são inteiramente aplicáveis por força do art. 410.º, n.º 1 CC.

Vejamos alguns exemplos.

Foi discutido, no Ac. STJ, de 28.5.2002, o emprego da figura do erro quanto ao objecto do negócio. Foram alegados vários factos que poderiam conduzir à anulabilidade daquele, em especial "que os apartamentos e as semanas contratadas não satisfaziam as necessidades que ele [o contrato] visava". Todavia, não foi produzida qualquer prova sobre os mesmos, pelo que não houve lugar à anulação[613].

No Ac. Rel. Lisboa, de 4.6.1996, foi entendido que a subscrição do contrato-promessa de habitação periódica foi feita "com a convicção de que a sua assinatura era *condição sine qua non* para obtenção de um rendimento proporcional ao valor da prometida compra, e não com o propósito de adquirir duas semanas de férias e nunca teria celebrado tal contrato se soubesse que o mesmo apenas lhe permitiria a aquisição dessas duas semanas de férias, sem as contrapartidas".

---

[613] Ac. STJ, de 28.5.2002 (EDUARDO BAPTISTA), www.dgsi.pt, p. 4.

306 *Contrato-Promessa em Geral. Contratos-Promessa em Especial*

Daí que sabendo a promitente-vendedora "que a obtenção de rendimento por parte do Autor fora o motivo essencial da assinatura do contrato – que não a aquisição de semanas de férias – a falta desse rendimento determina a anulabilidade do negócio (artigo 252.º, n.º 1 CC)"[614].

Atendendo a que está em causa um consumidor não se devem descurar os institutos especificamente aplicáveis a este sujeito, já que o regime geral não é inteiramente protector. Destaca-se em especial o direito à informação, constante dos arts. 7.º, 8.º e 9.º da Lei 24/96, de 31 de Julho (Lei de Defesa do Consumidor)[615].

2. Incumprimento

2.1. *O problema da qualificação como sinal da importância entregue*

Cabe apreciar se o valor entregue no quadro de um contrato-promessa de alienação de direito real de habitação periódica reveste a natureza de sinal, nos termos do art. 441.º CC.

Alguma jurisprudência tem-se pronunciado afirmativamente.

Sustenta-se, por exemplo, no Ac. STJ, de 9.10.2003, a aplicabilidade a tais contratos do art. 441.º CC. Justifica-se que "consistindo a venda num acto de alienação de um direito real maior (o direito de propriedade), não pode deixar de se entender que a presunção estabelecida pelo artigo 441.º do Código Civil é extensiva aos direitos reais menores (como é o caso do direito de habitação), por ser a mesma a razão de ser do preceito. Assim, no contrato-promessa de alienação do direito de habitação a importância adiantada pelo promitente-adquirente do mencionado direito, não pode deixar de ser entendida como sinal, muito embora não estejamos perante um contrato-promessa de compra e venda propriamente dito"[616].

---

[614] Ac. Rel. Lisboa, de 4.6.1996 – sumário (Azadinho Loureiro), www.dgsi.pt.

[615] Sobre alguns institutos de protecção do consumidor, ver Gravato Morais, "A evolução do direito do consumo", Revista Portuguesa de Direito do Consumo, n.º 55, 2008, pp. 15 ss.

[616] Ac. STJ, de 9.10.2003 (Araújo Barros), www.dgsi.pt. Em idêntico sentido, ver o Ac. STJ, 24.11.1983 – sumário (Lima Cluny), BMJ, 1983, n.º 331, p. 538.

Cremos que com razão.

Confrontando as expressões usadas no art. 441.º CC com as locuções utilizadas, por exemplo, no art. 19.º do DL 275/93, de 5 de Agosto, constatamos que os termos "promitente-vendedor" ou afins (promitente-adquirente ou direito de aquisição) nos conduzem a uma tal interpretação, dada a similitude apresentada.

Por outro lado, a regra em causa apenas alude à promessa de *compra e venda*. É certo que estamos habituados a fazer de imediato a correspondência da expressão em itálico à transmissão da propriedade de uma coisa. Mas aqui, tal como no art. 441.º CC, trata-se de uma promessa de alienação.

Note-se ainda que apesar de estar em causa um direito real diverso do direito de propriedade, isso não parece justificar, por si só, uma conclusão distinta da aplicabilidade do preceito (e das consequências que dele emergem).

2.2. *Incumprimento temporário e execução específica*

Em sede de incumprimento temporário, a execução específica do contrato tem sido suscitada com alguma frequência.

Assim, no Ac. STJ, de 1.3.2007, estava em causa "um contrato--promessa de compra e venda do direito real de habitação periódica [correspondente à 33.ª semana do ano, com início às 16 horas de sábado e termo à mesma hora do sábado seguinte], reportado a um prédio urbano à data composto de lote de terreno para construção", pretendendo os promitentes-compradores a execução específica do mesmo, atendendo ao decurso do prazo de seis anos sem ter ocorrido a outorga do contrato definitivo[617].

Verificados os respectivos requisitos, nada impede a execução específica do contrato-promessa em apreço.

---

[617] Ac. STJ, de 1.3.2007 (BORGES SOEIRO), www.dgsi.pt, pp. 6 ss.

308 *Contrato-Promessa em Geral. Contratos-Promessa em Especial*

2.3. *Incumprimento definitivo*

2.3.1. **Em especial, a resolução**

De igual modo, o incumprimento definitivo do contrato-promessa não encerra, à partida, especificidades em termos de aplicação do regime[618], sem prejuízo dos aspectos particulares que possam conduzir à verificação de tal situação.

Concretizemos.

No Ac. STJ, de 5.11.1998, estava em causa (na sequência da celebração de dois contratos-promessa de compra e venda de direitos reais perpétuos[619] de habitação periódica, sendo um deles referente à semana 28 sobre um dado apartamento e o outro referente à semana 35 sobre um outro apartamento) a não entrega dos certificados prediais respectivos. Tendo decorrido mais de 4 anos sem que tal ocorresse, apesar das insistências da promitente-compradora, esta concedeu um prazo de 15 dias, sob pena de se considerar "não cumprida a obrigação". Discutiu-se, essencialmente, a razoabilidade do prazo concedido à luz da interpelação admonitória efectuada. O decurso do período de 4 anos, conjugado com o prazo quinzenal dado, e sendo certo que desde há muito tempo o promitente-vendedor deveria estar (ou ter-se) preparado para a obtenção dos certificados prediais foram circunstâncias bastantes para se considerar definitivamente incumprido o contrato[620].

Refira-se igualmente o Ac. Rel. Porto, de 10.7.1997, que decidiu ser a recusa de cumprimento do contrato-promessa pelos próprios inadimplentes (*in casu*, os promitentes-compradores), seguida de declaração de resolução (infundada), equivale a uma situação de incumprimento definitivo, sujeitando-se aqueles à perda das quantias entregues, a título de sinal[621].

---

[618] Ac. Rel. Porto, de 5.5.1998 – sumário (RAPAZOTE FERNANDES), BMJ, n.º 477, 1998, p. 565.

[619] Note-se que o art. 3.º dispõe que "o direito real de habitação periódica é, na falta de indicação em contrário, perpétuo, mas pode ser-lhe fixado um limite de duração, não inferior a 15 anos...".

[620] Ac. STJ, de 5.11.1998 (TOMÉ DE CARVALHO), www.dgsi.pt, pp. 2 e 4.

[621] Ac. Rel. Porto, de 10.7.1997 – sumário (AZEVEDO RAMOS), www.dgsi.pt.

Como se constata, os problemas que se põem são os suscitados em termos gerais, sendo as respostas igualmente semelhantes.

2.3.2. Direito de retenção

Um problema específico se suscita a propósito deste contrato-promessa: o de saber se o promitente-adquirente é titular de um direito de retenção.

Como se sabe, tal pretensão consta do art. 755.º, n.º 1, al. f) CC.

Ora, a celebração de um contrato-promessa de transmissão ou de constituição do direito real de habitação (periódica ou turística) – sendo certo que este integra, sem dúvida, o leque de direitos reais contemplados no normativo – com tradição da coisa, o subsequente incumprimento definitivo do contrato e o crédito dele resultante para o respectivo promitente-adquirente, legitimam a conclusão de que este é havido, nestas circunstâncias, como retentor, legitimando-se assim o exercício do direito em causa.

Note-se que no Ac. Rel. Porto, de 11.11.1998, se considerou que, num caso semelhante, o promitente-comprador goza de direito de retenção – por via da interpretação extensiva da alínea em causa – sobre o apartamento até ao pagamento da indemnização devida pelo promitente-vendedor[622].

A nosso ver, é suficiente uma interpretação declarativa para sustentar a aplicabilidade da disposição.

---

[622] Ac. Rel. Porto, de 10.11.1998 – sumário (SIMÕES VENTURA), www.dgsi.pt.

CAPÍTULO III
Promessa de arrendamento comercial

§ 1. Considerações gerais. § 2. Regime jurídico. 1. O princípio da equiparação. 2. Desvios. 2.1. Forma. 2.2. Regras que, pela sua razão de ser, não devem considerar-se extensivas ao contrato-promessa. 3. Eficácia obrigacional da promessa. 4. Prazo para a outorga do contrato definitivo. 5. Incumprimento da promessa. 5.1. Incumprimento temporário. 5.1.1. Admissibilidade de execução específica. 5.1.2. Existência de convenção que permite a execução específica. 5.1.3. Existência de convenção que não permite a execução específica. 5.1.4. Impossibilidade de execução específica. 5.2. Incumprimento definitivo. 5.2.1. Incumprimento definitivo e resolução. 5.2.2. Incumprimento definitivo, sinal e indemnização. 6. Utilização dos meios de defesa da posse pelo promitente-arrendatário. 7. Direito de retenção do promitente-arrendatário. § 3. Problemas mais frequentes. 1. Qualificação do contrato. 1.1. Casos de qualificação da promessa como verdadeiro contrato de arrendamento. 1.2. Casos de qualificação do contrato como promessa de arrendamento. 1.3. Casos de transformação da promessa em contrato definitivo de arrendamento. 2. Condições apostas à promessa de arrendamento.

§ 1. Considerações gerais

É muito vulgar a celebração de contratos-promessa de arrendamento. Atendemos, especialmente, pela sua larguíssima frequência e pela sua supremacia em relação aos demais (por exemplo, as promessas de arrendamento habitacional ou rural), aos que revestem natureza mercantil.

Impõe-se saber qual a disciplina jurídica a que estão sujeitos tais negócios e apreciar as questões mais discutidas na nossa prática judicial.

312 *Contrato-Promessa em Geral. Contratos-Promessa em Especial*

§ 2. Regime jurídico

1. O princípio da equiparação

O art. 410.º, n.º 1 CC determina, como princípio, a aplicação ao contrato-promessa das regras do contrato definitivo. Desta equiparação decorre, por exemplo, que as matérias da capacidade das partes, da interpretação e da integração do negócio, do conteúdo do contrato[623], sejam neste âmbito consideradas.

2. Desvios

2.1. *Forma*

A temática da forma envolve agora certas especificidades. Isto porque, como veremos a seguir, não se exige sempre a redução a escrito para o contrato definitivo de arrendamento comercial, mas tão só quando a sua duração inicial supere os 6 meses – art. 1069.º CC.

Nesta hipótese, "a promessa respeitante à celebração de contrato para o qual a lei exija documento ... particular [é o caso no arrendamento mercantil de prazo inicial de duração superior a 6 meses], só vale se constar de documento assinado pela parte que se vincula ou

---

[623] Exige o DL 169/2006, para o contrato definitivo de arrendamento, um conjunto de menções específicas, designando-as de "conteúdo necessário" e de "conteúdo eventual". Mas, apesar da extensa lista, efectuada nas duas disposições, o art. 4.º DL 160/2006 estabelece a seguinte regra: a falta de alguma ou de algumas delas não acarreta a invalidade, nem a ineficácia do contrato, quando tais omissões possam "ser supridas nos termos gerais e desde que os motivos determinantes da forma se mostrem satisfeitos". Em algumas situações é a própria lei que ultrapassa a respectiva dificuldade, seja através de presunções, seja através da previsão de um regime supletivo. Na análise desta temática cabe ainda recorrer à matéria da integração do negócio jurídico, resultante do art. 239.º CC. Desta sorte, só em última instância, haverá lugar à invalidade ou à ineficácia do contrato de arrendamento comercial. Assim, *v.g.*, se o objecto não puder ser determinado o negócio deve considerar-se nulo.

Daí que se possa concluir que também a promessa de arrendamento não tem, em regra, que conter as referidas menções, dado que o contrato prometido não tem necessariamente que as incluir.

por ambas, consoante o contrato-promessa seja unilateral ou bilateral" (art. 410.º, n.º 2 CC).

A inobservância da forma legal da promessa acarreta a consequência típica, ou seja, a nulidade (art. 220.º CC)[624].

Cabe ainda salientar, *a contrario sensu*, que o contrato-promessa não necessita sequer de ser reduzido a escrito se o período de duração inicial do negócio definitivo for inferior ou igual ao mencionado prazo semestral (art. 1069.º CC *a contrario sensu*). Vale assim o princípio da liberdade de forma na sua plenitude.

Em ambas as situações não há, em sede de promessa arrendatícia, qualquer desvio ao princípio da equiparação, mas sim uma similitude de processos quanto à solenidade a observar.

2.2. *Regras que, pela sua razão de ser, não devem considerar-se extensivas ao contrato-promessa*

De igual modo, determina o art. 410.º, n.º 1, parte final CC, que há regras do contrato definitivo que, pela sua razão de ser, não devem ser aplicadas ao contrato-promessa.

É, portanto, em função do específico negócio que cabe apurar se a norma deve ser ou não empregue.

Assim, por exemplo, os preceitos referentes ao incumprimento do contrato de arrendamento por falta de pagamento da renda[625]

---

[624] Afirmou-se, no Ac. Rel. Porto, de 23.1.1976 – sumário (AFONSO LIBERAL), www, dgsi.pt, que "sendo [o contrato-promessa de arrendamento] nulo por falta de forma, deve o promitente-senhorio restituir o que recebeu, sem qualquer indemnização e o promitente-inquilino entregar o prédio".

[625] Ver, neste sentido, ANA PRATA, O contrato-promessa e o seu regime civil, Coimbra, 1994 (Reimp. 2006), p. 452.

No Ac. Rel. Porto, de 22.5.1995 – sumário (GUIMARÃES DIAS), www.dgsi.pt destacou-se que a "resolução do arrendamento não pode ser pedida em acção com base em contrato-promessa de arrendamento, visto que não se pode peticionar a resolução de um contrato que, ainda, não foi celebrado. A devolução do prédio e o pagamento correspondente à sua ocupação, a título de enriquecimento sem causa, deve ser peticionado em acção de resolução do contrato-promessa".

No Ac. Rel. Évora, de 7.3.1996 – sumário (MOTA MIRANDA), BMJ, n.º 455, 1996, p. 587, estava em causa a existência de um contrato-promessa de arrendamento, tendo sido alegada a falta de pagamento de rendas como fundamento para a resolução do contrato;

314 *Contrato-Promessa em Geral. Contratos-Promessa em Especial*

(arts. 1083.º, n.º 3 e art. 1084.º CC, NRAU) ou as regras atinentes à denúncia, supletivamente aplicáveis em sede de arrendamento mercantil (arts. 1099.º ss. CC), devem afastar-se.

3. **Eficácia obrigacional da promessa**

As prestações a que as partes se vinculam, em sede de promessa arrendatícia, são justamente a de outorga de um contrato (prometido) de arrendamento para comércio.

O negócio em estudo tem necessariamente eficácia obrigacional, em virtude de não estar aqui em causa a transmissão, nem a constituição de um direito real sobre um bem imóvel. Só nestas hipóteses

---

o tribunal considerou que isso se traduzia "numa clara falta de relação lógica entre a causa de pedir e o pedido – a causa de pedir invocada é o incumprimento de uma promessa de arrendamento e o pedido é a resolução de um contrato de arrendamento"; daí que tal contradição tenha gerado a "ineptidão da petição inicial, determinando a nulidade referida no artigo 193.º, n.ᵒˢ 1 e 2, al. b) do Código de Processo Civil".

No Ac. Rel. Lisboa, de 24.11.1994 – sumário (RODRIGUES CODEÇO), www.dgsi.pt, observa-se igualmente que "a acção de despejo só pode ser utilizada quando se pretende a resolução de um contrato de arrendamento válido e não a resolução de um outro contrato, designadamente, de um contrato-promessa de arrendamento".

Ver, em sentido contrário – embora não se discuta o problema da qualificação contratual –, o Ac. Rel. Lisboa, 19.9.2006 (MARIA JOSÉ SIMÕES), www.dgsi.pt, onde se admite a instauração de uma acção de despejo por falta de pagamento da renda, tendo por base a promessa de arrendamento. Assinala-se que, por força dos arts. 1678.º, n.º 3, 1678.º n.º 2, al. e), 1682.º, 1682.º-A e 1682.º-B CC, "não se proíbe ao cônjuge arrendatário a rescisão do direito de arrendamento comercial sem o consentimento do outro cônjuge, tal como não se proíbe que um dos cônjuges possa tomar de arrendamento um espaço urbano sem a autorização do outro (cfr. art. 1690.º n.º 1 do CC), pelo que não se vê razão para que numa acção de cobrança de rendas relativas a um contrato-promessa de arrendamento comercial de um imóvel se exija que a mesma seja proposta também contra o cônjuge arrendatário".

Vejamos um outro caso, com a mera enunciação de uma questão (Ac. Rel. Lisboa, de 28.4.2005 (SALAZAR CASANOVA), www.dgsi.pt): "o princípio da equiparação a que alude o artigo 410.º/1 do Código Civil permitiria aplicar ao contrato-promessa de arrendamento comercial, em que houve *traditio* do imóvel a arrendar, o regime do contrato definitivo, designadamente as regras atinentes à mora do locatário consagradas no artigo 1041.º do Código Civil que permitem ao locador exigir, constituindo-se o locatário em mora, além das rendas ou alugueres em atraso, uma indemnização igual a 50% do que for devido, salvo se o contrato for resolvido com base na da falta de pagamento?" Note-se que a tomada de posição sobre uma questão prévia impediu a discussão.

se mostra possível atribuir eficácia real ao contrato, como determina o art. 413.º CC, o que não é o caso. Mesmo nos arrendamentos comerciais sujeitos a registo – quando o prazo inicial de duração é superior a 6 anos (art. 2.º, n.º 1, al. m) CRP) – não se vislumbra razão justificativa para deduzir uma ampliação do quadro previsto no art. 413.º CC[626].

4. Prazo para a outorga do contrato definitivo

Quanto ao prazo para a outorga do contrato definitivo de arrendamento, as questões não são diversas das analisadas em termos gerais.

Afirmou-se no Ac. Rel. Porto, de 10.5.1999, que "tendo-se estabelecido um termo final fixo (absoluto) para o cumprimento da obrigação e uma cláusula penal para o caso de o promitente locador não cumprir, não há necessidade de interpelação, nem há mora, mas sim incumprimento definitivo"[627].

Igualmente no Ac. STJ, de 27.4.2005, se observou que "se ficou acordado que o contrato prometido seria realizado no prazo máximo de 180 dias a contar da data da celebração do contrato-promessa, prazo ao qual as partes não atribuíram *natureza essencial e absoluta*, o decurso desse prazo apenas faz o promitente-faltoso incorrer em mora, mormente se a existência de obras ilegais anteriormente levadas a cabo na fracção prometida dar de arrendamento tiver constituído obstáculo dirimente à celebração da negócio definitivo"[628].

Outra dificuldade interpretativa pode decorrer de saber a quem cabe marcar o contrato definitivo, dito de outro modo, se o prazo é deixado ao critério do devedor ou ao seu puro arbítrio. Neste último caso, o devedor cumprirá quando quiser. Mas no primeiro caso, não.

---

[626] Neste sentido, Pereira Coelho, Arrendamento. Direito substantivo e processual, Coimbra, 1988, p. 90, nota 1. Diversamente, Ana Prata sustenta – talvez – a admissibilidade da promessa real de arrendamento nas hipóteses em que o negócio definitivo está sujeito a registo, o que sucede quando o contrato de arrendamento tem prazo superior a 6 anos (O contrato-promessa e o seu regime civil, cit., pp. 608 e 609).

[627] Ac. Rel. Porto, de 10.5.1999 – sumário (Reis Figueira), www.dgsi.pt.

[628] Ac. STJ, de 27.4.2005 (Ferreira de Almeida), www.dgsi.pt.

Num contrato-promessa de arrendamento comercial é de presumir que a cláusula onde se consignou que o contrato definitivo – não havendo acordo das partes na escolha da data – seria realizado em data a fixar pelos promitentes-senhorios, tenha deixado ao critério (e não ao arbítrio) destes a escolha da data da feitura do documento[629].

5. Incumprimento da promessa

O incumprimento do contrato-promessa de arrendamento comercial, tal como sucede com um qualquer negócio, pode ser meramente temporário ou definitivo.

Cabe, pois, analisar em seguida a execução específica e a resolução.

5.1. *Incumprimento temporário*

5.1.1. **Admissibilidade de execução específica**

Em face do inadimplemento temporário da promessa de arrendamento deve apreciar-se se é possível obter sentença que substitua a manifestação de vontade do outro contratante, sem prejuízo de poder ser exigida uma indemnização pelos danos moratórios decorrentes do atraso na celebração do contrato definitivo e sendo certo que aqui o contrato de arrendamento se constitui por sentença.

A doutrina tem debatido o tema.

Pereira Coelho ressalta que "não levanta dificuldades a possibilidade de execução específica, nos termos gerais, das obrigações decorrentes do contrato-promessa de arrendamento. A circunstância de o direito ao arrendamento ser constituído, por vezes, *intuitu personae*, não bastará para excluir aquela possibilidade, a que não parece opor-se a *natureza da obrigação assumida* (art. 830.º, n.º 1, *in fine*)"[630].

---

[629] Assim se considerou no Ac. Rel. Porto, de 17.3.2000 – sumário (João Bernardo), www.dgsi.pt.

[630] Pereira Coelho, Arrendamento. Direito substantivo e processual, Coimbra, 1988, pp. 89 e 90.

A mesma posição é sustentada por Pinto Furtado quando assinala não ser a execução específica incompatível com o carácter pessoal do arrendamento, "mesmo nas hipóteses concretas em que seja patente aquele intuito"[631].

O mesmo caminho segue Menezes Leitão ao afirmar que "deve entender-se que a mesma estará normalmente sujeita à execução específica (art. 830.º), uma vez que a natureza da obrigação assumida não é incompatível com essa figura"[632].

Já Januário Gomes sustentou que deve apreciar-se se a promessa de arrendamento tem natureza pessoal ou não. Embora entenda que tal carácter não é típico do arrendamento não exclui essa possibilidade. Se for o caso, fica precludida a execução específica dessa promessa[633].

A nosso ver, a execução específica da promessa de arrendamento mercantil não encontra restrições na parte final do art. 830.º, n.º 1 CC, quando aí se determina "sempre que a isso se não oponha a natureza da obrigação assumida". Deve dizer-se que um dos reflexos do normativo é o da valoração no contrato definitivo do elemento pessoal, o que tem como consequência a insusceptibilidade de exigência de execução forçada. Tal sucede nos contratos que tenham em vista serviços de índole especificamente pessoal, como é o caso da promessa de trabalho ou da promessa de prestação de serviços. Não se exclua, porém, uma outra vertente da pessoalidade. Com efeito, também se atende ao facto de a decisão judicial não poder operar, em razão da obrigação assumida, os efeitos do negócio prometido.

Cremos que, em princípio, a promessa de arrendamento não se enquadra em nenhuma destas situações. Não só o contrato definitivo se pode constituir, sem obstáculos (que decorram do tipo de obrigação assumida), por decisão judicial, como a posição de qualquer dos promitentes não se assemelha à existente nos contratos pessoais (de trabalho, por exemplo).

---

[631] PINTO FURTADO, Manual do Arrendamento Urbano, 3.ª Ed., Revista e Aumentada, Coimbra, 2001, p. 296

[632] MENEZES LEITÃO, Arrendamento Urbano, 3.ª Ed., Coimbra, 2007, p. 37.

[633] JANUÁRIO GOMES, Constituição da relação de arrendamento urbano, Coimbra, 1980, pp. 232 ss. (citado por ANA PRATA, O regime do contrato-promessa..., cit., p. 608, nota 1419 *in fine*), embora o autor, posteriormente, não tome posição expressa sobre o tema (Arrendamentos Comerciais, 2.ª Ed., Remodelada, Coimbra, 1993, p. 43).

318 *Contrato-Promessa em Geral. Contratos-Promessa em Especial*

5.1.2. **Existência de convenção que permite a execução específica**

A execução específica da promessa de arrendamento decorre da existência de convenção nesse sentido, a qual é normalmente expressa.

Tal sucedeu no Ac. STJ, de 11.12.2003, aludindo-se aí a "um contrato-promessa de arrendamento, com cláusula de execução específica, de parte das instalações fabris da dita sociedade"[634].

Interessante foi ainda o caso relatado pelo Ac. STJ, de 7.1.1993, em que se considerou que, assistindo ao beneficiário da promessa, na sequência de estipulação, o direito à execução específica do contrato se o promitente-senhorio se constituir em mora e tendo sido acordado que o promitente-arrendatário deveria arranjar fiador idóneo, a falta da garantia não determinou a improcedência da acção, sem prejuízo de ter aquela que ser concedida posteriormente[635].

5.1.3. **Existência de convenção que não permite a execução específica**

O impedimento à execução específica da promessa de arrendamento pode resultar de convenção, expressa ou tácita.

No tocante a esta última via, cumpre referir que a existência de sinal (art. 442.º CC) – que em sede de locatícia não se presume (art. 441.º CC) – ou de uma pena, como decorre do art. 830.º, n.º 2 CC, afasta, em princípio, a execução específica.

Todavia, daqui emerge tão só uma presunção *juris tantum* quanto a essa circunstância. Quanto àquela hipótese, importa dizer que não está, nesta sede, eliminada a possibilidade de supressão da execução específica, já que o art. 830.º, n.º 3 CC é inaplicável à promessa de arrendamento comercial.

---

[634] Ac. STJ, de 11.12.2003 (OLIVEIRA BARROS), www.dgsi.pt (relata-se, anteriormente à acção em discussão, que o promitente-senhorio propôs contra a sociedade uma acção de execução específica relativa à promessa de arrendamento, que, não contestada, foi julgada procedente).

[635] Ac. STJ, de 7.1.1993 (RAÚL MATEUS), www.dgsi.pt.

5.1.4. Impossibilidade de execução específica

Há casos, porém, em que, apesar da existência de convenção que permite a execução específica da promessa de arrendamento, esta não se mostra, em concreto, possível.

Tal sucede, *v.g.*, quando "o local já se acha arrendado a outrem"[636] ou quando o imóvel foi entretanto destruído em virtude de um incêndio.

5.2. *Incumprimento definitivo*

5.2.1. Incumprimento definitivo e resolução

Em termos gerais, as várias hipóteses atrás descritas de incumprimento definitivo da promessa podem empregar-se neste campo, havendo que apurar as respectivas consequências em função da existência ou não de sinal passado.

Assumem aqui particular relevo as cláusulas de prazo para a outorga do contrato definitivo, a exigência da licença de utilização do prédio para o fim previsto, para efeito da determinação da perda objectiva de interesse, sem prejuízo da existência de uma eventual interpelação admonitória.

Exemplifiquemos com a prática judicial.

Entendeu-se no Ac. Rel. Porto, de 4.5.2000, que "num contrato-promessa de arrendamento de uma loja comercial, com a respectiva entrega ao promitente-arrendatário, mediante o pagamento de *renda*, o não pagamento desta, a não entrega dos documentos para a realização da escritura e a não comparência no cartório notarial para esta, após várias notificações para o efeito, conforme cláusula contratual respectiva, traduz incumprimento definitivo por parte do promitente-arrendatário, por perda de interesse do promitente-senhorio"[637].

---

[636] Ac. STJ, de 20.11.1980 (DANIEL FERREIRA), www.dgsi.pt.

PEREIRA COELHO também aludia ao problema, afirmando que neste caso, "o promitente-arrendatário só poderá pedir uma indemnização dos danos causados"

[637] Ac. Rel. Porto, de 4.5.2000 – sumário (COELHO DA ROCHA), www.dgsi.pt.

320 *Contrato-Promessa em Geral. Contratos-Promessa em Especial*

De igual sorte, no Ac. STJ, de 17.12.2002, considerou-se incumprida a promessa de arrendamento por causa imputável aos promitentes-senhorios, "dado que não procederam à marcação do contrato definitivo no período de 60 dias, como lhes competia, em virtude de o local não dispor de licença da utilização para os específicos fins contratados". Foi ainda dito que se os promitentes-senhorios pudessem "invocar a existência de um contrato de arrendamento e valer-se da sua nulidade por falta de forma, então estaríamos claramente a permitir que agissem em manifesto abuso de direito, porque estariam a invocar em seu proveito uma nulidade cuja causa foram eles mesmos a colocar (ou que não removeram)"[638].

5.2.2. Incumprimento definitivo, sinal e indemnização

Caso haja sinal – que aqui não se presume, pelo que deve demonstrar-se a sua existência –, o art. 442.º CC confere à parte não faltosa vários caminhos – sem prejuízo de se estabelecer uma indemnização à luz do n.º 4 do mesmo normativo[639] –, a saber:

- a retenção do sinal ou a sua restituição em dobro, consoante tenha sido o promitente-arrendatário ou o promitente-senhorio[640] a incumprir o contrato (art. 442.º, n.º 2, 1.ª parte CC);

---

[638] Ac. STJ, de 17.12.2002 (Reis Figueira), www.dgsi.pt.

[639] Talvez por não se ter convencionado tal indemnização, se decidiu no Ac. STJ, de 7.4.1970 (Rui Guimarães), www.dgsi.pt, que "embora, no seguimento de um contrato-promessa de arrendamento para comercio, o promitente-arrendatário tenha, com o consentimento do promitente-senhorio, instalado um estabelecimento comercial na loja que este prometera dar-lhe de arrendamento, a recusa do mesmo promitente-senhorio (ou dos seus sucessores) a celebrar o contrato de arrendamento não dá ao promitente-arrendatário (ou aos seus sucessores) o direito de pedir uma indemnização pelos danos resultantes da não obtenção de lucros pela falta de exploração do estabelecimento (de que entretanto havia sido desapossado) e da perda do valor do futuro trespasse".

[640] Cfr. Ac. STJ, de 17.12.2002 (Reis Figueira), www.dgsi.pt (o tribunal entendeu que o promitente-arrendatário não pagou à contraparte as contraprestações de Maio de 1995 a Julho de 1996, mas não tinha que as pagar porque, já que o local não possuía a licença de utilização para os fins do contrato, pelo que não podia legalmente exercer nele essas actividades. Quanto à existência de aproximadamente 2.500 € de sinal, tem o direito a receber o dobro, nos termos contratuais, por haver incumprimento definitivo do contrato promessa).

Contratos-Promessa em Especial 321

– no caso de entrega do imóvel ao promitente-arrendatário (o que é muito frequente), este último pode exigir o dobro do sinal ou *o valor do direito a constituir sobre o prédio*, determinado objectivamente à data do não cumprimento da promessa, com dedução do preço fixado, mas acrescendo a restituição do sinal e da parte do preço que tenha pago[641].

6. Utilização dos meios de defesa da posse pelo promitente--arrendatário

Em sede arrendatícia, o locatário pode usar os meios de defesa da posse, de acordo com o art. 1037.º, n.º 2 CC, desde que tenha ocorrido a entrega da coisa.

Em tempos discutida, a temática é actualmente pacífica: o arrendatário é um possuidor em nome próprio do direito de arrendamento, e este direito é susceptível de posse, embora o seu reconhecimento tenha os limites do negócio em causa[642].

---

[641] Acompanhamos, quanto a este aspecto, ANA PRATA quando observa que "estando-se perante um contrato-promessa de locação, por exemplo, o direito a indemnização não poderá ter a mesma medida do valor da coisa, nem, para sermos rigorosos, o do direito a constituir sobre ela – se com esta expressão se visarem apenas direitos reais, como é uso – mas o do direito de crédito a constituir pelo contrato final" (O contrato-promessa e o seu regime civil, cit., p. 870).

Em sentido diverso, BRANDÃO PROENÇA, Do incumprimento do contrato-promessa bilateral..., cit., pp. 144 ss. (o autor observa que a letra da lei apenas parece afastar a promessa de troca (pela circunstância de, normalmente, não haver sinal, atenta a ausência do preço-contrapartida), as promessas de arrendamento (o direito em causa assume certas particularidades temporais, tem uma natureza creditória, não havendo lugar, e em regra, a qualquer sinal) e as restantes promessas sujeitas em parte, a essas características (p. ex. de concessão de exploração dessa unidade jurídico-económica que é o estabelecimento comercial) ou destituídas de elementos que permitam aplicar o critério indemnizatório em causa) e ANA COIMBRA, "O sinal: contributo para o estudo do seu conceito e regime", cit., p. 629 (sustenta a autora que a disposição apenas se aplica "aos contratos-promessa de compra e venda sinalizados e acompanhados (ou seguidos) da tradição do bem objecto do contrato prometido. E ainda aos de finalidade equivalente (aretigo 939.º do CC), isto é, aos contratos-promessa de de constituição ou transmissão onerosa de direito real, embora, quanto a estes, o valor da problemática indemnização atribuída haja de coincidir, já não com o da coisa, mas com o do direito a constituir ou a transmitir sobre ela).

[642] MANUEL RODRIGUES, A posse. Estudo de Direito Civil português, 4.ª Ed., Revista, Coimbra, 1996, pp. 169 ss.

322 Contrato-Promessa em Geral. Contratos-Promessa em Especial

Deve debater-se, no entanto, se a situação do promitente-arrendatário, a quem é entregue o prédio, pode entender-se como sendo possessória, verificados os requisitos desta específica posse, em particular para efeito da consequente utilização dos meios de defesa respectivos.

Alguma jurisprudência tem recusado a posse do promitente-arrendatário. Afirma-se, por exemplo que o "artigo 1037.º, n.º 2, do Cód. Civil, é uma norma de carácter excepcional, que apenas protege o locatário, não podendo ser aplicada ao promitente-arrendatário por ser insusceptível de aplicação analógica". Deste modo, não pode, este, apesar da ocupação do imóvel, servir-se da acção de restituição de posse[643].

Outros tribunais, aludindo ao novo preceito do CPC, afirmam que o ocupante de um prédio por força de contrato-promessa de arrendamento comercial, que antes não podia recorrer a embargos de terceiro à execução de sentença de despejo proferida por ser mero detentor e não ser arrendatário, já o pode fazer, por, presentemente [aquela figura] se destinar não só à defesa da posse mas também de qualquer direito incompatível com a realização ou o âmbito da diligência, como é o caso do direito de retenção do arrendado por efeito de um contrato-promessa de arrendamento comercial com tradição[644].

Outra doutrina e certa jurisprudência pronunciam-se afirmativamente, justificando-o com a existência de elementos da locação[645].

---

[643] Neste sentido, Ac. Rel. Lisboa, de 12.6.1996 – sumário (LOUREIRO DA FONSECA), www.dgsi.pt.

Parece ser também esta a posição indirectamente sustentada no Ac. Rel. Lisboa, de 21.5.1992 (TORGAL MENDES), www.dgsi.pt, dado que, depois de se considerar de arrendamento o contrato em que estão presentes os respectivos elementos constitutivos, nomeadamente a detenção do local, ainda que, no respectivo documento venha denominado de *promessa de arrendamento*, se afirmou que, "em tal hipótese, o arrendatário-detentor pode usar, contra o locador, a providência de restituição provisória de posse, em caso de ser violentamente esbulhado da sua detenção".

[644] Ac. Rel. Lisboa, de 25.2.1999 – sumário (JORGE SANTOS), www.dgsi.pt.

[645] DURVAL FERREIRA, Posse e Usucapião, 2.ª Ed., Coimbra, 2003, pp. 419 e 420, MENEZES CORDEIRO, A Posse, 2.ª Ed., cit., p. 78 (observa o autor que "a pessoa que, nos moldes do direito incaracterístico, detenha, temporariamente o controlo material duma coisa corpórea, uma de duas: ou paga por ele" ... donde " há um elemento de locação, que justifica as acções possessórias, por via do art. 1037.º, n.º 2".

Ver Ac. Rel. Lisboa, de 4.11.2004 (MANUEL GONÇALVES), www.dgsi.pt.

Cremos que o promitente-arrendatário com *traditio* se pode socorrer, por efeito da interpretação extensiva do art. 1037.º, n.º 2 CC, dos meios de defesa da posse. Também aqui o promitente-locador não se vincula a assegurar o gozo da coisa contra actos de terceiro, pelo que a não admissibilidade de recurso a esta via criaria obstáculos insuperáveis ao respectivo promitente. Aliás, a utilização de tais instrumentos permite ao promitente-locatário reagir perante estes terceiros ou mesmo em face do próprio promitente-locador.

7. Direito de retenção do promitente-arrendatário

Suscita-se ainda o problema de saber se o promitente-arrendatário é titular de um direito de retenção, à luz do art. 755.º, n.º 1, al. f) CC.

Como se observou acima, o preceito em causa determina que goza do direito de retenção "o beneficiário de promessa de transmissão de direito real que obteve a tradição da coisa a que se refere o contrato prometido, sobre essa coisa, pelo crédito resultante do não cumprimento imputável à outra parte, nos termos do art. 442.º".

Alguma jurisprudência tem rejeitado a existência de tal direito de retenção.

Assinala-se que daí "resulta apenas a obrigação de celebrar o contrato de arrendamento prometido, e a que, de modo pleno, se aplica o princípio da relatividade dos contratos estabelecido no n.º 2 do art. 406.º", não podendo interpretar-se extensivamente a regra em causa. Aduz-se ainda que "nenhum *minus dictum* se vê que efectivamente ocorra, isto é, que a letra da lei tenha, seja como for, ficado aquém do seu espírito, de modo a poder atribuir-se ao predito art. 755.º, n.º1, al. f), por identidade ou por maioria de razão"[646].

Menezes Cordeiro realça, ao invés, a existência de "um inequívoco sabor generalizante" da regra, pelo que "todos os contratos-promessa da coisa incorrem na previsão da rentenção"[647], pelo que aí se podem incluir, tanto quanto parece, por exemplo, as promessas de

---

[646] Ac. STJ, de 6.4.2006 (OLIVEIRA BARROS), www.dgsi.pt, Ac. STJ, de 11.6.1991 – sumário (MENÉRES PIMENTEL), www.dgsi.pt ("o promitente-locatário não goza do direito de retenção e não tem a posse juridica sobre a coisa").

[647] "O novíssimo regime do contrato-promessa", Estudos de Direito Civil, cit., p. 87.

arrendamento com tradição. Ana Prata deduz semelhante conclusão ao afirmar que é "razoável o entendimento de que o direito de retenção dependa dos mesmos pressupostos que condicionam a aquisição do especial direito indemnizatório a que se refere o art. 442.º, n.º 2, pois em ambos os casos se está perante regimes de tutela de uma parte negocial, cuja razão de ser há-de ser idêntica"[648/649].

A nosso ver, a entrega da coisa e a constituição de sinal (e o consequente emprego do seu regime) não são os únicos valores a ter em conta na aplicação do preceito. Para além do argumento de texto – que admite um direito de retenção apenas se estiver em causa um direito real –, cremos que a razão de ser da norma não foi a de atribuir tal direito ao promitente-arrendatário em face, por exemplo, da penhora da coisa ou da existência de uma hipoteca (*v.g.*, anteriormente constituída) sobre a mesma.

§ 3. Problemas mais frequentes

1. Qualificação do contrato

Inúmeras vezes, sob o título de promessa de arrendamento comercial, encontra-se um verdadeiro contrato definitivo. Tal sucede frequentemente. Isto porque é o que na realidade os promitentes pretendem.

As razões da celebração de um contrato-promessa e não de um contrato definitivo são variadas. Por exemplo, os promitentes não dispõem, no momento da conclusão do contrato, da licença de utilização para o exercício da actividade comercial no imóvel arrendado[650],

---

[648] O contrato-promessa e o seu regime, cit., p. 869.

[649] Partilhando esta orientação, o Ac. Rel. Coimbra, de 2.12.2008 (TELES PEREIRA), www.dgsi.pt ("entendemos poder valer aqui a natureza *estruturalmente real* ... da posição do locatário, nos elementos referenciáveis à defesa possessória").

[650] Ac. Rel. Lisboa, de 6.11.2008 (GRANJA DA FONSECA), www.dgsi.pt, Ac. Rel. Lisboa, de 24.11.2005 (GRANJA DA FONSECA), www.dgsi.pt.

ou do licenciamento administrativo necessário para o funcionamento regular de um dado estabelecimento comercial[651].

Acontece que, frequentemente, e apesar da conclusão da promessa de arrendamento, o designado no contrato como "promitente-senhorio" vem, mais tarde, instaurar uma acção de despejo, *v.g.,* com fundamento na falta de pagamento de rendas[652].

Em primeira linha, suscita-se, portanto, um problema de qualificação do negócio realizado. Ora, como se sabe, a designação dada ao contrato é irrelevante para o intérprete, havendo que averiguar, em concreto, o que as partes terão pretendido.

De todo o modo, cumpre advertir que são as próprias cláusulas contratuais que muitas vezes traem os "promitentes", pois são idênticas ou mesmo muito próximas das que usualmente constam dos contratos (definitivos) de arrendamento.

Assim ocorre, por exemplo, com

– as cláusulas de renda (quanto ao vencimento, à forma e ao modo de pagamento...);
– as cláusulas de fiança;
– as cláusulas de prazo.

---

[651] Ac. Rel. Lisboa, de 28.4.2005 (SALAZAR CASANOVA), www.dgsi.pt (analisando esta situação, afirma-se no aresto em causa "que as partes, procedendo à outorga de contrato-promessa com entrega do local arrendado para efectiva instalação de um estabelecimento comercial, estão afinal a defraudar a lei que não quer, em muitos casos pelos elevadíssimos riscos que uma tal situação pode comportar, que haja funcionamento de um determinado estabelecimento sem *prévia* autorização".

Um pouco mais à frente, observa-se que "assim sendo, dir-se-á, [que] as autoridades administrativas poderão sempre, se for o caso, pelo perigo da actividade exercida de facto, determinar, definitiva ou cautelarmente, o encerramento do estabelecimento. As partes, assim procedendo, não deixam de correr o risco de se responsabilizarem perante terceiros pelos danos que possam resultar do exercício de tal actividade, não lhes valendo invocar a existência entre si de um contrato-promessa válido").

[652] Ver Ac. Rel. Lisboa, de 14.6.2007 (VAZ GOMES), www.dgsi.pt ("celebrada a promessa de arrendamento, os "promitentes-senhorios", na qualidade de autores, instauraram contra os promitentes-arrendatários uma acção de despejo do locado com os seguintes fundamentos: na falta de pagamento de renda no tempo e lugar próprios e na cessão pelo arrendatário da sua posição contratual...").

326 *Contrato-Promessa em Geral. Contratos-Promessa em Especial*

Concretizemos através do sintomático clausulado dado a conhecer no Ac. Rel. Lisboa, de 11.2.2003:

– *"pelo presente contrato de promessa de arrendamento, <u>damos de arrendamento</u>"*;
– que se *"faz <u>este arrendamento</u> nos termos constantes dos artigos seguintes..."*;
– que *"é de um ano o <u>prazo de arrendamento</u> ... com início no dia 1 de Outubro de 1992"*;
– que a *"<u>renda</u> é da quantia de 40.000$00"*;
– que a *"<u>loja arrendada</u> destina-se única exclusivamente ao exercício de compra, venda e aluguer"*;
– que, *"extinto o <u>contrato de arrendamento</u>, por qualquer forma, designadamente por motivo de renúncia, resolução ou caducidade, a <u>inquilina</u> fica obrigada a devolver <u>a loja arrendada</u> ao senhorio, até ao último dia do mês em curso"*:
– e que *"<u>pelo arrendatário</u> foi dito que aceita <u>este arrendamento</u> nos termos expostos"* (sublinhados nossos)[653];

Identifiquemos algumas situações específicas onde se discutiu a temática, relevando desde já que se expressam três tendências, conquanto na larga maioria das situações esteja em causa um verdadeiro contrato de arrendamento.

1.1. *Casos de qualificação da promessa como verdadeiro contrato de arrendamento*

Relevemos o circunstancialismo subjacente:

– "a entrega do locado à arrendatária, a sua utilização imediata para o fim acordado, a satisfação imediata da retribuição mensal

---

[653] Ac. Rel. Lisboa, de 11.2.2003 (ABRANTES GERALDES), www.dgsi.pt.
Ver ainda o Ac. Rel. Lisboa, de 28.4.2005 (SALAZAR CASANOVA), www.dgsi.pt. Aí expressa-se que tal "acontece designadamente quando no contrato-promessa as partes estipulam as mesmas cláusulas do contrato definitivo, nenhuma delas se assumindo como típicas da promessa, executando de imediato o contrato de tal sorte que tudo se passa a partir daquele momento como se as partes tivessem outorgado contrato definitivo. A qualificação do contrato como contrato-promessa procura afinal disfarçar a existência de um contrato definitivo que padece de nulidade ou por falta de forma ou por impossibilidade do objecto".

acordada, a inexistência de quaisquer condições no clausulado tendo em vista o contrato definitivo, salvo quanto à observância da formalidade legal, bem como a linguagem empregue (*in casu*, no presente e não no futuro), constituem indícios claros que permitem qualificar o negócio como sendo definitivo"; acrescenta-se que os promitentes-senhorios "alegam que, por contrato escrito, <u>deram de arrendamento</u> à ré ... o segundo andar direito do prédio urbano ..., <u>pela renda mensal de</u> ..., para o exercício do comércio de compra e venda de ourivesaria e antiguidades, o que foi aceite pela [última]" – sublinhados nossos[654];

– concluiu-se, num outro aresto, que a nomeada promessa de arrendamento comercial mais não era que um verdadeiro contrato de arrendamento; todos os seus elementos caracterizadores estavam naquela retratados, sendo que o facto de não existir a respectiva licença de utilização do imóvel não conduz a conclusão inversa – aliás, tal referência tinha até sido omitida na dita promessa[655];

– no Ac. STJ, de 11.7.2006, a designada "promessa de arrendamento", entre outras circunstâncias, foi realizada com entrega do imóvel, tendo, desde essa data, as "partes iniciado o cumprimento das previstas cláusulas como se tivesse sido celebrado o contrato prometido"; existia ainda uma estipulação que considerava tal negócio como "contrato de arrendamento, desde que a escritura não [fosse] celebrada dentro dos três meses seguintes à data da efectivação da escritura de compra e venda do apartamento ora prometido arrendar"; qualificado o contrato como sendo de arrendamento, aplicou-se, desse modo, o regime da falta de pagamento das rendas correspondente[656].

– no Ac. Rel. Porto, de 29.5.2006, dos termos do contrato-promessa, celebrado em 3 dc Outubro de 2003, referente a uma loja situada numa galeria comercial – que o tribunal *a*

---

[654] Ac. Rel. Lisboa, de 6.11.2008 (GRANJA DA FONSECA), www.dgsi.pt.

[655] Ac. Rel. Porto, de 9.11.2006 (ATAÍDE DAS NEVES), www.dgsi.pt, p. 13.
Situação próxima ocorreu no Ac. Rel. Porto, de 5.12.2006 (MÁRIO CRUZ), www.dgsi.pt, pp. 8 ss. (aludia-se, v.g., à inexistência de licença de utilização, que era impeditiva da celebração do contrato prometido e à responsabilidade dos fiadores).

[656] Ac. STJ, de 11.7.2006 (DUARTE SOARES), www.dgsi.pt, pp. 4 e 5.

quo qualificou como um "contrato-promessa de arrendamento comercial de loja em Galeria Comercial" –, constava uma cláusula, quanto aos "direitos de entrada"; o seu montante correspondia a seis meses do valor da renda mensal – no montante de € 27.303,60 – que seriam pagos 20% com a proposta, 20% com a celebração do contrato e o restante até à abertura da loja; à luz das regras da interpretação da declaração negocial (art. 236.º ss. CC), o tribunal deduziu, porque legítimo e razoável, que um declaratário normal, em face dos termos da referida declaração, visava comprometer-se na realização do contrato definitivo[657];

– no Ac. Rel. Porto, de 7.7.2005, salientou-se que logo após a celebração do contrato, o "promitente-arrendatário" passou a usufruir do locado, dando início à respectiva actividade comercial, tendo imediatamente pago as respectivas rendas; por sua vez, o "promitente-senhorio" emitiu e entregou os correspondentes recibos, tendo sido definido o destino a dar ao locado, a data do início do contrato, a sua duração, o montante da renda e a data de pagamento; apesar da designação como "promessa de arrendamento", o certo é que os outorgantes visaram uma cedência efectiva e imediata do imóvel em causa para a ré, a fim desta passar a explorar um estabelecimento de cafetaria, snack-bar e restaurante[658];

– semelhantemente, no Ac. Rel. Porto, de 6.1.2005, assinalou-se que os *promitentes* celebraram, é certo, o contrato que denominaram de "promessa de arrendamento", mas tiveram desde logo a intenção de realizar um verdadeiro contrato de arrendamento, já que foi proporcionado o gozo do locado, tendo sido paga uma retribuição correspondente à renda mensal prevista; portanto, este foi o sentido normal das declarações feitas

---

[657] Ac. Rel. Porto, de 29.5.2006 (CAIMOTO JÁCOME), www.dgsi.pt, p. 6 ss. O tribunal decidiu, nos termos do aludido contrato, que a entrega da quantia de • 6.498,26, correspondente a 20% do valor dos "Direitos de Entrada", traduz um começo de cumprimento e não um sinal, atenta a forma de pagamento de tais direitos, definida no contrato (20% com a proposta, 20% com a celebração do contrato e o restante até à abertura da loja) – art. 236.º CC. Daí decorre a não aplicabilidade do estatuído no art.º 442.º CC.

[658] Ac. Rel. Porto, de 7.7.2005 (ALBERTO SOBRINHO), p. 5, www.dgsi.pt.

Contratos-Promessa em Especial

pelas partes e como tal têm de ser interpretadas à luz do art. 236.º n.º 1 do CC[659];

– no Ac. Rel. Porto, de 26.2.2004[660], a conjugação de vários elementos – a entrega do locado, a sua utilização imediata para o fim acordado, a retribuição mensal acordada, a inexistência de quaisquer condições no clausulado tendo em vista o contrato definitivo, bem com a linguagem empregue (*in casu*, no presente e não no futuro, como seria de esperar[661]) constituíram indícios[662] claros que permitiram qualificar o negócio como sendo definitivo[663].

---

[659] Ac. Rel. Porto, de 6.1.2005 (GONÇALO SILVANO), www.dgsi.pt.

A forma como o contrato foi celebrado, na modalidade de contrato-promessa assentou no seguinte circunstancialismo – aliás muito comum. Ambas as partes sabiam que não podia ser efectuado o contrato definitivo de arrendamento enquanto não se obtivessem os documentos necessários – *maxime* a licença de utilização, sendo que as partes para tanto consignaram expressamente isso na cláusula 7.ª do contrato em causa ("a escritura será celebrada depois de obtida a documentação burocrática necessária para a efectivação da mesma").

Foi invocada a nulidade do contrato de arrendamento, tendo o tribunal declarado a mesma e rejeitado a via do abuso do direito. As consequências da invalidade são as seguintes: o arrendatário está obrigado a pagar a convencionada contrapartida até ao momento em que estiver a usufruir do locado (ver Assento STJ n.º 4/95, de 28 de Março).

Observa-se no aresto que é "abundante a jurisprudência no sentido de que declarada na sentença ao abrigo do art. 289.º n.º 1 do CC a nulidade do contrato de arrendamento comercial por não ter sido celebrada escritura pública, fica o arrendatário não só obrigado a restituir ao senhorio o locado, como ainda a pagar a este uma indemnização pela utilização do mesmo e enquanto a situação se for mantendo. Tal indemnização corresponde ao montante das rendas acordadas, vencidas e não pagas (cfr. o Ac. Rel. Lisboa, de 28.11.1996, BMJ, n.º 461.º, 1996, p. 504, o Ac. Rel. Lisboa, de 24.02.2000, BMJ, n.º 494.º, 2000, p. 391, o Ac. Rel. Lisboa, de 7.2.95, CJ, 1995, I, p. 115, e o Ac. da Rel. Lisboa, de 8.6.89, CJ, 1989, III, p. 136).

[660] Ac. Rel. Porto, de 26.2.2004 (FERNANDO BAPTISTA), p. 5, www.dgsi.pt.

[661] Afirmava-se, por exemplo, que "o local destina-se a..." e que "fica fiador ..." em vez de ficará (Ac. Rel. Porto, de 26.2.2004 (FERNANDO BAPTISTA), p. 5, www.dgsi.pt).

[662] Alguns destes indícios serviram, no mesmo sentido, como fundamentos válidos para o Ac. Rel. Lisboa, de 3.7.2003 (URBANO DIAS), p. 3, www.dgsi.pt, assim como para o Ac. Rel. Lisboa, de 22.4.2004 (FÁTIMA GALANTE), p. 4, www.dgsi.pt.

Cfr. ainda os seguintes arestos:

– Ac. STJ, de 8.6.2006 (JOÃO CAMILO), www.dgsi.pt (esp. pp. 5 ss. – referindo-se que "pelo referido contrato se acordou quanto a todos elementos essenciais docontrato de arrendamento: entrega do locado, pagamento das rendas e as demais cláusulas, nada dali ficando para o contrato "prometido", se não a formalização do contrato pelo modo então obrigatório por lei, ou seja, por escritura pública");

1.2. Casos de qualificação do contrato como promessa de arrendamento

Outras vezes, embora mais raramente, conclui-se no sentido da existência de uma real promessa de arrendamento[664].

1.3. Casos de transformação da promessa em contrato definitivo de arrendamento

Noutras hipóteses, um circunstancialismo diverso tem levado, por vezes, o tribunal a entender que o contrato inicial configurava efectivamente uma promessa, que, todavia, deixou de o ser, passando, em razão da específica mutação entretanto verificada, a contrato de arrendamento.

- Ac. STJ, de 11.7.2006 (DUARTE SOARES), www.dgsi.pt (*in casu*, tratava-se de um verdadeiro contrato de locação, sendo plenamente válida e eficaz a sua resolução por incumprimento da R, pelo "que não po[de] questionar-se o direito da A de exigir as prestações a que a R se obrigou no âmbito do contrato, bem como o da exigência de juros pela mora no cumprimento");
- Ac. Rel. Porto, de 7.7.2005 (ALBERTO SOBRINHO), www.dgsi.pt (a entrega do locado associada ao pagamento de "verdadeiras" rendas – e da passagem dos correspondentes recibos –, a que acresce a própria duração do contrato-promessa prevista, de 15 anos, a forma de renovação do contrato, são algumas das causa da qualificação do negócio como sendo definitivo);
- Ac. STJ, de 25.11.1998 – sumário (NORONHA DO NASCIMENTO), www.dgsi.pt.

[663] Ac. Rel. Porto, de 4.2.2002 – sumário (MACEDO DOMINGUES), www.dgsi.pt (expressa-se que apesar de as partes terem denominado certo contrato como de "promessa de arrendamento", se, na verdade, houver ocupação da coisa mediante certa retribuição mensal, ele é, realmente, um contrato de arrendamento).

Cfr. o Ac. Rel. Lisboa, de 22.4.2004 (FÁTIMA GALANTE), www.dgsi.pt (aí se observa que "celebrado o contrato-promessa de arrendamento, a promitente-arrendatária tomou posse do [imóvel] para aí desenvolver a sua actividade e passou a pagar determinada quantia como contrapartida do uso e fruição do espaço, pelo que é de concluir, quer de acordo com o clausulado, quer com os actos executados na sequência desse contrato, que as partes quiseram celebrar um contrato de arrendamento comercial"), o Ac. Rel. Lisboa, 3.7.2003, (URBANO DIAS), www.dgsi.pt (aludia-se que "após a celebração do dito contrato[-promessa], o promitente-arrendatário tomou posse da loja e pagou rendas: estamos, assim, perante um verdadeiro contrato de arrendamento comercial... Ora, um declaratário normal, colocado na posição das partes aqui em disputa, facilmente concluiria que elas celebraram um verdadeiro contrato de arrendamento para o exercício do comércio").

[664] Ver Ac. Rel. Lisboa, de 8.3.2007 (EDUARDO SAPATEIRO), pp. 8 ss., www.dgsi.pt.

No Ac. Rel. Lisboa, de 8.3.2007, entendeu-se que "face ao impasse que se criou em torno da obtenção da licença camarária por banda do Autor (a cláusula 9.ª [do contrato-promessa] passou a ser, aparentemente, letra morta para as partes, ao que cremos, por impossibilidade legal no seu cumprimento), ocorreu uma alteração profunda e consensual no quadro contratual que até aí vigorava, com uma total *antecipação*, a partir dessa altura ... dos efeitos jurídicos do prometido contrato de arrendamento comercial". Concluiu-se que, "com a efectuação das obras de alteração do locado e sua posterior e normal utilização como instalações comerciais, contra o pagamento de uma quantia mensal (renda), que sofreu actualizações anuais e mesmo reduções", se está "já num cenário diferente do original, posicionando-se [as partes] ... como senhorio e arrendatário..."[665/666].

2. Condições apostas à promessa de arrendamento

Também assaz frequente é a sujeição da conclusão do contrato definitivo a condições, especialmente de cariz suspensivo.

A mais comum é a subordinação do arrendamento à obtenção pelo senhorio da licença camarária em dado prazo[667], não parecendo suscitar dúvidas a sua validade[668].

---

[665] Ac. Rel. Lisboa, de 8.3.2007 (EDUARDO SAPATEIRO), www.dgsi.pt, p. 9.

[666] Outras vezes configura-se ainda tal contrato como misto.
Cfr. Ac. Rel. Lisboa, de 24.11.2005 (GRANJA DA FONSECA) – aí se observou que as partes estipularam na sua cláusula décima primeira que, enquanto não for celebrado o contrato de arrendamento as relações entre as partes reger-se-ão pelas disposições aplicáveis ao contrato prometido, permitindo-se, desde logo, a ocupação do locado que se processou ao abrigo daquele único contrato celebrado entre as partes, com o dever de pagamento da renda mensal devida. Por sua vez, em cumprimento das obrigações decorrentes desse único contrato celebrado o "promitente-arrendatário" prestou garantia bancária, o que teria que acontecer até ao dia útil anterior à ocupação do locado.

[667] Cfr. Ac. Rel. Lisboa, de 28.4.2005 (SALAZAR CASANOVA), pp. 5 ss, www.dgsi.pt, Ac. Rel. Lisboa, de 8.3.2007 (EDUARDO SAPATEIRO), www.dgsi.pt, pp. 9 e 16, www.dgsi.pt (assinala-se que "a circunstância do contrato-promessa em causa ter ficado sujeito à condição suspensiva da obtenção, pelo Autor, da licença camarária de utilização do 10..º andar para escritórios, devendo a mesma ser conseguida durante o primeiro trimestre do ano de 1990, razão pela qual a 1..ª Ré não deu qualquer uso ao "locado" durante o período acima indicado, convencida de que a CML iria legalizar a mudança de fim do mesmo")

[668] Em sentido contrário, *vide* o Ac. STJ, de 29.2.1996 – sumário (MÁRIO CANCELA), www.dgsi.pt (aí se defende que "ao ser celebrado um contrato-promessa de arrendamento

332 *Contrato-Promessa em Geral. Contratos-Promessa em Especial*

Outra das hipóteses frequentes é da condição referente à obtenção de licença administrativa para instalação de determinado tipo de actividade no estabelecimento comercial, em especial quando há lugar à *traditio* do prédio.

A jurisprudência dominante tem considerado tal cláusula é nula quando se prevê a entrega imediata do imóvel mediante o pagamento de renda com ela se visando, como sucedeu, a efectiva instalação. Isto porque com o funcionamento sem licença do estabelecimento no prédio está a defraudar-se a lei, já que não se pretende o exercício de actividades comerciais ilícitas. De todo o modo, o contrato-promessa é, em princípio, válido, atento o princípio da redução dos negócios (art. 293.º CC)[669/670].

---

de prédio urbano sem que tenha sido concedida a licença camarária de utilização e sem que, no contrato, se haja estipulado que o seu cumprimento ficaria dependente da concessão de tal licença, esse contrato-promessa está ferido de nulidade, não fazendo sentido a marcação de data para a celebração do contrato definitivo").

[669] Ac. Rel. Lisboa, de 28.4.2005 (SALAZAR CASANOVA), www.dgsi.pt (resultou da tese sustentada no aresto que "as obrigações que decorrem da cláusula nula – o pagamento de renda enquanto contrapartida da utilização do local a arrendar – não podem, por força da declarada nulidade, subsistir e, assim sendo os [promitentes-senhorios] têm direito à restituição, nos termos do artigo 289.º/1 do Código Civil, em *singelo* do montante correspondente às rendas enquanto contrapartida de indevida ocupação").

[670] Cabe dar nota de uma situação semelhante, no Ac. Rel. Lisboa, de 15.5.2003 (OLINDO GERALDES), www.dgsi.pt.

A promessa de arrendamento comercial, com entrega do imóvel, destinada a todo e qualquer ramo de comércio ou indústria – embora a intenção única e exclusiva era a de proceder à exploração de um *snack-bar* –, permitiu ao promitente-arrendatário, desde logo, a realização das necessárias obras de adaptação do local, carecendo, todavia, de autorização por escrito quaisquer obras que modificassem a estrutura do local. Na escritura de constituição da propriedade horizontal, a fracção em causa teve como destino o comércio, porém, nas várias reuniões de condóminos havidas não foi possível aprovar qualquer alteração ao título de constituição da propriedade. O promitente-locatário esteve na posse da referida fracção entre Fevereiro de 1998 e Julho de 2000, tendo, por exemplo, dividido a casa de banho primitiva em três compartimentos e tendo furado paredes.

O referido contrato-promessa foi considerado inválido, por erro sobre o objecto (art. 251.º CC), em virtude do prédio não poder dispor de licença de utilização para a exploração de um estabelecimento de *snack-bar*, único destino pretendido e que os promitentes-senhorio conheciam perfeitamente.

O promitente-arrendatário nunca chegou a exercer a actividade de restauração, por falta da respectiva licença de utilização, que a contraparte não logrou obter. Sendo o exercício da referida actividade o único fim pretendido, entendeu-se que, nesta situação, apesar da entrega, não houve fruição do prédio pelo promitente-arrendatário, o que era indispensável. Daí que faltando a prestação do promitente-senhorio a ele não assiste o direito ao valor equivalente ao das rendas acordadas, que ascendia a € 22 894,82.

CAPITULO IV
Promessa de trespasse
de estabelecimento comercial

§ 1. Promessa de trespasse. 1. Modos de celebração da promessa de trespasse. 2. Forma. 3. Eficácia obrigacional da promessa de trespasse. 4. Aplicação das regras gerais de direito: em especial os vícios da vontade. 5. Conteúdo da promessa de trespasse. 5.1. Por referência ao tipo de contrato prometido. 5.2. Por referência ao que se pretende transmitir por via do trespasse do estabelecimento. 5.3. Por referência ao tempo e ao modo de pagamento do preço. 6. Incumprimento. 6.1. Aplicabilidade da presunção de sinal ao trespasse. 6.2. Incumprimento temporário e execução específica. 6.3. Incumprimento definitivo e resolução. 6.3.1. Alguns fundamentos de resolução da promessa de trespasse na prática judicial. 6.3.2. Regime do sinal. 6.3.3. Outras indemnizações. § 2. Promessa de trespasse com tradição em especial. 1. Problemas derivados do contrato de arrendamento do imóvel onde se encontra instalado o estabelecimento comercial. 1.1. Efeitos no conteúdo do contrato de arrendamento vinculista. 1.2. Problemas emergentes do contrato-promessa. 1.2.1. Desnecessidade de consentimento do senhorio. 1.2.2. Comunicação da promessa de trespasse ao senhorio. 1.2.3. Exercício do direito de preferência pelo senhorio. 1.2.4. Manutenção da posição de arrendatário. 2. Riscos inerentes à promessa de trespasse. 2.1. Riscos a valorar pelo promitente-trespassante. 2.1.1. Utilização do imóvel para fim diverso. 2.1.2. Diminuição do valor do estabelecimento. 2.1.3. Não restituição do estabelecimento após a extinção do contrato. 2.2. Riscos a valorar pelo promitente-trespassário. 2.2.1. Concorrência efectuada pelo promitente-trespassante na vigência do contrato-promessa. 2.2.2. Falta de pagamento da renda por parte do arrendatário. 2.2.3. Acção de despejo instaurada contra o arrendatário, promitente-trespassante. 2.2.4. Denúncia ou oposição à renovação do contrato de arrendamento. 3. Sinalagmaticidade entre as obrigações de entrega do estabelecimento e de pagamento do preço. 4. A promessa de trespasse, a posse e a mera detenção. 4.1. A mera detenção *versus* posse. 4.2. Utilização dos meios de defesa da posse pelo promitente-trespassário enquanto mero detentor.

334 *Contrato-Promessa em Geral. Contratos-Promessa em Especial*

A promessa de trespasse apresenta largas particularidades e suscita questões de complexa solução. Tal deve-se, em grande medida, ao negócio de trespasse que lhe subjaz, que, para além de se desdobrar em várias figuras, tem especificidades em razão da diversidade dos elementos e da pluralidade das relação jurídicas constituídas em torno do objecto sobre que incide, justamente o estabelecimento comercial.

Optamos por analisar, em particular, o regime e as vicissitudes inerentes à promessa de trespasse com tradição da coisa[671]. Tais hipóteses são as mais usuais, sendo que os problemas que daí emergem são naturalmente em muito maior número.

De todo o modo, na parte inicial deste capítulo tratamos, dominantemente, de qualquer promessa de trespasse, conquanto já abordamos com alguma incidência certas questões atinentes à entrega da coisa.

§ 1. Promessa de trespasse[672]

1. Modos de celebração da promessa de trespasse

A promessa de trespasse ocorre, em regra, por via de um contrato específico entre os contraentes, por vezes antecedido de um outro de natureza diversa[673].

---

[671] Note-se que a entrega do estabelecimento, na sequência da celebração do contrato-promessa, não descaracteriza, por si só, o tipo de negócio pretendido. A isso se alude, acertadamente, no Ac. STJ, de 19.12.2006 (OLIVEIRA BARROS), quando se expressa que "não é o facto de o [promitente-trespassário] ter estado, durante alguns meses, na posse do estabelecimento que desqualifica o contrato-promessa, não tornado, sem mais, definitivo pela simples antecipação dos efeitos do contrato prometido (como, aliás, na prática, comum nos contratos-promessa...").

[672] Algumas vezes encontramos até a celebração, em simultâneo, de dois contratos-promessa: de trespasse e de arrendamento comercial.

Assim sucedeu no caso suscitado no Ac. Rel. Porto, de 2.10.2008 (JOSÉ FERRAZ), www.dgsi.pt, pp. 4 ss.

Vejamos o conteúdo dos referidos contratos.

Foi celebrado um "contrato-promessa de arrendamento e de trespasse" em 9 de Maio de 2000, tendo sido, desde logo, entregues o prédio e o estabelecimento.

O promitente-senhorio, também promitente-trespassário, prometeu dar de arrendamento um imóvel e, ao mesmo tempo, prometeu vender o estabelecimento comercial de padaria e de pastelaria, ao passo que o outro contratante assumiu as obrigações correspectivas.

Havia, por um lado, cláusulas que regulavam o período do contrato em causa. Assim, *v.g.*, dispunha-se que a partir da data do "contrato-promessa de trespasse e arrendamento" o Autor era responsável pelos impostos e taxas que incidiam sobre o estabelecimento, bem como sobre a actividade nele desenvolvida.

O contrato definitivo de arrendamento seria celebrado pelo prazo de um ano, prorrogável por períodos iguais e sucessivos, enquanto não fosse denunciado nos termos da lei por qualquer das partes e o seu início foi no dia 1 de Junho de 2000. Previu-se ainda que o arrendatário não podia sublocar ou emprestar, por qualquer forma, o local arrendado, sem autorização do senhorio dada por escrito, exceptuando o trespasse do local arrendado.

Estipulavam-se, por outro lado, as condições do contrato de arrendamento definitivo. Por exemplo, consagrava-se que a renda anual, no primeiro ano de vigência do contrato, ascendia a aproximadamente 3.000 €, a pagar em duodécimos de (também aproximadamente) de 250 €, no primeiro dia útil do mês a que disser respeito, na residência do senhorio.

Quanto ao contrato definitivo de trespasse, era feita alusão ao seu valor – de 169.591,29 € –, tendo, naquela data, o promitente-vendedor recebido do promitente-comprador, como sinal e princípio de pagamento, a quantia de 19.951,92 €, de que lhe deu quitação, sendo a restante parte do preço, paga em 4 prestações. O trespasse abrangia a cedência da respectiva chave, alvará de licença, todos os elementos que no momento integravam o estabelecimento, designadamente fornos, batedeiras, tabuleiros, formas, anexos de armazém de lenhas e farinhas, balanças, móveis e outros utensílios, pois foi cedido a sua unidade jurídica e económica, sem qualquer passivo, e com quatro empregados (vendedores de pão), englobando ainda todas as viaturas que faziam parte do seu activo imobilizado (que eram cinco), e que teriam de estar em boas condições de circulação. Estipulou-se que o trespassante se obrigava a não concorrer com o trespassário, que ficou, desde logo, autorizado a proceder a quaisquer obras de beneficiação que se mostrassem necessárias para o bom funcionamento do estabelecimento.

Estabeleceram-se ainda convenções comuns a ambos os contratos-promessa.

Assim, em face do incumprimento do contrato-promessa em qualquer das suas vertentes, previu-se uma cláusula penal, no montante de 50.000 €, a pagar pelo promitente faltoso. Dispôs-se, por outro lado, que os contratos definitivos de trespasse e de arrendamento seriam celebrados em simultâneo, no prazo de 15 dias após a legalização do prédio em nome do Réu, bem como a obtenção por parte deste da correspondente licença de utilização.

O tribunal não se pronunciou quanto ao problema da qualificação do contrato. A questão é a de saber se estamos perante um único contrato misto ou se se trata de dois contratos unidos ou coligados.

A nosso ver, esta situação é configurável à luz da união de contratos. Embora num mesmo documento, estão em causa dois contratos, cada um sujeito ao seu regime próprio (*v.g.,* quanto à forma, ambos estavam sujeitos à redução a escrito), mas encontram-se intimamente dependentes um do outro – sobre o tema, ver infra Tit. II, Cap. V, § 8.

O que se discutia no aresto eram as consequências decorrentes da impossibilidade de celebrar dos contratos definitivos, atenta a "perda do imóvel" pelo promitente-senhorio, dado que o prédio foi entretanto adquirido pelo banco.

De todo o modo, a perda da propriedade do imóvel não se traduz necessariamente na "restituição do estabelecimento". Este pode continuar a existir noutro local. No entanto, verificou-se a falta de interesse do promitente-trespassário no que toca à celebração do negócio prometido de compra e venda do estabelecimento comercial, com as correspondentes consequências. Refere-se que, como estava a explorar a organização mercantil, também houve lugar, por parte deste último, à indemnização pelo valor correspondente ao gozo.

Foi muito semelhante a situação analisada no Ac. Rel. Porto, de 20.9.2001 (PINTO DE ALMEIDA), www.dgsi.pt.

Nos termos do contrato-promessa de arrendamento (considerado parte integrante do contrato-promessa de trespasse), a respectiva escritura pública – que ao tempo se exigia – deveria ser celebrada no prazo de um mês, em simultâneo com a relativa ao contrato definitivo de trespasse. Também aqui foi, desde logo, entregue o imóvel, bem como o estabelecimento comercial.

O que se discutia era o problema de saber se havia incumprimento definitivo. Quanto ao prazo que constava do(s) contrato(s)-promessa foi entendido que não se tratava de prazo fixo absoluto. O que aí se determinava era que "o contrato de arrendamento prometido deveria ser reduzido a escritura pública no prazo de um mês a contar da data da celebração do contrato-promessa e em simultâneo com a escritura de trespasse do estabelecimento comercial, sendo que incumbia aos promitentes-senhorios e promitentes-trespassantes a marcação das respectivas escrituras públicas. Em relação à possível perda de interesse considerou-se que a antecipação da entrega do estabelecimento comercial aponta justamente em sentido contrário. Por outro lado, não ocorreu qualquer interpelação admonitória para cumprir.

Tem igualmente ocorrido a conclusão, em paralelo, de dois contratos-promessa, mas agora de trespasse do estabelecimento mercantil e de compra e venda do imóvel. A situação foi tratada no Ac. STJ, de 3.2.1999 (QUIRINO SOARES), www.dgsi.pt. Concluiu-se no aresto pela existência de dois negócios distintos, funcionalmente ligados – o que concordamos –, isto é, uma união ou coligação de contratos. Ora, sendo o contrato-promessa de trespasse nulo, na justa medida em que a parte relativa ao trespasse não tem expressão escrita (art. 294.º CC), tal invalidade espalha-se "por todo o conjunto negocial, dada a interdependência funcional que os liga, e não permite redução do contrato, nos termos do art. 292.º CC, porque a aludida interdependência a exclui à partida".

[673] É frequente a celebração entre as (mesmas) partes, num primeiro momento, de um contrato de cessão de exploração de estabelecimento comercial, sendo que findo este – no termo do prazo ou, eventualmente, por acordo – fica a vigorar uma promessa de trespasse.

Tal factualidade esteve presente, *v.g.,* no Ac. Rel. Coimbra, de 14.10.2008 (VIRGÍLIO MATEUS), www.dgsi.pt.

Verificam-se, todavia, promessa de trespasse noutras circunstâncias. Concretizemos:

– na sequência de notificação para preferência enviada pelo arrendatário comercial do imóvel (potencial trespassante) ao senhorio, este pode manifestar interesse na aquisição do estabelecimento e exercer regularmente o direito que lhe assiste; ora, a declaração de preferência do senhorio pode, verificados os requisitos formais, configurar-se como um contrato-promessa, e estar assim sujeita ao regime deste[674];

– por efeito da conversão de um contrato de trespasse nulo por falta de forma em contrato-promessa de trespasse[675].

---

[674] Ver CARLOS LACERDA BARATA, Da obrigação de preferência, Coimbra, 1990, pp. 108 e 109, 144 e 145 e GRAVATO MORAIS, Alienação e oneração de estabelecimento comercial, Coimbra, 2005, p. 90.

Na jurisprudência, ver, no mesmo sentido, o Ac. Rel. Porto, de 9.3.1996 (ALVES CORRREIA), www.dgsi.pt (na decisão entendeu-se que "com a comunicação do projecto do contrato de trespasse e a declaração de quem preferir, efectuadas por cartas, devidamente assinadas, os autores destas constituíram-se na obrigação de celebrar o contrato de trespasse, devendo entender-se que entre eles se concluiu um contrato-promessa de trespasse; nos termos do artigo 830.º do Código Civil, por não ter havido convenção em contrário, assistia ao Autor o direito a execução específica e não o direito de ver condenado o faltoso a emitir a declaração negocial").

Cfr. ainda o Ac. STJ, de 21.2.2006 (CUSTÓDIO MONTE), www.dgsi.pt (utiliza-se, para o efeito um argumento que decorre do art. 1458..º, 2 do CPC, em sede de notificação para a preferência judicial, em que, afirma-se, "a resposta positiva do notificado vincula à celebração do contrato". Observa o tribunal que "se assim acontece na notificação judicial, nada impede que concluamos da mesma forma no caso da notificação extrajudicial porque tanto naquela como nesta estamos em presença de semelhante circunstancialismo fáctico: em ambos os casos se comunica ao notificado o preço e as restantes cláusulas do contrato projectado").

[675] Discutiu-se a temática, entre outros, nos seguintes arestos:

– Ac. STJ, de 17.5.2007 (SALVADOR DA COSTA), www.dgsi.pt (in casu, o contrato de trespasse era nulo por falta de forma, discutindo-se se se tratava de um contrato-promessa de trespasse; o tribunal rejeitou tal via, pois considerou que o art. 293.º CC, "permitia, por exemplo, que se [as partes] tivessem produzido as recíprocas declarações negociais relativas ao contrato de trespasse em causa em documento particular simples, e a conversão em contrato-promessa de trespasse se harmonizasse com a vontade hipotética ou conjectural de ambas, que a mesma podia ocorrer. No caso vertente, porém, não há documento particular que insira as declarações negociais concernentes ao referido contrato de trespasse, certo que os

338 Contrato-Promessa em Geral. Contratos-Promessa em Especial

2. Forma

Em razão do trespasse estar sujeito à forma escrita também a respectiva promessa, nos termos do art. 410.º, n.º 1 CC, está sujeita a igual solenidade. É, portanto, a expressão do princípio da equiparação na sua plenitude.

A eventual sujeição do trespasse a forma superior – escritura pública ou documento particular autenticado –, o que acontece quando o imóvel integra o estabelecimento mercantil, sem prejuízo de as partes, convencionalmente, escolherem qualquer das vias enunciadas, não altera o circunstancialismo descrito, em razão do mesmo preceito.

A inobservância da forma exigida conduz à nulidade do negócio.

Tal circunstancialismo foi, *v.g.,* suscitado no Ac. Rel. Lisboa, de 3.3.2005, aí se afirmando que a sanção é a nulidade típica do artigo 220.º CC, tendo, como consequência, a restituição do estabelecimento pelo *promitente-trespassário* tal como o recebeu, à luz do art. 289.º CC[676].

Note-se que o art. 410.º, n.º 3 CC é inaplicável à promessa de trespasse[677].

---

factos provados só revelam os mencionados documentos subscritos em jeito de declaração de ciência").

– Ac. STJ, de 22.10.1971 (João Moura), www.dgsi.pt ("o contrato de trespasse nulo ... é convertível, de direito, em simples contrato-promessa, nos termos do artigo 293.º do Código Civil, desde que contenha os requisitos substanciais e formais necessários à sua validade e dele se possa concluir que as partes o teriam querido se tivessem previsto a invalidade").

[676] Cfr. o Ac. Rel. Lisboa, de 3.3.2005 (Granja Da Fonseca), www.dgsi.pt.

Ver ainda o Ac. STJ, de 24.2.1999 – sumário (Nascimento Costa), www.dgsi.pt (afirma-se aí que "tendo havido contrato-promessa de trespasse nulo por falta de forma legal – artigo 410.º, n.º 2 CC – há que repor a situação anterior por força do disposto no art. 289.º, n.º 1...", pelo que "o promitente-trespassante deverá receber de volta o estabelecimento, devolvendo ao promitente-trespassário o montante por este pago devidamente actualizado, tendo em conta as regras do enriquecimento sem causa (art. 473.º CC), sendo devidos juros legais a partir da citação sobre a quantia desembolsada (art. 480.º, al. a) CC))".

[677] Ac. STJ, de 5.10.1996 – sumário (Aragão Seia), www,dgsi.pt (especifica-se que ao "contrato-promessa de trespasse ... de dois pavilhões e da indústria de serração, metalização e destilaria de aguardente, com máquinas e objectos, neles instalados, não lhe [é] aplicável o disposto no artigo 410.º, n.º 3 CC").

3. Eficácia obrigacional da promessa de trespasse

Cabe referir que a promessa de trespasse tem necessariamente eficácia obrigacional, não podendo aplicar-se, por impossibilidade de verificação dos requisitos, o art. 413.º CC, que conduziria à atribuição de eficácia real a tal negócio. Com efeito, o estabelecimento comercial é um bem móvel *sui generis*, não sujeito a registo, pelo que não integra o âmbito do normativo referido.

Cremos que apesar de, por vezes, se lhe aplicar o regime dos bens imóveis[678] – em razão da equiparação da disciplina – tal raciocínio não é aqui aplicável[679].

4. Aplicação das regras gerais de direito: em especial os vícios da vontade

Por força do princípio da equiparação, decorrente do art. 410.º, n.º 1 CC, cabe aplicar, em princípio, a esta promessa as regras gerais de direito e as regras do contrato prometido.

Vejamos dois casos, dando relevo a uma das temáticas mais suscitadas, justamente a dos vícios da vontade:

- em Fevereiro de 1996, foi celebrado um contrato-promessa (bilateral) de trespasse (por venda) de estabelecimento comercial instalado em prédio urbano arrendado; o preço de aproximadamente 60.000 €, seria pago na data da outorga do contrato definitivo, em Junho de 1997; acontece que o promitente--trespassário pagou o valor em causa, mas não sc celebrou aquele, dado existirem problemas na obtenção de licença necessária para o fim pretendido (o local possuia tão só licença

---

[678] GRAVATO MORAIS, Alienação e oneração de estabelecimento comercial, Coimbra, 2005, p. 76.

[679] Admitindo a eficácia real da promessa de trespasse, ver o Ac. Rel. Coimbra, de 2.12.2008 (TELES PEREIRA), www.dgsi.pt (afirma-se aí que "parece-nos inquestionável que, requerendo o contrato definitivo escritura pública, essa seja também a forma requerida pelo contrato-promessa para o efeito de aquisição do estatuto correspondente à eficácia real, nos termos do artigo 413.º, n.º 2 do CC. Aliás, para a atribuição desse efeito, sempre faltaria ... uma declaração expressa nesse sentido e a inscrição no registo").

340 Contrato-Promessa em Geral. Contratos-Promessa em Especial

de utilização para armazém agrícola); isso impediu o promitente-comprador de utilizar o referido espaço; estamos perante um erro sobre o objecto (art. 251.º CC), o que torna o contrato-promessa anulável, desde que o declaratário conhecesse ou não devesse ignorar a essencialidade, para o declarante, do elemento sobre que incidiu o erro (art. 247.º CC), o que era manifesto e estava provado[680];

– numa outra situação estava em causa uma promessa bilateral de trespasse de estabelecimento comercial instalado em imóvel arrendado, pelo menos assim foi dito pelo promitente-alienante, só que inexistia um contrato de arrendamento válido; naturalmente, o promitente-trespassário não teria celebrado o negócio se soubesse da referida falta, sendo que a contraparte não ignorava que sem a existência de arrendamento comercial não se celebraria a promessa de trespasse; mais uma vez está em causa um erro sobre o objecto do negócio, pois recaiu sobre as suas qualidades essenciais, o qual é perfeitamente desculpável, pois, foi declarado pelo promitente-trespassante que pagava de renda mensal ao senhorio uma específica quantia; não houve qualquer incúria do promitente-comprador que excedesse o comportamento de uma pessoa de diligência média; houve lugar à anulabilidade do acto[681].

5. Conteúdo da promessa de trespasse

Atenta a eventual transmissão definitiva do estabelecimento comercial, enquanto bem móvel *sui generis*, o contrato-promessa de trespasse deve conter já o quadro jurídico dessa transferência com pormenor.

---

[680] Ac. Rel. Porto, de 9.2.2006 (DEOLINDA VARÃO), www.dgsi.pt.
[681] Ac. Rel. Porto, de 19.1.2006 (FERNANDO BAPTISTA), www.dgsi.pt.

5.1. *Por referência ao tipo de contrato prometido*

Dada a multiplicidade de formas que o contrato de trespasse pode revestir, é importante deixar bem claro a modalidade em causa (compra e venda, dação em cumprimento, doação...).

Duas notas específicas quanto a esta matéria.

É muito vulgar a aposição, no próprio contrato de compra e venda (voluntária) do estabelecimento comercial, de uma cláusula de reserva de propriedade da coisa até integral pagamento do preço[682]. Tratando-se de uma promessa de compra e venda de um estabelecimento comercial tal estipulação deve resultar já da própria promessa.

Por outro lado, a promessa de doação de estabelecimento comercial, tal como, à partida, qualquer promessa de doação, é admissível. Não há motivos que imponham a sua rejeição.

5.2. *Por referência ao que se pretende transmitir por via do trespasse do estabelecimento*

A promessa deve ainda regular, caso se não pretenda a aplicação pura e simples do regime geral ou específico empregue nalgumas matérias, as questões em causa[683].

Exemplifiquemos.

Se o contrato de trespasse for omisso há que empregar, *v.g.*, o regime geral da transmissão de créditos ou de dívidas, do qual resulta, em regra, a não transferência dos mesmos. Ora, se se pretende a transmissibilidade dos créditos e/ou das dívidas ligadas ao estabelecimento, a promessa deve já conter, sendo essa a vontade das partes, por exemplo, a típica cláusula a apor no contrato definitivo que faz operar a "transmissão do activo e do passivo".

---

[682] É pacífica a sua admissibilidade.

[683] E as partes devem prudentemente fazê-lo, desde logo, em razão de, muito provavelmente, não chegarem a acordo mais tarde. Não por qualquer outro motivo.

5.3. *Por referência ao tempo e ao modo de pagamento do preço*

De igual sorte, na promessa de trespasse oneroso a prestações, o tempo e o modo de pagamento do preço devem constar do documento que a formaliza.

Assim, o contrato deve enunciar qual o número de prestações e as específicas datas de pagamento. Por outro lado, também a forma como este deve ser efectuado daquele deve constar (por exemplo, a transferência bancária, o preço titulado por letras, por livranças ou até por cheques).

O que se afirmou não significa que não possa aqui haver várias possibilidades. Figuremos algumas hipóteses:

- o preço exigido é pago parcialmente na vigência da promessa – portanto, até à realização do contrato definitivo –, ocorrendo a entrega do remanescente depois deste último;
- o preço é pago na totalidade antes ou até ao momento da celebração do contrato prometido, condicionando-se a conclusão deste ao efectivo pagamento[684].

6. Incumprimento

Não há relevantes particularidades quanto ao incumprimento temporário ou definitivo da promessa de trespasse.

Em princípio, qualquer das situações está sujeita ao regime assinalado.

---

[684] Cfr. Ac. STJ, de 19.12.2006 (OLIVEIRA BARROS), www.dgsi.pt ("a promessa de contratar que gera a obrigação de celebrar o contrato prometido, decorre do princípio da liberdade contratual estabelecido no art. 405.º, n.º 1 CC, nada havendo a obstar à inclusão num contrato-promessa de cláusula, aliás frequente na prática, relativa ao tempo e modo do pagamento do preço estipulado nesse mesmo contrato em relação ao contrato definitivo. Nada imped[e] as partes de condicionar a celebração deste último ao pagamento prévio – mesmo total – do preço correspondente, é essa ... a relação jurídica válida subjacente à emissão dos cheques dados à execução").

6.1. *Aplicabilidade da presunção de sinal ao trespasse*

Tem sido discutido o problema da aplicabilidade do art. 441.º CC em sede de trespasse.

Já se defendeu, por via da interpretação restritiva, que "no contrato-promessa que não seja de compra e venda (como, por exemplo, no contrato de trespasse) não há presunção de que tenha carácter de sinal a quantia entregue por um promitente ao outro"[685], sendo que, ao invés, se sustentou "que o princípio contido na disposição do art. 441.º CC é aplicável a quaisquer contratos-promessa"[686]. Outra tese se seguiu no Ac. STJ, de 9.10.2003, onde se admite "a extensão do regime do art. 441.º a todos os contratos-promessa que, similares da compra e venda, tenham por objecto a celebração de qualquer contrato oneroso alienatório do direito de propriedade"[687], nele se incluindo, portanto, a promessa de trespasse.

Consideramos que a quantia entregue à luz de uma promessa de compra e venda de estabelecimento comercial, a forma mais comum de trespasse, deve ser havida como sinal, por força da presunção *juris tantum* aí estabelecida. Uma interpretação literal da norma é suficiente para chegar a esta conclusão.

6.2. *Incumprimento temporário e execução específica*

No tocante à execução específica da promessa de trespasse, vale inteiramente o que afirmámos a propósito da figura em geral. É necessário o preenchimento dos citados pressupostos para que esta seja, em concreto, possível.

Como se afirmou no ponto anterior a presunção *juris tantum* de que qualquer quantia entregue tem o valor de sinal, à luz do art. 441.º CC, vale para a promessa de trespasse sob a forma de compra e venda. A existência de sinal faz ainda presumir (de modo ilidível)

---

[685] Ac. Rel. Lisboa de 23.6.1994 (SILVA PAIXÃO), CJ, 1994, III, p. 130.

[686] DIAS MARQUES, Código Civil, 2.ª edição, nota ao art. 441.º, citado por ABEL DELGADO, Do Contrato-Promessa, Lisboa, 1978, p. 174.

[687] Ac. STJ, de 9.10.2003 (ARAÚJO BARROS), www.dgsi.pt.

344 Contrato-Promessa em Geral. Contratos-Promessa em Especial

que não há lugar a execução específica, em razão de haver convenção (tácita) em contrário[688]. Não está excluído, porém, o recurso a esta via.

Noutras formas de promessa de trespasse há que demonstrar que há lugar à execução específica, o que pode ocorrer por efeito de convenção expressa.

6.3. *Incumprimento definitivo e resolução*

6.3.1. **Alguns fundamentos de resolução da promessa de trespasse na prática judicial**

Sendo certo que as causas da resolução não divergem do que foi assinalado em termos gerais, optamos por destacar alguns fundamentos resolutivos na promessa de trespasse suscitados na nossa jurisprudência, que têm um mínimo denominador comum: o encerramento da organização mercantil após a promessa de trespasse com *traditio*.

No caso descrito no Ac. Rel. Porto, de 8.6.2006[689], em que estava em causa um contrato-promessa de trespasse por venda do estabelecimento comercial (conluído em Novembro de 2003), com entrega, a título de sinal, do montante de € 7.500,00, e com a correspondente tradição do estabelecimento. A exploração deste pelos promitentes-trespassários durou aproximadamente um mês, data em que sem qualquer razão que o justificasse procederam ao seu encerramento, impedindo a entrada dos promitentes-trespassantes. Daí que estes invocaram a perda objectiva de interesse e enviaram àqueles uma declaração manifestando a sua intenção de rescindir o contrato caso se mantivesse essa situação, o que acabaram por concretizar em 6 de Janeiro de 2004.

Encerrado o estabelecimento, com a retenção dos valores em dinheiro e da documentação pertencente aos promitentes-trespassantes,

---

[688] Foi esta a conclusão a que se chegou no Ac. STJ, de 11.4.2000 – sumário (ARMANDO LOURENÇO), www.dgsi.pt ("se, na entrega do contrato-promessa foi entregue certa quantia para pagamento do preço, fica excluída a execução específica do contrato").

[689] Ac. Rel. Porto, de 8.6.2006 (PINTO DE ALMEIDA), www.dgsi.pt.

impõe-se saber se essa atitude justifica por si só a resolução da promessa. O tribunal entendeu que não, quer porque nenhuma condição essencial do contrato-promessa foi violada, quer porque não havia por parte deles qualquer mora que tenha determinado a perda objectivamente do interesse na celebração do contrato definitivo, o qual veio a ser marcado dentro do prazo acordado, só não tendo sido celebrada porque os promitentes-trespassários a ela faltaram.

Foi ainda sustentado que a violação da convenção de cedência antecipada do estabelecimento não se repercute na viabilidade da obrigação de contratar, sendo autónoma desta, e poderia gerar os efeitos próprios de qualquer incumprimento do seu tipo, podendo apenas legitimar o pedido de entrega e de pagamento de indemnização pelos prejuízos causados.

Cremos que, perante a factualidade conhecida, havia lugar a perda objectiva do interesse, pelo que se deveria ter concluído pelo incumprimento definitivo.

Noutra hipótese, tendo sido celebrado um contrato-promessa de trespasse de um restaurante com a respectiva *traditio*, o exercente da actividade encerrou o estabelecimento em razão da intervenção das autoridades administrativas. Mais tarde, o promitente-vendedor interpelou a contraparte, comunicando-lhe a data da realização do negócio definitivo, não tendo esta comparecido. Concluiu o tribunal que isso não pode, no entanto, representar inexecução do contrato, na medida em que a contraparte o incumprira desde o início, não licenciando a actividade de restaurante e não entregando o respectivo alvará, para além da demais documentação. Tais circunstâncias tornaram inviável ao promitente-trespassário o exercício do direito transmitido, pelo que se considerou incumprida definitivamente a promessa de trespasse. Tal emerge, de acordo com o tribunal, da proibição pelas entidades administrativas da continuação do funcionamento de restaurante no estabelecimento e ao processo de contra-ordenação instaurado. Daí que à luz do art. 442.º n.º 2 CC a consequência tenha sido a condenação do promitente-alienante no pagamento do sinal em dobro[690].

---

[690] Ac. Rel. Lisboa, de 10.3.2005 (ANTÓNIO VALENTE), www.dgsi.pt.

346   *Contrato-Promessa em Geral. Contratos-Promessa em Especial*

Concordamos com a decisão do tribunal. O encerramento da organização mercantil teve uma causa específica e legítima: a impossibilidade de continuidade da actividade por causa imputável à contraparte.

6.3.2. *Regime do sinal*

Pressupondo uma situação de incumprimento definitivo da promessa de trespasse por venda[691], cabe aplicar as regras do art. 442.º CC.

Se tal inadimplemento é imputável ao promitente-trespassário, que constituiu o sinal, o seu valor é devido pela contraparte.

---

[691] Que pode ocorrer por via da verificação de uma qualquer das várias hipóteses previstas supra, em termos gerais.

Citemos alguns exemplos:

– Ac. STJ, de 9.12.2004 (Luís Fonseca), www.dgsi.pt; na sequência de promessa de trespasse (sob a forma de compra e venda) com tradição do estabelecimento, os promitentes-trespassantes obrigaram-se a proporcionar aos promitentes-trespassários todas as licenças necessárias ao funcionamento do bar, inclusivamente a licença policial; dado que não a conseguiram obter, a GNR ordenado o encerramento definitivo do bar, o qual é imputável àqueles; estando eles em mora em função da garantia dada, a restituição da chave do estabelecimento revela que os promitentes--trespassários se desinteressaram do negócio, atenta a razão aduzida; assim, o encerramento do bar por falta de licenciamento policial, o que impediu a sua exploração, revela a perda (objectiva) de interesse no trespasse do estabelecimento, havendo assim incumprimento definitivo da promessa por parte dos promitentes-trespassantes;

– Ac. STJ, de 5.12.2002 (Ribeiro Coelho), www.dgsi.pt; no aresto debateu-se se a declaração de resolução remetida exclusivamente pelo promitente-trespassário – sendo necessário que tivesse sido enviada por ambos para produzir os respectivos efeitos – porque não foi "além da alegação da perda de interesse num plano subjectivo" operava nos termos pretendidos; foi entendido acertadamente que não, pelas razões invocadas; por outro lado, observou-se que "a falta de documentos necessários para a realização d[o negócio definitivo], impedindo a sua outorga, não traduz aquela perda de interesse, que só existe e releva quando a prestação, a poder ser realizada, já não satisfaria o interesse do credor"; foi ainda assinalado que "nada evidencia, por outro lado, que, a haver tal documentação e a ser realizada a escritura, o negócio já não interessasse aos promitentes-trespassários"; desta sorte, entendeu-se acertadamente que "não houve resolução contratual validamente declarada", sendo portanto o incumprimento imputável aos promitentes--trespassários.

Contratos-Promessa em Especial 347

Ao invés, se a inexecução é imputável ao promitente-trespassante, caso tenha havido sinal passado pelo outro promitente, este pode exigir o dobro do que prestou[692] ou, em caso de entrega do estabelecimento, uma importância pelo aumento do seu valor.

Nada impede ainda que as partes estipulem, à luz do art. 442.º, n.º 4 CC, outra indemnização[693].

Note-se que tal regime não é empregue noutras promessa de trespasse, como, por exemplo, na promessa de trespasse por doação ou na promessa de trespasse por entrada com estabelecimento para uma sociedade. No negócio definitivo não há contrapartidas, não há um preço a pagar, pelo que não cabe falar sequer de sinal.

6.3.3. Outras indemnizações

Não se exclua ainda a possível cumulação da indemnização decorrente do regime do sinal dobrado ou pelo aumento do valor da coisa com outras indemnizações, desde que tenham uma causa diversa.

Comecemos por identificar, brevemente, a factualidade constante da decisão do Ac. Rel. Porto, de 28.1.2008[694]:

---

[692] No Ac Rel. Coimbra, de 20.1.2004 (TOMÁS BARATEIRO), www.dgsi.pt, estava em causa o incumprimento imputável aos promitentes-vendedores do estabelecimento comercial. Dado que foi invocado por estes que se tratava de uma promessa de cessão de quotas, tese que não foi acolhida pelo tribunal, entendeu-se que os promitentes-compradores não estavam vinculados à celebração de tal contrato (não prometido). Assim, os promitentes-vendedores ao imporem a celebração daquele negócio definitivo, manifestaram, inequivocamente, que não pretendiam cumprir o referido "contrato-promessa de trespasse ou de transmissão do estabelecimento comercial", o que equivale a incumprimento definitivo a estes imputável. O tribunal declarou resolvido o contrato e a restituição do sinal em dobro.

[693] Tal sucedeu na situação descrita no Ac. STJ, 4.4.1995 (RAMIRO VIDIGAL), www.dgsi.pt, onde a convenção ao determinar que *"após o acto da entrega da chave, fica o [promitente-trespassário] sujeito até à data da outorga da escritura..., caso esta se não venha a realizar por incumprimento da sua parte, ao pagamento mensal e adiantado de juros sobre o capital em dívida, no montante de 60.000 escudos/mês*, comportava, segundo o tribunal, "duas estipulações: a primeira, a de que até à outorga da escritura o promitente-trespassário se obrigava aos juros, a título de indemnização remuneratória pelo capital em dívida; a segunda, a de que até à entrega do estabelecimento o promitente-trespassário se obrigava ao pagamento de 60.000 escudos por mês, a título de indemnização ressarcitória pela ocupação ilícita do objecto da promessa de trespasse", o que se mostrava consentâneo com o disposto no art. 442.º, n.º 4 CC.

[694] Ac. Rel. Porto, de 28.1.2008 (ABÍLIO COSTA), www.dgsi.pt.

348 Contrato-Promessa em Geral. Contratos-Promessa em Especial

- foi celebrado um contrato-promessa de trespasse do estabelecimento com tradição;
- a partir de certa altura (Setembro de 1999), os promitentes-trespassários deixaram de pagar as prestações acordadas;
- os promitentes-trespassários (em Dezembro de 2001) encerraram o estabelecimento e abriram outro, do mesmo ramo, a cerca de 100 metros de distância;
- o *estabelecimento* foi restituído aos promitentes-trespassantes em Agosto de 2002.

Dado que o estabelecimento foi restituído sem alguns dos seus valores, em especial a clientela, há que ressarcir os promitentes-trespassantes pelos danos causados. Esta indemnização é cumulável com a resolução do contrato (art. 801.º, n.º 2 CC). E nada tem a ver com a prevista no art. 442.º, n.º 4 CC. Na verdade, enquanto aquela se reporta ao incumprimento do contrato, esta emerge da inexecução da obrigação de restituição, uma das consequências da resolução.

Como assinala Almeida Costa "a lei refere-se apenas a indemnizações respeitantes ao não cumprimento definitivo do contrato-promessa. Todavia, podem existir outras com fundamento diverso..."[695/696].

§ 2. Promessa de trespasse com tradição em especial

Há um conjunto vasto de problemas específicos que decorrem da promessa de trespasse com *traditio*.

Note-se que a entrega não tem que se verificar necessariamente à data da celebração do contrato-promessa, podendo ocorrer posteriormente, na vigência do mesmo e em função do estipulado[697].

---

[695] ALMEIDA COSTA, Contrato-promessa. Uma síntese do regime vigente, cit., p. 77.

[696] Cfr. Ac. STJ, de 8.3.1994 – sumário (MARTINS DA COSTA), www.dgsi.pt (afirma-se que "há obrigação de restituição da coisa entregue como antecipação dos efeitos do contrato prometido", sendo que "na falta dessa restituição, é devida indemnização a partir da data do incumprimento, devendo o montante da indemnização corresponder, pelo menos, ao valor locativo da coisa").

[697] Ac. STJ, de 13.2.1996 – sumário (PEREIRA DA GRAÇA), www.dgsi.pt. Observa-se que "num contrato-promessa de trespasse dum estabelecimento comercial em que se estipulou que, em determinada data, o promitente-comprador faria o reforço do sinal e o

Adiante-se que não deve excluir-se a possibilidade de celebração de uma promessa de trespasse com *traditio* que se transformou, posteriormente, em contrato definitivo de trespasse[698]. A conclusão afirmativa está dependente da verificação de específico circunstancialismo.

Cumpre analisar, em especial, os problemas emergentes da relação arrendatícia, sendo certo que não deve descurar-se que, dadas as peculiaridades dos elementos (incorpóreos) do estabelecimento, podem ser afectadas outros tipos de situações jurídicas[699]. Posteriormente, expõem-se alguns dos riscos que devem ser atendidos pelas partes ao celebrar um negócio deste género.

---

promitente-vendedor entregaria o estabelecimento vazio, livre de passivo e, se, nessa data, o estabelecimento continuava ocupado e em funcionamento, não se mostrando que tenha sido oferecida a sua entrega, justifica-se que o promitente-comprador não tenha feito o referido reforço do sinal".

[698] Isso mesmo se discutiu no Ac. Rel. Coimbra, de 29.11.2005 (HÉLDER ROQUE), www.dgsi.pt (debatia-se se "sendo válido o contrato-promessa de trespasse outorgado pelas partes, e não tendo as mesmas celebrado o contrato definitivo de trespasse, como a tanto se tinham comprometido, ainda que, verbalmente, até final de Junho de 2001, operando-se a transferência do estabelecimento, logo com a outorga daquele, dando o [promitente-trespassário] início à sua exploração, em Janeiro de 2001, fazendo a gestão do mesmo, no seu próprio interesse, tudo se passando como se fosse, efectivamente, dono daquele estabelecimento, resta saber se existe um contrato de trespasse, sem configuração normal, posterior ao contrato-promessa, retirando do aludido documento escrito a virtualidade de representar o título constitutivo desse contrato"; o tribunal rejeitou, *in casu*, tal possibilidade).

[699] É o que sucede, por exemplo, com as relações emergentes do contrato de trabalho. No Ac. STJ, de 18.6.2003 (EMÉRICO SOARES), www.dgsi.pt, debateu-se a situação emergente de um contrato-promessa de trespasse de um restaurante com tradição da coisa, em que o promitente-trespassário era ao mesmo tempo trabalhador subordinado do promitente-trespassante. Considerou-se que o trabalhador passou "a ocupar o lugar da entidade empregadora, confundindo-se assim na sua pessoa as qualidades em causa, o que gerou a extinção do contrato de trabalho, "uma vez que é da própria essência do contrato de trabalho ... que a actividade exercida pelo trabalhador não o seja por conta própria, mas sim por conta de outrem". Dado que passou a explorar por conta própria, desde Outubro de 1999, o restaurante onde anteriormente trabalhava por conta e sob as ordens de outrem – o promitente-trespassante –, considerou-se que se extinguiu, por confusão, a relação laboral entre eles existente, pelo que não tem direito a receber qualquer valor respeitante ao salário nos meses de Janeiro e de Fevereiro de 2000. Acresce que foi ainda sustentado que a retoma do restaurante pelo promitente-trespassante não teve "a virtualidade de provocar a repristinação do cessado contrato de trabalho".

1. Problemas derivados do contrato de arrendamento do imóvel onde se encontra instalado o estabelecimento comercial

O estabelecimento mercantil encontra-se, na larga maioria das situações, instalado num imóvel arrendado. Importa saber em que medida a promessa de trespasse com *traditio* pode interferir na posição locatícia.

1.1. *Efeitos no conteúdo do contrato de arrendamento vinculista*

O NRAU consagra um específico regime transitório aplicável aos contratos vinculistas do passado, que se caracterizavam pela renovação imperativa do contrato em relação ao senhorio. Por força desta protecção do inquilino, o locador tinha extrema dificuldade em extinguir o contrato por denúncia, o que só podia ocorrer em casos excepcionais e motivadamente.

Importa saber se a promessa de trespasse com tradição do estabelecimento pode de alguma forma colidir com a assinalada disciplina vinculista[700].

Com efeito, o art. 26.º, n.º 6, al. a) NRAU dispõe que, o trespasse ou a locação de estabelecimento comercial após a entrada em vigor da lei (ou seja, em 28 de Junho de 2008) faz cessar o disposto na al. c) do n.º 4 do art. 26.º, repristinando o art. 1101.º, al. c) CC, que permite a denúncia imotivada pelo senhorio (com um prazo de pré-aviso de 5 anos).

Assinale-se uma outra consequência: pode haver lugar à actualização extraordinária da renda de forma automática igualmente nas mesmas circunstâncias, isto é, perante o trespasse ou a locação de estabelecimento comercial (art. 56.º, al. b) NRAU).

A verificação de tal factualidade importa, portanto, consequências gravosas para o arrendatário mercantil.

---

[700] A inexistência de tradição da coisa não envolve qualquer quebra do vinculismo arrendatício, até porque não há aqui qualquer cessão do gozo do estabelecimento e, consequentemente, do imóvel.

Ora, a promessa de trespasse com entrega de estabelecimento comercial não se encontra expressamente prevista no art. 26.º, n.º 6, al. a) NRAU, tal como sucede com outros actos. Mas isso não significa que a resposta seja negativa. Na verdade, alguns desses actos (*v.g.,* o usufruto de estabelecimento) acarretam, por interpretação extensiva da disposição, a mesma consequência[701].

Não pode deixar de se assinalar a existência de uma certa similitude entre a promessa de trespasse com tradição de estabelecimento comercial e a cessão de exploração da organização mercantil (actualmente designada – rigorosamente – locação de estabelecimento no CC, NRAU – art. 1109.º).

Em ambas as hipóteses, a entrega da unidade jurídica envolve a transmissão temporária do seu gozo e, concomitantemente, a cessão de gozo do imóvel para específicos fins. O arrendatário permanece o mesmo: o promitente-trespassante e o cedente.

Similarmente, nos citados negócios, o promitente-trespassário e o cessionário são apenas meros detentores do estabelecimento, exercendo a sua actividade em seu nome e por conta própria. Naquela situação, em vista da posterior aquisição. Nesta hipótese, tendo algumas vezes igualmente a mesma finalidade, embora tal não dependa do contrato de cessão de exploração, mas de acordo nesse sentido.

Por outro lado, cremos que a promessa de trespasse se situa num ponto intermédio entre o próprio trespasse e a locação de estabelecimento.

Deve ainda salientar-se que tal promessa é, frequentemente, duradoura. Tal carácter pode ter na sua base razões de diversa índole (*v.g.,* a falta de licenciamento do estabelecimento). Muitas vezes acaba por ser até mais duradoura que a própria cessão de exploração.

Vejamos um outro argumento significativo: se não se concluísse pela quebra do vinculismo, poder-se-ia até imaginar que aos trespasses do passado succderiam, à luz da nova lei, as promessas de trespasse com *traditio* do estabelecimento, em virtude de permitirem afastar o regime transitório apertado; seria uma forma de defraudar o regime legal.

---

[701] GRAVATO MORAIS, Novo Regime do Arrendamento Comercial, 2.ª Ed., Coimbra, 2007, pp. 58 ss.

352 *Contrato-Promessa em Geral. Contratos-Promessa em Especial*

É certo que em sentido contrário, poderia afirmar-se que as consequências nefastas da referida promessa com *traditio* desmotivariam a sua realização na actualidade em face do quadro arrendatício assinalado.

Do leque de argumentos invocados, são aqueles os que, a nosso ver, mais pesam. Repare-se que levamos aqui em especial consideração a razão de ser da lei arrendatícia (NRAU): a cessação do vinculismo.

1.2. *Problemas emergentes do contrato-promessa*

1.2.1. Desnecessidade de consentimento do senhorio

Como sabemos, o art. 410.º, n.º 1 CC consagra o princípio da equiparação. Importa, pois, apreciar se o art. 1112.º, n.º 1, al. a) CC é empregue ao caso concreto. Pensamos que sim. A razão de ser da norma não determina a seu não aplicação.

Como consequência da tradição do estabelecimento para o promitente-trespassário, há lugar à cessão do gozo do imóvel. Nada o impede. O senhorio não tem, usando um argumento *a fortiori*, que dar a sua aquiescência para que se transmita tal gozo, em virtude de no trespasse também dela se prescindir[702].

1.2.2. Comunicação da promessa de trespasse ao senhorio

Cabe questionar se a promessa de trespasse com tradição da coisa exige a sua comunicação ao senhorio.

---

[702] Em sentido diverso se pronunciou o Ac. Rel. Porto, de 7.12.1992 – sumário (CASTRO FERREIRA), www.dgsi.pt (defendeu-se que "é fundamento de despejo de prédio arrendado para fins comerciais a cedência do locado a outrem, sem autorização do senhorio, mediante um simples contrato-promessa de trespasse") e o Ac. Rel. Lisboa, de 18.3.1993 – sumário (FERREIRA MESQUITA), www.dgsi.pt (observou-se que "a transferência de um estabelecimento por efeito de um contrato-promessa de trespasse integra uma sublocação ou cedência de posição contratual que, não sendo autorizada pelo senhorio, constitui fundamento de despejo, não obstante, posteriormente, vir a ser realizada a escritura de trespasse").

Sabemos que tal notificação se impõe no trespasse e na cessão de exploração de estabelecimento comercial.

Em qualquer das situações mencionadas, um dos propósitos que subjaz a tal notificação é o de dar a conhecer ao senhorio que um outro sujeito, diverso do arrendatário com quem ele contratou, está a utilizar o locado.

Ora, a mesma lógica está, *in casu*, presente.

Aliás, como sustentámos, a promessa de trespasse com entrega está situada *algures* entre o trespasse e a cessão de exploração. Queremos com isto dizer que, embora sendo um *minus* em relação ao trespasse, configura algo mais no confronto com a locação de estabelecimento. A posição jurídica do promitente-trespassário com tradição, pode bem dizer-se, é mais forte que a do cessionário da exploração.

É assim exigível a comunicação ao senhorio da promessa de trespasse, podendo a sua falta determinar a resolução do contrato pelo senhorio, à luz do art. 1083.º, n.º 2 CC.

1.2.3. Exercício do direito de preferência pelo senhorio

Celebrado o contrato-promessa de trespasse, pode posteriormente – já na proximidade da realização do contrato definitivo – suscitar-se uma pertinente e relevante questão.

Como sabemos, o senhorio do imóvel mantém, na actualidade, o direito legal de preferência (mas tão só nos casos de trespasse por venda ou por dação em cumprimento do estabelecimento comercial) que já existia no passado à luz do art. 116.º RAU, por força do art. 1112.º, n.º 4 CC, NRAU, embora no presente seja possível o seu afastamento por convenção expressa das partes e apesar de a temática ter, agora, um alcance mais reduzido, dado que o locador não necessita de exercer o direito para resgatar o imóvel.

Ora, concluída a promessa de trespasse, e tendo em conta que entre o negócio realizado e o acto definitivo haverá um hiato temporal mais ou menos amplo, impõe-se a notificação do senhorio para exercer o respectivo direito antes da conclusão do negócio prometido.

O exercício da preferência pelo locador do imóvel determina que o contrato de trespasse se realiza entre o senhorio e o proprietário

354   *Contrato-Promessa em Geral. Contratos-Promessa em Especial*

do estabelecimento, inviabilizando a conclusão do contrato definitivo com o promitente-trespassário[703].

Tal circunstancialismo afecta a relação negocial estabelecida entre os promitentes. Para salvaguardar tal situação, o promitente-trespassante pode apor no contrato-promessa uma cláusula que o exonera de qualquer responsabilidade, impondo ao promitente-trespassário a imediata obrigação de restituição do estabelecimento comercial, eventualmente cominada com uma cláusula penal para fazer face ao incumprimento do dever de restituição[704].

A questão assume particular acuidade tendo havido entrega da organização mercantil. Com efeito, se o senhorio exercer o direito em causa, há a possibilidade de não restituição do imóvel e do estabelecimento pelo promitente-trespassário, o que pode causar prejuízos vários para o proprietário da organização mercantil, designadamente no confronto com o senhorio, já que se impede a execução do contrato de trespasse (ou até a própria celebração do mesmo)[705].

---

[703] Cfr. Ac. STJ, de 22.1.2002 (OLIVEIRA BARROS), www.dgsi.pt. No aresto confirmou-se a decisão do tribunal recorrido, afirmando-se que se a comunicação para preferência foi levada a efeito depois de celebrado o contrato-promessa, o exercício desse direito pelo senhorio gera a consequente "impossibilidade de cumprir o contrato-promessa". Considerou-se que o promitente-trespassante ao vincular-se "por contrato-promessa em que assumiu a obrigação (não condicionada, notamos) de celebrar com a contraparte o contrato definitivo sem previamente se assegurar de que não seria exercido o direito de preferência, se colocou em situação de não poder cumprir; e que tal equivale a incumprimento definitivo, que lhe é imputável". Consequentemente, nos termos dos arts. 442.º, n.º 2, e art. 801.º CC, entendeu-se que "o devedor falta culposamente ao cumprimento não só quando a prestação se torna inviável, como também quando a sua realização é incontrolável por vontade do mesmo".

[704] Note-se que o direito de preferência é renunciável, através de declaração unilateral inequívoca nesse sentido e, dado que se trata de preferência legal, "só é possível em concreto, caso a caso, isto é, face a cada comunicação para preferir" (CARLOS LACERDA BARATA, Da obrigação de preferência, cit., p. 142). De todo o modo, *in casu*, não é crível que o faça, já que pode não ter razões justificativas para o fazer.

[705] A falta de restituição pode ser superada mediante a instauração de um procedimento cautelar inominado.

1.2.4. Manutenção da posição de arrendatário

O promitente-trespassante do estabelecimento comercial, ainda que ocorra a sua entrega à contraparte, mantém-se arrendatário do imóvel, não deixando de o ser por esse facto. Permanece, assim, vinculado a todos os direitos e adstrito a todos os deveres decorrentes da relação arrendatícia, designadamente no que concerne ao pagamento das rendas[706].

Só o trespasse faz operar a transmissão da propriedade do estabelecimento, pelo que só aí actua o art. 1112.º, n.º 1, al. a) CC. De todo o modo, pode haver aqui, como vimos, a transferência do gozo do imóvel de acordo com os fins previstos na promessa de trespasse.

2. Riscos inerentes à promessa de trespasse

Há inúmeros riscos inerentes à promessa de trespasse com tradição do estabelecimento, seja do ponto de vista do promitente-trespassante, seja do ponto de vista do promitente-trespassário. Uns ligados à posição arrendatícia, outros conexos ao próprio estabelecimento.

---

[706] Esta é igualmente a posição de Aragão Seia, Arrendamento urbano, 7.ª Ed., Revista e Actualizada, Coimbra, 2003, p. 690.

A jurisprudência tem-se pronunciado, nos arestos a que tivemos acesso, a uma só voz quanto a este aspecto.

Ver o Ac. STJ, de 9.10.2006 (Sebastião Póvoas), onde se expressa peremptoriamente que "a promessa de trespasse não transmite o arrendamento".

Cfr. também o Ac. STJ, de 6.5.1999 – sumário (Herculano Namora), www.dgsi.pt (afirma-se claramente no aresto que "o dono de um estabelecimento, situado em local arrendado, ao fazer uma promessa de trespasse, com entrega do mesmo e de uma procuração ao trespassário para o gerir, não deixa de ser arrendatário").

Tal resulta igualmente do Ac. Rel. Lisboa, de 20.2.1992 – sumário (Silva Salazar) – "nem este [o promitente-trespassário] assume a dívida de rendas do locatário".

O mesmo indirectamente se sustenta no Ac. Rel. Lisboa, de 3.3.2005 (Granja da Fonseca), www.dgsi.pt, onde se discutia um problema de renúncia do inquilino ao arrendamento na sequência da promessa de trespasse. Aí se refere que, após a entrega do estabelecimento ao promitente-trespassário com ocupação do imóvel e com a exploração do estabelecimento antes da celebração do negócio definitivo, isso não justifica que deixe de ser considerado o promitente-trespassante como arrendatário, pelo menos até à outorga do trespasse.

356   *Contrato-Promessa em Geral. Contratos-Promessa em Especial*

2.1. *Riscos a valorar pelo promitente-trespassante*

Há um conjunto de riscos que, atenta a elevada dimensão que podem assumir, devem ser valorados pelo promitente-trespassante.

A alguns deles, bem como aos seus efeitos, aludiu o Ac. Rel. Porto, de 14.10.1996. Aí se observou que "tendo o contrato-promessa de trespasse de estabelecimento comercial licenciado para determinado fim, operado a *traditio*, impende sobre o promitente-comprador a abstenção da prática de actos que façam perigar a própria subsistência do estabelecimento, como o não pagamento das rendas, direitos de autor e a instalação sem licença de um bilhar *snooker*, factos estes que, a provarem-se, podem justificar a resolução do contrato por parte do promitente-vendedor, do mesmo modo que indiciam a culpa do não cumprimento por parte do promitente-comprador..."[707].

Enunciemos alguns desses riscos.

2.1.1. Utilização do imóvel para fim diverso

Encontrando-se uma pessoa diversa do arrendatário, no imóvel locado – *in casu*, por via da *traditio* do estabelecimento comercial subsequente à promessa de trespasse – há um especial perigo de utilização do imóvel para fim diverso (ou para fim acessório diverso), pressupondo que existe uma cláusula de destinação não genérica no contrato de arrendamento.

Tal risco pode apenas ser minimizado (mas não ultrapassado) pelo promitente-trespassante no negócio, por exemplo, através da inserção de cláusula penal para o caso de incumprimento pelo promitente-trespassário.

2.1.2. Diminuição do valor do estabelecimento

Outra das dificuldades que pode revestir a promessa de trespasse com *traditio* é a da redução do valor do estabelecimento.

---

[707] Ver Ac. Rel. Porto, de 14.10.1996 – sumário (RIBEIRO DE ALMEIDA), www.dgsi.pt.

Contratos-Promessa em Especial 357

A organização mercantil, ao tempo da entrega, tem um determinado valor de mercado. Na pendência da promessa, e atenta a duração mais ou menos longa da mesma, pode suceder que haja uma diminuição (muito ou pouco significativa) do valor da unidade jurídica, a qual pode ter causas variadas (*v.g.,* a quebra do mercado, o próprio comportamento do promitente-trespassário).

Também aqui essa perda somente pode ser acautelada, convencionalmente, no pressuposto claro está de ter sido a actuação do promitente-trespassário a gerá-la.

2.1.3. Não restituição do estabelecimento após a extinção do contrato

A extinção do contrato-promessa de trespasse com tradição tem como consequência a restituição do estabelecimento ao promitente-trespassante. Ora, como se sabe, é frequente haver litígio entre as partes quanto às causas do incumprimento e no que toca aos fundamentos de resolução do contrato. Pode mediar um bom par de anos até que seja dirimido o conflito. A não restituição da organização mercantil pelo promitente-trespassário – com eventual (e muito provável) perda do valor – pode provocar perdas irreparáveis.

Este é um risco muito agravado que o contrato pode também atenuar, mas nunca afastar definitivamente[708].

2.2. *Riscos a valorar pelo promitente-trespassário*

Mas não se pense que os riscos do negócio são exclusivos ou que oneram apenas o promitente-trespassante. Eles estendem-se ao promitente-trespassário em grau semelhante.

---

[708] Ver supra Tit. II, Cap. IV, § 1, 6.3.3.

358 Contrato-Promessa em Geral. Contratos-Promessa em Especial

2.2.1. Concorrência efectuada pelo promitente-trespassante na vigência do contrato-promessa

Pode imaginar-se que o promitente-trespassante, na sequência da entrega do estabelecimento à contraparte, tenha aberto um outro do mesmo género, na mesma área, no propósito de retirar a clientela ao estabelecimento de que é ainda proprietário[709].

Cremos que à luz da promessa de trespasse realizada, e apesar da inexistência de norma expressa, o promitente-trespassante está adstrito a não concorrer com o outro promitente[710]. Também aqui, tal como sucede a propósito do trespasse, a entrega convencionada da coisa importa o seu gozo pacífico. Em razão da especial posição do promitente-trespassante e atenta a concorrência distintiva que pode fazer, facilmente ele desvirtuaria a razão de ser da própria promessa. O dever de não perturbar o gozo do estabelecimento estaria ameaçado com a apropriação da clientela que resulta da abertura de um outro estabelecimento.

Tal dever de não concorrência existe enquanto durar a promessa, sendo possível às partes afastar convencionalmente tal obrigação, até porque o podem fazer em sede de trespasse.

A violação desta obrigação de não concorrência (pelo promitente-trespassante) pode gerar o incumprimento definitivo do contrato-promessa, com todas as demais consequências.

2.2.2. Falta de pagamento da renda por parte do arrendatário

Dado que o promitente-trespassante do estabelecimento se mantém, na sequência do negócio celebrado, como arrendatário do imóvel, há a possibilidade de ocorrer a falta do pagamento da renda por parte

---

[709] Esta possibilidade foi, de resto, enunciada, conquanto não discutida, no Ac, STJ, de 19.12.2006 (OLIVEIRA BARROS), www.dgsi.pt, p. 2 (assinalava-se que "a embargada t[inha] montado na mesma localidade estabelecimento comercial congénere, visando esvaziar de clientela o estabelecimento que prometera trespassar à embargante").

[710] Ver, sobre o tema, COUTINHO DE ABREU, Curso de Direito Comercial, I, 5.ª Ed., Coimbra, 2004, p. 295 ss, e GRAVATO MORAIS, Alienação e oneração de estabelecimento comercial, cit., pp. 114 ss.

Contratos-Promessa em Especial

deste, podendo haver lugar à resolução do contrato de arrendamento pelo senhorio. Mesmo que o promitente-trespassário pretenda substituir-se ao inquilino procedendo ao pagamento do valor em causa, acrescido da indemnização de 50% devida, o locador não está vinculado à sua recepção, sem prejuízo de o poder fazer.

2.2.3. Acção de despejo instaurada contra o arrendatário, promitente-trespassante

Em conexão com a situação anterior, o promitente-trespassário pode ver-se confrontado, após a celebração do contrato-promessa, com uma acção de despejo do imóvel onde está instalado o estabelecimento prometido alienar.

Atenta a mais valia proveniente da posição de arrendatário mercantil, transmissível por via do contrato definitivo, o promitente-trespassário pode ver-se numa situação difícil e de resolução complexa[711].

2.2.4. Denúncia ou oposição à renovação do contrato de arrendamento

Um outro risco a valorar é o da denúncia e/ou da oposição à renovação do contrato de arrendamento comercial.

A utilização destes mecanismos pode, em regra, provir legitimamente de ambas as partes, de acordo com a lei vigente.

Nos contratos de arrendamento comercial por tempo indeterminado, qualquer das vias pode ser usada por ambos. Nos contratos com prazo certo, o mesmo sucede em relação ao inquilino, sendo que o senhorio só pode, em princípio, opor-se à renovação do contrato[712].

---

[711] A situação foi suscitada no Ac. STJ, de 19.12.2006 (OLIVEIRA BARROS), www.dgsi.pt, p. 6 (a promessa de trespasse datava de 25.3.1996; foi decretado o despejo imediato do imóvel em 25.3.1999).

[712] Ver GRAVATO MORAIS, Novo regime do arrendamento comercial, 2.ª Ed., Coimbra, 2007, pp. 248 ss.

360 Contrato-Promessa em Geral. Contratos-Promessa em Especial

A denúncia[713], operada pelo arrendatário, produz efeitos directos – a extinção da relação locatícia –, mas ainda pode fazer operar específicos efeitos indirectos – o incumprimento definitivo do contrato-promessa[714] e a faculdade de o senhorio celebrar um outro contrato de arrendamento com terceiro[715].

De igual sorte, o próprio locador pode fazer cessar o contrato para o fim do prazo, observando para o efeito um dado prazo de pré-aviso (o legal ou o convencional, consoante o caso).

Nestes termos, o promitente-trespassário deve ter um especial cuidado ao celebrar a promessa de trespasse. Note-se que a extinção da relação locatícia pelo senhorio não é imputável ao arrendatário, promitente-trespassante, embora não se exclua uma eventual omissão, pelo locatário, do circunstancialismo subjacente ao contrato de arrendamento mercantil.

3. Sinalagmaticidade entre as obrigações de entrega do estabelecimento e de pagamento do preço

Cabe ainda apreciar se, com a *traditio* do estabelecimento prometido alienar, o promitente-trespassário pode estar vinculado ao pagamento da totalidade do preço, nos termos do estipulado, ainda antes da celebração do contrato definitivo.

Em regra, o preço fixado no contrato-promessa (e, portanto, o seu pagamento na totalidade) tem em vista o cumprimento do contrato definitivo.

Mas a hipótese inversa parece não estar completamente excluída, tudo dependendo do circunstancialismo do caso concreto.

A questão pôs-se no Ac. Rel. Porto, de 20.9.2001.

Vejamos a factualidade e a motivação da decisão.

---

[713] Ou a oposição à renovação.

[714] Pressupondo que o direito ao arrendamento era um dos elementos que integrava o estabelecimento e a própria promessa de trespasse.

[715] Assim se entendeu acertadamente no Ac. STJ, de 6.5.1999 – sumário (HERCULANO NAMORA), www.dgsi.pt ("denunciado o arrendamento, o senhorio pode locar o sítio de estabelecimento a quem quiser").

Celebrado um contrato-promessa de trespasse com entrega do estabelecimento, os promitentes acordaram que o preço do trespasse seria de aproximadamente 50.000 €; logo, ao tempo da conclusão da promessa, foi entregue 27.500 €, sendo que o remanescente 22.500 € deveria ocorrer dentro de seis meses.

O tribunal questionou se os contraentes, ao estipularem o prazo de pagamento do resto do preço, pretenderam vincular esse pagamento à celebração prévia do contrato definitivo, como seria normal, em razão da natureza sinalagmática de tais obrigações – de marcação e celebração da escritura e pagamento da parte restante do preço – ou se, ao invés, isso não se verificou.

Foi considerado que a entrega do estabelecimento conjugada com o pagamento de uma parte substancial do preço configurava uma vontade firme de contratar. Por outro lado, a data de pagamento da parte restante do preço desconsiderou a data da realização do negócio definitivo, apenas atendendo ao período de vigência do contrato-promessa. Desta forma, as partes convencionaram a antecipação dos efeitos do contrato prometido, que passou a ser cumprido na prática (e, no caso, há já vários anos). A celebração do negócio definitivo surge assim como mera formalização do contrato[716].

4. A promessa de trespasse, a posse e a mera detenção

4.1. *A mera detenção* versus *posse*

Como supra aludimos, a entrega da coisa prometida alienar não confere de *per si* a posse ao respectivo promitente. Ele é, em princípio, um mero detentor ou, dito de outro modo, um possuidor em nome alheio.

---

[716] Ac. Rel. Porto, de 20.9.2001 (Pinto de Almeida), www.dgsi.pt (observou-se ainda que a "falta de celebração da escritura à obrigação de pagamento da parte restante do preço, comprometeria o referido equilíbrio contratual, assim frustrando o fim que aquela visa assegurar", não podendo ser invocada a excepção de não cumprimento do contrato para impedir o pagamento do remanescente do preço).

362   *Contrato-Promessa em Geral. Contratos-Promessa em Especial*

Não está, porém, excluída tal possibilidade, havendo, para o efeito, que averiguar o circunstancialismo que subjaz a tal entrega. Só preenchidos os caracteres da posse – o *corpus* e o *animus* – é possível afirmar esta. Impõe-se remeter, por isso, para os assinalados indícios de posse, que atrás aludimos (*v.g.*, o pagamento da totalidade do preço)[717/718].

4.2. *Utilização dos meios de defesa da posse pelo promitente--trespassário enquanto mero detentor*

Um outro problema de relevo é o que se suscita na sequência da tradição do estabelecimento para o promitente-trespassário sempre que não é possível configurar uma situação de posse. Cabe averiguar se, apesar da mera detenção, se afigura admissível a utilização por parte daquele dos meios de defesa da posse[719].

---

[717] Cfr. Ac. Rel. Coimbra, de 14.1.2000 – sumário (Maria Regina Rosa), www.dgsi.pt (afirmou-se que "para determinar se o promitente-vendedor, tendo havido tradição da coisa, é um verdadeiro possuidor ou um mero detentor, há que apurar se o *corpus* da posse por ele exercido é ou não acompanhado do *animus possidendi*, isto é, se ele age intencionalmente como beneficiário do direito"; ora, não tendo o promitente-comprador provado que pagou senão a quase totalidade do preço da fracção, pelo menos uma parte significativa dele, que montou o café adquirindo o equipamento necessário, e ficando provado que a ocupação da fracção durou apenas cinco meses, tendo-a trespassado ao fim desse tempo, sem alegação de impossibilidade definitiva do cumprimento do contrato-promessa, deve entender-se que não exerceu uma posse com *corpus e animus*").

Ver ainda o Ac. Rel. Évora, de 14.12.2006 (Gaito das Neves), www.dgsi.pt (concluiu o tribunal que "a transmissão da propriedade só se operaria com a celebração do contrato definitivo e, embora os promitentes trespassários passassem a deter a posse do estabelecimento, tal posse era meramente de facto, já que a exerciam em nome dos verdadeiros proprietários e não em nome próprio").

Sobre o tema, cfr. supra Tit. I, Cap. VI.

[718] Se porventura o promitente-trespassário for havido como possuidor em nome próprio pode socorrer-se dos respectivos meios de defesa e do instituto da usucapião.

[719] Ver Ac. Rel. Lisboa, de 30.11992 – sumário (Flores Ribeiro), www.dgsi.pt (indirectamente neste sentido, embora tratando do problema oposto, observa-se que "enquanto se mantiver em vigor o contrato-promessa com a inserção da cláusula referente à tradição do estabelecimento não tem o (promitente)-trespassante o direito de requerer a restituição provisória de posse relativamente a esse estabelecimento, porque está plenamente justificada a posse por parte do (promitente)-trespassário").

Em regra, o promitente-trespassário não é, como de resto explicitámos, possuidor em nome próprio. De todo o modo, perguntar-se-á se, mesmo nessas circunstâncias, se pode socorrer dos meios de defesa da posse.

Há uma discussão relevante sobre o tema na doutrina e na jurisprudência.

De um lado, encontramos aqueles que consideram que a mera detenção decorrente de qualquer destes casos não é susceptível de tutela possessória. Tal orientação é preconizada por Henrique Mesquita, que considera ter sido apenas atribuído ao detentor o recurso aos meios de defesa da posse casuisticamente e a título excepcional nos arts. 1037.º, n.º 2, 1125.º, n.º 2, 1133.º, n.º 2.º e 1188.º, n.º 2 todos do CC[720].

O problema foi levantado e discutido no âmbito da celebração de um contrato de promessa de "cessão de exploração" – e cremos que pode ser resolvido aí semelhantemente –, tendo assumido o promitente-cessionário, desde logo, a exploração imediata do estabelecimento; o negócio definitivo seria concluído no prazo de 90 dias; como tal não ocorreu, o promitente cedente "reapoderou-se das suas instalações fabris"; o lesado reagiu requerendo judicialmente a restituição provisória da posse, propondo seguidamente a acção de restituição definitiva[721].

Alguma jurisprudência segue esta linha de pensamento de Henrique Mesquita. Assim, no Ac. STJ, de 9.10.2006, sustenta-se que "nessa medida [ou seja, porque não existiu transmissão da posição de arrendatário], o promitente-trespassário não beneficia do regime excepcional conferido pelo n.º 2 do artigo 1037.º do Código Civil ao detentor arrendatário. Ora, assim sendo, a recorrente não podia lançar mão dos embargos de terceiro. E nem se diga, que não o podendo fazer pela via excepcional daquele preceito o podia fazer de acordo com a regra geral da posse que teria sido transmitida pelo contrato-promessa"[722].

---

[720] "Parecer", CJ, 1982, III, p. 8.

[721] "Parecer", cit., p. 8.

[722] Ac. STJ, de 9.10.2006 (SEBASTIÃO PÓVOAS), www.dgsi.pt.

364   *Contrato-Promessa em Geral. Contratos-Promessa em Especial*

Do outro lado, posicionam-se aqueles que sustentam que o mero detentor do estabelecimento pode utilizar os meios de defesa da posse. Tem sido a jurisprudência a percursora deste entendimento. Defendeu-se tal caminho, entre outros nos seguintes arestos:

- no Ac. Rel. Coimbra, de 11.1.2000, aplicou-se o art. 1037.º, n.º 2 CC[723];
- no Ac. Rel. Porto, de 14.1.1999, referiu-se que ao promitente-locatário do estabelecimento com tradição (e que nele exerce a correspondente actividade) "deve reconhecer-se uma posse interdictal, igual à do locatário, que permite as defesas possessórias"[724];
- no Ac. STJ, de 23.4.1992, afirmou-se que "constitui fundamento de restituição provisória de posse a ocupação violenta de estabelecimento comercial, objecto de contrato-promessa de trespasse com tradição material daquele"[725].
- no Ac. Rel. Lisboa, de 30.10.1990, foi concedida ao promitente-trespassário a restituição provisória da posse de estabelecimento, na sequência do arrombamento da porta de entrada, da substituição das fechaduras e de ter sido vista no local pelo menos uma pessoa conhecida como empregada do promitente-trespassante[726];
- no Ac. Rel. Porto, de 16.5.1995, onde se sustentou a posse precária do promitente-trespassário e a possibilidade de uso da acção de restituição da posse[727].

Partilhamos esta última visão. A nosso ver, o promitente-trespassário atendendo a que o acto afecta o gozo do estabelecimento que lhe foi transmitido por via da respectiva tradição e em virtude da qualidade de exercente do estabelecimento –, pode usar, por via da interpretação extensiva do art. 1037.º, n.º 2 CC, dos meios acima mencionados contra quem perturbar esse gozo que legitimamente

---

[723] Ac. Rel. Coimbra, de 11.1.2000, CJ, 2000, I, pp. 7 ss (ver o sumário no BMJ, n.º 493, 2000, p. 426).

[724] Ac. Rel. Porto, de 14.1.1999 – sumário (PINTO DE ALMEIDA), www.dgsi.pt.

[725] Ac. STJ, de 23.4.1992 – sumário (TAVARES LEBRE), www.dgsi.pt.

[726] Ac. Rel. Lisboa, de 30.10.1990, CJ, 1990, IV, pp. 163 ss.

[727] Ac. Rel. Porto, de 16.5.1995 – sumário (PELAYO GONÇALVES), www.dgsi.pt.

detém. A sua posição não é estrutural e funcionalmente diversa da situação do próprio locatário do imóvel[728]. E pode fazê-lo perante um qualquer terceiro, em face do promitente-trespassante (arrendatário) e contra o próprio senhorio do prédio.

---

[728] Que consideramos extensiva à promessa de cessão de exploração de estabelecimento comercial com tradição da coisa.

CAPÍTULO V
Promessa de cessão de quotas

§ 1. Enquadramento. § 2. Especificidades da promessa decorrentes do regime aplicável ao contrato definitivo. 1. Desnecessidade de consentimento da sociedade para a conclusão do contrato-promessa. 2. Necessidade de consentimento da sociedade para a celebração do contrato definitivo. 2.1. Enquadramento. 2.2. Os vários cenários. 3. Direito de preferência convencional. § 3. Aplicação do regime geral: algumas notas. 1. O princípio da equiparação. 2. Forma. 3. Incumprimento do contrato-promessa de cessão de quotas. 3.1. O problema da presunção de que a quantia entregue tem carácter de sinal. 3.2. Incumprimento temporário e execução específica. 3.3. Incumprimento definitivo e resolução. 4. Cumprimento da promessa e outras obrigações. § 4. Possíveis efeitos prejudiciais decorrentes do cumprimento da promessa da cessão de quotas. § 5. Questões de qualificação. § 6. Problemas atinentes à cessão total de quotas. 1. Promessa de cessão total de quotas e o estabelecimento comercial da sociedade. 1.1. *Entrega de estabelecimento comercial.* 1.2. Obrigação de obter licença que permite o regular funcionamento do estabelecimento. 1.3. Instauração pelo senhorio, após a promessa de cessão de quotas, de uma acção de despejo do imóvel onde se encontrava instalado o estabelecimento comercial da sociedade. 2. Outras questões. 2.1. Renúncia à gerência. 2.2. Obrigação de proceder ao aumento do capital social. 2.3. Obrigação de o promitente-cedente dividir a quota social. § 7. Riscos inerentes à promessa de cessão de quotas: cláusulas de salvaguarda de posição jurídica. 1. Cláusulas de protecção do promitente-cessionário referentes à situação económico-fiscal da sociedade. 2. Cláusulas de protecção do promitente-cessionário relativas a dívidas da sociedade. 3. Cláusulas de protecção do promitente-cedente relativas a dívidas da sociedade. § 8. A promessa de cessão de quotas e os outros contratos conexos. 1. Requisitos da união de contratos. 1.1. O problema em geral. 1.2. Alguns casos em especial. 2. Efeitos da união de contratos. 2.1. O problema em geral. 2.2. Efeitos em especial.

§ 1. Enquadramento

No direito societário, assume relevo a promessa de transmissão de participações sociais. Neste âmbito, destacam-se a promessa de cessão de quotas e a promessa de alienação de acções. Apenas curamos neste capítulo da primeira.

Delimitado o alcance das questões, cabe assinalar que o negócio de cessão de quotas que subjaz à respectiva promessa configura, tal como sucede com o trespasse de estabelecimento comercial, um negócio multifacetado, que pode assumir contornos bem diversos.

Tal como ele pode ser oneroso ou gratuito.

Na verdade, o contrato de cessão de quotas pode consubstanciar actos jurídicos muito distintos. Citemos alguns: venda (voluntária) – o contrato típico –[729], troca, dação em cumprimento, doação[730].

Desta sorte, também a promessa de cessão de quotas pode assumir, entre outras, uma das variantes mencionadas, o que acarreta consigo especificidades de regime.

A promessa de cessão de quotas típica tem as seguintes características:

– é bilateral;
– o contrato que lhe subjaz é, frequentemente, o de compra e venda (a prestações)[731].

---

[729] "As compras e vendas de partes ... de sociedades comerciais" são consideradas comerciais, à luz do art. 463.º, § 5 CCom. Ora, por força do art. 410.º, n.º 1 CC e do princípio da equiparação que daí resulta, deve entender-se que a promessa de cessão de quotas é havida igualmente como um acto de comércio objectivo.

Tratando-se de actos de comércio, as obrigações deles emergentes são solidárias, à luz do art. 100.º CCom. (no Ac. Rel. Porto, de 22.11.2007 (PINTO DE ALMEIDA), www.dgsi.pt, assim se concluiu, afirmando-se que "porque no contrato celebrado entre as partes nada se estipulou para afastar a regra da solidariedade, temos de concluir, como na sentença, que a obrigação de pagamento imposta aos réus está sujeita ao regime de solidariedade passiva").

Note-se que a venda executiva e a venda em sede de liquidação da massa insolvente não integram o conceito de cessão de quotas.

[730] Ver SOVERAL MARTINS, Cessão de quotas. Alguns problemas, Coimbra, 2007, pp. 9 e 10.

[731] Cfr., entre outros, Ac. Rel. Porto, de 5.2.2004 (GONÇALO SILVANO), www.dgsi.pt.

§ 2. Especificidades da promessa decorrentes do regime aplicável ao contrato definitivo

1. Desnecessidade de consentimento da sociedade para a conclusão do contrato-promessa

Em primeiro lugar, cabe notar que o contrato-promessa de cessão (total ou parcial) de quotas não está, ele próprio, sujeito à aquiescência da sociedade. Trata-se aqui de um desvio à regra geral do art. 410.º, n.º 1 CC, que consagra o princípio da equiparação de regimes entre contrato-promessa e contrato definitivo. A razão de ser do art. 228.º, n.º 2 CSC não impõe a sua aplicabilidade ao contrato-promessa[732].

2. Necessidade de consentimento da sociedade para a celebração do contrato definitivo

2.1. *Enquadramento*

O problema suscita-se especificamente na promessa de cessão parcial de quota(s) em função do negócio definitivo a celebrar no futuro que pode não prescindir da autorização da sociedade. Caso seja este o cenário, a execução da promessa pode ser inviabilizada.

Sendo a cessão total, os promitentes-alienantes, sócios da sociedade, não podem impedir o negócio, através da não aquiescência desta, devendo considerar-se já prestado implicitamente o consentimento.

Como se sabe, o art. 228.º, n.º 2, 1.ª parte CSC impõe, como regra geral, o consentimento da sociedade na cessão de quota. Ressalvam-se, porém, na 2.ª parte da disposição algumas situações em que a cessão é livre da aquiescência. Estamos a aludir à transmissão das participações sociais entre cônjuges, entre ascendentes, entre descendentes ou entre sócios.

---

[732] Igualmente SOVERAL MARTINS, Cessão de quotas. Alguns problemas, Coimbra, 2007, p. 33.

370   *Contrato-Promessa em Geral. Contratos-Promessa em Especial*

No entanto, esta regra é supletiva na sua dupla vertente. Queremos com isto dizer que o pacto social pode, em qualquer dos casos, dispor diversamente e em qualquer dos sentidos (art. 229.º, n.os 2 e 3 CSC)[733].

2.2. *Os vários cenários*

Pressupondo a necessidade de concordância da sociedade para a cessão da quota, a sua falta pode gerar, portanto, a impossibilidade de cumprimento do contrato-promessa, ou seja, a não conclusão do contrato definitivo.

Há que apreciar as origens dessa falta.

Desde logo, pode gerar-se um conflito, pois a sociedade pode impedir, à luz do mencionado regime supletivo, a transmissão definitiva da quota para o promitente-cessionário.

Acontece que pode eventualmente ser exercida pelo próprio sócio promitente-transmitente, interessado porventura – e por razões supervenientes – no não cumprimento da promessa, alguma pressão junto dos outros sócios que os induza a pronunciar-se no sentido da não aquiescência da sociedade.

Pressupondo agora a recusa do consentimento da sociedade, possível à luz do art. 231.º CSC, deve ainda questionar-se se este é susceptível de ser impugnado por via judicial. Embora haja aqui posições doutrinárias divergentes, parece que "não pode a maioria votar pela recusa do consentimento tendo em vista tão-só, por exemplo, prejudicar o sócio que pretende ceder a quota", sendo que tais deliberações poderão ser impugnadas com base no instituto do abuso do direito, à luz do art. 58.º, n.º 1, al. b) CSC[734].

De todo o modo, na promessa de cessão de quotas é possível acautelar convencionalmente algumas destas hipóteses, o que se consegue, por exemplo, condicionando a respectiva celebração do contrato definitivo à autorização da sociedade exigido por lei ou pelo

---

[733] Caso seja exigido o consentimento à sociedade, nada impede que esta o dê antecipadamente, embora em face da específica cessão tida em vista.

[734] Esta é a posição de COUTINHO DE ABREU, que acompanhamos (Curso de Direito Comercial, II, 2.ª Ed., Coimbra, 2007, p. 370).

pacto social, sem que, *v.g.,* haja lugar a qualquer indemnização do promitente(s)-cedente(s)[735].

3. Direito de preferência convencional

É muito vulgar a consagração, no contrato de sociedade, de cláusulas de preferência a favor dos sócios e/ou da própria sociedade perante a venda das participações sociais[736].

Tendo tal direito de preferência eficácia real, há a possibilidade de, no limite (ou seja, tendo ocorrido a transmissão da quota a outrem), fazer reverter a situação jurídica criada[737]. A sua celebração à margem de uma comunicação para preferir permite, portanto, ao titular do respectivo direito instaurar com sucesso uma acção de preferência, nos termos do art. 1410.º CC, tendo em vista a aquisição da quota.

Assim, o promitente-cedente da quota deve notificar o titular do direito de preferência (o sócio e/ou a sociedade) para que este ou esta, querendo, exerça o seu direito.

Se tal ocorrer fica inviabilizada a transmissão da quota, já que o contrato de cessão de quota será realizado entre o promitente-cedente (sócio da sociedade) e o exercente do direito de preferência.

Desta sorte, o contrato-promessa pode acautelar tal situação. Assim, o promitente-cedente, prudentemente e para sua tutela, deve apor no contrato uma cláusula condicional, à semelhança do que sucede com a promessa de trespasse: o contrato prometido está dependente do não exercício do direito de preferência, extinguindo-se com tal exercício, sem haver lugar a qualquer indemnização.

---

[735] Um caso com alguma proximidade substancial foi analisado no Ac. STJ, de 23.10.2003 (Ferreira Girão), www.dgsi.pt (o circunstancialismo era o seguinte: "A, SA celebrou com B, Lda, C, Lda, D, Lda e E, Lda um contrato-promessa pelo qual a B, Lda, a C, Lda e a D, Lda (integradoras do Grupo F) prometeram ceder à A, SA as quotas que detinham na E, Lda, desde que a sociedade G autorizasse essa cessão").

[736] Aliás, em sede executiva, é o próprio Código das Sociedades Comerciais que atribui um direito de preferência aos sócios, em primeiro lugar, e à sociedade, depois (cfr. art. 239.º, n.º 5 CSC).

[737] Coutinho de Abreu, Curso de Direito Comercial, II, cit., pp. 371 e 372, Soveral Martins, Cessão de quotas, cit., pp. 72 ss.

372 *Contrato-Promessa em Geral. Contratos-Promessa em Especial*

§ 3. Aplicação do regime geral: algumas notas

1. O princípio da equiparação

Também aqui se suscita a aplicabilidade das regras gerais de direito:

As questões mais suscitadas são as seguintes:

– interpretação da declaração negocial[738];
– (in)validade da promessa[739].

---

[738] Discutiu-se, no Ac. STJ, 17.6.2008 (Nuno Cameira), www.dgsi.pt, se a promessa era unilateral ou bilateral. Considerou o tribunal que o acto "não pode senão ser qualificado como um *contrato-promessa bilateral* – um contrato, portanto, em que ambas as partes, correspectivamente, se vincularam à realização do contrato prometido. Tal [decorre de se ter consignado] que os réus *declararam prometer-vender* as quotas detidas na sociedade e que o autor e outros lhe pagariam o preço acordado em parcelas de 8 mil contos. No mesmo sentido concorre a estipulação ... de que a escritura relativa ao contrato prometido se realizaria logo que as parcelas do preço estivessem amortizadas e de que, até essa data, os *promitentes-compradores* pagariam aos *promitentes-vendedores* juros sobre o capital em dívida. Extrai-se do documento, sem qualquer dúvida, que o autor aceitou a vinculação dos réus à cedência das quotas, e que, concomitantemente, ele próprio se comprometeu a adquiri-las por certo e determinado preço, logo acordado".

[739] No Ac. Rel. Guimarães, de 16.5.2004 (Rosa Tching), www.dgsi.pt, foi bem assinalado que "a validade do contrato-promessa de cessão de quotas pertencentes a menores, não depende de prévia autorização do Tribunal porque com ele não se opera a transferência da propriedade das quotas, dele emergindo tão só, para os contraentes, a obrigação de facto positivo de contratar, de outorgar no contrato de cessão de quotas prometido". Desta sorte, "ao prometerem ceder as quotas dos seus filhos menores, os pais destes assumiram, para além da obrigação principal de celebração do contrato prometido de cessão de quotas, a obrigação secundária de cujo cumprimento dependerá o cumprimento do contrato promessa: a obrigação de requerer a autorização judicial necessária à celebração do contrato prometido".

No Ac. STJ, de 17.6.2008 (Nuno Cameira), www.dgsi.pt, foi declarada nula a promessa, à luz do art. 220.º CC, "dado que só os réus o assinaram, e, por outro, à inviabilidade da sua conversão em contrato-promessa unilateral válido, uma vez que não foram alegados nem se provaram factos integradores da vontade conjectural das partes, nos termos prescritos no art. 293.º do mesmo diploma".

A mesma sanção – nulidade – resultou do Ac. STJ, de 18.2.1993 – sumário (Miranda Gusmão), www.dgsi.pt; estava aí em causa um contrato-promessa de cessão de quotas, com exclusão de bens do património social; tal invalidade foi declarada tendo em conta a impossibilidade jurídica da prestação (art. 280.º, n.º 1 CC).

Já no Ac. STJ, de 12.5.2005 (Bettencourt de Faria), www.dgsi.pt, tratava-se de uma promessa de cessão total de quotas de uma sociedade, tendo dois dos sócios, intervindo na qualidade de promitentes-cedentes e na qualidade de legais representantes de seus filhos menores, igualmente titulares de quotas. Dado que desconheciam que a alienação de bens de menores dependia de autorização judicial pretendiam que o contrato definitivo fosse celebrado apenas quanto a eles, o que foi recusado pelos promitentes-cessionários pois pretendiam a totalidade das participações sociais, sendo que "era essencial, em termos económicos, que o negócio estivesse concluído antes do Verão de 2000, uma vez que contavam com a exploração comercial da época de Verão desse ano para poderem pagar o valor de aquisição das quotas. Ora, no caso de conhecerem qualquer obstáculo à celebração da escritura no prazo previsto no contrato promessa, não quereriam o negócio". Afirmou o tribunal que "que ocorreu ... um erro quanto aos motivos determinantes da sua vontade de contratar respeitante ao objecto do negócio: julgavam que as quotas estavam na imediata disponibilidade dos promitentes-cedentes], facto que não era verdadeiro". Daí ter sido declarada a anulabilidade da promessa.

No Ac. STJ, de 4.4.2006 (NUNO CAMEIRA), www.dgsi.pt, debateu-se igualmente a existência de um erro sobre os motivos. Na sequência das promessas de cessão de quotas, ficou provado que o promitente-cessionário só "acedeu a adquirir a sua actual quota na [sociedade] por estar convencido que esta dispunha na sua titularidade de várias concessões para exploração de centrais de energia eléctrica e que só teria o passivo referido na cláusula 5.ª...". Julgou bem o tribunal que "a informação omitida, por consequência, incidiu sobre um ponto de crucial importância para a formação da vontade do autor, tal como ficou objectivada no negócio definitivo realizado; e isto porque, sem qualquer dúvida, o valor real da quota que adquiriu – *rectius*, o preço total acordado – esteve em directa correlação com a inexistência de débitos sociais para além daqueles que, ao pagar o que pagou, satisfez aos réus.

Ver ainda sobre o tema, Ac. STJ, de 19.11.2002 (AFONSO DE MELO), www.dgsi.pt.

No quadro geral da invalidade do negócio encontramos um problema muito frequente, na sequência da promessa de transmissão de participação social: a existência de uma simulação de preço.

Com efeito, da promessa de cessão de quotas o valor atribuído às participações sociais é muito diferente do valor do contrato prometido, normalmente bem inferior (que tem na sua base uma eventual fuga ao fisco), embora não seja de excluir que seja superior (que tem na sua base o não exercício do direito de preferência pelo respectivo titular).

Em ambas as situações tratar-se-á de uma simulação de preço.

Quanto à primeira hipótese, veja-se o Ac. STJ, de 5.6.2007 (FONSECA RAMOS), www.dgsi.pt (afirmou o tribunal, a certa altura, que "do cotejo entre o contrato-promessa e a escritura pública que titulou o negócio da cessão, resulta que o preço constante desta é inferior, em muito, ao que foi acordado pelas partes e por elas efectivamente querido"; ora, "sem dúvida que o contrato-promessa, até como contrato preliminar, constitui patente prova escrita (documental) de primeira aparência da simulação"; concluiu-se que "tendo apenas tendo havido simulação do preço n[o contrato de] cessão da quota, a nulidade emergente da simulação não se propaga ao negócio jurídico apenas afectando o objecto imediato da simulação – o preço – que deve ser considerado não o declarado, mas o que realmente foi negocialmente querido"; sustenta-se a decisão com o Ac. STJ de 20.1.1998, www.dgsi.pt

374 *Contrato-Promessa em Geral. Contratos-Promessa em Especial*

2. Forma

À luz do art. 410.º, n.º 2 CC, e dado que o art. 228.º, n.º 1, CSC[740] impõe a redução a escrito da cessão de quotas, donde também a promessa deve obedecer ao mesmo formalismo: um documento assinado pela parte que se vincula ou por ambas, consoante o contrato-promessa seja unilateral ou bilateral. Vale o princípio da equiparação na sua plenitude.

3. Incumprimento do contrato-promessa de cessão de quotas

3.1. *O problema da presunção de que a quantia entregue tem carácter de sinal*

Em sede de promessa de cessão de quotas, em especial sob a forma de compra e venda, tem sido discutido se a(s) quantia(s) entregue(s) reveste(m) a natureza de sinal, em razão da presunção *juris tantum* constante do art. 441.º CC.

No Ac. STJ, de 12.7.2005, o promitente-cessionário invocou a presunção legal estabelecida na citada norma. Considerou-se "inexistirem razões impeditivas de o âmbito de aplicação daquele preceito ser extensível aos contratos-promessa relativos a outros direitos reais, entre eles o de cessão de quotas sociais". Como foi efectuada a prova de que as duas quantias em causa foram entregues no quadro do contrato-promessa e a contraparte não logrou provar o contrário, ou seja, "que essas entregas não foram feitas [nesse] âmbito ... ou que, embora tendo sido feitas..., não o foram a título de sinal", entendeu-se que tais valores são havidos como sinal[741].

("a simulação de preço não implica a nulidade do acto (no caso, uma cessão de quota), que passará a valer pelo preço realmente convencionado") e com o Ac. STJ, de 15.5.1990, BMJ, 1990, n.º 397, p. 478 ("é princípio assente na lei e na doutrina que a simulação do preço é uma simulação relativa que, não determinando a nulidade do negócio, apenas implica a determinação do preço real"); desta sorte, considerou-se válido o contrato de cessão da quota "sendo que se deve ter como real o preço de € 94.771,60 e não o ali declarado, simuladamente, de € 2.500,00").

[740] Ver ainda o art. 4.º-A CSC.

[741] Ac. STJ, de 12.7.2005 (FERREIRA GIRÃO), www.dgsi.pt.

Em conformidade com o que sustentámos para a promessa de trespasse por venda de estabelecimento comercial, cremos que o art. 441.º CC tem plena aplicação. A interpretação está de acordo com o texto da lei e com a sua razão de ser.

3.2. Incumprimento temporário e execução específica

A convenção, expressa[742] ou tácita[743], de execução específica é muito vulgar na promessa de cessão de quotas, em especial no domínio da compra e venda. Não há aqui especificidades no confronto com o regime geral.

Repare-se, no entanto, que a execução específica não tem sucesso em face da não prestação de consentimento ou da sua recusa pela sociedade, supondo que não se verifica nenhuma das situações previstas no n.º 2 do art. 231.º CSC, pois aí a cessão torna-se livre de consentimento.

Deve, no entanto, salientar-se que tem sido pouco comum, ao nível das decisões conhecidas, o pedido de declaração da execução específica.

Cabe, porém, destacar dois casos em que foi suscitado o tema.

O primeiro, trata do abuso do direito à execução específica. Na verdade, após a promessa de cessão de quotas, a sociedade, por inacção do único sócio (promitente-cedente) deixou de ter actividade, património e clientela. Foi entendido que aquele "não perdeu as responsabilidades de manter a sociedade activa através do cumprimento das obrigações de que essa empresa era titular, quer de natureza fiscal, quer de natureza civil e, por essa razão, era a si que cumpria diligenciar para que a situação tributária da sociedade estivesse regu-

---

[742] Ver Ac. Rel. Lisboa, de 22.2.2007 (MANUEL GONÇALVES), www.dgsi.pt (no contrato-promessa assinalava-se o seguinte: "importando o seu não cumprimento [da promessa de cessão de quotas] o direito à execução específica nos termos do art. 830° do CC").

[743] Cfr. o Ac. STJ, de 8.7.2003 (LUÍS FONSECA), www.dgsi.pt (no caso, tal estipulação decorria especificamente de, no contrato-promessa de cessão de quotas, ter ocorrido, por parte do promitente-cedente, a renúncia à gerência, ao direito de fiscalizar a escrita e a participar nas reuniões da sociedade, passando procuração a favor do requerido, concedendo-lhe todos os poderes inerentes à sua qualidade de sócio).

larizada, assim como [deveria ter] regularizado a situação do arrendamento do local onde se situava o estabelecimento". Daí que o exercício do direito à execução específica constitua "uma manifesta violação das mais elementares regras da boa-fé, não só porque excede o limite imposto pelo fim económico do direito pretendido exercer mas, também, porque a cessão da quota é de nulo efeito económico"[744].

A segunda situação, descrita no Ac. Rel. Lisboa, de 17.3.2005, cura – não da admissibilidade da execução específica – da competência do tribunal para apreciar a acção instaurada. Considerou-se que era o tribunal comum (e não o tribunal de comércio) o competente para decidir o litígio. Com efeito, a matéria da execução específica da promessa de cessão de quotas não está prevista em nenhuma das alíneas do art. 89.º, n.º 1 LOFTJ atinentes às sociedades, fazendo-se até um comentário específico quanto ao facto de a acção estar sujeita a registo, em razão do art. 89.º, n.º 1, al. g) LOFTJ aludir a esse tipo de acções. Foi bem argumentado que o Código de Registo Comercial define quais são essas acções, não enumerando tal normativo a acção em apreciação[745/746].

3.3. *Incumprimento definitivo e resolução*

Impõe-se tecer duas considerações breves, antes da exposição comentada de algumas decisões dos nossos tribunais superiores.

Como aqui não pode haver lugar à tradição da coisa, já que as quotas não são representadas em títulos (art. 219.º, n.º 7 CSC), a indemnização a que haja lugar por inadimplemento definitivo limitar-se-á ao sinal ou ao dobro do sinal (pressupondo a sua existência), consoante o caso (art. 442.º, n.º 2, 1.º e 2.º trechos CC).

---

[744] Ac. Rel. Porto, de 9.5.2007 (MANUEL CAPELO), www.dgsi.pt.

[745] Ac. Rel. Lisboa, de 17.3.2005 (MANUEL GONÇALVES), www.dgsi.pt.

[746] Ver ainda Ac. Rel. Porto, de 25.1.2001 – sumário (TELES DE MENEZES), www.dgsi.pt (observa-se aí que "não afasta a execução específica de um contrato-promessa de cessão de quotas de uma sociedade cujo património é o local onde se encontra instalado um estabelecimento comercial, o facto de haver um sinal, uma vez que o promitente cessionário ficou desde logo com a posse e exploração do estabelecimento e pagou uma parte considerável do preço do negócio").

A alienação da(s) quota(s) pelo promitente-cedente a um terceiro ou o esvaziamento, por parte deste, do património da sociedade, provocam o incumprimento definitivo do contrato-promessa, donde o promitente-cessionário tem legitimidade para exigir o dobro do sinal e, eventualmente, se tiver sido consagrada, uma indemnização à luz do art. 442.º, n.º 4 CC[747].

Diversamente do que ocorre com a execução específica, são suscitadas em tribunal, com frequência, questões relativas ao incumprimento definitivo da promessa de cessão de quotas, muitas vezes com os mesmos contornos dos problemas de índole geral, mas com especificidades decorrentes do negócio em apreço.

Concretizemos.

No Ac. STJ, de 18.12.2007, entendeu-se que, apesar de o promitente-cessionário não ter comparecido nas datas marcadas para a celebração da escritura de cessão, a verdade é que a contraparte, nessas mesmas datas (17 de Junho de 1992 e 7 de Julho de 1992), ainda não tinha adquirido a quota que licitara e lhe fora adjudicada na conferência de interessados realizada, em 14 de Maio de 1992, no processo de inventário, uma vez que a sentença de homologação da partilha apenas foi proferida em 15 de Julho de 1992. Desta sorte, não se considerou incumprido definitivamente o contrato-promessa[748].

---

[747] Foi este o circunstancialismo ocorrido no Ac. STJ, de 13.11.2003 (LUÍS FONSECA), www.dgsi.pt (o "promitente-vendedor vendeu a quota a terceiros, tornando impossível o cumprimento do contrato, violando a promessa..."; assim, "sendo este responsável como se faltasse ao cumprimento da obrigação", "tem o promitente-comprador ... direito a receber o dobro do que prestou"; portanto, "como entregou 2.000.000$00, a título de sinal, tem direito a receber 4.000.000$00").

Noutro caso, decidido pelo Ac. Rel Porto, de 11.10.1999 – sumário (CAIMOTO JÁCOME), www.dgsi.pt, ocorreu, após a promessa de cessão de quotas de uma sociedade, que tinha por único objecto a exploração de um restaurante, o trespasse deste, esvaziando patrimonialmente a sociedade, veio eliminar o valor da quota que a promitente-cedente prometera ceder à promitente-cessionária, ficará esta com direito a ser indemnizada por aquela com o dobro da quantia do preço já entregue.

[748] Ac. STJ, de 18.12.2007 (MARIA DOS PRAZERES BELEZA), www.dgsi.pt. Não se verificou, segundo o tribunal, qualquer "procedimento obstaculizador da celebração da escritura de cessão de quota". Na data aprazada para a outorga do contrato-promessa, nem o promitente-cedente "detinha a quota a alienar, nem sequer havia registo provisório da sua transmissão".

378 Contrato-Promessa em Geral. Contratos-Promessa em Especial

Por sua vez, no Ac. STJ, de 8.5.2007, apresentou-se a seguinte factualidade: na sequência da promessa de cessão de quotas, em que se pedia o exacto conhecimento económico e fiscal da situação da sociedade, debateu-se se havia lugar a incumprimento definitivo da promessa, depois dos pedidos de entrega de balanço da sociedade dirigidos aos promitente-cedentes não terem tido sucesso, sendo que foi fixado prazo para os obter (*in casu,* 29.6.2001), e ocorreu a marcação posterior de data para a realização do contrato definitivo (4.7.2001), à qual os promitentes-cedentes faltaram.

Discutiu-se se a interpelação podia ser havida como admonitória. O tribunal entendeu que não, tendo na sua base que o prazo cominatório constante da carta não se reportou expressamente à realização do contrato prometido, mas à entrega do balanço. Ao sustentar-se que o prazo tem em vista a celebração do contrato definitivo – mas não servindo para o cumprimento de quaisquer outras obrigações acessórias, isto apesar de se não desconhecer a importância de certos deveres secundários da obrigação principal – afirmou-se a sua autonomia[749].

Discordamos da orientação seguida, em virtude de haver íntima conexão entre a solicitação de entrega do balanço, as recusas sucessivas de apresentação do mesmo e a não celebração do contrato definitivo[750].

Porém, o tribunal chegou à mesma conclusão por via da aplicação do art. 808.º, n.º, 1 CC, atenta à perda objectiva do interesse do credor. Com efeito, a aquisição das quotas só tinha interesse depois do conhecimento fiscal e económico da sociedade, o que nunca os promitentes-cedentes deram a conhecer, pelo que se tornou objectiva a verificação da falta de interesse em prosseguir a negociação dirigida ao contrato prometido[751].

No Ac. STJ, de 15.2.2005, apreciou-se o fundamento do incumprimento definitivo da promessa de cessão total de quotas. Vejamos a factualidade mais relevante assente:

– o promitente-cedente arrogou-se dono e legítimo possuidor da totalidade das quotas de tal sociedade; todavia, não adquiriu tais quotas posteriormente;

---

[749] Ac. STJ, de 8.5.2007 (SEBASTIÃO PÓVOAS), www.dgsi.pt.
[750] Foi, de resto, o entendimento seguido pelo tribunal recorrido.
[751] Ac. STJ, de 8.5.2007 (SEBASTIÃO PÓVOAS), www.dgsi.pt.

- o promitente-cedente vinculou-se à inscrição no registo (prévio) das quotas a favor do promitente-cessionário, até à data da realização do contrato definitivo;
- o contrato prometido deveria ter lugar no prazo de trinta dias, contados desde 27 de Agosto de 2002, sendo os promitentes-cedentes a proceder à respectiva marcação, nos termos definidos, o que nunca aconteceu;
- foi entregue, a título de sinal e princípio de pagamento, a quantia de € 10.000;
- a sociedade era titular de um estabelecimento comercial que não tinha alvará para funcionar como jardim de infância nas instalações inicialmente previstas;
- as legítimas proprietárias do estabelecimento encerraram, após a promessa, o mesmo;
- posteriormente à realização da promessa, o promitente-cessionário descobriu que a sociedade não cumpria as suas obrigações perante a Segurança Social.

A discussão acerca do incumprimento definitivo e da subsequente resolução da promessa (não passando pelo prazo para a realização do negócio definitivo, já que se considerou tratar-se de um prazo fixo relativo), foi explicitada da seguinte forma: na "actividade comercial os contratos são geralmente celebrados na previsão de uma determinada utilização do objecto da prestação. Se uma das partes, por incumprimento seu, frustra a utilidade prevista e esperada pode fazer desaparecer a utilidade do negócio". Ora "quando se detecte um vínculo funcional entre o cumprimento dessas prestações e as demais obrigações emergentes do contrato, em termos tais que o incumprimento de umas justifica o ulterior incumprimento das outras", é legítima a resolução. Aqui existia a obrigação de tradição do estabelecimento, prestação própria do contrato prometido (de cessão de quotas), enquanto antecipação dos efeitos deste. Mas com a impossibilidade de transmissão da propriedade do estabelecimento, na sequência do encerramento definitivo do mesmo, cerca de três meses e meio depois, *desapareceu* o interesse no contrato (art. 808.º, n.º 1 CC)[752].

---

[752] Ac. STJ, de 15.2.2005 (ALVES VELHO), www.dgsi.pt.

380 *Contrato-Promessa em Geral. Contratos-Promessa em Especial*

No Ac. STJ, de 12.10.2004, esteve em causa a mesma temática[753].

Num primeiro momento, analisou-se o prazo para a marcação do contrato definitivo. *In casu*, tinha sido de 90 dias a contar da celebração da promessa, cabendo a respectiva marcação aos promitentes-cedentes. De todo o modo, nem estes o fizeram, nem a contraparte procedeu a qualquer interpelação tendo em vista a realização do contrato prometido. O prazo foi havido como relativo, pelo que – tendo em conta a falta de acção dos promitentes – apenas havia mora. Como se afirmou no aresto, "qualquer das partes podia sair dessa situação mediante a competente interpelação ou marcação da escritura".

Note-se que o tribunal foi mais além, pois avaliou a situação de perda objectiva de interesse. Considerou, e este é o ponto fulcral, que havia um desinteresse comum aos promitentes na conclusão do negócio definitivo; por um lado, por falta de marcação ou por inexistência de interpelação para que aquela se realizasse; por outro, porque foi restituído e recebido o estabelecimento entregue. Por isso se considerou resolvido o contrato, por falta de interesse na sua execução, a qual era comum a ambos os contraentes. Nesta situação, sendo o inadimplemento imputável "em igual medida, a ambas as partes", não há lugar a qualquer indemnização, cabendo ao promitente-cedente a restituição do sinal, por efeito da resolução[754].

Ainda no tocante ao prazo, é interessante apreciar se a especificidade da promessa de cessão de quotas altera o regime geral atrás exposto. No Ac. Rel. Lisboa, de 23.5.2006,[755] esteve em destaque o valor a atribuir à seguinte cláusula:

– *"1. A escritura de cessão de quotas terá lugar no dia 8, 9 ou 10 de Agosto, no ..., devendo o 1.º e 3.º outorgantes indicar à 4.ª o dia e a hora precisos, renunciando o 1.º outorgante à gerência no acto da escritura.*
2. A 3.ª outorgante já renunciou à gerência e à direcção técnica da empresa".

---

[753] Ac. STJ, de 12.10.2004 (AZEVEDO RAMOS), www.dgsi.pt.

[754] CALVÃO DA SILVA, Cumprimento e Sanção Pecuniária Compulsória, 4.ª Ed., Coimbra, 2007, pág. 292.

[755] Ac. Rel. Lisboa, de 23.5.2006 (LUÍS ESPÍRITO SANTO), www.dgsi.pt.

Contratos-Promessa em Especial

O tribunal considerou tratar-se de termo essencial absoluto, quer pelos termos imperativos e improrrogáveis consagrados no contrato, quer pelo contexto em causa, a mudança de gestão da empresa que se perspectivava e em função dos interesses patrimoniais de valor elevado envolvidos. Acrescentou-se que a alegação dos promitentes--cedentes de que o negócio definitivo teria necessariamente que decorrer num dos citados dias não foi aceite como verdade pela outra parte, o que representava uma confissão irretractável à luz do art. 567.º CPC[756].

Cremos que apesar do circunstancialismo descrito, resultante dos contornos específicos desta promessa de cessão de quotas, a estipulação de prazo, que se limita a fixar um de 3 dias, não permite extrair a conclusão de que há incumprimento definitivo do contrato se o negócio prometido não for realizado num desses dias. De resto, não é visível, na promessa, a consequência específica da inobservância do prazo[757/758].

---

[756] Ac. Rel. Lisboa, de 23.5.2006 (Luís Espírito Santo), www.dgsi.pt.

[757] Ver ainda, a propósito do (possível) incumprimento definitivo da promessa de cessão de quotas, entre outros, os seguintes arestos:
– Ac. Rel. Coimbra, de 18.9.2007 (Freitas Neto), www.dgsi.pt;
– Ac. Rel. Lisboa, de 22.2.2007 (Manuel Gonçalves), www.dgsi.pt;
– Ac. Rel. Porto, de 2.5.2005 (Cunha Barbosa), www.dgsi.pt;
– Ac. Rel. Lisboa, de 7.4.2005 (Salazar Casanova), www.dgsi.pt;
– Ac. Rel. Porto, de 18.5.2004 (Alziro Cardoso), www.dgsi.pt;
– Ac. Rel. Porto, de 12.6.2001 (Emérico Soares), www.dgsi.pt.

[758] Cfr. Ac. STJ, de 1.4.2008 (Nuno Cameira), www.dgsi.pt (celebrada uma promessa de cessão de quotas, sob a forma de compra e venda, pelo preço de aproximadamente 30.000 €, tendo sido entregue a título de sinal metade desse valor; constava do contrato que da referida cessão "fazia parte um estabelecimento de comércio de exploração de pastelaria, frutaria e talho"; dado que o estabelecimento não se encontrava licenciado, os promitentes-cedentes (e a própria sociedade) foram advertidos "para a necessidade de suprirem a falta do respectivo alvará dentro do prazo acordado [de 90 dias] para a celebração do contrato prometido sob pena de a promessa ficar sem efeito"; em razão da inexistência do alvará, o estabelecimento – que tinha sido logo entregue e que funcionou regularmente durante dois meses – foi restituído à sociedade. O tribunal considerou que não havia incumprimento imputável aos promitentes-cedentes. Sustentava-se que atento "o motivo por que o alvará não foi concedido, torna-se inviável atribuir qualquer parcela de culpa à parte que recebeu o sinal, independentemente de se considerar incluído no contrato, num dever acessório de conduta, ou, até, no dever genérico do art. 762.º, n.º 2 (boa fé) a obrigação a que se fez referência". Concluiu-se, pois, que ocorreu com "o contrato-promessa analisado aquilo que diariamente por toda a parte sucede com inúmeros outros contratos: frustrou-se o fim tido

382   *Contrato-Promessa em Geral. Contratos-Promessa em Especial*

4. Cumprimento da promessa e outras obrigações

Com a conclusão do contrato definitivo, é pacífico que se extinguem, por efeito do cumprimento da promessa, as obrigações a que as partes se vincularam[759].

De todo o modo, alguns dos deveres, emergentes do contrato-promessa, podem manter-se, apesar (e depois) da realização do negócio prometido. Necessário é que, por via deste, não ocorra a extinção – expressa ou implícita – daqueles, em virtude da sua autonomia. Tal sucede com as cláusulas acessórias autónomas integrantes do contrato-promessa.

O problema tem sido, aqui e ali, objecto de debate.

No caso suscitado no Ac. STJ, de 19.2.2008, apreciava-se se uma convenção inserida na promessa de cessão de quotas[760], ainda obrigava o promitente, já que tinha ocorrido a perfeita execução da referida promessa.

Em face da constatada autonomia da convenção em relação ao contrato-promessa, do qual, apenas fez formalmente parte, justifica-se a sua subsistência apesar da conclusão do contrato definitivo.

Como bem salientou o tribunal, "apesar desse cumprimento, a obrigação de prestar em que se traduz o compromisso clausulado [não permite] concluir que tal obrigação paralela se extinguiu com a celebração da ... cessão de quotas (ou que as partes a quiseram derrogar), tanto mais que até se provou que o [promitente] se comprometeu a efectuar o pagamento, a que se refere a cláusula, em Janeiro de 2003, muito tempo depois da escritura de cessão"[761].

Problema similar se suscitou no Ac. STJ, de 13.9.2007. Só que a decisão foi no sentido inverso, conquanto se não tivesse negado a possibilidade de, em tese, haver obrigações com autonomia para

---

em vista pelos contraentes e, com ele, o próprio contrato, sem que se mostre razoável atribuir culpa a nenhum deles". Assim sendo, as partes foram postas "na situação anterior à celebração do contrato-promessa mediante a restituição em singelo do sinal prestado").

[759] Cfr. Ac. STJ, de 19.2.2008 (MOREIRA ALVES), www.dgsi.pt.

[760] A estipulação tinha o seguinte teor: "no âmbito do presente contrato e por reembolsos prestados, o segundo outorgante obriga-se e compromete-se a entregar ao primeiro outorgante a quantia de 14.963,94 €".

[761] Ac. STJ, de 19.2.2008 (MOREIRA ALVES), www.dgsi.pt.

Contratos-Promessa em Especial 383

além da promessa. Estava em causa o preço – elemento essencial do negócio de compra e venda da quota, que se sustentava não ter sido pago integralmente, como decorria da promessa de cessão de quotas (ou seja, teria sido incumprida a terceira prestação). O facto de no contrato definitivo se assinalar *"que as referidas cessões são efectuadas por preço igual ao seu valor nominal, já recebido"*, levou o tribunal a admitir a extinção da dívida, não havendo elementos fácticos e probatórios bastantes para afastar tal conclusão. Aliás, como se observa no aresto, nem sequer foi alegada factualidade suficiente para sustentar a existência de negócio simulado[762/763].

§ 4. Possíveis efeitos prejudiciais decorrentes do cumprimento da promessa da cessão de quotas

O cumprimento do contrato-promessa de cessão de quotas, atendendo às consequências que o negócio definitivo pode operar quando a sociedade é titular de um (ou até de vários) estabelecimento(s) comercial(is) instalados em imóveis arrendados (sendo o arrendamento – antigo – de tipo vinculístico), pode trazer alguns riscos para a sociedade locatária e, indirectamente, para os próprios promitentes-cessionários, virtuais cessionários, envolvidos nessa transmissão.

---

[762] Ac. STJ, de 13.9.2007 (Sousa Pinto), www.dgsi.pt (mais se afirmou que não foi efectuada a prova da tese "da autonomia e da subsistência da cláusula que previa a obrigatoriedade da 3.ª prestação, após a realização do contrato prometido, pois que para que a mesma pudesse vingar, tal implicaria que demonstrasse que a mesma se sobrepunha ao estipulado na escritura pública (que refere que o preço se encontra pago) o que não aconteceu, sendo certo que tal não seria fácil de realizar, atenta a força probatória do documento que serviu de forma ao contrato prometido").

[763] Num outro caso, decidido pelo Ac. Rel. Lisboa, de 21.6.2007 (Ana Luísa Geraldes), www.dgsi.pt, observa o tribunal que, "em face de todo o clausulado, ficou acordado que, em data posterior, seria realizada a escritura de celebração do respectivo cessão de quotas, através da qual se procederia à alteração da constituição da sociedade, quer no que respeita à sua composição de sócios, quer quanto ao respectivo valor das quotas". Foi, assim, sustentado que as partes realizaram um verdadeiro contrato-promessa de cessão de quotas, tendo postergado para fase posterior a celebração da escritura de alteração de sócia". Concluiu-se, pois, que do próprio contrato-promessa é possível retirar outras consequências, tendo em conta as obrigações aí assumidas.

384   *Contrato-Promessa em Geral. Contratos-Promessa em Especial*

Por isso, na referida promessa impõe-se acautelar devidamente a possibilidade de ultrapassagem da percentagem de 50% que a lei prevê, dado que isso importa a quebra do vinculismo arrendatício.

Vejamos.

Determina o art. 26.º, n.º 6, al. b) NRAU que "cessa o disposto na alínea c) do n.º 4" – donde resulta a possibilidade de aplicação do art. 1101.º, al. c) CC, que permite a denúncia imotivada do senhorio – nos casos em que "sendo o arrendatário uma sociedade, ocorra transmissão *inter vivos* de posição ou posições sociais que determine a alteração da titularidade em mais de 50% face à situação existente aquando da entrada em vigor da presente lei"[764].

Ora, a verificação dos requisitos do normativo pode ocorrer em circunstâncias diversas e muito variáveis de caso para caso.

Identifiquemos algumas hipóteses por referência à data da entrada em vigor do NRAU, isto é, 28 de Junho de 2006: ou ao tempo da celebração da promessa de cessão de quotas não existia sequer qualquer transmissão de quota prévia ou, nesse momento, já tinha ocorrido a transmissão de quotas numa dada percentagem.

Assim podemos ter o seguinte quadro:

1.ª hipótese: o cumprimento da promessa não implica – juntamente com eventuais quotas transferidas previamente – a superação da percentagem legal de 50%;

2.ª hipótese: pode acontecer entretanto, *v.g.,* a cessão de outras quotas ou a sua venda executiva (antes ou depois da celebração do contrato-promessa, mas em momento prévio ao negócio definitivo), o que determina que o cumprimento da promessa gera, em concreto, a superação do valor percentual assinalado;

3.ª hipótese: a cessão de quotas supera, por si só, a percentagem mencionada, independentemente de qualquer transmissão ocorrida antes da mesma.

Na primeira situação, não se suscita qualquer problema de quebra do vinculismo.

---

[764] Naturalmente que a mera promessa de cessão de quota não importa quebra do vinculismo, dada a não verificação dos pressupostos previstos no art. 26.º, n.º 5, al. b) NRAU.

Nos dois últimos casos – no pressuposto de que não pretende a sociedade comercial arrendatária ver quebrado o vinculismo, o que, de resto, é extensivo ao próprio transmitente e aos restantes sócios, em virtude de isso configurar uma perda significativa para a sociedade –, há que acautelar no contrato-promessa de cessão de quotas essa possibilidade.

Uma das eventuais formas de precaver esta hipótese é a de sujeitar a promessa a uma condição resolutiva que determine a cessação dos efeitos da mesma no caso de, ao tempo da conclusão do acto prometido, tal envolver a superação da referida percentagem.

Mas não está afastada a possibilidade de, por desconhecimento dos promitentes (ou melhor do promitente-cessionário), em virtude do que se determina na promessa de cessão de quotas, a eventual conclusão do contrato definitivo importar a ultrapassagem da percentagem de 50% e, portanto, a quebra do vinculismo. O que dificulta a temática.

§ 5. Questões de qualificação

É muito usual a discussão em torno da qualificação jurídica de contratos, designados como "promessa de cessão de quotas", quando esta representa uma transmissão total das participações sociais.

Para além da redacção que emerge desse contratos ser normalmente dúbia, havendo que proceder à respectiva interpretação das cláusulas, não é menos verdade que por detrás encontramos, com alguma frequência, a celebração (oculta) de um contrato-promessa de trespasse de estabelecimento comercial[765].

Concretizemos.

---

[765] Noutros casos, discute-se se não está em causa um contrato definitivo em vez de uma promessa.

O problema foi suscitado no Ac. STJ, de 19.9.2002 (MOITINHO DE ALMEIDA), www.dgsi.pt (sustentou-se que "o acordo em que os sócios de uma sociedade por quotas cedem as suas quotas sociais por determinado preço, pago a prestações pelos cessionários, em que os cedentes deixam de imediato a gerência e os cessionários são, desde logo, nomeados gerentes, é um contrato definitivo de compra e venda de quotas sociais, e não um simples contrato-promessa, não obstante as partes assim o terem intitulado").

386   *Contrato-Promessa em Geral. Contratos-Promessa em Especial*

No Ac. Rel. Porto, de 7.10.2004, estava em causa a qualificação de um negócio intitulado "promessa de cessão de quotas". Vejamos especificamente os seus termos, apresentando a decisão do tribunal, que mais tarde veio a ser confirmada por aresto do STJ, de 21.4.2005, para os comentar à medida do desenvolvimento da exposição[766].

Assim,

- nos considerandos, aludia-se ao "contrato-promessa de cessão de quotas do estabelecimento comercial instalado no r/c do prédio...";
- a *cessão de quotas* era total; o único património relevante da sociedade era o estabelecimento comercial (cl. 1.ª);
- o pagamento do preço era feito do seguinte modo: uma entrada inicial e o restante através da subscrição de 73 letras de câmbio, a vencer-se mensalmente (cl. 2.ª);
- a "cessão de quotas é feita com todos os móveis, utensílios, licenças, alvará e outros elementos que o integram, mas livre de qualquer passivo..." (cl. 3.ª);
- consagra-se ainda a "reserva de titularidade das quotas até integral pagamento do preço" (cl. 4.ª)[767].

Para além das graves deficiências de redacção, não pode deixar de se destacar que a intitulada promessa de cessão (total) de quotas de uma sociedade tem larguíssimas afinidades com a promessa de trespasse de estabelecimento comercial. Tal proximidade emerge, desde logo, do facto de a cessão de quotas ser total, o que de resto sempre constituiu motivo de possível equiparação, pela doutrina, à situação de trespasse[768].

---

[766] Ac. STJ, de 21.4.2005 (MOITINHO DE ALMEIDA), www.dgsi.pt.

[767] Ac. Rel. Porto, de 7.10.2004 (JOÃO BERNARDO), www.dgsi.pt, p. 5.

Também é usual a estipulação de uma cláusula de reserva de propriedade na promessa de cessão de quotas (ver Ac. Rel. Porto, de 2.5.2005 (CUNHA BARBOSA), www.dgsi.pt, pp. 5 e 9).

[768] Neste sentido, ORLANDO DE CARVALHO, Critério e estrutura do estabelecimento comercial. O problema da empresa como objecto de negócio, Coimbra, 1967, p. 207, FERRER CORREIA e ALMENO DE SÁ, "Oferta pública de venda de acções e compra e venda de empresa", CJ, 1993, IV, pp. 16 ss., COUTINHO DE ABREU, Da empresarialidade. As empresas no Direito, Coimbra, 1996, pp. 345 ss., GRAVATO MORAIS, Alienação e oneração de estabelecimento comercial, cit., pp. 122 ss.

Aliada a esta similitude encontramos a circunstância de o estabelecimento comercial ser o único e relevante bem da sociedade.

Acresce que o modo de pagamento acordado e a reserva de propriedade consagrada expressam estipulações usuais muito ligadas aos contratos de trespasse (e naturalmente aos contratos-promessa de trespasse)[769].

De resto, quanto ao conteúdo do contrato definitivo usa-se mesmo uma locução afim da aposta no art. 1112.º, n.º 2, al. b) CC, NRAU, correspondente ao antigo art. 115.º, n.º 2, al. b) RAU.

O tribunal, contudo, não deixou de considerar que se tratava de uma promessa de cessão de quotas, apesar de relevar algumas destas circunstâncias, solução com a qual discordamos.

Vejamos uma outra situação, com alguma similitude factual.

Também aqui estava em causa, como se aludiu no aresto, uma deficiente expressão da vontade das partes. Foi celebrado, em 2000, um contrato designado "promessa de cessão de quotas".

Apesar da similitude com a cláusula típica existente no contrato de trespasse, onde se refere que *"esta cessão de quotas é feita com todos os móveis, utensílios, licença e alvará e outros elementos que o integram, mas livre de qualquer passivo, seja ele de que natureza for"*, deu-se mais relevo na decisão a outros problemas, como sejam, a não identificação do estabelecimento e a não identificação do senhorio, pelo que se concluiu que "não estava na mente dos outorgantes celebraram um contrato-promessa de trespasse, ou contrato de trespasse, mas sim um contrato-promessa de cessão de quotas"[770].

Numa outra hipótese, em que se discutia a mesma temática, tratava-se de um "contrato-promessa de cessão de chave de estabelecimento, excepto o recheio"[771]. O negócio, assim designado pelas partcs (o que escapa aos parâmetros regulares), tinha algumas particularidades: os *promitentes*-vendedores cediam a chave do seu estabelecimento de venda a retalho de artigos de desporto e campismo,

---

[769] Ver, por exemplo, a situação descrita no Ac. Rel. Porto, de 18.11.2004 (JOSÉ FERRAZ), www.dgsi.pt, p. 4 (no âmbito de uma promessa de trespasse aludia-se à utilização de 72 letras para liquidação do remanescente do preço, a vencer mensalmente, e ainda se previa uma cláusula de reserva de propriedade até integral pagamento).

[770] Ac. Rel. Porto, de 18.10.2004 (FONSECA RAMOS), www.dgsi.pt.

[771] Ac. Rel. Coimbra, de 20.1.2004 (TOMÁS BARATEIRO), www.dgsi.pt.

pelo valor de 6.000.000$00 aos *promitentes*-compradores; no entanto, tal importância não incluía o recheio do estabelecimento; o valor deste seria encontrado por ambas as partes e pago separadamente à data do negócio definitivo; foi recebida, como sinal e princípio de pagamento, a soma de 1.600.000$00, sendo o valor do recheio encontrado no acto de entrega do estabelecimento; o negócio prometido teria lugar logo que se reunissem todos os documentos necessários para o efeito.

Sucedeu que os promitentes-compradores receberam uma carta com o seguinte teor: "para darmos cumprimento ao contrato de cessão de quotas da firma ... estamos à vossa disposição para se proceder à contagem de todo o recheio... por se encontrarem reunidos os documentos necessários para a ... cessão das respectivas quotas têm os [promitentes-compradores], a partir da data da recepção desta carta, trinta dias para oficializarmos esse [documento]; caso não compareçam ou se façam representar no prazo estipulado, é porque não pretendem cumprir o nosso contrato"; o que implicava "a perda do sinal já entregue e o pagamento de uma indemnização do mesmo valor aos actuais sócios da firma"[772].

O tribunal entendeu que a falta de referência a "quota ou participação em capital de qualquer sociedade comercial", a omissão de indicação "do valor de qualquer participação social", a não utilização de termos como "sócios", "quota ou quotas sociais", não permitiam concluir, de acordo com um declaratário normal colocado na posição real dos promitentes-compradores nunca poderia deduzir do comportamento da outra parte que estes estavam a prometer ceder as quotas de uma sociedade comercial. Foi, por outro lado, bem salientado que "se os [promitentes-compradores] podiam ceder as quotas daquela sociedade, também podiam transmitir, através de trespasse, apenas o estabelecimento comercial pertencente a tal sociedade". De igual sorte, se considerou que "a exclusão do recheio e de duas viaturas daquele preço não têm qualquer significado ... podendo até considerar-se que apontam mais no sentido de que não se pretendia uma cessão das quotas"[773].

---

[772] Ac. Rel. Coimbra, de 20.1.2004 (TOMÁS BARATEIRO), www.dgsi.pt.
[773] Ac. Rel. Coimbra, de 20.1.2004 (TOMÁS BARATEIRO), www.dgsi.pt.

Contratos-Promessa em Especial 389

§ 6. Problemas atinentes à cessão total de quotas

A cessão de quotas é, frequentemente, total.

Por via disso, alteram-se, na sua globalidade, os sócios de uma dada sociedade, mas não as relações jurídicas estabelecidas entre esta e terceiros.

Acontece que como a sociedade é frequentemente proprietária de um ou até de vários estabelecimentos, muitas vezes instalados em imóvel(is) arrendado(s), há algumas temáticas que devem ser acauteladas no contrato-promessa. Daí que se aluda, em primeiro lugar, aos problemas que mais se suscitam neste sede.

Mas, para além destes, existem outras questões conexas à promessa de cessão de quotas que não deixamos de analisar.

1. Promessa de cessão total de quotas e o estabelecimento comercial da sociedade

1.1. *Entrega de estabelecimento comercial*

Sendo a sociedade comercial por quotas proprietária de um (ou até de vários) estabelecimento(s) comercial(is), o contrato-promessa de cessão total das participações sociais envolve, por vezes, a *traditio* do (em regra, único) estabelecimento da sociedade, sendo que os promitentes-cessionários – virtuais e futuros sócios – passam, desde logo, a explorar aquele [774] ou tal ocorre em momento ulterior, mas ainda antes da conclusão do contrato prometido[775/776].

---

[774] Foi o que sucedeu no caso analisado no Ac. Rel. Porto, de 2.5.2005 (CUNHA BARBOSA), www.dgsi.pt, p. 10; ver ainda o Ac. STJ, de 15.2.2005 (ALVES VELHO), www.dgsi.pt (aludia-se aí à cláusula aposta na promessa de cessão de quotas: "na boa execução do presente contrato os primeiros outorgantes procederão, no próximo dia 1 de Setembro, à tradição material do estabelecimento de creche e jardim de infância da sociedade ora prometida transmitir obrigando-se, no entanto, e até à realização da escritura pública definitiva de cessão de quotas, a proceder, por si e/ou por interposta pessoa (nomeadamente a ainda gerente inscrita) a todos e a quaisquer actos de gestão corrente da sociedade"), o Ac. Rel. Porto, de 9.5.2007 (MANUEL CAPELO), www.dgsi.pt, pp. 7 ss. (*in casu*, a questão era bem mais complexa; na sequência da cessão de quotas (e da entrega do estabelecimento), as

390 *Contrato-Promessa em Geral. Contratos-Promessa em Especial*

Cabe, desde já salientar, que a *entrega do estabelecimento* é coisa bem diversa da promessa de cessão (total) de quotas. Este último negócio tem um alcance específico e determinado: a obrigação de no futuro haver lugar à transmissão voluntária das participações sociais, não tendo como consequência a transferência do gozo do estabelecimento comercial da sociedade a terceiros[777].

O que afirmámos não significa que não seja possível a *traditio do estabelecimento* no quadro da promessa de cessão de quotas. Aliás, pode ser essa até a finalidade subjacente ao próprio negócio, o

---

partes acordaram que o pagamento se faria através de vários cheques pré-datados; todavia, a sociedade em causa, arrendatária do imóvel, deixou de pagar a renda ao senhorio, tendo sido despejada por via de uma acção judicial instaurada, tendo sido inclusivamente penhorado o estabelecimento comercial, entre outras vicissitudes; mas mesmo assim, o promitente-cedente instaurou uma acção de execução específica, no sentido da celebração do contrato definitivo, por via judicial: foi indeferida a pretensão do promitente-cedente, em razão do seu "efeito económico útil nulo", já que "existe uma efectiva desproporção objectiva entre a utilidade do exercício do direito do [promitente-cedente] e os prejuízos em termos de consequência que os [promitentes-cessionários] terão que suportar, sem que aos mesmos possa ser imputada responsabilidade pelo estado actual da sociedade").

[775] Foi o que sucedeu na situação descrita no Ac. Rel. Lisboa, de 18.10.1990 (MORA DO VALE), www.dgsi.pt (observava-se aí que na promessa de cessão de quotas se incluiu uma "cláusula segundo a qual os promitentes-cedentes se obrigavam a entregar o estabeleci-mento comercial daquela sociedade aos promitentes-cessionários em certa data". Concluiu o tribunal que "daí não resulta que o contrato prometido tenha que ser celebrado até esta data, mas apenas que se não estipulou prazo para o cumprimento da obrigação principal. A falta de estipulação de data para a celebração do contrato prometido não tira validade ao contrato-promessa, podendo posteriormente as partes acordar nessa data ou recorrer ao tribunal para o efeito. Todavia, se os promitentes cedentes não cumprem a obrigação acessória de entrega do estabelecimento comercial na data aprazada, incumprem o contrato, sendo devida a restituição do sinal em dobros e juros de mora à taxa legal").

[776] Noutras hipóteses, na promessa "indicam-se os bens que constituem o património da sociedade, o que significa que determinaram o conteúdo do direito social alienado tam-bém quanto aos bens que constituem o objecto mediato desse direito. Quando o património social é constituído por uma empresa, a sua referência genérica pode ser suficiente para determinar o conteúdo da posição social alienada relativamente aos bens da organização dessa empresa" (Ac. STJ, de 19.11.2002 (AFONSO DE MELO), www.dgsi.pt).

[777] Ver o Ac. Rel. Porto, de 18.5.2004 (ALZIRO CARDOSO), www.dgsi.pt (aí se obser-va que "o facto de os [promitentes-cedentes] terem entregue aos [promitentes-cessionários] o estabelecimento pertencente à sociedade e destes terem tomado posse efectiva deste, não qualifica o contrato como definitivo, sendo que o celebrado contrato nem sequer teve por objecto o referido estabelecimento, mas sim as quotas representativas do capital da sociedade").

Contratos-Promessa em Especial

391

que significa que ele tem fundamentalmente como propósito a aquisição da organização mercantil[778].

De todo o modo, há que analisar o alcance específico do acto à luz da específica promessa[779].

Pode até conceber-se a *entrega do estabelecimento* no quadro de um contrato de cessão de exploração[780] ou até de comodato da organização mercantil.

Se o estabelecimento mercantil estiver instalado em imóvel arrendado, pode surgir uma especial dificuldade. O art. 1038.º, al. g) CC impede a utilização por terceiro do imóvel (cujo gozo se concede por via da *entrega do estabelecimento*) sem o consentimento do senhorio. Cremos que, em regra, a cedência do imóvel pelos promitentes-cessionários para explorar temporariamente o estabelecimento comercial não é legítima à luz das regras do arrendamento comercial, o que permite a resolução pelo senhorio, nos termos do art. 1083.º, n.º 2 CC, NRAU.

---

[778] Foi o que se deduziu no Ac. STJ, de 15.2.2005 (ALVES VELHO), www.dgsi.pt (relevou-se que "salta à vista que, sendo o fim do negócio a aquisição do estabelecimento de creche e jardim de infância de que a sociedade comercial, cujas quotas [o promitente-cessionário] se propôs adquirir na totalidade, era proprietária, aquela obrigação de tradição se destinava a permitir-lhe dispor do estabelecimento, nomeadamente em termos de gestão e direcção, desde o início do ano lectivo, sem interferência nessa área de outras pessoas, designadamente dos ainda sócios da sociedade detentora da empresa).

[779] Note-se que a questão não se põe no quadro da cessão da totalidade das quotas, pois é a sociedade que se mantém como arrendatária e efectivamente quem explora o estabelecimento, que é seu. Na promessa de cessão de quotas, a sociedade é a arrendatária, mas um terceiro está à frente do estabelecimento.

[780] Veja-se o Ac. Rel. Lisboa, de 8.5.2008 (CARLOS VALVERDE), www.dgsi.pt (depois de celebrada a promessa de cessão de quotas, sob a forma de compra e venda, e de terem sido pagos vários montantes foi entretanto celebrado um contrato de cessão de exploração de estabelecimento comercial, propriedade da sociedade, o qual teve como propósito permitir o ingresso "na actividade da sociedade e auferir dos lucros enquanto não se formalizasse a respectiva entrada"; daí que tivessem sido pagos dois valores ao promitente-cedente: a quantia de aproximadamente 2.650 €, a título de exploração do estabelecimento, e a soma, também aproximada, de 1.000 €, a título de prestação para pagamento da quota social), e o Ac. STJ, de 19.6.1979 – sumário (SANTOS VICTOR), www.dgsi.pt (aí se afirmou, na esteira da decisão do tribunal recorrido, que "as partes tiveram a intenção de outorgar, com o negócio em causa, um contrato de promessa de cessão de quotas e que esta integrava e significava, obviamente a cessão da exploração do recinto "Pavilhão Português" e "Salão Albramba", portanto um contrato misto de promessa de cessão de quotas e da efectiva cessão de exploração do estabelecimento" (sublinhado nosso).

392   *Contrato-Promessa em Geral. Contratos-Promessa em Especial*

No entanto, entendendo-se que houve cessão de exploração cabe aplicar o regime do art. 1109.º, n.º 2 CC: não é necessária a aquiescência do senhorio, mas apenas a comunicação do acto.

1.2. *Obrigação de obter licença que permite o regular funcionamento do estabelecimento*

Ocorre com alguma frequência que o estabelecimento da sociedade comercial, cujas quotas foram prometidas ceder, não dispõe das licenças necessárias ao seu regular funcionamento. Portanto, a respectiva promessa fica dependente da obtenção das mesmas, incumbindo essa obrigação aos promitentes-cedentes.

No caso suscitado no Ac. Rel. Porto, de 2.5.2005, a cessão das quotas era total, a sociedade era proprietária de um estabelecimento, sendo que este não dispunha de "alvará e das licenças administrativas e sanitárias", tendo ficado, por isso, a promessa condicionada à sua realização. O tribunal concluiu pela inexistência de incumprimento definitivo, apesar do decurso do prazo para a realização do contrato definitivo, pois o respectivo licenciamento "encontrava-se em apreciação na Câmara Municipal"[781].

Se se não acautelar tal possibilidade no contrato-promessa, por via de condição aposta no mesmo, existe o risco de incumprimento definitivo imputável ao promitente-cedente.

1.3. *Instauração pelo senhorio, após a promessa de cessão de quotas, de uma acção de despejo do imóvel onde se encontrava instalado o estabelecimento comercial da sociedade*

A promessa de cessão total de quotas de uma sociedade, que é titular de um ou de vários estabelecimentos comerciais instalados em imóvel arrendado, é susceptível de provocar outro tipo de problemas: os relacionados com a relação locatícia, em especial com a extinção, por incumprimento da sociedade, do contrato de arrendamento comercial onde está instalada a organização mercantil.

---

[781] Ac. Rel. Porto, de 2.5.2005 (Cunha Barbosa), www.dgsi.pt, p. 5.

Cumpre assinalar, em primeiro lugar, que a promessa de cessão de quotas não provoca qualquer mutação nos sujeitos da relação arrendatícia. O inquilino permanece o mesmo: a sociedade comercial.

De todo o modo, algumas vezes a partir da data da realização da promessa, e no pressuposto que ocorre a *entrega do estabelecimento* da sociedade aos promitentes-cessionários, prevê-se a responsabilização destes "pela renda mensal ... perante o senhorio"[782]. Ora, esta alteração do sujeito a quem cabe o pagamento da renda pretende configurar uma transmissão da dívida. No entanto, cabe notar que a sociedade arrendatária, a devedora, não intervém no acto – pois os promitente-cedentes limitam-se apenas à promessa de transferência de quotas, conquanto se possa afirmar que porventura também se encontram a representar, neste específico aspecto, a sociedade. No entanto, tal transmissão não deve ser havida como liberatória, a não ser que o senhorio expressamente nela consinta (art. 595.º, n.º 2 CC).

Impõe-se, em seguida, apreciar a questão de saber se a propositura da acção de despejo ou a extinção do contrato de arrendamento por via extrajudicial, quando tal seja admissível, pode (ou não) interferir com a realização do contrato definitivo de cessão de quotas.

A temática é apreciada em vários arestos.

No Ac. Rel. Porto, de 2.5.2005, em relação à acção de despejo fundada em obras realizadas no locado sem o consentimento do senhorio, concluiu-se que os promitentes-cessionários "não lograram demonstrar o por si alegado quanto a terem as referidas obras sido realizadas pelos promitentes-cedentes, ou sequer que delas tivessem conhecimento, pelo que, enquanto facto estranho aos mesmos, e, consequentemente, as ambas as partes, integrariam, em conjunto com outros que importaria alegar, uma possível alteração das circunstâncias em que as partes fundaram a decisão de contratar, mas nunca justificativas da sanção resultante do art.º 442.º do CCivil, que tem na sua base um incumprimento culposo do contrato-promessa celebrado, constituindo, por isso, diversa causa de pedir e determinante de diversa formulação de pedido"[783].

---

[782] Ac. Rel. Coimbra, de 18.9.2007 (FREITAS NETO), www.dgsi.pt.
[783] Ac. Rel. Porto, de 2.5.2005 (CUNHA BARBOSA), www.dgsi.pt.

394   *Contrato-Promessa em Geral. Contratos-Promessa em Especial*

No Ac. Rel. Porto, de 9.5.2007, a acção de despejo por falta de pagamento de rendas foi julgada procedente tendo sido inclusivamente penhorado o estabelecimento comercial da sociedade para pagamento ao credor, o locador[784].

Numa situação deste género, há que apurar se os factos são imputáveis a qualquer dos promitentes. Se se concluir que os promitentes-cedentes são responsáveis pela extinção do contrato, os promitentes-cessionários têm legitimidade para resolver o contrato-promessa dada a manifesta perda de interesse no mesmo. Se, porventura, a falta é imputável aos outros promitentes (*v.g.*, em razão da *entrega do estabelecimento*, os promitentes-cessionários efectuam obras no locado sem estarem para tal autorizados), também os promitentes-cedentes dispõem da possibilidade de recusar a conclusão do contrato definitivo.

Aliás, parece que, à partida, é legítima a recusa da celebração do contrato definitivo enquanto não houver decisão transitada em julgado sobre a respectiva acção de despejo.

2. Outras questões

2.1. *Renúncia à gerência*

É igualmente frequente estabelecer-se na promessa de cessão de quotas a renúncia à gerência do promitente-cedente. Algumas vezes, essa renúncia estende-se ao direito de fiscalizar a escrita e ao direito de participação nas reuniões da sociedade.

No fundo, ao comprometer-se ao não exercício de tais direitos sociais, as partes estão a antecipar os efeitos da cessão de quota[785].

---

[784] Ac. Rel. Porto, de 9.5.2007 (MANUEL CAPELO), www.dgsi.pt.

[785] Ac. STJ, de 8.7.2003 (LUÍS FONSECA), www.dgsi.pt (assinala-se aí que "embora no contrato-promessa as partes se obriguem a celebrar determinado contrato, pode naquele estabelecer-se um determinado regulamento contratual que rege as relações entre as partes até à celebração do contrato definitivo, em obediência ao princípio da liberdade contratual"; assim, tal contrato-promessa "mantém-se válido, estando as partes obrigadas a cumprir as cláusulas do respectivo regulamento contratual enquanto não for revogado").

Nada parece obstar a que tal aconteça. Aliás, no contrato definitivo é muito usual a renúncia a tal qualidade[786].

De todo o modo, gerando-se uma situação de litígio que importe incumprimento, *maxime* definitivo, do(s) promitente(s)-cessionário(s), pode ser importante reverter a situação da gerência. Cremos, tal como se decidiu no Ac. STJ, 15.10.1981[787], que um procedimento cautelar não tipificado, será o instrumento mais adequado a utilizar no caso concreto.

2.2. *Obrigação de proceder ao aumento do capital social*

Outras vezes, os promitentes-cedentes comprometem-se ao aumento do capital social da sociedade. Trata-se de uma vinculação assumida perante os promitentes-cessionários, que tem em vista garantir a estes que a sociedade que vão adquirir dispõe de um património social mais elevado.

Tal factualidade ocorreu na promessa de cessão de quotas analisada no Ac. Rel. Porto, de 2.5.2005. Na cláusula 2.ª do referido contrato constava que "os primeiros outorgantes declaram que, por escritura a celebrar, vão elevar o capital da sociedade para o montante de 15 milhões de escudos [...] e vai ser dividido em duas quotas iguais de 7.500 contos cada uma"[788].

A inobservância do circunstancialismo resultante do contrato-promessa permite a recusa legítima dos promitentes-cessionários quanto à celebração do contrato definitivo.

---

[786] Essa renúncia deve ser comunicada por escrito à sociedade (art. 258.º, n.º 1 CSC), estando sujeita a registo obrigatório (art. 15.º, n.os 1 e 2 CRC).

[787] Ac. STJ, de 15.10.1981 (LIMA CLUNY), www.dgsi.pt (desta sorte, "celebrado um contrato-promessa de cessão da totalidade das quotas de uma sociedade, tendo os promitentes-cessionários assumido a gerência e a exploração de um hotel pertencente a sociedade, é adequado o uso de providência cautelar não especificada se, por incumprimento daquele, a sociedade quiser reassumir a gerência e a administração do hotel de que eles não largam mão, isto independentemente do eventual direito dos [promitentes-]cedentes a fazerem seu o sinal passado").

[788] Ac. Rel. Porto, de 2.5.2005 (CUNHA BARBOSA), www.dgsi.pt, p. 5.

Ver ainda o Ac. STJ, de 19.2.2008 (MOREIRA ALVES), www.dgsi.pt, p. 3.

2.3. *Obrigação de o promitente-cedente dividir a quota social*

É ainda usual a vinculação do promitente-cedente à divisão da sua quota.

Tal pode ocorrer por inúmeras razões, mas em regra está ligada à reorganização do poder dos sócios.

Trata-se de uma obrigação acessória, que igualmente condiciona a execução do contrato-promessa[789].

De notar que a divisão da quota não prescinde do consentimento da sociedade[790] para que tais actos produzam efeitos perante ela (art. 221.º, n.º 4 CSC). De todo o modo, há que apreciar se o pacto social contempla especificidades quanto a essa matéria.

§ 7. **Riscos inerentes à promessa de cessão de quotas: cláusulas de salvaguarda de posição jurídica**

A promessa de cessão de quotas é um negócio de elevado risco.

Na verdade, está em causa um acto que tem em vista a celebração de um negócio definitivo, por efeito do qual o (promitente) cessionário, passa a integrar, dada a aquisição da quota do outro sócio, uma dada sociedade. Esta, porém, é uma entidade distinta dos sócios, sendo que estes, individualmente, não têm capacidade, nem poderes para controlar a situação económica e financeira da sociedade.

---

[789] Como se observa no Ac. STJ, 25.3.2004 (FERREIRA DE ALMEIDA), www.dgsi.pt, aludindo à promessa de cessão de quotas, ficou, *in casu*, estipulado que o promitente-cedente se obrigava a dividir a sua participação social [de 21 mil contos] em quatro; a divisão quadripartida tinha como propósito a ulterior cedência das 4 quotas fraccionadas a diversas pessoas.

Ver ainda o Ac. STJ, de 9.11.1971 – sumário (ALBUQUERQUE ROCHA), www.dgsi.pt, onde estava em causa simultaneamente a obrigação de aumento de capital e de posterior fraccionamento das quotas (aí se afirmava que "o prometido contrato era o de cessão de quotas futuras, a constituir por alteração do pacto social, consistindo esta na elaboração do pacto social, consistindo esta na elevação do capital social, na elevação do valor das quotas existentes, no fraccionamento destas para tornar possível a prometida cessão, sendo consequência necessária desta a entrada do novo sócio: assim, o aumento do capital e o fraccionamento das quotas dos promitentes cedentes não passavam de preliminares indispensáveis à prometida cessão, pelo que foi estabelecido tão-só um contrato-promessa de cessão de quotas").

[790] Que será dado mediante deliberação social.

Ora, como sabemos, a situação patrimonial de uma sociedade comercial é muito variável. Daí resulta que, na promessa de cessão de quotas, os promitentes-cessionários procurem assegurar-se, na medida do possível, da manutenção das condições da sociedade, tal como foram descritas pelos promitentes-cedentes.

1. Cláusulas de protecção do promitente-cessionário referentes à situação económico-fiscal da sociedade

Encontramos, desta sorte, estipulações nos contratos-promessa que aludem a tal circunstancialismo. Vejamos:

– os promitentes-cedentes declaram que a sociedade X *"tem a situação económica de um balanço que se comprometem a apresentar"* em determinada data, comprometendo-se, *v.g.,* caso as dívidas superem um dado valor, *"a provisionar as contas da sociedade com as verbas necessárias para o efeito"*[791].

Sendo relevante o conhecimento fiscal e económico da sociedade, e sendo certo que os promitentes-cedentes não comunicaram tais elementos (não respondendo inclusivamente à carta em que se solicitava tal informação), parece haver lugar à perda objectiva de interesse na celebração do negócio definitivo[792].

2. Cláusulas de protecção do promitente-cessionário relativas a dívidas da sociedade

São significativas as cláusulas que procuram salvaguardar o promitente-cessionário da existência de dívidas da sociedade ou de dívidas da sociedade acima de dado valor, impondo a apresentação do documento comprovativo correspondente[793].

---

[791] Ac. STJ, de 8.5.2007 (SEBASTIÃO PÓVOAS), www.dgsi.pt, p. 3.

[792] Ac. STJ, de 8.5.2007 (SEBASTIÃO PÓVOAS), www.dgsi.pt, p. 6.

[793] Ac. Rel. Porto, de 23.3.2006 (PINTO DE ALMEIDA), www.dgsi.pt, p. 6 (dá-se conta da seguinte cláusula: "será da conta da promitente-cessionária a regularização das dívidas da

398 Contrato-Promessa em Geral. Contratos-Promessa em Especial

Tal via configura, a nosso ver, uma assunção de dívidas do promitente-cedente, que não exonera o devedor (a sociedade) perante o respectivo credor (assunção cumulativa). Todavia, essa dívida, se existir para além do contrato definitivo, pode repercutir-se indirectamente na esfera dos actuais sócios, dado que é o património da sociedade comercial que responde.

Noutras hipóteses, as partes acordam que as dívidas da sociedade aos respectivos credores são pagas pelos promitentes-cessionários, sendo que se efectua ulteriormente a compensação no preço da cessão de quotas[794].

De todo o modo, em qualquer das situações expostas, a existência de dívidas pode repercutir-se na execução do contrato-promessa.

Por exemplo, no caso discutido no Ac. Rel. Coimbra, de 18.9.2007, foi especificado que "as dívidas da sociedade não paravam de aparecer e crescer, sem que os promitentes-cedentes as liquidassem", o que levou os promitentes-cessionários a restituir o estabelecimento da sociedade que já exploravam, em razão da dimensão elevada do passivo[795].

Sociedade ao Sector Público Estatal (Segurança Social, Finanças, IVA...) até ao montante de 20.000.000$00").

Por sua vez, no Ac. Rel. Porto, de 16.11.1992 – sumário (AZEVEDO RAMOS), www.dgsi.pt, deu-se nota de que na promessa de cessão de quotas se determinou que "as dívidas ... da sociedade, existentes à data da escritura de cessão de quotas serão da responsabilidade dos primeiros outorgantes, que as assumem a título individual".

[794] Assim sucedeu no Ac. Rel. Coimbra, de 18.9.2007 (FREITAS NETO), www.dgsi.pt, onde "com o consentimento e acordo expresso dos [promitentes-cedentes], os [promitentes--cessionários] pagaram a terceiros, as ... contas devidas ... pela sociedade ... a terceiros, cujo valor seria deduzido no preço da cessão".

[795] De todo o modo, in casu, o tribunal concluiu que a restituição do estabelecimento pelos promitentes-cessionários apenas demonstrou a sua vontade inequívoca de não cumprimento do contrato (já que podiam ter perfeitamente pago as dívidas e, posteriormente, efectuar a compensação das mesmas com o preço da cessão de quotas), por isso foram havidos como incumpridores, sendo que à luz do art. 442.º, n.º 2 CC, foram "declaradas perdidas as quantias entregues aos promitentes-cedentes, a título de sinal, ou seja, 12.000 €" (Ac. Rel. Coimbra, de 18.9.2007 (FREITAS NETO), www.dgsi.pt).

Cabe referir, no entanto, que numa situação destas, para além dos encargos que a assunção de um largo número de dívidas societárias provoca, não é de excluir que os promitentes-cessionários não quisessem adquirir uma sociedade mal vista pelo conjunto dos credores.

Parece-nos que a declaração de incumprimento do contrato-promessa de cessão de quotas "por culpa exclusiva dos promitentes-cessionários" é excessiva (Ac. Rel. Coimbra, de 18.9.2007 (FREITAS NETO), www.dgsi.pt).

Claro que também é possível prever que a manutenção da situação devedora até à data da realização do contrato definitivo gera uma situação de incumprimento definitivo do contrato-promessa.

3. Cláusulas de protecção do promitente-cedente relativas a dívidas da sociedade

É muito vulgar os sócios de uma sociedade por quotas garantirem com o seu património pessoal dívidas contraídas pela própria sociedade, em razão de apenas o património desta responder perante os credores sociais (art. 197.º, n.º 3 CSC).

Ora, em sede de promessa de cessão de quotas, o sócio, promitente-cedente, procura frequentemente *libertar-se* dessa garantia, se esta ainda existir.

Aprecie-se o alcance das convenções-tipo existentes.

Fazendo referência a uma cláusula do tipo mencionado, o Ac. STJ, de 9.1.2003, relata o objectivo tido em vista: "as obrigações cambiárias eventualmente decorrentes do empréstimo contraído pela sociedade por quotas junto da instituição de crédito, avalizadas pelo promitente-cedente, eram assumidas pelo promitente-cessionário, quer a instituição aceitasse ou não a substituição da garantia".

Naturalmente que a estipulação apenas opera *inter partes*, não podendo produzir efeitos em relação a terceiros (art. 595.º, n.º 2 CC).

O tribunal considerou que a assinatura do sócio – que depois se tornou promitente-cedente –, aposta na face posterior da livrança, sem qualquer indicação ou menção, foi realizada na qualidade de avalista e não de endossante, pelo que o responsabilizou pelo pagamento à instituição de crédito[796].

Vejamos agora uma outra convenção.

Um dos promitentes-cessionários, obrigou-se a providenciar a substituição do promitente-cedente "em todos os avales e fianças por este prestados a favor da [sociedade por quotas], de tal forma que, se

---

[796] Ac. STJ, de 9.1.2003 (DIONÍSIO CORREIA), www.dgsi.pt.

400 *Contrato-Promessa em Geral. Contratos-Promessa em Especial*

por causa dessas garantias o [promitente-cedente] for prejudicado, aquele obriga-se pessoalmente a indemnizá-lo[797].

Tal estipulação, apesar de operar apenas *inter partes*, é bem mais eficaz do que aquela outra, dado que o seu incumprimento obriga a ressarcir a contraparte[798].

Num outro quadrante, é ainda frequente que os promitentes--cedentes da participações sociais, em especial se forem os únicos sócios da sociedade, por convenção aposta na promessa, se "obriguem a liquidar todos os encargos da sociedade, nomeadamente contribuições e impostos da responsabilidade desta, isto é, os encargos liquidados e vencidos até à data da celebração do contrato-promessa"[799].

No fundo, por esta via, está a condicionar-se a conclusão do contrato definitivo à inexistência de dívidas da sociedade[800].

---

[797] Ac. STJ, de 27.4.2005 (Luís Fonseca), www.dgsi.pt (*in casu*, a cláusula em causa não foi transposta para o contrato prometido, e encontrando-se extintas as obrigações constantes do contrato promessa por força da celebração do contrato definitivo; por outro lado, não foi feita a prova de que tal convenção continuou em vigor após a celebração do contrato prometido; daí que o promitente-cessionário não tenha sido condenado ao pagamento da indemnização pedida).

[798] Aliás, o tribunal recorrido condenou o promitente-cessionário ao pagamento da indemnização proveniente do não pagamento pela sociedade das rendas no quadro de um contrato de locação financeira, em razão de o outrora promitente-cedente ter sido accionado como fiador.

[799] Ver Ac. STJ, de 17.2.2005 (Oliveira Barros), www.dgsi.pt (*in casu*, apesar da falta de pagamento da totalidade das dívidas da sociedade pelos promitente-cedentes, de acordo com o previsto na promessa, o contrato definitivo foi outorgado, o que revelou, segundo o tribunal, que, não obstante a mora quanto ao cumprimento de parte daquela cláusula, não ocorreu a perda do interesse no cumprimento desse contrato; acresce que não tendo os promitentes-cessionários liquidado os 2.500.000$00 que faltava pagar do preço da cessão, não se vê como é que a falta de pagamento de dívidas não superiores a 2.000.000$00 poderia assumir importância decisiva em termos de incumprimento definitivo, pois podiam assumir eles próprios, em qualquer altura, o pagamento dessas dívidas, operando a compensação, já que deviam à contraparte montante superior).

[800] Quanto à cláusula em que o promitente-cedente reconhece não ser credor da sociedade, "em especial a título de suprimentos que lhe tenha feito", veja-se o trabalho Vieira Cura, "Contrato-promessa de cessão de quota e reconhecimento negativo de dívida. Algumas considerações a propósito de uma cláusula inserida num contrato-promessa", Estudos dedicados ao Prof. Doutor Mário Júlio Almeida Costa, Lisboa, 2002, pp. 299 ss.

Contratos-Promessa em Especial 401

§ 8. A promessa de cessão de quotas e os outros contratos conexos

É comum encontrar-se nos contratos-promessa de cessão de quotas um outro contrato (promessa ou não) àquele convencionalmente ligado[801], havendo portanto que saber se essa conexão é juridicamente relevante, isto é, produtora de efeitos específicos.

Para perceber melhor os contornos da temática, impõe-se tecer considerações breves sobre a união de contratos, sendo que, à medida do desenvolvimento da exposição, iremos destacando os casos em que essa problemática é suscitada.

1. Requisitos da união de contratos

1.1. *O problema em geral*

Tal instituto assenta, como generalizadamente se afirma na doutrina e na jurisprudência, com referência a dois elementos:

– a pluralidade de contratos; e
– a existência de um nexo entre os mesmos.

Todavia, para que esta conexão assuma relevância jurídica é preciso que produza efeitos específicos[802].

---

[801] No caso discutido no Ac. Rel. Lisboa, 28.6.2007 (GRANJA DA FONSECA), www.dgsi.pt, qualificou-se como contrato misto o negócio em que, para além da promessa de cessão de quotas, existia, por parte dos promitentes-cessionários a assunção do pagamento do empréstimo para a "aquisição da loja onde se situa a sede da sociedade, e das responsabilidades contratuais emergentes dos vínculos laborais de duas empregadas da sociedade, que ali continuariam a trabalhar", sendo que os promitentes-cedentes igualmente "assumiram a responsabilidade pelas dívidas da sociedade, que fossem devidamente comprovadas e anteriores à data do presente contrato". Entendeu o tribunal que estava em causa um contrato misto de promessa de cessão de quotas, de assunção de dívidas e de assunção de cumprimento, pois "às diversas prestações a cargo dos [promitentes-cedentes] (cedência de quotas, renúncia ao cargo de gerentes, responsabilidade pela rescisão dos contratos de trabalho, assunção de cumprimento por dívidas da sociedade), corresponde uma única obrigação a cargo dos [promitentes-cessionários] (pagamento do preço), presumindo-se, assim, pois não foi feita prova em contrário, que as mesmas quiseram realizar um só contrato".

[802] Note-se que cada uma destas questões pode expressar-se de maneira diversa em função do quadro particular em causa.

402   *Contrato-Promessa em Geral. Contratos-Promessa em Especial*

Estas são, no essencial, as principais questões da união de contratos.

Quanto ao primeiro aspecto (unidade/pluralidade contratual), cuja origem remonta à discussão sobre a figura do contrato misto, podem reduzir-se, no essencial, a duas as orientações propostas.

Uns põem o acento tónico no elemento subjectivo, tomando, portanto, como critério determinante a vontade das partes[803]. Outros, ao invés, propugnam o recurso a um perfil objectivista. Nesta sede, a doutrina maioritária[804] baseia-se na causa do negócio, enquanto função sócio-económica, para determinação da unidade ou da pluralidade contratual[805]. Nestes termos, se há uma só causa, há apenas um negócio (misto). Caso concorram várias causas autónomas, alude-se a uma pluralidade de negócios[806].

---

[803] Neste sentido, ver ARCANGELI, "Il servizio bancario delle cassette forti di custodia", RDComm, 1905, I, p. 179 e ASCARELLI, "Contratto misto, negozio indiretto, negocium mixtum cum donationem", RDComm., 1930, II, p. 468.

Releva a vontade em sentido psicológico. É o *animus* das partes que cria a conexão. Mas, este elemento é posto em relação com um factor de ordem objectiva: a existência de um escopo comum entre os contraentes. Daí o aparecimento da noção de "intento empírico", ou seja, "a vontade das partes dirigida a um escopo prático unitário".

Esta posição subjectivista é, sustentadamente, afastada pela doutrina. Ver as críticas enunciadas, entre outros, por SCHIZZEROTTO (Il colegamento negoziale, Napoli, 1983, pp. 18 ss.), quando entende que a vontade das partes não é direccionada à criação de um ou de vários negócios, mas à obtenção de um ou de vários resultados de ordem pragmática. Ver também PELLEGRINO SENOFONTE, "In tema di negozi collegati", Diritto e giurisprudenza, 1960, p. 275.

[804] Esta é a orientação, entre outros, de SCHIZZEROTTO, ob. cit., pp. 48 e 49, e de BIANCA, Diritto Civile, 3, Il contratto, Milano, 1993, pp. 454 ss, ANA LÓPEZ FRÍAS, Los contratos conexos, Barcelona, 1994, pp. 280 ss. (considerando que no conceito de causa cabem elementos objectivos e subjectivos, a autora atende ainda a outros factores, como, por exemplo, a retribuição, a unidade ou a pluralidade documental).

[805] A noção de causa não é considerada uniformemente na doutrina. Todavia, a alusão por nós efectuada à causa deve ser entendida "como fim negocial típico, designadamente se esse fim for equivalente à função económico-social do negócio jurídico" (CARLOS FERREIRA DE ALMEIDA, Texto e enunciado na teoria do negócio jurídico, I, Coimbra, 1992, p. 505.

[806] Tendo como base o elemento objectivo, alguns autores partem de um ponto de vista distinto, atendendo ao controverso conceito de causa e às suas várias asserções, FRANCESCO MACIOCE, "Un interessante caso di collegamento negoziale", RTDPC, 1979, p. 1587).

Há ainda quem procure integrar os dois critérios. Trata-se da designada teoria mista, na qual concorre a utilização de elementos subjectivos e objectivos (REGELSBERGER, "Vertrag mit zusammengesetzem Inhalt oder Mehrheit von Verträgen", JJ, 1904, p. 463). Esta posição não colhe grandes apoios doutrinários, sendo criticada, nomeadamente pela utilização do elemento subjectivo.

Relevando o perfil objectivista, deve complementar-se, a nosso ver, o critério da causa com um conjunto de outros elementos. Aí pode ser útil, embora não determinante, a unidade ou a pluralidade da contraprestação[807], não se descurando mesmo o recurso a critérios formais (*v.g.*, a unidade (ou a pluralidade) documental ou a contemporaneidade das declarações)[808].

A segunda questão dogmática é a relativa ao nexo da união, ou seja, à ligação teleológica entre os negócios[809]. Também aqui, têm sido variadas as fórmulas encontradas pela doutrina na tentativa de concretizar tal nexo.

De um lado, posicionam-se aqueles que valoram o elemento volitivo (teorias subjectivistas). No entanto, note-se que a vontade nem sempre é analisada uniformemente, seja porque se considera em sentido psicológico[810], sendo portanto o *animus collegandi* que cria o vínculo entre os negócios, seja porque se entende que deve ser expressa mediante índices socialmente reconhecíveis[811].

No pólo oposto, encontram-se os defensores das teorias objectivas. Nesta sede, alguns autores sustentam que nos contratos coligados, para além da causa parcial dos contratos, deve identificar-se a *causa complessiva* da operação[812] ou, dito de outro modo, deve "emergir também uma função, mais geral (nos termos da qual as funções nos negócios individualmente resultam, por assim dizer,

---

[807] Realçando este elemento auxiliar, ANTUNES VARELA, Das Obrigações em Geral, cit., I, p. 285.

[808] Afastando o uso deste critério, DI SABATO, "Unità e pluralità di negozi. Contributo alla dottrina del collegamento negoziale", RDCiv., 1959, I, p. 425.

[809] Apenas relevamos as uniões que produzem efeitos jurídicos. Deste modo não nos interessam as uniões ocasionais, nem as uniões alternativas. Naquelas não existe qualquer tipo de dependência entre os contratos celebrados, ressalvada a sua ligação por via da unidade do acto constitutivo. Nestas, a verificação da condição aposta implica que apenas um dos contratos fique a vigorar. Ver ainda GALVÃO TELLES, Manual dos Contratos em Geral, cit., pp. 397 ss.

[810] Ver FRANCESCO MESSINEO, "Contratto collegato", ED, X, 1962, p. 49.

[811] Neste sentido, N. GASPERONI, "Collegamento e connessione tra negozi", RDComm., 1955, I, p. 380.

[812] Ver ANA LÓPEZ FRIAS, ob. cit., p. 278 e as referências aí efectuadas.

Realçando a ideia de que não se pretende aludir à causa típica dos contratos, mas à função da realidade negocial concreta, GILDA FERRANDO, "I contratti collegati", NGCC, 1986, II, p. 269 e as referências jurisprudenciais aí citadas.

404 *Contrato-Promessa em Geral. Contratos-Promessa em Especial*

finalizadas) que tem em vista a operação global que as partes pretendem realizar"[813]. Propugna-se, desta sorte, uma visão unitária.

Ainda neste quadro, mas optando por um perfil atomista, busca-se, entre outras, a relevância jurídica da união de contratos no instituto da base do negócio, na teoria da condição ou na doutrina da causa[814].

A aplicação de qualquer dos institutos referidos a uma determinada ligação contratual permite solucionar, *in casu*, o seu âmbito e o seu nexo. Mas daí resulta também um enquadramento próprio. Queremos com isto afirmar que a integração de um instituto na lógica da união de contratos importa a sua adequação e a sua transformação, assumindo esta, consequentemente, novos contornos e especificidades.

1.2. *Alguns casos em especial*

Cumpre agora tratar da aplicabilidade dos pressupostos da união de contratos à luz da promessa de cessão de quotas.

No Ac. STJ, de 4.10.2007, foi analisada a possível conexão entre dois contratos:

– um, designado de promessa de cessão de quotas[815], sob a forma de compra e venda, celebrado, em 2.3.1999, entre o promitente-cedente e o promitente-cessionário;

– outro, nomeado contrato de comodato, igualmente concluído na mesma data, nos termos do qual se cedia gratuitamente ao comodatário, ali promitente-cessionário, um prédio[816].

Concluiu-se acertadamente pela existência de uma coligação de contratos. Apesar de terem sido celebrados entre sujeitos diversos

---

[813] G. B. FERRI, citado por BRUNO MEOLI, I contratti collegati nelle esperienze giuridiche italiana e francese, Napoli, 1999, p. 63, nota 168.

[814] Relevando a possibilidade de a relação de dependência criada entre os dois contratos revestir uma destas formas, ANTUNES VARELA, Das Obrigações em geral, cit., I, p. 283.

[815] De notar que no aresto se alude à cessão de quotas, mas depois fala-se de transmissão de acções. Ficamos, pois, na dúvida quanto ao tipo de participações sociais em causa. Assumimos, no entanto, como boa a primeira referência, embora a solução seja igual para qualquer das participações sociais mencionadas.

[816] Ac. STJ, de 4.10.2007 (SALVADOR DA COSTA), www.dgsi.pt, pp. 5 a 8.

(embora tivessem um elemento comum – o promitente-cessionário era também o comodatário), a sua realização no mesmo dia, aliada ao nexo de ligação existente entre eles, concretizada na circunstância de o contrato de comodato cessar no momento da transferência das respectivas participações sociais, legitimou a qualificação.

Já no Ac. Rel. Porto, de 30.9.2004, estava em causa a seguinte situação:

- a celebração de um contrato-promessa de compra e venda de 5 lotes de terreno, sendo a promitente-vendedora uma sociedade; o preço – de 60.000.000$00 – seria pago mediante a cessão total de quotas dos (três) sócios (únicos) numa outra sociedade (L) para um dos sócios (A) na outra sociedade (D);
- em paralelo (no mesmo dia), ocorreu a conclusão de um contrato-promessa de cessão da totalidade das quotas relativas à sociedade L para o outro sócio (A), sendo que o único património relevante daquela era o estabelecimento de bar e café-concerto[817].

Constata-se, na hipótese suscitada, a indubitável existência de uma união contratual, dada a verificação dos respectivos pressupostos, o que se comprova através dos seguintes indícios:

- os outorgantes nos dois contratos são os mesmos (os autores e réus são individualmente os sócios das respectivas sociedade intervenientes;
- em ambos os contratos é feita alusão ao contrato-promessa de cessão de quotas e ao contrato-promessa de compra e venda;
- os contratos foram celebrados no mesmo dia;
- o preço da cessão de quotas é o preço da venda;
- o preço em causa resultou da avaliação que foi feita ao estabelecimento comercial pertencente à sociedade cujas quotas seriam cedidas.

---

[817] Ac. Rel. Porto, de 30.9.2004 (GONÇALO SILVANO), www.dgsi.pt, p. 15.

2. Efeitos da união de contratos

2.1. *O problema em geral*

Uma união de contratos para ser juridicamente relevante tem que produzir efeitos específicos[818]. Há, portanto, que os concretizar.

Se as soluções propostas se reconduzem, por um lado, em "genéricas afirmações" no tocante à extensão da vicissitudes do negócio afectado ao negócio coligado[819], desacompanhadas da busca de uma explicação do modo e da causa de actuação da comunicação das patologias, também não é menos verdade que os novos critérios encontrados se mostram pouco satisfatórios, designadamente a orientação seguida no sentido de modelar a disciplina dos contratos coligados *como* se houvesse um só contrato[820].

Perspectivamos uma visão atomista das consequências da conexão contratual, havendo que averiguar qual o contrato afectado pela vicissitude, para que depois se suscite o problema da sua propagação ao negócio coligado. A doutrina da base do negócio ou a teoria da condição, conjugadas por vezes com outros elementos, permitem explicar essa repercussão, quer em sede de invalidade, quer em sede de incumprimento. Os efeitos típicos são os seguintes: a nulidade ou a anulação do negócio, a excepção de não cumprimento do contrato ou a resolução do acto propagam-se ao contrato ligado.

2.2. *Efeitos da união de contratos em especial*

Identifiquemos seguidamente as consequências inerentes aos casos de conexão contratual acima enunciados.

---

[818] Aliás, há mesmo quem privilegie esta vertente. É o caso de G. P. CIRILLO, "Sul collegamento funzionale di contratti", GI, 1984, I, 1, p. 1459.

[819] Estamos a referir-nos à alusão de princípios gerais como a equidade (M. GIORGIANNI, ob. cit., p. 337), a sensibilidade jurídica ou a justiça do caso concreto (DI SABATO, ob. cit., p. 425) ou aos meros brocardos aos quais se atribui valor específico em sede de união de contratos (*v.g.,* a máxima *simul stabunt, simul cadent*).

[820] Ver, entre outros, GIORGIO LENER, Profili del collegamento negoziale, Milano, 1999, p. 218.

Na primeira situação descrita, a falta de pagamento de prestações relativas à promessa de cessão de quotas, no valor de 311.775,68 €, originou a sua resolução. Atenta a sinalagmaticidade entre a "obrigação de pagamento das prestações pecuniárias" e "a manutenção dos efeitos do contrato de comodato", ou melhor, o gozo gratuito do imóvel, foi este último considerado igualmente extinto[821].

Na segunda hipótese referida, o tribunal começa por analisar as vicissitudes da promessa de cessão de quotas. Para além da obrigatoriedade da execução desta, os promitentes-cedentes vincularam-se à obtenção do alvará sanitário de café-concerto para que o estabelecimento comercial, propriedade da sociedade, pudesse funcionar regularmente[822]. O não cumprimento deste dever acessório originou a resolução do contrato-promessa, depois de devidamente efectuada a interpelação admonitória para cumprir.

Dado que o contrato-promessa em apreço era a "razão de ser" do contrato-promessa de compra e venda, foi considerado este igualmente resolvido (aqui sem necessidade de interpelação admonitória), afirmando acertadamente o tribunal que "a extinção por resolução de um [a promessa de cessão de quotas] arrasta a extinção do outro [a promessa de compra e venda]"[823].

Os efeitos gerais que se atribuem à união de contratos não diferem neste quadro, como se constata:

- a invalidade de um contrato importa a invalidade do outro;
- perante o incumprimento temporário de um negócio, é possível invocar a excepção de não cumprimento do acto conexo;
- em face do incumprimento definitivo, a resolução de um contrato acarreta a resolução do negócio ligado[824].

---

[821] Ac. STJ, de 4.10.2007 (SALVADOR DA COSTA), www.dgsi.pt, pp. 5 a 8.

[822] O estabelecimento apenas dispunha de "uma licença de fabricação de pastelaria e de confeitaria e uma licença de transmissão de audiovisuais e de música ao vivo" (Ac. Rel. Porto, de 30.9.2004 (GONÇALO SILVANO), www.dgsi.pt, p. 13).

[823] Ac. Rel. Porto, de 30.9.2004 (GONÇALO SILVANO), www.dgsi.pt, p. 15.

[824] Quanto a estes efeitos em geral, ver GRAVATO MORAIS, União de contratos de crédito e de venda para consumo, Coimbra, 2004, pp. 403 ss.

ÍNDICE TEMÁTICO DE JURISPRUDÊNCIA
(2009-2000)

2009

Ac. STJ, de 3.2.2009 (Azevedo Ramos), www.dgsi.pt
contrato-promessa/excepção de não cumprimento
Ac. STJ, de 20.1.2009 (Fonseca Ramos), www.dgsi.pt
contrato-promessa de compra e venda/execução específica

2008

Ac. STJ, de 11.12.2008 (Salvador da Costa), www.dgsi.pt
contrato-promessa/posse
Ac. STJ, de 11.12.2008 (Pires da Rosa), www.dgsi.pt
contrato-promessa de compra e venda/execução específica
Ac. Rel. Porto, de 27.11.2008 (Deolinda Varão), www.dgsi.pt
contrato-promessa de compra e venda/interpretação da declaração negocial/mora
Ac. Rel. Porto, de 12.11.2008 (Teles de Menezes), www.dgsi.pt
contrato-promessa de locação financeira
Ac. Rel. Porto, de 21.10.2008 (Rodrigues Pires), www.dgsi.pt
contrato-promessa/execução específica/procedimento cautelar
Ac. Rel. Lisboa, de 18.9.2008 (Caetano Duarte), www.dgsi.pt
contrato-promessa/excepção de não cumprimento
Ac. Rel. Lisboa, de 16.9.2008 (Roque Nogueira), www.dgsi.pt
contrato-promessa bilateral de compra e venda assinado por uma das partes
Ac. STJ, de 17.6.2008 (Nuno Cameira), www.dgsi.pt
contrato-promessa bilateral de compra e venda assinado por uma das partes
Ac. Rel. Lisboa, de 20.5.2008 (Maria Amélia Ribeiro), www.dgsi.pt
contrato-promessa/execução específica
Ac. Rel. Lisboa, de 8.5.2008 (José Eduardo Sapateiro), www.dgsi.pt
contrato-promessa/posse
Ac. Rel. Lisboa, de 8.5.2008 (José Eduardo Sapateiro), www.dgsi.pt
contrato-promessa/posse
Ac. STJ, de 6.5.2008 (Mário Cruz), www.dgsi.pt
contrato-promessa de compra e venda/consentimento do cônjuge/sinal/incumprimento
definitivo
Ac. STJ, de 29.4.2008 (Paulo Sá), www.dgsi.pt
contrato-promessa/direito de retenção

Ac. STJ, de 29.4.2008 (Azevedo Ramos), www.dgsi.pt
contrato-promessa/não fixação convencional de prazo/admissibilidade de interpelação extrajudicial para cumprir
Ac. STJ, de 17.4.2008 (Moreira Camilo), www.dgsi.pt
contrato-promessa/presunção de sinal
Ac. Rel. Lisboa, de 1.4.2008 (Tomé Gomes), www.dgsi.pt
contrato-promessa/posse
Ac. Rel. Porto, de 6.3.2008 (Manuel Capelo), www.dgsi.pt
contrato-promessa/execução específica/mora
Ac. STJ, de 4.3.2008 (Fonseca Ramos), www.dgsi.pt
contrato-promessa/execução específica/mora
Ac. Rel. Porto, de 28.2.2008 (José Ferraz), www.dgsi.pt
contrato-promessa unilateral de venda com sinal
Ac. STJ, de 7.2.2008 (Paulo Sá), www.dgsi.pt
contrato-promessa de compra e venda/interpretação da declaração negocial/ perda de interesse do credor/dúvida quanto ao tipo de prazo
Ac. STJ, de 24.1.2008 (Santos Bernardino), www.dgsi.pt
contrato-promessa/recusa categórica de cumprimento
Ac. STJ, de 22.1.2008 (Garcia Calejo), www.dgsi.pt
contrato-promessa/perda de interesse do credor/ resolução infundada
Ac. STJ, de 10.1.2008 (Nuno Cameira), www.dgsi.pt
contrato-promessa/sinal/incumprimento definitivo
Ac. STJ, de 10.1.2008 (João Bernardo), www.dgsi.pt
contrato-promessa de negócio jurídico unilateral
Ac. Rel. Lisboa, de 10.1.2008 (Rui da Ponte Gomes), www.dgsi.pt
contrato-promessa/execução específica/excepção de não cumprimento

2007

Ac. Rel. Porto, de 27.2.2007 (Henrique Araújo), www.dgsi.pt
contrato-promessa/direito de retenção
Ac. Rel. Lisboa, de 20.3.2007 (Graça Amaral), www.dgsi.pt
contrato-promessa/posse
Ac. STJ, de 18.12.2007 (Alberto Sobrinho), www.dgsi.pt
contrato-promessa/direito de retenção
Ac. Rel. Lisboa, de 6.12.2007 (Isabel Canadas), www.dgsi.pt
contrato-promessa bilateral de compra e venda assinado por uma das partes
Ac. STJ, de 4.12.2007 (Fonseca Ramos), www.dgsi.pt
contrato-promessa/direito de retenção/posse
Ac. Rel. Lisboa, de 4.12.2007 (João Aveiro Pereira), www.dgsi.pt
contrato-promessa bilateral de compra e venda assinado por uma das partes
Ac. STJ, de 27.11.2007 (Urbano Dias), www.dgsi.pt
contrato-promessa de compra e venda/ consentimento do cônjuge execução específica/ licença de utilização do imóvel
Ac. STJ, de 27.11.2007 (Silva Salazar), www.dsgi.pt
contrato-promessa/direito de retenção

Índice Temático de Jurisprudência

Ac. STJ, de 22.11.2007 (Fonseca Ramos), www.dgsi.pt
contrato-promessa/execução específica
Ac. STJ, de 6.11.2007 (Urbano Dias), www.dgsi.pt
contrato-promessa/requisitos do direito de retenção
Ac. STJ, de 11.10.2007 (Custódio Montes) www.dgsi.pt
contrato-promessa/execução específica
Ac. STJ, de 18.9.2007 (Mário Cruz), www.dgsi.pt
contrato-promessa/direito de retenção
Ac. Rel. Porto, de 17.9.2007 (Marques Pereira), www.dgsi.pt
contrato-promessa/execução específica
Ac. STJ, de 13.9.2007 (Santos Bernardino), www.dgsi.pt
contrato-promessa/direito de retenção/posse
Ac. STJ, de 5.7.2007 (Oliveira Rocha), www.dgsi.pt
contrato-promessa/interpelação admonitória/sinal/incumprimento definitivo
Ac. Rel. Lisboa, de 28.6.2007 (Jorge Leal), www.dgsi.pt
contrato-promessa/sinal/incumprimento definitivo/dobro do sinal/obrigação pecuniária não actualizável
Ac. STJ, de 28.6.2007 (Custódio Montes), www.dgsi.pt
contrato-promessa/interpelação admonitória
Ac. Rel. Lisboa, de 21.6.2007 (Ana Luísa Geraldes), www.dgsi.pt
contrato-promessa/sinal/entrega de cheque para pagamento
Ac. STJ, de 24.5.2007 (Urbano Dias), www.dgsi.pt
contrato-promessa/ requisitos do direito de retenção
Ac. STJ, de 24.5.2007 (Alves Velho), www.dgsi.pt
contrato-promessa/indemnização moratória
Ac. STJ, de 8.5.2007 (Sebastião Póvoas), www.dgsi.pt
contrato-promessa/prazo/interpelação admonitória
Ac. Rel. Lisboa, de 3.5.2007 (Eduardo Sapateiro), www.dgsi.pt
contrato-promessa de compra e venda/consentimento do cônjuge
Ac. STJ, de 26.4.2007 (Salvador da Costa), www.dgsi.pt
contrato-promessa/cláusula penal
Ac. STJ, de 17.4.2007 (Alves Velho), www.dgsi.pt
contrato-promessa/direito de retenção
Ac. Rel. Coimbra, de 17.4.2007 (Artur Dias), www.dgsi.pt
contrato-promessa unilateral de venda com sinal
Ac. Rel. Porto, de 12.4.2007 (Deolinda Varão), www.dgsi.pt
contrato-promessa de compra e venda/interpretação da declaração negocial
Ac. STJ, de 22.3.2007 (Urbano Dias), www.dgsi.pt
contrato-promessa/execução específica
Ac. STJ, de 15.3.2007 (Pires Da Rosa), www.dgsi.pt
contrato-promessa de compra e venda/incumprimento não imputável a nenhuma das partes
Ac. STJ, de 1.3.2007 (Salvador da Costa), www.dgsi.pt
contrato-promessa/excepção de não cumprimento/consignação em depósito
Ac. Rel. Porto, de 27.2.2007 (Cândido Lemos), www.dgsi.pt
contrato-promessa/recusa categórica de cumprimento

412 *Contrato-Promessa em Geral. Contratos-Promessa em Especial*

Ac. Rel. Lisboa, de 22.2.2007 (GRANJA DA FONSECA), www.dgsi.pt
contrato-promessa/sinal/entrega de cheque para pagamento
Ac. STJ, de 13.2.2007 (NUNO CAMEIRA), www.dgsi.pt
contrato-promessa/recusa categórica de cumprimento
Ac. STJ, de 13.2.2007 (NUNO CAMEIRA), www.dgsi.pt
contrato-promessa bilateral de compra e venda assinado por uma das partes /consentimento do cônjuge
Ac. STJ, de 6.2.2007 (SEBASTIÃO PÓVOAS), www.dgsi.pt
contrato-promessa/interpelação admonitória
Ac. STJ, de 31.1.2007 (JOÃO CAMILO), www.dgsi.pt
contrato-promessa/sinal/incumprimento definitivo
Ac. Rel. Porto, de 25.1.2007 (MANUEL CAPELO), www.dgsi.pt
contrato-promessa/impossibilidade de cumprimento imputável ao devedor
Ac. STJ, de 31.1.2007 (JOÃO CAMILO), www.dgsi.pt
contrato-promessa/cláusulas de prazo máximo
Ac. Rel. Porto, de 11.1.2007 (MANUEL CAPELO), www.dgsi.pt
contrato-promessa de compra e venda/consentimento do cônjuge
Ac. Rel. Porto, de 9.1.2007 (ALZIRO CARDOSO), www.dgsi.pt
contrato-promessa/execução específica

2006

Ac. Rel. Coimbra, de 19.12.2006 (TÁVORA VÍTOR), www.dgsi.pt
contrato-promessa de compra e venda/erro na declaração
Ac. STJ, de 19.12.2006 (OLIVEIRA BARROS), www.dgsi.pt
contrato-promessa/execução específica
Ac. Rel. Lisboa, de 14.12.2006 (CARLA MENDES), www.dgsi.pt
contrato-promessa/entrega da coisa/incumprimento definitivo/direito de retenção
Ac. Rel. Porto, de 12.12.2006 (MARQUES DE CASTILHO), www.dgsi.pt
contrato-promessa/cláusulas de prazo limite
Ac. STJ, de 5.12.2006 (SEBASTIÃO PÓVOAS), www.dgsi.pt
contrato-promessa/execução específica/mora/recusa categórica de cumprimento
Ac. STJ, de 29.11.2006 (ALVES VELHO), www.dgsi.pt
contrato-promessa/cláusulas de prazo máximo/sinal/incumprimento definitivo
Ac. STJ, de 23.11.2006 (SALVADOR DA COSTA), www.dgsi.pt
contrato-promessa/impossibilidade de cumprimento imputável ao devedor
Ac. STJ, de 21.11.2006 (RIBEIRO DE ALMEIDA), www.dgsi.pt
contrato-promessa de doação
Ac. STJ, de 14.11.2006 (SILVA SALAZAR), www.dgsi.pt
contrato-promessa/sinal/incumprimento definitivo
Ac. STJ, de 14.11.2006 (MOREIRA CAMILO), www.dgsi.pt
contrato-promessa/impossibilidade de cumprimento imputável ao devedor
Ac. STJ, de 2.11.2006 (SALVADOR DA COSTA), www.dgsi.pt
contrato-promessa/execução específica/propriedade horizontal
Ac. STJ, de 31.10.2006 (FARIA ANTUNES), www.dgsi.pt
contrato-promessa/cláusula penal

Ac. STJ, de 31.10.2006 (Afonso Correia), www.dgsi.pt
contrato-promessa/sinal/incumprimento definitivo
Ac. STJ, de 31.10.2006 (Alves Velho), www.dgsi.pt
contrato-promessa/cláusulas de prazo certo
Ac. STJ, de 31.10.2006 (Ribeiro de Almeida), www.dgsi.pt
contrato-promessa de compra e venda/vícios da vontade
Ac. STJ, de 31.10.2006 (Afonso Correia), www.dgsi.pt
contrato-promessa/execução específica
Ac. Rel. Porto, de 26.10.2006 (Deolinda Varão), www, dgsi.pt
contrato-promessa/direito de retenção
Ac. STJ, de 24.10.2006 (Afonso Correia), www.dgsi.pt
contrato-promessa/sinal/incumprimento definitivo
Ac. Rel. Porto, 24.10.2006 (Anabela Dias da Silva), www.dgsi.pt
contrato-promessa/execução específica/autonomização de parcela de terreno
Ac. Rel. Porto, de 24.10.2006 (Anabela Dias da Silva), www.dgsi.pt
revogação por mútuo acordo do contrato-promessa de compra e venda
Ac. STJ, de 24.10.2006 (Urbano Dias), www.dgsi.pt
contrato-promessa/sinal/incumprimento definitivo/aumento do valor da coisa
Ac. STJ, de 24.10.2006 (Ribeiro de Almeida), www.dgsi.pt
contrato-promessa/perda de interesse do credor
Ac. STJ, de 28.9.2006 (Salvador da Costa), www.dgsi.pt
contrato-promessa de compra e venda/interpretação da declaração negocial
Ac. STJ, de 14.9.2006 (Salvador da Costa), www.dgsi.pt
contrato-promessa/direito de retenção
Ac. STJ, de 14.9.2006 (Bettencort de Faria), www.dgsi.pt
contrato-promessa/sinal/incumprimento definitivo
Ac. STJ, de 12.9.2006 (Faria Antunes), www.dgsi.pt
contrato-promessa/direito de retenção
Ac. STJ, de 11.7.2006 (Duarte Soares), www.dgsi.pt
contrato-promessa/direito de retenção
Ac. STJ, de 11.7.2006 (Fernandes Magalhães), www.dgsi.pt
contrato-promessa/direito de retenção
Ac. Rel. Lisboa, de 27.6.2006 (Carlos Moreira), www.dgsi.pt
contrato-promessa/excepção de não cumprimento
Ac. Rel. Lisboa, de 27.6.2006 (Orlando Nascimento), www.dgsi.pt
contrato-promessa de cessão de exploração de estabelecimento comercial
Ac. STJ, de 22.6.2006 (Oliveira Barros), www.dgsi.pt
contrato-promessa/recusa categórica de cumprimento
Ac. Rel. Lisboa, de 23.5.2006 (Rosário Gonçalves), www.dgsi.pt
contrato-promessa/excepção de não cumprimento
Ac. Rel. Porto, de 22.5.2006 (Fonseca Ramos), www.dgsi.pt
contrato-promessa/execução específica/mora
Ac. STJ, de 18.5.2006 (Salvador da Costa), www.dgsi.pt
contrato-promessa/sinal/incumprimento definitivo/aumento do valor da coisa
Ac. Rel. Porto, de 18.5.2006 (José Ferraz), www.dgsi.pt
contrato-promessa/direito de retenção

414 *Contrato-Promessa em Geral. Contratos-Promessa em Especial*

Ac. Rel. Porto, de 11.5.2006 (Ataíde das Neves), www.dgsi.pt
contrato-promessa/direito de retenção
Ac. STJ, de 11.5.2006 (Pereira da Silva), www.dgsi.pt
contrato-promessa/posse
Ac. Rel. Porto, de 11.5.2006 (Pinto de Almeida), www.dgsi.pt
contrato-promessa/execução específica/registo da acção
Ac. Rel. Porto, de 8.5.2006 (Fonseca Ramos), www.dgsi.pt
contrato-promessa/execução específica/mora
Ac. Rel. Porto, de 18.4.2006 (Henrique Araújo), www.dgsi.pt
contrato-promessa/não fixação convencional de prazo/fixação judicial de prazo para cumprir
Ac. Rel. Lisboa, de 6.4.2006 (Arlindo Rocha), www.dgsi.pt
contrato-promessa/sinal/entrega de cheque para pagamento
Ac. Rel. Porto, de 30.3.2006 (Ataíde das Neves) www.dgsi.pt
contrato-promessa/execução específica/excepção de não cumprimento
Ac. Rel. Porto, de 13.3.2006 (Pinto Ferreira), www.dgsi.pt
contrato-promessa/não fixação de prazo/ fixação judicial de prazo
Ac. Rel. Lisboa, de 9.3.2006 (Carlos Valverde), www.dgsi.pt
contrato-promessa/direito de retenção
Ac. Rel. Porto, de 20.2.2006 (Marques Pereira), www.dgsi.pt
contrato-promessa/interpelação admonitória/ cláusulas de prazo previsível/dobro do sinal/incumprimento definitivo
Ac. Rel. Porto, de 16.2.2006 (Ataíde das Neves), www.dgsi.pt
contrato-promessa/excepção de não cumprimento
Ac. Rel. Porto, de 9.2.2006 (José Ferraz), www.dgsi.pt
contrato-promessa/execução específica
Ac. Rel. Porto, de 9.2.2006 (Deolinda Varão), www.dgsi.pt
contrato-promessa de compra e venda/vícios da vontade
Ac. Rel. Porto, de 30.1.2006 (Fernandes do Vale), www.dgsi.pt
contrato-promessa/sinal/incumprimento definitivo
Ac. Rel. Porto, de 30.1.2006 (Pinto Ferreira), www.dgsi.pt
contrato-promessa/perda de interesse do credor/cláusula de prazo limite
Ac. Rel. Porto, de 30.1.2006 (Fernandes do Vale), www.dgsi.pt
contrato-promessa/perda de interesse do credor/cláusula de prazo máximo
Ac. Rel. Porto, de 26.1.2006 (Saleiro de Abreu), www.dgsi.pt
contrato-promessa/direito de retenção
Ac. STJ, de 26.1.2006 (Oliveira Barros), www.dgsi.pt
contrato-promessa/execução específica
Ac. Rel. Porto, de 24.1.2006 (Henrique Araújo), www.dgsi.pt
contrato-promessa/execução específica/licença de utilização do imóvel
Ac. Rel. Porto, de 10.1.2006 (Henrique Araújo), www.dgsi.pt
contrato-promessa de compra e venda de coisa alheia /interpretação da declaração negocial

2005

Ac. Rel. Porto, de 6.12.2005 (Alberto Sobrinho), www.dgsi.pt
contrato-promessa/cláusula penal

Ac. Rel. Porto, de 6.12.2005 (Emídio Costa), www.dgsi.pt
contrato-promessa/sinal/incumprimento definitivo
Ac. Rel. Porto, de 15.11.2005 (Alberto Sobrinho), www.dgsi.pt
contrato-promessa/sinal/incumprimento definitivo/aumento do valor da coisa
Ac. Rel. Porto, de 15.11.2005 (Mário Cruz), www.dgsi.pt
contrato-promessa/cláusula de prazo certo
Ac. Rel. Porto, de 14.7.2005 (Saleiro de Abreu), www.dgsi.pt
contrato-promessa/interpelação admonitória/recusa categórica de cumprimento
Ac. Rel. Porto, de 30.5.2005 (Fonseca Ramos), www.dgsi.pt
contrato-promessa/sinal/incumprimento definitivo/dobro do sinal/obrigação pecuniária
não actualizável
Ac. Rel. Porto, de 24.5.2005 (Alberto Sobrinho), www.dgsi.pt
contrato-promessa/perda de interesse do credor/sinal/incumprimento definitivo
Ac. STJ, de 5.5.2005 (Araújo Barros), www.dgsi.pt
contrato-promessa/execução específica/registo da acção
Ac. Rel. Porto, de 2.5.2005 (Cunha Barbosa), www.dgsi.pt
contrato-promessa/cláusulas de prazo certo
Ac. Rel. Porto, de 4.4.2005 (Caimoto Jácome), www.dgsi.pt
contrato-promessa/interpelação admonitória
Ac. Rel. Porto, de 4.4.2005 (Cunha Barbosa), www.dgsi.pt
contrato-promessa de compra e venda/interpretação da declaração negocial/resolução infundada
Ac. Rel. Lisboa, de 3.2.2005 (Olindo Geraldes), www.dgsi.pt
contrato-promessa/sinal/entrega de cheque para pagamento
Ac. Rel. Porto, de 27.1.2005 (Mário Fernandes), www.dgsi.pt
contrato-promessa/não fixação de prazo
Ac. Rel. Porto, de 20.1.2005 (Fernando Baptista), www.dgsi.pt
contrato-promessa de alienação de coisa comum/ consentimento do cônjuge
Ac. STJ, 13.1.2005 (Neves Ribeiro), www.dgsi.pt
contrato-promessa de compra e venda/consentimento do cônjuge

2004

Ac. Rel. Porto, de 18.11.2004 (José Ferraz), www.dgsi.pt
contrato-promessa/resolução infundada
Ac. Rel. Lisboa, de 16.11.2004 (Pinto Monteiro), www.dgsi.pt
contrato-promessa de cessão de exploração de estabelecimento comercial
Ac. Rel. Porto, de 19.10.2004 (Mário Cruz), www.dgsi.pt
contrato-promessa/cláusula de prazo limite
Ac. Rel. Porto, de 18.10.2004 (Fonseca Ramos), www.dgsi.pt
contrato-promessa de cessão de quotas/interpretação da declaração negocial/resolução
infundada
Ac. Rel. Porto, de 15.10.2004 (Viriato Bernardo), www.dgsi.pt
contrato-promessa/direito de retenção
Ac. STJ, de 12.10.2004 (Azevedo Ramos), www.dgsi.pt
contrato-promessa/sinal/incumprimento definitivo/dobro do sinal/obrigação pecuniária
não actualizável

416 *Contrato-Promessa em Geral. Contratos-Promessa em Especial*

Ac. STJ, de 30.9.2004 (Lucas Coelho), www.dgsi.pt
contrato-promessa/excepção de não cumprimento
Ac. STJ, de 1.7.2004 (Ferreira de Almeida), www.dgsi.pt
contrato-promessa/execução específica/excepção de não cumprimento
Ac. Rel. Lisboa, de 17.6.2004 (Arlindo Rocha), www.dgsi.pt
contrato-promessa de comodato
Ac. Rel. Porto, de 6.5.2004 (Gonçalo Silvano), www.dgsi.pt
contrato-promessa/cláusula de prazo máximo
Ac. STJ, de 6.5.2004 (Ferreira de Almeida), www.dgsi.pt
contrato-promessa/sinal/incumprimento definitivo/dobro do sinal/obrigação pecuniária
não actualizável
Ac. Rel. Porto, de 31.5.2004 (Fonseca Ramos), www.dgsi.pt
contrato-promessa/interpelação admonitória
Ac. Rel. Porto, de 6.5.2004 (Gonçalo Silvano), www.dgsi.pt
contrato-promessa/resolução infundada
Ac. STJ, de 6.5.2004 (Ferreira de Almeida), www.dgsi.pt
contrato-promessa/presunção de sinal
Ac. STJ, de 29.4.2004 (Salvador da Costa), www.dgsi.pt
contrato-promessa/execução específica
Ac. Rel. Porto, de 27.4.2004 (Alberto Sobrinho), www.dgsi.pt
contrato-promessa/perda de interesse do credor
Ac. Rel. Porto, de 27.4.2004 (Alziro Cardoso), www.dgsi.pt
contrato-promessa/resolução infundada
Ac. Rel. Porto, de 20.4.2004 (Emídio Costa), www.dgsi.pt
contrato-promessa/incumprimento definitivo/declaração inequívoca de cumprimento
Ac. Rel. Porto, de 20.4.2004 (Emídio Costa), www.dgsi.pt
revogação por mútuo acordo do contrato-promessa de compra e venda
Ac. Rel. Porto, de 19.2.2004 (Alberto Sobrinho), www.dgsi.pt
contrato-promessa de compra e venda/interpretação da declaração negocial/perda de
interesse do credor/cláusulas de prazo previsível
Ac. Rel. Porto, de 12.1.2004 (Fonseca Ramos), www.dgsi.pt
contrato-promessa de troca/vícios da vontade
Ac. Rel. Porto, de 8.1.2004 (Viriato Bernardo), www.dgsi.pt
contrato-promessa/execução específica/licença de utilização do imóvel

2003

Ac. Rel. Porto, de 9.12.2003 (Alziro Cardoso), www.dgsi.pt
contrato-promessa/resolução infundada
Ac. Rel. Porto, de 27.11.2003 (Saleiro de Abreu), www.dgsi.pt
contrato-promessa/interpelação admonitória/incumprimento definitivo
Ac. STJ, de 25.11.2003 (Azevedo Ramos), www.dgsi.pt
contrato-promessa bilateral de compra e venda assinado por uma das partes
Ac. STJ, de 9.10.2003 (Araújo Barros), www.dgsi.pt
contrato-promessa/presunção de sinal/ilisão da presunção

Ac. STJ, de 23.9.2003 (AFONSO CORREIA), www.dgsi.pt
contrato-promessa com eficácia real
Ac. Rel. Porto, de 14.7.2003 (FONSECA RAMOS), www.dgsi.pt
contrato-promessa/interpelação admonitória
Ac. Rel. Lisboa, de 9.7.2003 (SILVEIRA RAMOS), www.dgsi.pt
contrato-promessa/posse
Ac. STJ, de 8.7.2003 (LUÍS FONSECA), www.dgsi.pt
contrato-promessa/excepção de não cumprimento
Ac. Rel. Porto, de 7.7.2003 (CAIMOTO JÁCOME), www.dgsi.pt
contrato-promessa/cláusulas de prazo limite
Ac. Rel. Porto, de 17.6.2003 (FERNANDO SAMÕES), www.dgsi.pt
contrato-promessa/resolução infundada/incumprimento definitivo
Ac. STJ, de 20.5.2003 (REIS FIGUEIRA), www.dgsi.pt
contrato-promessa/sinal/entrega de cheque para pagamento
Ac. STJ, de 10.4.2003 (FERREIRA DE ALMEIDA), www.dgsi.pt
contrato-promessa unilateral de venda com preço de imobilização
Ac. Rel. Porto, de 1.4.2003 (FERNANDO SAMÕES), www.dgsi.pt
contrato-promessa de compra e venda/interpelação admonitória/cláusulas de prazo máxi-
mo/sinal/incumprimento definitivo
Ac. Rel. Porto, de 1.4.2003 (EMÍDIO COSTA), www.dgsi.pt
contrato-promessa/execução específica/propriedade horizontal
Ac. Rel. Lisboa, de 18.3.2003 (ABRANTES GERALDES), www.dgsi.pt
contrato-promessa/presunção de sinal
Ac. STJ, de 18.3.2003 (REIS FIGUEIRA), www.dgsi.pt
contrato-promessa de locação financeira
Ac. STJ, de 23.1.2003 (OLIVEIRA BARROS), www.dgsi.pt
contrato-promessa/validade/execução específica
Ac. Rel. Porto, de 16.1.2003 (JOÃO VAZ), www.dgsi.pt
contrato-promessa de compra e venda/simulação
Ac. Rel. Porto, de 14.1.2003 (MÁRIO CRUZ), www.dgsi.pt
contrato-promessa de compra e venda/interpretação da declaração negocial
Ac. STJ, 9.1.2003 (ARAÚJO BARROS), www.dgsi.pt
contrato-promessa de compra e venda resultante de documentos distintos

2002

Ac. Rel. Porto, de 28.11.2002 (OLIVEIRA VASCONCELOS), www.dgsi.pt
contrato-promessa/cláusulas de prazo limite
Ac. Rel. Lisboa de 19.11.2002 (ABRANTES GERALDES), www.dgsi.pt
contrato-promessa/posse
Ac. STJ, de 5.11.2002 (LOPES PINTO), www.dgsi.pt
contrato-promessa bilateral de compra e venda assinado por uma das partes
Ac. STJ, de 29.10.2002 (AFONSO CORREIA), www.dgsi.pt
contrato-promessa de renúncia de usufruto
Ac. Rel. Porto, de 15.10.2002 (LUÍS ANTAS DE BARROS), www.dgsi.pt
contrato-promessa/execução específica

Ac. STJ, de 15.10.2002 (AFONSO CORREIA), www.dgsi.pt
contrato-promessa/sinal/incumprimento definitivo
Ac. Rel. Porto, de 3.10.2002 (TELES DE MENEZES), www.dgsi.pt
contrato-promessa/sinal/incumprimento definitivo/dobro do sinal/obrigação pecuniária
não actualizável
Ac. STJ, de 19.9.2002 (FERREIRA DE ALMEIDA), www.dgsi.pt
contrato-promessa/dúvida quanto ao prazo
Ac. Rel. Porto, de 30.4.2002 – sumário (TERESA MONTENEGRO), www.dgsi.pt
contrato-promessa de alienação de coisa comum
Ac. Rel. Porto, de 23.4.2002 – sumário (LEMOS JORGE), www.dgsi.pt
contrato-promessa bilateral de compra e venda assinado por uma das partes
Ac. Rel. Porto, de 8.4.2002 (CAIMOTO JÁCOME), www.dgsi.pt
contrato-promessa/execução específica/registo da acção/contrato de alienação posterior
Ac. Rel. Lisboa, de 19.2.2002 – sumário (FERREIRA PASCOAL), www.dgsi.pt
contrato-promessa de doação
Ac. Rel. Porto, de 16.2.2002 (ATAÍDE DAS NEVES), www.dgsi.pt
contrato-promessa unilateral de venda com sinal
Ac. STJ, de 24.1.2002 (NASCIMENTO COSTA), www.dgsi.pt
contrato-promessa/sinal/entrega de cheque para pagamento
Ac. Rel. Porto, de 21.1.2002 (CAIMOTO JÁCOME), www.dgsi.pt
contrato-promessa/cláusulas de prazo breve

2001

Ac. STJ, de 6.12.2001 (ABÍLIO DE VASCONCELOS), www.dgsi.pt
contrato-promessa/sinal/incumprimento definitivo
Ac. STJ, de 30.10.2001 (PAIS DE SOUSA), www.dgsi.pt
contrato-promessa/execução específica pedida pelo promitente faltoso
Ac. Rel. Porto, de 18.10.2001 (MÁRIO FERNANDES), www.dgsi.pt
contrato-promessa de locação financeira imobiliária
Ac. Rel. Porto, de 18.6.2001 (ANTÓNIO GONÇALVES), www.dgsi.pt
contrato-promessa bilateral de compra e venda assinado por uma das partes
Ac. Rel. Porto, 1.3.2001 (PIRES CONDESSO), www.dgsi.pt
contrato-promessa/execução específica/destaque ou loteamento

2000

Ac. Rel. Porto, de 12.10.2000 – sumário (VIRIATO BERNARDO), www.dgsi.pt
contrato-promessa de doação/inadmissibilidade de execução específica
Ac. Rel. Porto, de 2.10.2000 – sumário (RIBEIRO DE ALMEIDA), www.dgsi.pt
contrato-promessa de troca
Ac. Rel. Porto, de 20.1.2000 – sumário (SALEIRO DE ABREU), www.dgsi.pt
contrato-promessa de doação/inadmissibilidade de execução específica

BIBLIOGRAFIA

ABRANTES, José João
- A excepção de não cumprimento no direito civil português, Coimbra, 1986

ALARCÃO, Rui de
- A confirmação dos negócios anuláveis, Coimbra, 1971

ALMEIDA COSTA, Mário Júlio
- Direito das Obrigações, Coimbra, 10.ª Ed. Reelaborada, 2006
- Contrato-promessa. Uma síntese do regime vigente, 8.ª Ed., Revista e Actualizada, Coimbra, 2004
- "Anotação ao Ac. Unif. Jurisp n.º 4/98, de 5.12.1998", RLJ, Ano 131.º, 1998/1999, pp. 244 ss.
- "Anotação ao Ac. STJ, de 11.4.1985, RLJ, Ano 119.º, 1986/1987, pp. 315 ss
- Anotação ao Ac. STJ, de 7.2.1985, RLJ, Ano 119.º, 1986/1987 pp. 19 ss.

ANDRADE, Manuel de
- Teoria Geral da Relação Jurídica, Vols. I e II, Coimbra, 1964 (reimp. 1992)

ANTUNES VARELA, João
- Das Obrigações em geral, Vol. I, 10.ª Ed., Rev. e Act., Coimbra, 2000
- Das Obrigações em geral, Vol. II, 7.ª Ed., Rev. e Act., Coimbra, 1997 (reimp. 2001)
- Sobre o contrato-promessa, 2.ª Ed., Coimbra, 1989
- "Anotação ao Ac. STJ, de 2 de Novembro de 1989" RLJ, Ano 128.º, 1995/1996, pp. 136 ss.
- "Emendas ao regime do contrato-promessa" RLJ, Ano 120.º, 1987/1988, pp. 35 ss., Ano 119.º, 1986/1987, pp. 212 a 221 e 292 a 296

ANTUNES VARELA, João e HENRIQUE MESQUITA, Manuel
- Anotação ao Ac. STJ, de 7.10.1993, RLJ, Ano 126.º, 1993/1994, pp. 296 ss.

ARAGÃO SEIA,
- Arrendamento urbano, 7.ª Ed., Revista e Actualizada, Coimbra, 2003

ASCARELLI
- "Contratto misto, negozio indiretto, negocium mixtum cum donationem", RDComm., 1930, II, pp. 468 ss.

BAPTISTA MACHADO, João
- "Pressupostos da resolução por incumprimento", João Baptista Machado. Obra Dispersa, Vol. I, Braga, 1991, pp. 125 ss.
- "A resolução por incumprimento e a indemnização", João Baptista Machado, Obra Dispersa, Vol. I, Braga, 1991, pp. 195 ss.
- "Tutela da confiança e *venire contra factum proprium*", João Baptista Machado, Obra Dispersa, Vol. I, Braga, 1991, pp. 345 ss.

420   *Contrato-Promessa em Geral. Contratos-Promessa em Especial*

BRANDÃO PROENÇA, José Carlos
- "Para a necessidade de uma melhor tutela dos promitentes-adquirentes de bens imóveis (*maxime*, com fim habitacional)", Cadernos de Direito Privado, n.º 22, 2008, pp. 3 ss.
- "A hipótese de declaração (*lato sensu*) antecipada de incumprimento por parte do devedor", Estudos em Homenagem ao Prof. Doutor Ribeiro de Faria, Coimbra, 2003, pp. 358 ss.
- A resolução do contrato no Direito Civil. Do enquadramento e do regime, Coimbra, 1996
- Do incumprimento do contrato-promessa bilateral. A dualidade execução específica – resolução, Coimbra, 1987

CALVÃO DA SILVA, João
- "Coligação negocial em fraude à lei, ofensiva dos bom costumes ou simulada: a interpretação restritiva do Acórdão Uniformizador de Jurisprudência n.º 4/98; ou o abuso do direito de terceiro contratar com o promitente-vendedor", Anotação ao Ac. STJ, de 10 de Julho de 2008, RLJ, Ano 137.º, 2008, pp. 293 ss.
- Sinal e contrato-promessa, 12.ª Ed., Revista e Aumentada, Coimbra, 2002
- Compra e venda de coisas defeituosas. Conformidade e segurança, Coimbra, 2001
- "Nulidade da promessa de sociedade comercial por falta de elementos essenciais exigidos pelo art. 9.º do CSC", em Estudos Jurídicos, Coimbra, 2001, pp. 255 ss.
- "Tradição da coisa e indemnização alternativa por incumprimento da promessa sinalizada – Ac. STJ, de 26 de Setembro de 2000", RLJ, Ano 133.º, 2000/2001, pp. 363 ss.
- "A declaração da intenção de não cumprir", Estudos de Direito Civil e Processo Civil", 1996, pp. 123 ss.
- Responsabilidade civil do produtor, Coimbra, 1990
- "Contrato-promessa. Análise para reformulação do Decreto-Lei n.º 236/80", BMJ, n.º 349, 1985, pp. 437 ss.

CARVALHO FERNANDES
- "Efeitos do registo da acção de execução específica do contrato-promessa", Estudos dedicados ao Prof. Doutor Mário Júlio de Almeida Costa", Lisboa, 2002, pp. 933 ss.
- A teoria da imprevisão no Direito Civil português, Lisboa, 2001
- "Convertibilidade ou redutibilidade do contrato-promessa bilateral assinado apenas por um dos contraentes. Comentário ao Ac. STJ de 28 de Novembro de 1989", RDES, 1993, pp. 185 ss.

CIRILLO, Gianpiero Paolo
- "Sul collegamento funzionale di contratti", GI, 1984, I, 1, pp. 1459 ss.

COIMBRA, Ana
- "O sinal: contributo para o estudo do seu conceito e regime", O Direito, 1990, pp. 621 ss.

COUTINHO DE ABREU, Jorge
- Curso de Direito Comercial, II, 2.ª Ed., Coimbra, 2007
- Curso de Direito Comercial, I, 5.ª Ed., Coimbra, 2004
- Do Abuso do Direito. Ensaio de um Critério em Direito Civil e nas Deliberações Sociais, Coimbra, 2006 (reimpressão da edição de 1999).
- Da empresarialidade. As empresas no Direito, Coimbra, 1996

DELGADO, Abel
- Do Contrato-Promessa, Lisboa, 1978

DI SABATO, Franco
- "Unità e pluralità di negozi. Contributo alla dottrina del collegamento negoziale", RDCiv., 1959, I, pp. 412 ss.

FERREIRA, Amâncio
- Curso de Processo de Execução, 9.ª Ed., Coimbra, 2006
FERREIRA DE ALMEIDA, Carlos
- Contratos, I, Conceito. Fontes. Formação, 2.ª Ed., Coimbra, 2003
- Contratos, II, Conteúdo. Contratos de troca, Coimbra, 2007
- Texto e enunciado na teoria do negócio jurídico, Vols. I e II, Coimbra, 1992
- "Recusa de cumprimento declarada antes do vencimento (estudo de direito comparado e de direito civil português)", Estudos em memória do Prof. Doutor João de Castro Mendes, Lisboa, 1994, pp. 289 ss.
GALVÃO TELLES, Inocêncio
- Manual dos Contratos em Geral, Refundido e Actualizado, 4.ª Ed., Coimbra, 2002
- Direito das Obrigações, 7.ª Ed., Rev. e Act., Coimbra, 1997
- "Registo da acção judicial (sua relevância processual e substantiva) – Parecer", O Direito, Ano 124, 1992, III, pp. 495 ss.
- Direito das Obrigações, 6.ª Ed., Revista e Actualizada, Coimbra, 1989
GASPERONI, Nicola
- "Collegamento e connessione tra negozi", RDComm., 1955, I, pp. 357 ss.
GERALDES, Abrantes
- "Títulos executivos", Themis, A reforma da acção executiva, 2003, n.º 7, pp. 35 ss.
GOMES, Júlio
- Direito do Trabalho, I, Relações individuais de trabalho, Coimbra, 2007
- "Do direito de retenção (arcaico, mas eficaz...)", Cadernos de Direito Privado, n.º 11, 2005, pp. 3 ss.
GRAVATO MORAIS, Fernando de
- "Mora do devedor nas obrigações pecuniárias", Scientia Ivridica, 2008, pp. 483 ss.
- "A evolução do direito do consumo", Revista Portuguesa de Direito do Consumo, n.º 55, 2008, pp. 15 ss.
- Novo regime de arrendamento comercial, 2.ª Ed., Coimbra, 2007
- Contratos de crédito ao consumo, Coimbra, 2007
- Alienação e oneração de estabelecimento comercial, Coimbra, 2005
- União de contratos de crédito e de venda para consumo, Coimbra, 2004
HENRIQUE MESQUITA, Manuel
- Obrigações reais e ónus reais, Coimbra, 1990
- "Anotação ao Ac. Rel. Coimbra, de 25.2.1993", RLJ, ano 125.º, pp. 382 ss.
HÖRSTER, Heinrich
- A Parte Geral do Código Civil Português. Teoria Geral do Direito Civil, Coimbra, 1992 (reimp. 2000)
JANUÁRIO GOMES, Manuel
- Em tema de contrato-promessa, 6.ª reimpressão, Lisboa, 2005
- Arrendamentos Comerciais, 2.ª Ed., Remodelada, Coimbra, 1993
LACERDA BARATA, Carlos
- Da obrigação de preferência, Coimbra, 1990
LEBRE DE FREITAS, José
- A acção Executiva, 2.ª Ed., Coimbra, 2000
- "O contrato-promessa e a execução específica", BMJ, n.º 333, 1984, pp. 13 ss.

422 *Contrato-Promessa em Geral. Contratos-Promessa em Especial*

LEBRE DE FREITAS e RIBEIRO MENDES
 – Código de Processo Civil – Anotado, Vol. 3.º, Coimbra, 2003
LEITE DE CAMPOS, Diogo
 – Lições de Direito da Família e das Sucessões, Coimbra, 1990
LENER, Giorgio
 – Profili del collegamento negoziale, Milano, 1999
LOBO XAVIER, Rita
 – "Contrato-promessa de partilha dos bens do casal celebrado na pendência da acção de divórcio – Comentário ao Ac. STJ, de 26 de Maio de 1993", RDES, 1994, pp. 137 ss.
LOBO XAVIER, Vasco
 – "Contrato-promessa: algumas notas sobre as alterações do Código Civil constantes do Decreto-Lei n.º 236/80, de 18 de Julho", RDES, 1980, pp. 21 ss.
LÓPEZ FRIAS, Ana
 – Los contratos conexos. Estudio de supuestos concretos y ensayo de una construcción doctrinal, Barcelona, 1994
MACIOCE, Francesco
 – "Un interessante caso di collegamento negoziale", RTDPC, 1979, pp. 1586 ss.
MENÉRES CAMPOS, Isabel
 – Da hipoteca. Caracterização, constituição e efeitos, 2003
MENEZES CORDEIRO, António
 – Tratado de Direito Civil Português, I, Parte Geral, Tomo I, 2.ª Ed., Coimbra, 2000
 – "Contrato-promessa – artigo 410.º, n.º 3, do Código Civil – Abuso do direito – inalegabilidade formal", ROA, n.º 58, 1998, pp. 929 ss.
 – "Da retenção do promitente na venda executiva", ROA, 1997, II, pp. 547 ss.
 – "O novo regime do contrato-promessa", em Estudos de Direito Civil, Vol. I, 1994 (2.ª reimpressão), pp. 11 ss.
 – A excepção do cumprimento do contrato-promessa", em Estudos de Direito Civil, Vol. I, 1994 (2.ª reimpressão), pp. 41 ss.
 – "O novíssimo regime do contrato-promessa", em Estudos de Direito Civil, Vol. I, 1994 (2.ª reimpressão), pp. 59 ss.
 – "Violação positiva. Cumprimento imperfeito e garantia de bom funcionamento da coisa vendida: âmbito da excepção do contrato não cumprido", ROA, 1981, pp. 147 ss.
MENEZES LEITÃO, Luís Manuel Teles de
 – Direito das Obrigações, I, 6.ª Ed, Coimbra, 2007
 – Arrendamento Urbano, 3.ª Ed., Coimbra, 2007
 – Direito das Obrigações, II, 5.ª Ed, Coimbra, 2007
 – Direito das Obrigações, III, 2.ª Ed., Coimbra, 2004
MEOLI, Bruno
 – I contratti collegati nelle esperienze giuridiche italiana e francese, Napoli, 1999
MESSINEO, Francesco
 – "Contratto collegato", Enciclopedia del diritto, X, 1962, pp. 48 ss.
MESQUITA, Miguel
 – Apreensão de bens em processo executivo e oposição de terceiro, 2.ª Ed., Revista e Aumentada, 2001
MONTEIRO FERNANDES,
 – Direito do Trabalho, 12.ª Ed., Coimbra, 2004

Bibliografia

MOTA PINTO, Carlos
- Teoria Geral do Direito Civil, 4.ª Ed., por António Pinto Monteiro e Paulo Mota Pinto, Coimbra, 2005
- Teoria Geral do Direito Civil, 3.ª Ed. Actualizada, Coimbra, 1986
- Direitos Reais, por Álvaro Moreira e Castro Fraga, Coimbra, 1971

MOUTEIRA GUERREIRO,
- Noções de Direito Registral, 2.ª Ed., Coimbra, 1994

OLIVEIRA ASCENSÃO, José e COSTA E SILVA, Paula
- "Alienação a terceiro de prédio objecto de contrato-promessa e registo da acção de execução específica – Anotação ao Ac. STJ, de 8 de Maio de 1991", ROA, 1992, I, pp. 183 ss.

ORLANDO DE CARVALHO,
- Critério e estrutura do estabelecimento comercial. O problema da empresa como objecto de negócio, Coimbra, 1967

PAIS DE VASCONCELOS, Pedro
- Teoria Geral do Direito Civil, 3.ª Ed., Coimbra, 2005
- "O efeito externo da obrigação no contrato-promessa", SI, 1985, pp. 103 ss.

PEREIRA COELHO,
- Arrendamento. Direito substantivo e processual, Coimbra, 1988

PESSOA JORGE,
- Mandato sem representação, Coimbra, 2001

PINTO DUARTE, Rui
- "Constituição de propriedade horizontal por sentença em caso de execução específica de contrato-promessa de compra e venda" – Ac. STJ, de 24.5.2007", Cadernos de Direito Privado, n.º 19, 2007, pp. 47 ss.
- Curso de Direitos Reais, 2.ª Ed., Revista e Aumentada, 2007

PINTO FURTADO,
- Manual do Arrendamento Urbano, 3.ª Ed., Revista e Aumentada, Coimbra, 2001

PINTO MONTEIRO, António
- Cláusula penal e indemnização, Coimbra, 1990

PRATA, Ana
- O contrato-promessa e o seu regime civil, 2.ª Reimpressão (da Edição de 1994), Coimbra, 2006

RAÚL GUICHARD e SOFIA PAIS,
- "Contrato-promessa: recusa ilegítima e recusa terminante de cumprir; mora como fundamento de resolução; perda de interesse do credor na prestação; desvinculação com fundamento em justa causa; concurso de culpas no incumprimento; redução da indemnização pelo sinal", Direito e Justiça, 2000, I, pp. 313 ss.

REMÉDIO MARQUES,
- Curso de Processo Executivo Comum à Face do Código Revisto, Coimbra, 2000

RODRIGUES, Manuel
- A posse. Estudo de Direito Civil português, 4.ª Ed., Revista, Coimbra, 1996

RIBEIRO DE FARIA, Jorge
- "O contrato-promessa. Alguns pontos do seu regime", SI, 2001, n.º 291, pp. 127 ss.
- Direito das Obrigações, I, Coimbra, 1990

424 Contrato-Promessa em Geral. Contratos-Promessa em Especial

ROMANO MARTINEZ, Pedro
- Direito do Trabalho, 4.ª Ed., Coimbra, 2008 (reimpressão da edição de 2007)
- Da Cessação do Contrato, 2.ª Ed., Coimbra, 2006
- Cumprimento defeituoso em especial na compra e venda e na empreitada, Coimbra, 1994

SALVADOR DA COSTA
- O concurso de credores, 3.ª Ed., Coimbra, 2005

SAMPAIO, Gonçalo
- A acção executiva e a problemática das execuções injustas, Lisboa, 1992

SCHIZZEROTTO
- Il colegamento negoziale, Napoli, 1983

SENOFONTE, Pellegrino
- "In tema di negozi collegati", Diritto e giurisprudenza, 1960, pp 273 ss.

SOARES DA FONSECA, Tiago
- Do contrato de opção. Esboço de uma teoria geral, Lisboa, 2001

SOUSA RIBEIRO, Joaquim de
- "O campo de aplicação do regime indemnizatório do artigo 442.º do Código Civil: incumprimento definitivo ou mora?" Direito dos Contratos – Estudos, 2007, Coimbra, pp. 283 ss.

SOVERAL MARTINS, Alexandre
- Cessão de quotas. Alguns problemas, Coimbra, 2007

TEIXEIRA DE SOUSA, Miguel
- "A Penhora de Bens na Posse de Terceiros", ROA, 1991, pp. 75 ss.

VAZ SERRA, Adriano
- "Anotação ao Ac. STJ, de 18.5.1976", RLJ, Ano 110.º, 1977, pp. 207 ss.
- "Anotação ao Ac. STJ, de 26.4.1977", RLJ, Ano 111.º, 1978/1979, pp. 106 ss.
- "Anotação ao Ac. STJ, de 23.4.1976", RLJ, Ano 110.º, 1977/1978, pp. 141 ss.
- "Anotação ao Ac. STJ, de 12.12.1975", RLJ, Ano 110.º, 1977/1978, pp. 4 ss. e pp. 326 ss.
- "Anotação ao Ac. STJ, de 17.10.1975", RLJ, Ano 109.º, 1976/1977, pp. 281 ss.
- "Anotação ao Ac. STJ, de 5.12.1974", RLJ, Ano 108.º, 1975/1976, pp. 334 ss.
- "Anotação ao Ac. STJ, de 25.4.1972", RLJ, Ano 106.º, pp. 123 ss.
- "Contrato-promessa", BMJ, n.º 76, 1958, pp. 5 ss.
- "Resolução do contrato", BMJ, n.º 68, 1957, pp. 153 ss.

VIEIRA CURA, António
- "Contrato-promessa de cessão de quota e reconhecimento negativo de dívida. Algumas considerações a propósito de uma cláusula inserida num contrato-promessa", Estudos dedicados ao Prof. Doutor Mário Júlio Brito de Almeida Costa, Lisboa, 2002, pp. 299 ss.

ÍNDICE GERAL

Abreviaturas 7

Plano Sucinto 9

TÍTULO I
Contrato-promessa em geral

CAPÍTULO I
Enquadramento legal, caracterização, modalidades e figuras próximas

SECÇÃO I
Enquadramento legal e caracterização

§ 1. Enquadramento legal 19
  1. No Código Civil 19
    1.1. Enumeração das regras vigentes 19
    1.2. Evolução da figura 20
      1.2.1. Versão originária 20
      1.2.2. Modificações operadas 21
        1.2.2.1. Primeira alteração 21
        1.2.2.2. Segunda alteração 22
        1.2.2.3. Terceira alteração 23
  2. Fora do Código Civil 23
§ 2. Noção 24
  1. Os caracteres resultantes da lei 24
    1.1. Existência de uma convenção 24
    1.2. Existência de uma obrigação a que alguém se encontra adstrito 25
    1.3. Vinculação à celebração de um *contrato* 25
      1.3.1. Promessa em vista da conclusão de contrato definitivo 25
        1.3.1.1. Promessa de celebração de contrato definitivo unilateral; em especial a promessa de doação 25

1.3.1.2. Promessa de contrato bilateral	27
1.3.1.3. Promessa de contrato plurilateral; em particular a promessa de sociedade	28
1.3.2. Promessa de celebração de contrato definitivo com terceiro	29
1.3.3. Promessa em vista da realização de negócio jurídico unilateral	29
§ 3. Efeitos da promessa	31

SECÇÃO II
Modalidades de contratos-promessa

SUBSECÇÃO I
Promessa unilateral e promessa bilateral

§ 1. Critério seguido: o número de partes que se vincula	32
§ 2. Promessa unilateral	33
1. Significado	33
2. Documento assinado pela parte vinculada	33
3. Duração do vínculo	34
3.1. Convenção quanto ao prazo de duração da promessa	34
3.2. Não fixação convencional de prazo de duração da promessa	34
4. Regime da promessa unilateral	34
§ 3. (cont.) Promessa unilateral: suas variantes	35
1. Promessa unilateral com obrigação do beneficiário da promessa de pagar uma soma no caso de não exercício do direito de celebrar o contrato definitivo	36
2. Promessa unilateral com entrega de quantia pelo beneficiário da promessa	37
§ 4. Promessa bilateral	40
1. Significado	40
2. Algumas questões	40
2.1. Ausência da expressão "promete comprar" ou de locução afim	40
2.2. Promessa bilateral resultante de documentos distintos	41
§ 5. (cont.). Promessa bilateral reduzida a escrito assinada por um só dos promitentes	41
1. A situação fáctica	41
2. As várias construções	42
2.1. Nulidade *total*	42
2.2. O afastamento da tese da nulidade total	42
2.2.1. O Assento do STJ, de 29 de Novembro de 1989	42
2.2.2. As interpretações efectuadas em face do Assento de 29 de Novembro de 1989	44
2.2.2.1. Tese da redução	44
a) Seu acolhimento	44
b) Problemas conexos	47
i) Ilisão da presunção	47
ii) Articulação com o regime do sinal	48

Índice 427

2.2.2.2. Teses da conversão	49
a) Conversão em promessa unilateral	49
b) Conversão mitigada	50
2.2.3. Tese da validade	51
2.2.4. Posição adoptada	51

SUBSECÇÃO II

Promessa com eficácia obrigacional e promessa com eficácia real

§ 1. Critério usado: alcance da eficácia da promessa	52
§ 2. Promessa com eficácia obrigacional	53
§ 3. Promessa com eficácia real	54
1. Requisitos	55
1.1. Requisitos substanciais	55
1.1.1. Transmissão ou constituição de direitos reais	55
1.1.2. Sobre bens imóveis ou móveis sujeitos a registo	55
1.1.3. Existência de declaração expressa	56
1.2. Requisitos de forma	57
1.2.1. Exigência de um certo grau de solenidade	57
1.2.1.1. Forma mínima e formalidade	57
a) Redução a escrito	57
b) Reconhecimento da assinatura	57
1.2.2.2. Forma superior	58
1.3. Requisito de publicidade: inscrição no registo	58
2. Inobservância dos requisitos: seus efeitos	59
3. Observância dos requisitos: significado da atribuição da eficácia real	60
3.1. Oponibilidade *erga omnes*	60
3.2. Amplitude da execução específica	60
3.3. Prioridade sobre todos os direitos pessoais ou reais ulteriormente constituídos sobre o mesmo objecto	61
3.3.1. Constituição posterior de direitos pessoais ou reais	61
3.3.2. Constituição anterior de direitos pessoais ou reais	62
4. Outras vicissitudes	62
4.1. Promessa real não registada seguida de alienação da coisa	62
4.2. Casos de "perda" da eficácia real da promessa	63
5. Natureza do direito do promissário com eficácia real	63

SECÇÃO III

Institutos conexos

§ 1. Sinal	65
1. Enquadramento legal e breve confronto entre o regime dos contratos em geral e a disciplina do contrato-promessa em especial	65
2. Caracterização	67

428 *Contrato-Promessa em Geral. Contratos-Promessa em Especial*

3. Valor da coisa entregue em sede de contrato-promessa 67
4. Natureza do sinal em sede de contrato-promessa 68
    4.1. Sinal penitencial 68
    4.2. Sinal confirmatório-penal 69
    4.3. Sinal confirmatório-penal e sinal penitencial 69
    4.4. Posição adoptada 69
§ 2. Pacto de preferência 70
§ 3. Pacto de opção 71

CAPÍTULO II
Disposições legais aplicáveis

SECÇÃO I
Disposições legais relativas ao contrato prometido

§ 1. Aplicabilidade ao contrato-promessa das regras do contrato prometido:
princípio da equiparação 73
§ 2. Sua concretização 74

SECÇÃO II
Disposições legais relativas à forma

§ 1. *Aplicabilidade* ao contrato-promessa da regra da equiparação em sede formal;
seus desvios 79
§ 2. Forma equivalente à do contrato prometido: liberdade de forma 80
§ 3. Forma equivalente à do contrato prometido (cont.): redução a escrito 80
    1. Exigência de mero documento particular 80
    2. Inobservância de forma: consequências 81
§ 4. Forma não equivalente à do contrato prometido: exigência de forma inferior 82
§ 5. Forma não equivalente à do contrato prometido (cont.); exigência de outras
formalidades 83
    1. Forma inferior: documento particular 83
    2. Formalidades 83
    3. A inobservância da forma e/ou das formalidades 84
§ 6. Forma equivalente e formalidades não equivalentes 84
§ 7. Forma equivalente e procedimentos equivalentes 85

SECÇÃO III
Disposições legais que, pela sua razão de ser,
não são aplicáveis ao contrato-promessa

§ 1. Considerações gerais 86
§ 2. Disposições que, pela sua razão de ser, não são extensivas ao contrato-promessa 86
    1. Promessa de alienação ou de oneração de bens imóveis ou de estabelecimento comercial próprio ou alheio 87
    2. Promessa de alienação de coisa alheia 90
    3. Promessa de alienação de coisa comum ou de parte especificada dela sem consentimento do(s) outro(s) comproprietário(s) 91
    4. Promessa de alienação de coisa noutros casos de comunhão 93

CAPÍTULO III
Transmissão dos direitos e das obrigações

SECÇÃO I
Cessão da posição contratual

§ 1. Cessão da posição do promitente-transmissário 95
    1. O consentimento do promitente-transmitente 95
    2. Âmbito da cessão 96
    3. Forma da cessão 97
    4. Efeitos para o promitente-transmitente da substituição da posição contratual do promitente-transmissário 97
§ 2. Cessão da posição do promitente-transmissário 98

SECÇÃO II
Transmissão por morte

§ 1. Regra geral: transmissibilidade da posição contratual por efeito da morte do promitente 99
    1. Considerações gerais 99
    2. Morte do promitente-alienante 99
    3. Morte do promitente-adquirente 100
§ 2. Desvio: intransmissibilidade da posição contratual dada a natureza pessoal do vínculo 100

430   *Contrato-Promessa em Geral. Contratos-Promessa em Especial*

CAPÍTULO IV
Incumprimento temporário do contrato-promessa

SECÇÃO I
Execução específica

§ 1. Enquadramento e noção 104
§ 2. Pressupostos substantivos da execução específica 105
   1. Mora no cumprimento do contrato 105
     1.1. Debate doutrinário e jurisprudencial 105
       1.1.1. Aplicabilidade restrita aos casos de mora 106
       1.1.2. Aplicabilidade alargada a algumas hipóteses de incumprimento
          definitivo 107
     1.2. Posição acolhida 109
   2. Falta de convenção em contrário 111
     2.1. Alcance da expressão "na falta de convenção em contrário" 111
     2.2. Existência de convenção em contrário; suas consequências; algumas
       hipóteses 112
       2.2.1. Convenção expressa 112
       2.2.2. Convenção tácita: casos típicos 112
          2.2.2.1. Sinal 113
          2.2.2.2. Pena fixada para o caso de não cumprimento da promessa 113
   3. Ilisão das presunções decorrentes da existência de sinal ou de pena 113
     3.1. Consagração de uma mera presunção *juris tantum* 113
     3.2. Modos de ilisão das presunções 114
     3.3. Casos em que se discute a ilisão da presunção 115
   4. Imperatividade da execução específica: impossibilidade de convenção
     em contrário 116
   5. Não oponibilidade da natureza da obrigação assumida 116
     5.1. A obrigação assumida pressupõe a entrega da coisa 117
     5.2. A obrigação assumida tem natureza pessoal ou é infungível 118
     5.3. A obrigação assumida exige o consentimento de outrem 119
     5.4. A obrigação assumida não se realiza sem a intervenção de um terceiro 119
   6. Outros pressupostos da execução específica 120
     6.1. Na promessa com eficácia obrigacional 120
       6.1.1. Não transmissibilidade da coisa a terceiro 120
       6.1.2. Inexistência de ónus e de encargos sobre o objecto da promessa 121
       6.1.3. Inexistência de licença de utilização ou de construção do imóvel 122
       6.1.4. Não verificação de condições administrativas ou de outro tipo 122
     6.2. Na promessa com eficácia obrigacional ou com eficácia real: inexistência
       de perda da coisa ou de situação afim 124
§ 3. Pressuposto processual da execução específica: instauração de acção judicial ... 124

Índice

§ 4. Pressupostos processuais e de publicidade da execução específica de promessa
relativa a bens registáveis (cont.) 125
  1. Acção de execução específica (remissão) 125
  2. Registo da acção de execução específica 125
    2.1. Enquadramento legal 125
    2.2. Registo provisório da acção de execução específica 125
    2.3. Efeitos do registo da acção de execução específica 127
§ 5. *Sentença* que produz os efeitos da declaração negocial do faltoso 127
  1. Natureza da decisão 127
  2. Consequências da decisão 128
    2.1. Celebração, por via judicial, do contrato definitivo 128
    2.2. Efeitos processuais 128
§ 6. Registo da *sentença* favorável que concretiza um negócio registável 130
  1. Pressupostos 130
  2. Modo de efectivação do registo da decisão favorável de execução específica ... 130
§ 7. Alguns casos específicos 131
  1. Celebração de contrato de alienação posterior ao registo da decisão que julga
procedente a acção de execução específica 131
  2. Celebração de contrato-promessa posterior ao registo da acção de execução
específica 132
  3. Celebração de contrato de alienação (não registado) anterior ao registo da acção
de execução específica 132
    3.1. O Acórdão Uniformizador de Jurisprudência n.º 4/98 132
    3.2. Tese que dá prevalência ao direito do terceiro adquirente 134
    3.3. Tese que admite a execução específica 136
    3.4. Posição adoptada 137
  4. Registo da acção de execução específica seguido da celebração de contrato
de alienação 138
  5. Registo da aquisição anterior ao registo da acção de execução específica 139

SECÇÃO II
Excepção de não cumprimento e consignação em depósito

§ 1. A excepção de não cumprimento e a execução específica do contrato-promessa 140
  1. Alcance do preceito 141
  2. Excepção de não cumprimento 141
    2.1. Invocação da excepção de não cumprimento pelo beneficiário 141
    2.2. Licitude da invocação da excepção de não cumprimento 142
      2.2.1. A excepção de não cumprimento em geral 142
      2.2.2. A averiguação da licitude da excepção de não cumprimento e a acção
de execução específica 143
§ 2. Condições de procedência da acção de execução específica 144
  1. Necessidade de consignação em depósito da prestação pelo requerente da acção
de execução específica 144
    1.1. Justificação da exigência 144
    1.2. Seu circunstancialismo 145

432 Contrato-Promessa em Geral. Contratos-Promessa em Especial

2. Fixação judicial de prazo para a consignação em depósito 145
   2.1. Legitimidade para o pedido de fixação de prazo 146
   2.2. Conhecimento oficioso 146
3. Do prazo para a realização do depósito 147
   3.1. Considerações gerais 147
   3.2. As várias hipóteses 147
      3.2.1. A realização do depósito deve ocorrer até ser proferida a decisão
          de primeira instância 147
      3.2.2. O prazo para a realização do depósito apenas corre depois da decisão
          definitiva 149
      3.2.3. Contagem do prazo fixado após a decisão judicial sujeita a condição
          suspensiva de consignação em depósito do preço 150
      3.2.4. Posição adoptada 150
4. Algumas vicissitudes 151
   4.1. Não realização da consignação em depósito no prazo fixado 151
   4.2. Falta de fixação judicial de prazo 151

SECÇÃO III
Indemnização moratória

§ 1. Dever de indemnizar nos termos gerais 153
§ 2. A fixação antecipada do montante da indemnização: cláusula penal 154
   1. Considerações gerais 154
   2. Exigibilidade de indemnização moratória na acção de execução específica 155
   3. Admissibilidade da recusa da celebração do contrato definitivo pelo não
      pagamento da indemnização resultante da cláusula penal 156
   4. Redução da cláusula penal 156
      4.1. Redução equitativa da cláusula penal 156
      4.2. Redução da cláusula penal decorrente da existência de culpas concorrentes ... 157
   5. Abuso do direito de exigir uma indemnização com base na cláusula penal 157

CAPÍTULO V
Incumprimento definitivo do contrato-promessa

SECÇÃO I
Resolução

SUBSECÇÃO I
Incumprimento definitivo e resolução (legal e convencional)

§ 1. Incumprimento definitivo e resolução legal 160
   1. Causas de incumprimento definitivo 160

1.1. Impossibilidade de prestação imputável ao devedor	160
1.2. Perda de interesse do credor	160
1.3. Interpelação admonitória	161
1.3.1. Requisitos	161
1.3.2. Efeitos do decurso do prazo no caso de interpelação admonitória regularmente efectuada	162
1.3.3. Efeitos da falta de um dos elementos da interpelação admonitória	163
1.4. Declaração de não cumprimento do contrato	163
1.4.1. Recusa séria e categórica de cumprimento	163
1.4.2. Falta de fundamento resolutivo	164
§ 2. Incumprimento definitivo e resolução convencional	165
1. Cláusula resolutiva expressa	165
1.1. Verdadeira cláusula resolutiva	165
1.2. *Falsa* cláusula resolutiva	166
2. Condição resolutiva	166
3. Termo essencial	166
§ 3. Legitimidade para emitir a declaração resolutiva	167

SUBSECÇÃO II

Algumas hipóteses específicas em sede de contrato-promessa

§ 1. Impossibilidade de cumprimento imputável ao devedor	168
§ 2. Perda de interesse do credor	169
1. Existência de perda de interesse do credor	169
2. Inexistência de perda de interesse do credor	170
§ 3. Interpelação admonitória	172
1. Falta de interpelação admonitória	172
2. Em especial, a não fixação de prazo razoável na interpelação admonitória	173
3. Existência de verdadeira interpelação admonitória	174
4. Interpelação admonitória e legitimidade (activa e passiva)	175
§ 4. Declaração séria e firme de não cumprir: recusa categórica de cumprimento	176
§ 5. Declaração séria e firme de não cumprir (cont.): resolução infundada	177

SUBSECÇÃO III

Problemas relativos ao prazo de cumprimento da promessa

§ 1. O prazo	181
1. Promessa com prazo de cumprimento	182
1.1. Forma da estipulação	182
1.2. Tipos de prazo	182
1.3. Dúvida quanto à natureza do prazo	183
2. Promessa sem prazo de cumprimento	184
3. Promessas sem prazo fixo, mas com necessidade de um prazo	185

§ 2. Algumas cláusulas apostas nos contratos-promessa e suas consequências	185
1. Cláusulas de fixação de prazo	185
1.1. Cláusulas de prazo previsível	185
1.2. Cláusulas que fixam um prazo limite	186
1.2.1. Estipulações de data certa	186
1.2.2. Estipulação de período certo	188
1.2.2.1. Prazo máximo	188
1.2.2.2. Mero prazo certo	189
1.3. Cláusulas de prazo certo com especificidades	190
1.4. Cláusulas de prazo certo; suas transformações	190
1.5. Cláusulas de "prazo breve"	191
2. Não fixação de um prazo certo	191
2.1. Considerações gerais	191
2.2. Debate doutrinário e jurisprudencial	191
2.2.1. Necessidade de instauração de uma acção de fixação judicial de prazo ...	192
2.2.2. Admissibilidade de interpelação extrajudicial para cumprir	193
2.2.3. Posição adoptada	194

SECÇÃO II
Indemnização por incumprimento definitivo

SUBSECÇÃO I
Sinal

§ 1. Existência de sinal nos contratos-promessa	196
1. Espécies de sinal: pecuniário e não pecuniário	196
2. Apreciação em concreto da existência de sinal	196
2.1. Nota prévia	196
2.2. A quantia entregue no quadro da promessa de compra e venda	197
2.2.1. Regra geral: presunção de existência de sinal	197
2.2.2. Ilisão da presunção	198
2.2.3. A entrega de coisa diversa de quantia	199
3. Consequências da existência de sinal	202
3.1. Imputação na coisa devida ou restituição quando a imputação	
não for possível	202
3.2. Impedimento (suprível) à execução específica	202
3.3. Regime específico em sede de incumprimento definitivo do contrato	
imputável a uma das partes	202
§ 2. Efeitos do incumprimento definitivo imputável ao autor do sinal	205
§ 3. Efeitos do incumprimento definitivo imputável ao não constituinte do sinal	205
1. No caso de não entrega da coisa	205
2. No caso de entrega da coisa	206
2.1. Enquadramento e entrega propriamente dita	206
2.2. Dobro do sinal	207

2.3. Indemnização actualizada	208
2.3.1. Âmbito de aplicação	208
2.3.2. Não extensibilidade do direito ao aumento do valor da coisa aos contratos-promessa sem tradição	208
2.3.3. Pressupostos de aplicabilidade	209
2.3.3.1. A equação em caso de indemnização actualizada	209
2.3.3.2. Valor da coisa entregue ou do direito a transmitir ou a constituir sobre a coisa entregue	211
a) Valor da coisa ou aumento do valor da coisa	211
b) Valor do direito a transmitir ou a constituir	211
c) Cálculo do valor da coisa ou do direito	211
2.3.3.3. Dedução do preço convencionado	212
a) Preço convencionado	212
b) Preço de favor	212
c) Preço abaixo do valor de mercado	213
2.3.3.4. Restituição do sinal	213
2.3.3.5. Restituição da parte do preço que tenha pago	213
2.3.4. A prática judicial	213
§ 4. Alternativas dos contraentes para além das opções tomadas ou em face da escolha seguida pelo outro promitente	214
1. Alternativa do contraente não faltoso	215
1.1. Enquadramento legal	215
1.2. Orientações existentes	215
1.3. Posição adoptada	216
2. Alternativas do contraente faltoso	217
2.1. O texto legal	217
2.2. Construções doutrinárias	217
2.3. Posição acolhida	219
§ 5. Algumas questões relativas ao sinal	221
1. Admissibilidade da redução equitativa do sinal	221
1.1. Posições sobre o tema em geral	221
1.2. Posições sobre a aplicabilidade do art. 812.º CC em especial	222
1.3. Tese acolhida	223
§ 6. Natureza do sinal pecuniário	223
§ 7. Consequências decorrentes do atraso no pagamento do sinal, do sinal em dobro ou da indemnização actualizada	225
1. Âmbito do atraso	225
2. Momento da constituição em mora	225

SUBSECÇÃO II

Outras indemnizações

§ 1. Indemnização decorrente de estipulação em contrário	226
1. Existência de estipulação em contrário	226
1.1. Enquadramento	226

436 Contrato-Promessa em Geral. Contratos-Promessa em Especial

1.2. Indemnização nos termos gerais 226
1.3. Em especial a cláusula penal (breves notas) 227
2. Falta de estipulação em contrário 228
§ 2. Indemnização por incumprimento de obrigações secundárias 228
§ 3. Indemnização por benfeitorias 229

SECÇÃO III
Direito de retenção

§ 1. Breve caracterização 230
§ 2. Enquadramento legal 231
§ 3. Pressupostos 232
    1. Beneficiário da promessa de transmissão ou de constituição de direito real ... 232
    2. Entrega da coisa objecto do contrato-promessa 232
    3. Titularidade, por parte do beneficiário, de um crédito sobre a outra parte,
       decorrente do incumprimento definitivo imputável do contrato-promessa 233
    4. Nota final 234
§ 4. Finalidade 235
§ 5. Alcance do direito de retenção 235
    1. Preferência do titular do direito de retenção sobre outros credores 235
       1.1. Direito de retenção e hipoteca 235
       1.2. Direito de retenção e privilégios imobiliários gerais 237
§ 6. Direito de retenção, penhora e venda executiva 237
    1. Direito de retenção e penhora 237
       1.1. Direito de retenção e embargos de terceiro 237
       1.2. Direito de retenção e reclamação de créditos 239
    2. Direito de retenção e venda executiva 240
       2.1. Prevalência da venda executiva sobre o direito de retenção 240
       2.2. Consequências da venda executiva 241
§ 7. Direito de retenção, posse e meios de defesa da posse 242

CAPÍTULO VI
Contrato-promessa e posse

§ 1. Situação-regra: da entrega da coisa não se pode deduzir a posse 243
§ 2. Desvio à regra: admissibilidade de posse 245
    1. Considerações gerais 245
    2. Casos específicos 245
       2.1. O pagamento da (quase) totalidade do preço conjugado com a prática
           de actos materiais e com a extensão temporal da situação 246
       2.2. Não intenção de realização do contrato definitivo baseada em causa
           específica e actuação do promitente 248

§ 3. Efeitos decorrentes da posse	248
1. Meios de defesa da posse	248
2. Usucapião	250

TÍTULO II
Contratos-promessa em especial

CAPÍTULO I
Promessa de contrato oneroso de transmissão ou de constituição de direito real sobre edifício ou sobre fracção autónoma dele

§ 1. Justificação da análise em particular deste contrato-promessa	258
§ 2. Requisitos da promessa	258
1. Promessa de celebração de contrato oneroso	258
2. *Constituição ou transmissão* de direito real	259
2.1. Direitos reais	259
2.2. Constituição ou transmissão de direito real	260
3. Sobre edifício ou sobre fracção autónoma dele	260
3.1. A alteração legislativa	260
3.2. Edifício ou fracção autónoma de edifício construído, em construção ou a construir	261
§ 3. Forma e formalidades	262
1. Forma	262
2. Formalidades	263
2.1. Reconhecimento presencial da(s) assinatura(s)	263
2.2. Certificação da existência de licença de utilização ou de construção	264
2.2.1. Licença de utilização ou de construção	264
2.2.2. Certificação da existência da respectiva licença	265
2.2.2.1. Necessidade de certificação	265
2.2.2.2. Legitimidade para efectuar a certificação	265
§ 4. (cont.) Inobservância da forma e das formalidades	267
1. Seus efeitos	267
2. Regime especial no que toca à ausência das formalidades	268
2.1. Legitimidade activa	268
2.1.1. Considerações gerais	268
2.1.2. Promitentes	270
2.1.2.1. Promitente-transmissário	271
2.1.2.2. Promitente-transmitente	271
a) Regra: não invocabilidade da nulidade	271
b) Desvio: faculdade de arguição da nulidade	271
2.1.3. Terceiros interessados	272
2.1.4. Conhecimento oficioso	273
2.2. Prazo	274

438 *Contrato-Promessa em Geral. Contratos-Promessa em Especial*

2.3. Sanabilidade 274
2.4. Um caso específico: renúncia à invocação da invalidade pelo promitente-
-transmissário no caso de omissão de formalidades 275
    2.4.1. Situação fáctica 275
    2.4.2. Valor da renúncia à invocação da invalidade por omissão
    de formalidades 276
        2.4.2.1. Admissibilidade da cláusula de renúncia 277
        2.4.2.2. Inadmissibilidade da cláusula de renúncia 278
        2.4.2.3. Posição adoptada 278
        2.4.2.4. O problema do abuso do direito de invocar a nulidade 280
          a) Admissibilidade de recurso ao instituto do abuso
          do direito em sede de invalidade formal 281
          b) Posição adoptada
          c) Apreciação do comportamento do promitente-
          -transmissário 281
§ 5. Execução específica: imperatividade 283
§ 6. (cont.) Execução específica: impossibilidade 283
    1. Falta de licença de utilização ou de construção do imóvel 284
    2. Falta de constituição de propriedade horizontal 284
§ 7. (cont.) Execução específica: modificação do contrato por alteração
das circunstâncias 286
    1. Requisitos que permitem operar a modificação do contrato 286
    2. Apreciação da medida 287
§ 8. (cont.) Execução específica: expurgação da hipoteca 288
    1. Razão de ser 289
    2. Requisitos de aplicabilidade do normativo 289
        2.1. Faculdade de expurgação da hipoteca 289
        2.2. A extinção da hipoteca não precede, nem coincide, com a transmissão
        ou a constituição de direito real 290
        2.3. Requerimento do promitente fiel da condenação do promitente faltoso
        em mora na entrega do montante do débito garantido ou do valor
        correspondente 290
    3. Apreciação do regime 290

CAPÍTULO II
Promessa de habitação periódica ou turística

§ 1. Breves notas quanto ao direito real de habitação 293
§ 2. Promessa de direito real de habitação periódica 294
    1. Forma 294
    2. Menções da promessa de alienação de direito real de habitação 295
        2.1. Identificação dos intervenientes 295
        2.2. Elementos relativos ao empreendimento 296
        2.3. Elementos referentes ao certificado predial 297
        2.4. Informação quanto ao direito de (livre) resolução 297

3. Entrega de documento complementar 297
4. Livre resolução do contrato-promessa 298
   4.1. Forma 298
   4.2. Conteúdo 299
   4.3. Questões relativas ao prazo 299
      4.3.1. Duração 300
      4.3.2. Início da contagem 300
      4.3.3. Data limite para o exercício do direito 301
      4.3.4. Risco de atraso ou de perda da declaração 301
   4.4. Termo do prazo para o exercício do direito de resolução e os possíveis modos de actuação do promitente-adquirente 302
      4.4.1. Não exercício regular do direito de *resolução* 302
      4.4.2. Exercício regular do direito de *resolução*; as relações de liquidação 303
5. Prestação de caução pelo promitente-alienante 303
6. Carácter injuntivo dos direitos atribuídos ao promitente-adquirente 304
§ 3. Promessa de direito real de habitação turística 304
§ 4. A prática judicial 305
1. Aplicação do princípio da equiparação 305
2. Incumprimento 306
   2.1. O problema da qualificação como sinal da importância entregue 306
   2.2. Incumprimento temporário e execução específica 307
   2.3. Incumprimento definitivo 308
      2.3.1. Em especial, a resolução 308
      2.3.2. Direito de retenção 309

CAPÍTULO III
Promessa de arrendamento comercial

§ 1. Considerações gerais 311
§ 2. Regime jurídico 312
1. O princípio da equiparação 312
2. Desvios 312
   2.1. Forma 312
   2.2. Regras que, pela sua razão de ser, não devem considerar-se extensivas ao contrato-promessa 313
3. Eficácia obrigacional da promessa 314
4. Prazo para a outorga do contrato definitivo 315
5. Incumprimento da promessa 316
   5.1. Incumprimento temporário 316
      5.1.1. Admissibilidade de execução específica 316
      5.1.2. Existência de convenção que permite a execução específica 318
      5.1.3. Existência de convenção que não permite a execução específica 318
      5.1.4. Impossibilidade de execução específica 319

5.2. Incumprimento definitivo	319
5.2.1. Incumprimento definitivo e resolução	319
5.2.2. Incumprimento definitivo, sinal e indemnização	320
6. Utilização dos meios de defesa da posse pelo promitente-arrendatário	321
7. Direito de retenção do promitente-arrendatário	323
§ 2. Problemas mais frequentes	324
1. Qualificação do contrato	324
1.1. Casos de qualificação da promessa como verdadeiro contrato de arrendamento	326
1.2. Casos de qualificação do contrato como promessa de arrendamento	330
1.3. Casos de transformação da promessa em contrato definitivo de arrendamento	330
2. Condições apostas à promessa de arrendamento	331

CAPÍTULO IV
Promessa de trespasse de estabelecimento comercial

§ 1. Promessa de trespasse	334
1. Modos de celebração da promessa de trespasse	334
2. Forma	338
3. Eficácia obrigacional da promessa de trespasse	339
4. Aplicação das regras gerais de direito: em especial os vícios da vontade	339
5. Conteúdo da promessa de trespasse	340
5.1. Por referência ao tipo de contrato prometido	341
5.2. Por referência ao que se pretende transmitir por via do trespase do estabelecimento	341
5.3. Por referência ao tempo e ao modo de pagamento do preço	342
6. Incumprimento	342
6.1. Aplicabilidade da presunção de sinal ao trespasse	343
6.2. Incumprimento temporário e execução específica	343
6.3. Incumprimento definitivo e resolução	344
6.3.1. Alguns fundamentos de resolução da promessa de trespasse na prática judicial	344
6.3.2. Regime do sinal	346
6.3.3. Outras indemnizações	347
§ 2. Promessa de trespasse com tradição em especial	348
1. Problemas derivados do contrato de arrendamento do imóvel onde se encontra instalado o estabelecimento comercial	350
1.1. Efeitos no conteúdo do contrato de arrendamento vinculista	350
1.2. Problemas emergentes do contrato-promessa	352
1.2.1. Desnecessidade de consentimento do senhorio	352
1.2.2. Comunicação da promessa de trespasse ao senhorio	352
1.2.3. Exercício do direito de preferência pelo senhorio	353
1.2.4. Manutenção da posição de arrendatário	355

Índice 441

2. Riscos inerentes à promessa de trespasse 355
   2.1. Riscos a valorar pelo promitente-trespassante 356
      2.1.1. Utilização do imóvel para fim diverso 356
      2.1.2. Diminuição do valor do estabelecimento 356
      2.1.3. Não restituição do estabelecimento após a extinção do contrato ... 357
   2.2. Riscos a valorar pelo promitente-trespassário 357
      2.2.1. Concorrência efectuada pelo promitente-trespassante na vigência
         do contrato-promessa 358
      2.2.2. Falta de pagamento da renda por parte do arrendatário 358
      2.2.3. Acção de despejo instaurada contra o arrendatário, promitente-
         -trespassante 359
      2.2.4. Denúncia ou oposição à renovação do contrato de arrendamento 359
3. Sinalagmaticidade entre as obrigações de entrega do estabelecimento
   e de pagamento do preço 360
4. A promessa de trespasse, a posse e a mera detenção 361
   4.1. A mera detenção *versus* posse 361
   4.2. Utilização dos meios de defesa da posse pelo promitente-trespassário
      enquanto mero detentor 362

CAPÍTULO V
Promessa de cessão de quotas

§ 1. Enquadramento 368
§ 2. Especificidades da promessa decorrentes do regime aplicável ao contrato definitivo 369
   1. Desnecessidade de consentimento da sociedade para a conclusão do contrato-
      -promessa 369
   2. Necessidade de consentimento da sociedade para a celebração do contrato
      definitivo 369
      2.1. Enquadramento 369
      2.2. Os vários cenários 370
   3. Direito de preferência convencional 371
§ 3. Aplicação do regime geral: algumas notas 372
   1. O princípio da equiparação 372
   2. Forma 374
   3. Incumprimento do contrato-promessa de cessão de quotas 374
      3.1. O problema da presunção de que a quantia entregue tem carácter de sinal ... 374
      3.2. Incumprimento temporário e execução específica 375
      3.3. Incumprimento definitivo e resolução 376
   4. Cumprimento da promessa e outras obrigações 382
§ 4. Possíveis efeitos prejudiciais decorrentes do cumprimento da promessa da cessão
   de quotas 383
§ 5. Questões de qualificação 385

442 Contrato-Promessa em Geral. Contratos-Promessa em Especial

§ 6. Problemas atinentes à cessão total de quotas 389
   1. Promessa de cessão total de quotas e o estabelecimento comercial da sociedade 389
     1.1. *Entrega de estabelecimento comercial* 389
     1.2. Obrigação de obter licença que permite o regular funcionamento
        do estabelecimento 392
     1.3. Instauração pelo senhorio, após a promessa de cessão de quotas, de uma
        acção de despejo do imóvel onde se encontrava instalado o estabelecimento
        comercial da sociedade 392
   2. Outras questões 394
     2.1. Renúncia à gerência 394
     2.2. Obrigação de proceder ao aumento do capital social 395
     2.3. Obrigação de o promitente-cedente dividir a quota social 396
§ 7. Riscos inerentes à promessa de cessão de quotas: cláusulas de salvaguarda
   de posição jurídica 396
   1. Cláusulas de protecção do promitente-cessionário referentes à situação
     económico-fiscal da sociedade 397
   2. Cláusulas de protecção do promitente-cessionário relativas a dívidas
     da sociedade 397
   3. Cláusulas de protecção do promitente-cedente relativas a dívidas da sociedade 399
§ 8. A promessa de cessão de quotas e os outros contratos conexos 401
   1. Requisitos da união de contratos 401
     1.1. O problema em geral 401
     1.2. Alguns casos em especial 404
   2. Efeitos da união de contratos 406
     2.1. O problema em geral 406
     2.2. Efeitos em especial 406

Índice Temático de Jurisprudência 409

Bibliografia 419

Índice Geral 425